U1006170

房地产金融

Real Estate Finance

王重润　刘颖　等编著

北京大学出版社
PEKING UNIVERSITY PRESS

图书在版编目(CIP)数据

房地产金融/王重润等编著.—北京:北京大学出版社,2010.1
(21世纪经济与管理精编教材)
ISBN 978-7-301-16317-7

Ⅰ.房… Ⅱ.王… Ⅲ.房地产-金融学-高等学校-教材 Ⅳ.F830.572

中国版本图书馆CIP数据核字(2009)第204457号

书　　名:房地产金融
著作责任者:王重润　刘　颖　等编著
策 划 编 辑:张迎新
责 任 编 辑:张迎新　王智强
标 准 书 号:ISBN 978-7-301-16317-7/F·2350
出 版 发 行:北京大学出版社
地　　址:北京市海淀区成府路205号　100871
网　　址:http://www.pup.cn　电子邮箱:em@pup.pku.edu.cn
电　　话:邮购部62752015　发行部62750672　编辑部62752926
出版部62754962
印 刷 者:三河市北燕印装有限公司
经 销 者:新华书店
730毫米×980毫米　16开本　22.75印张　361千字
2010年1月第1版　2018年1月第4次印刷
印　　数:10001—11300册
定　　价:36.00元

未经许可,不得以任何方式复制或抄袭本书之部分或全部内容。

版权所有,侵权必究

举报电话:010-62752024　电子邮箱:fd@pup.pku.edu.cn

作 者 简 介

王重润，男，1970年生，经济学博士，河北经贸大学金融学院副院长、教授、硕士生导师，省级精品课“金融市场学”负责人，金融学省级特色专业带头人，河北金融学会理事，中国金融工程学年会常务理事，河北经贸大学优秀教师。研究方向为房地产投融资与资本市场。在《生产力研究》、《中国房地产金融》、《中国房地产研究》等刊物发表论文30余篇，出版专著有《信息效率与机制：住房抵押贷款市场研究》，主编教材《公司金融学》，主持省部级课题5项、厅级课题3项，获省部级三等奖2项。

刘　颖，女，回族，1972年生，经济学博士，河北经贸大学金融学院副教授、河北经贸大学优秀教师。主要研究方向为房地产经济学和金融学，先后出版个人专著1部，参编著作4部，在《经济日报》、《价格理论与实践》、《经济体制改革》、《中国房地产金融》等省级以上核心报刊上发表论文20余篇，参与国家级课题1项、省级课题3项、厅级课题4项，主持和参与校级课题6项，获得省社科三等奖1项。

内 容 简 介

本书共有13章,可分为四个知识模块:第一模块介绍了房地产金融的基本知识以及相关金融理论;第二模块以住房金融为核心,讲述了住房抵押贷款、住房公积金和住房储蓄银行、提前还贷、违约风险管理以及住房抵押贷款证券化;第三模块从房地产商角度出发,讲述了房地产开发贷款、房地产与资本市场、房地产信托和其他融资方式;第四模块则从投资者角度,简要介绍了房地产投资组合理论。

本书在介绍房地产金融理论和最新实践发展的基础上,注重理论与实践有机结合,深入浅出、全面系统地阐述了房地产金融原理及其应用。各章章前均提出知识要求和技能要求,章后均有本章小结、练习与思考以及推荐阅读书目等,能帮助读者抓住知识要点,便于复习巩固和提高,并方便学有余力的读者延伸学习。

本书可以作为普通高等院校金融学、房地产经济学专业本科教学的教材,也可作为研究生学习的参考用书,对房地产和金融行业的从业人员也有较大的参考价值。

前言

房地产金融学是金融学的一个分支，它主要但并不完全以微观层面的房地产投融资活动为研究对象，包括对各种房地产融资工具收益和风险特性的分析、市场主体（如家庭和企业）的房地产投融资决策与管理、银行的房地产贷款决策与风险管理、住房抵押贷款证券化、房地产泡沫与金融风险等。在美国，房地产金融已经成为一个活跃的研究领域，其研究范围包括了房地产资产收益、投资组合分析、抵押贷款证券化市场、REITs、抵押贷款定价、违约和提前偿付、贷款契约设计等方面。同时房地产金融学专业教育在大学得到快速发展。

目前国内房地产金融学科建设尚处于初级阶段，主要表现在对房地产金融学科内涵缺乏深刻认识，研究方法简单，理论研究缺乏足够的深度和广度，这种状况在很大程度上与国内房地产金融市场欠发达有关。近年来国内房地产金融市场发展步伐开始加快，以住房抵押贷款证券化和房地产投资信托为代表的房地产金融创新开始出现。房地产金融市场的发展必将推动房地产金融的学科建设。

房地产金融市场的发展为房地产金融专业教育的开展提供了环境和条件。社会对房地产金融人才的需求在不断增长，很多大学开始加强房地产金融人才的培养。房地产金融课程进入大学的教学计划,有些大学甚至把它作为金融学本科专业的一个专业方向。教材建设是课程建设的主要内容,是人才培养的一项基础工作。编写一套优秀的房地产金融教材对于提高房地产金融专业教育质量、推动学科建设具有重要意义。目前国内使用的房地产金融教材主要有两类:一是翻译国外(主要是美国)教材,比如,逯艳若等译、机械工业出版社出版的《房地产融资与投资》(第11版)、以及龙奋杰等译、经济科学出版社出版的《房地产金融:原理和实践》(第3版)等;二是本土学者编写的教材。国外教材的长处在于丰富的教学案例设计、实现了实践性和理论性的有机结合,但是由于教学案例来源于国外实践,而国内实践和制度设计与国外相比有较大差异,照搬国外教材不利于学生对基本概念和基本理论的理解和运用,更不利于国内房地产金融学科建设。本土学者编写的教材大多借鉴了国外优秀教材体例和风格,内容比较全面,但是某些教材也存在一些不足,比如缺乏必要的理论深度,内容浅显,或者偏宏观分析而不够重视对微观主体的行为分析。

本书共有13章,可分为四个知识模块:第一模块介绍了房地产金融的基本知识以及相关金融理论;第二模块以住房金融为核心,讲述了住房抵押贷款、住房公积金和住房储蓄银行、提前还贷、违约风险管理以及住房抵押贷款证券化;第三模块从房地产商角度出发,讲述了房地产开发贷款、房地产与资本市场、房地产信托和其他融资方式;第四模块则从投资者角度,简要介绍了房地产投资组合理论。

与国内出版的教材相比，本书在体系结构和内容安排上突出创新性和实践性，注重培养学生的自主学习能力、实践能力和创新能力。实现该目标是基于本书以下几个方面的特点：

第一，本书具有一定理论深度，侧重微观主体行为分析。我们编写这本教材的目的是利用金融学的基本原理来分析房地产市场主体的投融资决策行为，帮助读者理解房地产金融市场结构以及运行机制。为了达到这个目的，我们介绍了一些基本的金融理论，并时刻注意这些理论在房地产市场上的应用，这在提前还款决策、风险管理、融资决策、投资组合等章节内容中体现较为明显。

第二，结构完整清晰，内容新颖。本教材在结构上分为四个模块，前两章相当于导论，后面11章内容则分别从住房金融、房地产商和投资者三个角度进行展开，逻辑结构清楚。与国内同类教材相比，本教材增加了一些比较新颖的内容，如提前还贷决策、提前还贷期权定价、违约风险管理、投资信托、房地产企业的融资决策、委托贷款、融资租赁等，并站在课堂教学的角度，组织教材内容、改进表述方式，从而使本教材内容生动而新颖。

第三，提供了丰富的教学资源。每章后附有"推荐阅读书目"，指定某些期刊论文或者参考书的某些章节作为阅读材料，此外，某些章后还附有"网络资源"，这为学有余力的学生进行深入学习提供了指引。另外，在正文中适当安排若干专栏，专栏内容包括那些不适合放入正文，但是对学生理解正文内容有帮助的材料，比如案例、学术界对某个问题的争论、背景资料等，专栏有助于启发学生对基本概念、理论或某个问题的认识和理解。

第四，合理设计练习题。通过适当练习来检验和巩固提高学习效果是很有必要的。在练习题的设计上，我们力图避免形式简单、答案直接的题目，而是以思考性综合题目为主，这些题目必须经过认真思考后才会得到结果，而且答案并不是唯一的，比如几乎每章都有一至二个阅读材料（或案例）分析题，要求学生根据在该章学过的知识、针对提供的材料来回答问题，这样有利于锻炼学生的综合分析能力和创新能力。

我们在编写这本教材时，假定读者主要是金融学或房地产管理专业本科学生。对于金融学专业学生而言，本门课程作为金融学专业课程之一，先修课为货币银行学、投资学、金融市场学、公司金融学等，本书第二章可以简略地讲授。而房地产管理等专业学生对金融理论接触较少，第二章恰好可以作为一个理论准备。当然，在对教学内容进行适当取舍后本书也可供相关专业专科学生和成人教育使用，还可以作为研究生教学参考书以及实践从业人员的培训教材。

最后，真诚欢迎各位读者对本书提出意见或建议。您的意见或建议对于我们今后修订本书将有重要意义。请发电子邮件至：E-mail：chongrun@heuet.edu.cn。

王重润

2009 年 12 月于河北经贸大学

目 录 contents

第一章 房地产金融概论

知识要求

通过本章的学习,掌握

- 房地产与金融之间的关系
- 房地产金融的本质及其特点
- 房地产金融市场结构与融资工具
- 房地产金融政策的作用及其发展趋势

技能要求

通过本章的学习,能够

- 了解什么是房地产金融的内涵和研究对象
- 了解房地产金融市场结构与融资工具的特点

第一节 房地产金融的本质

一、房地产与金融的关系

房地产是指土地和地上建筑物以及附着于其上的权益,比如所有权、使用权、收益权、抵押权等。房地产实体不可转移,能够转移的是房地产权益,在这个意义上说,房地产交易实质是对房地产权益的交易。而金融是研究个人、企业、政府之间进行货币与信贷的创造和转移过程、机构、工具的学科,或者说金融研究货币的流动如何促进生产和提高资源配置效率。

房地产与金融之间具有密切关系。正如货币天然需要金银一样，房地产天然需要金融。这是由房地产业的特点决定的。房地产业是资金密集型产业，在房地产开发、消费等各个环节需要资金量很大。一个房地产项目开发建设需要持续的资金投入，需要的资金从几千万到数十亿元不等。对于家庭消费者来说，由于房地产单体价值大，需要很长时间的资金积累才能够买得起一套住房，如果现在就需要住房，只能借助银行贷款的帮助。现在很多商业银行都有住房抵押贷款来帮助家庭购买住房。所以，对于房地产业而言，资金就像是血管里面流淌的血液，如果资金链条断裂，房地产业发展就会受到很大影响。

房地产业的繁荣可以从以下几个方面促进金融业发展。第一，房地产贷款业务有助于改善银行资产结构。住房抵押贷款违约风险小，在借款人无力偿还贷款时，银行可以把抵押的房地产拍卖，以偿还所欠贷款本息。由于这个原因，住房抵押贷款被银行看作是一项优良资产。第二，多样化的房地产融资需求会催生金融创新。受资金来源限制和监管约束，商业银行主要从事中短期贷款，并非所有房地产资金需求都能够（或者都适合）从银行获得贷款。而且，在筹集资金的时候，企业也要考虑综合融资成本，不会一味寻求银行贷款支持，而去寻求其他的融资方式。这促成了房地产金融创新。比如，为了满足有房产的老年人的养老需求，在美国以及香港流行一种反向抵押贷款，就是已经拥有房屋产权的老年人将房屋产权抵押给银行、保险公司等金融机构，然后从金融机构那里按期领取一定数额的现金，一直到房屋业主去世为止，即“抵押房产、领取年（月）金”。住房抵押贷款证券化以及房地产投资信托（REITs）也是房地产金融创新的结果。

二、房地产金融的研究对象

房地产金融是金融学的一个分支。房地产金融以房地产实体及其产权的交易过程中所涉及的各种金融服务的供需机制以及相关金融活动对房地产市场的影响为研究对象。房地产金融不仅是从宏观层面也是从微观层面，不仅是从银行信贷供给的角度也是从微观主体融资需求角度来研究以下相关问题：

1. 房地产资本市场：包括房地产股票、债券，房地产投资信托基金，住房抵押贷款证券化等；

2. 住房抵押贷款和商业房地产贷款的风险管理；

3. 房地产贷款评估：包括住房抵押贷款和商业用房地产贷款的估价；

4. 房地产投资和融资决策；

5. 房地产投资组合；

6. 房地产投资和证券化中的税收问题；

7. 住房金融制度改革；

8. 房地产保险和贷款担保；

9. 房地产金融风险与房地产泡沫；

10. 法律和房地产信贷；等等。

房地产不仅包括房地产实物，更重要的是包括了能够被让渡和交易的房地产权益，所以房地产金融研究范围较宽泛。

三、房地产金融的特点

（一）房地产金融以抵押权为基础

抵押权就是抵押权人对抵押财产享有的优先受偿权，即债务人或第三人不转移对其财产的占有，将该财产作为债权的担保，当债务人不能履行债务时，债权人拥有从其抵押财产折价或者以拍卖、变卖该财产的价款中优先受偿的权利。由于房地产贷款（特别是住房抵押贷款）期限比较长，贷款风险大，银行通常要求借款人以其投资的房地产为抵押品作为借款人履约的担保，所以，从这个角度讲，房地产融资是以房地产抵押为基础的，即以房地产抵押权的设立为开始，并以取消（债权如期清偿时）或执行（债权不能清偿时）抵押权为结束。

（二）房地产融资的证券化

在一定意义上说，房地产金融是资产证券化最活跃的领域。这与房地产的特性有关。房地产单体价值大并且位置固定，这造成房地产投资门槛高且流动性差。当房地产投资者利用银行贷款来投资的时候，银行就陷于以短期负债支持长期资产的境地，从而面临流动性风险。为了使房地产贷款具有流动性，银行对住房抵押贷款进行证券化。所谓抵押贷款证券化是指将抵押债权以有价证券的形式出售给其他投资者来实现再融资，这便使长期的抵押贷款资产具有流动性。房地产证券化的另一种重要形式是房地产投资信托（REITs）。房地产投资信托解决了房地产分散化投资以及降低投资门槛的问题。

（三）房地产金融具有较强的政策性

一方面，房地产业发展受到城市规划、土地政策、产业政策等政策约束，导致发放房地产贷款的金融机构也必须考虑贷款的项目是否符合国家产业政策，否则贷款将面临巨大的政策风险。另一方面，住房问题是政府关注的焦点，解决城市居民住房问题关系到社会稳定，而住房金融为城市居民解决住房问题提供金融支持。因此，政府往往通过调整财政补贴政策、税收政策或信贷政策等措施调节住房金融市场，来实现政府住房政策目标。

（四）房地产金融市场波动大

由于土地资源的稀缺性以及房地产的异质性和供给缺乏弹性，所以房地产容易成为投机的对象，引起房价在短时期内大幅度的起落。而房地产信贷以抵押权为基础的特点决定了房地产信贷与房地产市场波动之间存在一种正反馈机制，即房价上涨会使抵押品价值增加，银行债权得到更有效保护，刺激银行扩大贷款规模，从而引起房价进一步上涨，而这又诱使银行进一步扩张信贷，这一过程周而复始。而一旦房地产泡沫破裂，这种正反馈机制会使房地产信贷急剧萎缩。严重的房地产金融风险会引起整个金融市场出现危机。发生在1998年的东南亚金融危机以及2007年下半年发端于美国的次贷危机对全球金融市场的影响即是明证。

第二节　房地产金融市场

一、房地产金融市场结构

房地产金融市场可以分为多个层次。按照交易的层次，划分为一级市场和二级市场；按照承担的政策目标，可以分为政策性房地产金融和商业性房地产金融。

（一）房地产金融一级市场和二级市场

房地产金融一级市场是房地产金融资产创造和发行的市场，主要包括房地产贷款发放、房地产股票和债券发行、房地产投资信托创设等金融交易。房地产金融二级市场是房地产金融资产再交易市场，除了房地产股票、债券二级市场之外，住房抵押贷款证券化被认为是房地产金融二级市场的最重要组成部分。如图 1-1 所示。

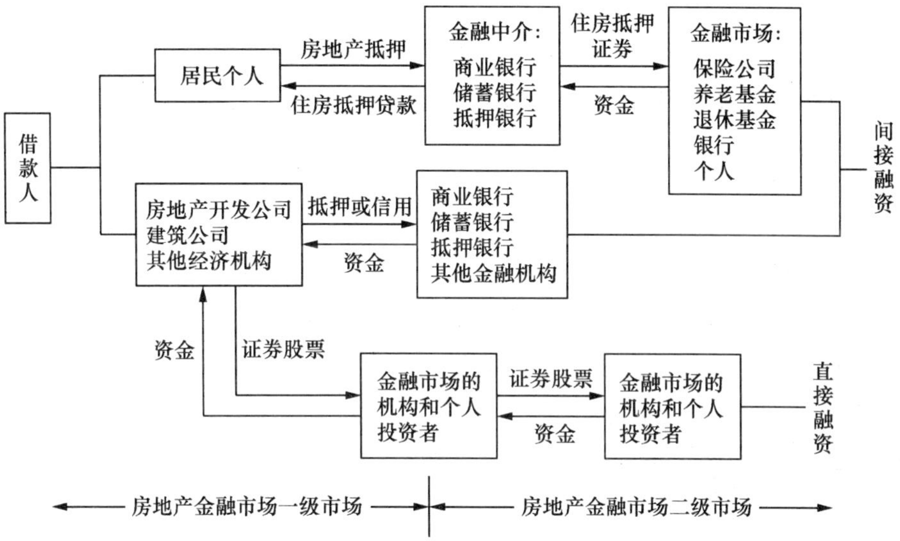

图 1-1　房地产金融市场结构

（二）政策性与商业性房地产金融市场

住房既是一种投资品，也是一种生活必需品。每个人，每个家庭都需要住房。因此保障基本住房需要成为政府的社会公平目标的一个重要内容。而实现住房公平目标的一种重要手段是金融。利用贴息贷款或者政府提供贷款担保等方式，中低收入家庭在购房的时候享受住房补贴。提供这种金融服务的机构或者这部分金融业务不以营利为目的，这就是政策性金融。因此政策性房地产金融往往作为国家住房政策的一部分，承载一定的政策目标。

商业性房地产金融机构不承担特定的政策目标，而是追求资产的安全性、流动性和赢利性。商业性房地产金融市场规模远远大于政策性房地产金融市场规模。我国房地产金融产生于 20 世纪 80 年代初期的住房制度改革，产生之初仅仅是为了配合公有住房的提租和出售，属于住房制度改革的配套措施，后来随着住房的商业开发，才出现商业性的房地产贷款，1998 年之后，房地产金融市场得到了迅速扩张。

二、房地产金融机构

目前国内从事房地产金融业务的金融机构有商业银行、住房储蓄银行以及非存款性金融机构（比如信托投资公司、投资基金、人寿保险公司、证券公司，等等）。

（一）存款性金融机构

1．商业银行

商业银行作为存款性金融机构，它的资金来源主要依靠吸收存款，并为工商企业和其他客户提供中短期贷款以及从事短期投资。我国的商业银行主要包括四大国有商业银行、股份制商业银行、城市商业银行等，截止到2004年底，全国性商业银行共15家，除了四大国有银行外，还有11家股份制商业银行，包括交通银行、浦东发展银行、招商银行、中信实业银行、中国光大银行、中国民生银行等。目前，商业银行是房地产金融市场上最重要的资金供给者，特别是四大国有商业银行的市场份额最大。

2．住房储蓄银行

住房储蓄银行属于专业性的住房金融机构，为居民购、建、修住房提供金融服务。它的经营特点是"存贷挂钩，低存低贷，以存定贷，封闭运行"。目前国内唯一一家住房储蓄银行是建于2003年的中德住房储蓄银行，目前其业务仅仅局限在天津市范围。

（二）非存款性金融机构

常见的在房地产金融市场上活动的非存款性金融机构主要是信托投资公司、投资基金、人寿保险公司、证券公司等。

1．信托投资公司

信托投资公司是主要经营信托业务的金融机构。《信托投资公司管理办法》规定信托投资公司可以经营资金信托和以动产、不动产经营为内容的财产信托业务。房地产是信托资金的重要投资方向。国内第一个房地产资金信托产品——新上海国际大厦项目资金信托由上海国际信托投资公司推出，额度为2.3亿元。2005年的《信托公司房地产信托业务暂行管理办法》规定，房地产信托资金的运用方式包括：用于土地收购及土地前期开发、整理；投资于不动产经营企业进行商业楼房及住房开发、建造；用于购买土地、商业楼房或住宅并予以出租；以住房抵押贷款方式运用；等等。

2．投资基金

基金既可以看作是一种投资工具，也可以看作是金融机构。根据组织形式划分，可将基金划分为公司型基金和契约型基金两类。公司型基金是指依据公司法成立的，以赢利为目的的股份有限公司形式的基金，其特点是基金本身是股份制的投资公司，基金公司通过发行股票筹集资金，投资者通过购买基金公司股票而成为股东，享有基金收益的索取权。契约型基金是指依据一定的信托契约组织起来的基金，其中作为委托人的基金管理公司通过发行受益凭证筹集资金，并将其交由第三方（托管人）保管，本身则负责基金的投资营运，而投资者是受益人，凭受益凭证索取投资收益。

作为机构投资者，基金购买房地产公司股票和债券，为房地产融资，是房地产金融市场上的重要参与者。另外，随着《产业投资基金法》等相关立法的建立和完善，产业投资基金将会出现，它可以直接参与房地产的运营和管理，参与房地产项目的收益分配。

3．人寿保险公司

人寿保险公司是为人们因意外事故或死亡而造成经济损失提供保险的金融机构。人寿保险公司的主要资金来源是按一定标准收取的保险费。由于人寿保险具有保险金支付的可预测性，以及只有当契约规定的事件发生时或到约定的期限时才支付保险金的特征，因此，保险金实际上是一种稳定的资金来源。人寿保险公司的资产业务大部分是长期限的，主要用于购买公司债、发放长期抵押贷款等。人寿保险公司成为西方金融市场上最大、最活跃的机构投资者。

4．证券公司

证券公司的主要业务包括：(1) 证券承销业务；(2) 证券经纪业务；(3) 证券自营业务。证券公司的自营业务主要是指证券公司自行买卖证券，并独立承担风险；(4) 证券投资咨询业务。证券公司可为客户提供投资咨询，即充当客户的投资顾问，向投资者提供各种证券交易的情况、市场信息以及其他有关资料，并向客户提供具体的投资建议。(5) 兼并收购业务。兼并收购业务是一种典型的投资银行业务，广义的兼并收购不仅包括兼并、收购与接管，还包括杠杆收购、公司改组与破产公司的重组等。证券公司往往积极地参加这类业务，为收购和兼并的双方提供服务。

三、房地产融资工具

家庭和房地产公司都会对房地产金融产生需求。家庭在购买住房的时候需要资金,而房地产公司开发房地产项目也需要大量资金,为满足这些资金需求可以利用各种金融工具来融资。按照融资性质划分,融资工具可以分成两大类:一类是债务融资,包括贷款、债券、融资租赁以及预收购房款等;另一类是权益融资,包括股票、证券投资基金、产业基金(例如房地产投资信托)等。

(一)债务融资工具

1. 住房抵押贷款

住房抵押贷款是以借款人所购住房为抵押而发放的贷款,有时候还需要担保。按照偿还的方式,住房抵押贷款可以分为等额本息偿还、等额本金偿还、等额递增或者等额递减偿还等多种形式。从利率的可变性角度,住房抵押贷款分为两种基本形式,即固定利率抵押贷款和浮动利率抵押贷款。目前银行提供的住房抵押贷款类似于浮动利率抵押贷款,当中央银行调整法定基准利率的时候,从下一年度的1月1号起,未到期的住房贷款利率随着调整。现在有些银行开始尝试提供固定利率抵押贷款。2005年10月下旬,央行正式批准光大银行、建设银行和上海浦东发展银行的"固定利率放贷"业务申请,2006年1月5日,中国光大银行宣布推出固定利率住房贷款,5年以下、5年以上至10年两个档次的固定利率分别为5.94%和6.18%,比同期贷款基准利率分别高出0.09%和0.06%。

2. 房地产开发贷款

房地产开发贷款是银行向从事房地产开发的企业发放的用于其所开发的房地产项目所需建设资金的贷款。包括住房开发贷款、商业用房贷款、经济适用房贷款(原国家安居工程贷款)和其他房地产开发贷款等。为了得到开发贷款,需要准备必要的文件,比如房地产项目可行性研究报告及批准文件、项目年度投资计划、初步设计以及批准文件、《土地使用权证》、《建设用地规划许可证》、《建设工程规划许可证》、《建设工程开工证》等。

3. 流动资金贷款

流动资金贷款用于满足企业维持生产经营周转资金需要或临时性资金需要。房地产开发企业流动资金贷款是指房地产开发企业因资金周转所需而申请的贷款,不与具体项目相联系。流动资金贷款的特点是期限灵活,能够满足借款人临时性、短期和中期流动资金需求。①

4. 房地产债券

房地产债券规模一直不大，在房地产资金来源中占比不到0.2%。2000年以后未再发行新的债券。从债券规模存量来看，1997年48 691亿元，1998年62 319亿元，1999年98 703亿元，此后逐渐下滑，到2004年末为3 549亿元。房地产债券发行受到很多条件制约，比如1993年的《企业债券管理条例》要求企业近三年连续赢利，资本规模达到一定要求，等等。而国内房地产企业经营规模普遍较小，资金周转特点也不容易满足连续赢利要求，所以债券融资难度比较大，规模比较小。我国房地产债券最先出现在1992年，由海南省推出，分别是"万国投资券"、"伯乐投资券"、"富岛投资券"，总计1.5亿元。1993—1998年上半年，受政策限制，房地产企业没有公开发行房地产债券。1998年以后政策限制逐步放松，房地产企业重新恢复了债券发行，到1999年，债券在房地产开发企业资金来源中的占比上升到0.21%。但随后份额一路下滑，2004年降至1998年以来的最低点，绝对值不足2 000万元，占比仅为0.001%。

5. 融资租赁

融资租赁是指出租人对承租人所选定的租赁物件，进行以其融资为目的的购买，然后再以收取租金为条件，将该租赁物件中长期出租给该承租人使用。融资租赁具有的基本特征是：第一，由承租人选定拟租赁投资物件，由出租人出资购买。第二，具有不可解约性，承租人无权单独提出以退还租赁物件为条件而提前终止合同。第三，中长期租赁。所有的融资租赁交易的绝对期限在一年以上。第四，融资租赁是三方当事人，即承租人、出租人和供货商；两个合同，即贸易合同和融资租赁合同。融资租赁正成为一种新型的投融资机制，经过多年发展，已从最基本的直接购买融资租赁发展成多种形式，如转融资租赁、售后回租融资租赁、委托融资租赁、项目融资租赁、销售式租赁等。

房地产融资租赁包括售后回租以及将要推出的房屋融资租赁。售后回

① 不过，2004年的《关于进一步加强房地产信贷业务管理的通知》禁止商业银行以房地产开发流动资金贷款及其他形式贷款科目向房地产企业发放贷款，同时要求商业银行严格防止建筑施工企业使用银行贷款垫资房地产开发项目。承建房地产建设项目的建筑施工企业只能将获得的流动资金贷款用于购买施工所必需的设备（如塔吊、挖土机、推土机等）。

租也叫售房返租、售后包租，在这种销售方式下，房地产开发经营企业为促进销售，在其建造楼盘出售时与买家约定，在出售后的一定年限内由该房地产开发经营企业以代理出租的方式进行包租，包租期间的租金冲抵部分售价款或偿付一定租金回报，若低于按揭月供，差额由消费者贴补。所谓房屋融资租赁指房屋承租人自己选定或通过出租人选定房屋后，由出租人向房地产销售一方购买该房屋，并交给承租人，承租人交付租金。租赁期间，使用权与产权相分离，当合同期满租金付清时，不动产产权即归承租人。

6. 预收购房款

预收购房款相当于向购房人借款，是一项重要的资金来源，并且没有资金成本。由于购房人购买的是尚未竣工的商品房，所以具有一定的风险。《城市商品房预售管理办法》规定，商品房预售应当符合下列条件：(1) 预售人已经交付国有土地使用权出让金，取得了国有土地使用权证书；(2) 预售人已经取得了该建设工程规划许可证；(3) 预售人投入建设的资金，按照提供预售的商品房计算，已经达到了工程建设总投资的25%以上，并且已经确定了施工进度和竣工交付日期；(4) 预售人已经取得了商品房预售许可证。

（二）权益融资工具

1. 房地产股票

股票是资本市场上一项很重要的金融资产，但是在房地产融资体系中，股票并不占有重要地位。这是因为房地产企业的经营性现金流很不稳定，难以达到上市的要求，所以房地产股票的数量和融资规模并不大。截至2006年7月31日，深沪两个交易市场上挂牌交易的房地产类股票共59支，占上市公司总数的3.6%。

2. 房地产投资信托

房地产投资信托(REITs)是指以信托方式组成而主要投资于房地产的集合投资计划。其运作特点是，由信托机构面向公众公开发行或定向私募发行房地产投资信托受益凭证筹集资金，将其投向房地产项目(如住宅、酒店、公寓、办公楼、综合商业设施、仓库、零售商店、停车场等)、房地产相关权利或房地产证券等，投资所得利润按比例分配给投资者。1960年房地产投资信托首先在美国出现，近十年来，房地产投资信托市场发展迅速，目前美国是全球最大规模的房地产投资信托市场，公开交易的REITs有180只，总市值3 750亿美元。[①] 美国的REITs有三种类型：权益信托、抵押信托和混合信托。抵押信托类似于国内目前的房地产资金信托计划，不过并不是向房地产企业贷款，而是购买商业银行发放的抵押贷款，特别是商业抵押贷款。权益型REITs投资并经营收益型房地产，比如，酒店、写字楼、零售物业、工业厂房，等等。混合REITs同时投资抵押贷款和房地产。权益REITs是主要的REIT类型。目前国内房地产投资信托的发展还受到法律制约，规模不大，还未能够成为一个重要的资金供给者。

第三节　房地产金融政策

房地产金融政策的变化对房地产的投融资活动具有至关重要的影响。本节将主要对与房地产金融政策相关的一些重大问题进行阐述。

一、房地产金融政策概述

房地产金融政策是指能够对房地产金融活动条件产生影响的各项政策。在这里，房地产金融活动条件是指能够对房地产金融活动（行为）构成约束的那些因素，例如，房地产贷款利率、住房贷款首付比率等，都属于房地产金融活动条件的范畴。

理论和实践表明，房地产金融政策对房地产业乃至整个社会经济活动都具有广泛的影响，这种影响体现出房地产金融政策所具有的政策功能。我们可以主要从房地产业健康发展、整体经济运行以及住房保障体系建立等三个方面，对房地产金融政策的功能进行阐述。

第一，房地产金融政策对于房地产业的健康发展具有重要的意义。众所周知，房地产业的成长和发展与金融机构对房地产业的金融支持存在密切的关系。如果对房地产业的金融支持过度，将可能导致房地产市场价格水平脱离经济基本面的约束而不断攀升，并最终形成房地产泡沫经济的格局。反之亦然。因此，只有在对房地产业金融支持适度的条件下，房地产业的发展才有可能呈现出健康发展的局面。形成对房地产业金融支持适度

① http://www.investinreits.com/learn/reitstory.pdf.

的条件，需要有房地产金融政策作保证。从这一意义上看，房地产金融政策是房地产业健康发展的基础。

第二，房地产金融政策对整体经济的稳定运行也具有重要意义。房地产业（或者说房地产市场）运行与整体经济运行的关系问题，是近几十年来经济理论界研究的热点问题，在这一方面，已经取得了较为丰富的成果。

Modigliani 等学者的研究表明，房地产价格上升，将增加消费者的金融财富，从而诱发他们增加消费支出。而房地产价格下降，将减少消费者的金融财富，从而诱发他们减少消费支出。这种效应被称之为房价变动的财富效应。从一国经济的宏观角度看，房价变动的财富效应的强度取决于房地产在私人经济部门中的份额。大量的研究表明，就一般的国家而言，房地产在家庭资产中的份额一般都在20%以上，最高者可达40%以上。并且这一比率还处于稳定的上升趋势之中。因此，Modigliani 等学者认为，房价波动对整体经济运行的影响不可忽略。

Bemanke、Gertler 等学者的研究表明，信息不对称会产生逆向选择和道德风险，因此企业和家庭的资产净值就会影响它们获得信用的能力，净值升高，借款能力增加；反之，则减少。资产价格的上升与下降将影响着企业与家庭的资产净值，从而也就影响着它们的借款能力，而借款能力的变化又影响着企业和家庭的支出活动，而且，上述传导机制还具有自我放大的功能。Bemanke、Gertler 等学者将这种机制称之为金融加速因子（financial accelerator）。Bemanke、Gertler 等学者的研究，从另一个角度揭示了房地产价格波动对宏观经济的影响。

Goodha、Hofmann 等学者以 7 个工业化国家（G-7）为样本，运用计量经济学方法，对金融形势指数（FCI）与消费者价格指数（CPI）之间的回归关系进行了实证研究。他们的实证分析表明，FCI 指数可以用于 7 个工业化国家（G-7）的消费价格指数 CPI 的预测，需要指出的是，在 Goodha、Hofmann 等人构建的 FCI 指数中，包含了利率、汇率、股票市场价格以及房地产市场价格等四个经济变量，其中房地产价格在 FCI 指数中的权重最大，要远远大于其他变量的权重。我们知道，消费者价格指数是标示整体宏观经济运行的基础性指标，因此，从 Goodha、Hofmann 等人的研究中我们不难发现，房地产市场对整体宏观经济运行的影响，要远远大于利率、汇率、股票市场价格对其的影响。

从以上研究中我们可以发现，房地产业（或房地产市场）的运行状况对整体经济的稳定运行具有十分重大的影响，这种影响远远超出一般人的想象。房地产金融政策是地产业健康发展的基础，从这一角度看，房地产金融政策的制定和实施对于维护整体经济的稳定运行具有重大的意义。正是由于房地产金融政策的制定和实施对于维护整体经济的稳定运行具有重大的意义，因此，目前有越来越多的学者正在呼吁将房地产价格作为国家货币政策调控的中间目标。

第三，有必要阐述一下房地产金融政策对于住房保障体系建立的重要意义。从全球的长期经验看，完全采取市场化的运作方式，是不可能有效解决城市住房问题的。这里的关键之处在于，由于受到支付能力的制约，低收入人群以及有特殊困难家庭的住房需求难以在市场化的框架内得到有效的满足。因此，世界各国或地区的政府，都非常重视住房保障体系的建设，以期通过住房保障体系的建设来解决城市低收入人群的住房问题。

从目前的经验看，由于存在具体情况的差异，不同国家或地区的住房保障体系采取了不同的运作模式，这种模式的差异主要体现在不同国家或地区公共住房供给方式的差异上（见表 1-1）。在这里，公共住房是指专门向需要保障的人群所提供的住房，公共住房的建设毫无例外地都受到政府某种形式的资助。

表 1-1　典型国家或地区公共住房的供给方式

国家或地区	公共住房类型	供给对象
日本	公管住宅	住房困难及低收入者
新加坡	组屋	中低收入者
中国香港	公屋	中低收入者
中国内地	经济适用房	中低收入者
中国澳门	社会房屋	低收入者或有特殊困难的家庭
法国	社会住宅	低收入者
西班牙	保护房	低收入者
美国	公共住房	占人口 5% 以下的低收入者
德国	福利住房	低收入者
澳大利亚	公房	中低收入者
瑞典	公益住房	满足条件的各阶层公民

资料来源：陈劲松，《公共住房浪潮》，北京：机械工业出版社 2006 年版，第 6 页。

尽管不同国家或地区的住房保障体系采取了不同的运作模式,但是无论哪一种模式的住房保障体系都需要相应的金融政策的支持。这种金融政策的支持作用,在日本住房保障体系的建立和完善过程中得到了充分的体现。

日本是在二战后的废墟上开始构建住房保障体系的。由于二战的严重影响,战后经济的恢复与住房建设的发展争夺资金的矛盾十分突出,同时,日本传统的金融市场也远不及欧美国家发达,面对这种情况,日本制定和实施了以对公共住房建设提供资金支持为特征的、一整套的金融政策(见表1-2)。

表1-2　日本住宅保障体系中的主要金融政策

序号	政策内容
政策一	组建住房金融公库、住房金融公司等政府型金融机构,为中低收入者的住宅购置或建设提供国家信用支持
政策二	为中低收入者的住宅购置或建设提供资金补贴和优惠贷款
政策三	为中低收入者的住房租赁提供资金补贴
政策四	为向中低收入者提供住房租赁服务的业主提供资金补贴和优惠贷款

注:根据相关资料整理。

这些金融政策的制定和实施,为日本最终形成公私机构互为补充的混合型住房保障金融模式起到了十分关键的作用,而这种住房保障金融模式是日本整个住房保障体系的重要支柱。

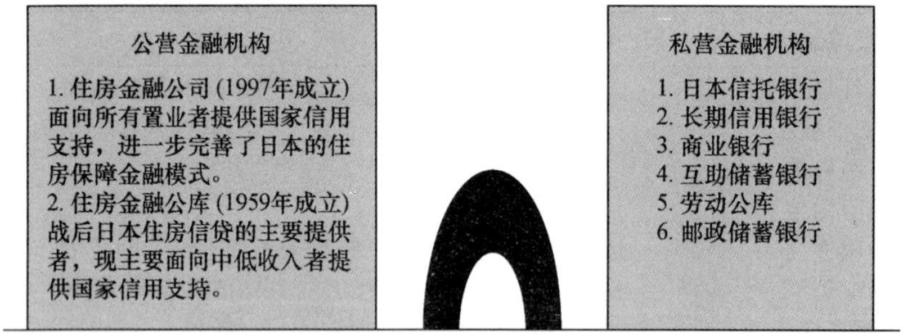

图1-2　日本的住房保障金融模式

资料来源:陈劲松,《公共住房浪潮》,北京:机械工业出版社2006年版,第6页。

总之,住房保障体系是房地产金融政策发挥其政策功能的又一大领域,没有金融政策的制定和实施就不可能有住房保障体系的建立和完善。

二、房地产金融政策与其他房地产政策的匹配

房地产金融政策具有十分积极的政策功能，然而我们需要理解，房地产金融政策只是整个房地产政策体系的一个组成部分，从这一意义上看，房地产金融政策的制定和执行需要与其他的房地产政策相匹配。

1. 房地产政策体系

在房地产政策体系中，除了房地产金融政策外，还包括了其他一些方面的房地产政策，因为这些政策的直接影响对象包括了房地产业，因此，通常将这些政策称之为房地产微观政策。房地产微观政策主要包括土地政策、房地产税收政策以及房地产结构政策等。

土地政策是政府调控土地供给的主要手段，因此，土地政策主要是通过影响房地产市场的供给从而对房地产业施加影响的。由于土地是房地产业生产经营所依赖的不可替代的要素，因此，土地政策的政策功能是房地产其他政策所难以替代的。从目前的情况看，因不同国家和地区的土地制度存在差异，因此，不同国家或地区的政府在具体运用土地政策方面也存在着差异。例如，在我国，土地实行的是公有制，在土地公有制下，政府代表全体公民享有对土地的所有权，土地资源基本被掌握在政府手中，在这种制度背景下，政府实施土地政策的主要手段是直接增加或减少土地的供给。然而在西方国家，土地实行的是私有制，政府掌握的土地资源十分有限，在这种制度背景下，西方国家的政府则主要是通过放宽或限制建筑许可证的方法，间接影响土地的供给。

房地产税收是政府从房地产生产、流通、交换、消费等各个环节所征缴的税收。具体地看，房地产税收又可分为收益税和物业税两种类型。在这里，所谓收益税是指对房地产交易或投资所得所征缴的税收。例如，我国于2005年出台规定，要求对房地产出售收入中增值部分征收一定比例的房地产营业税，在这里，房地产营业税就属于房地产收益税的范畴。此外，对房地产开发企业所征收的所得税、营业税等也属于房地产收入税的范畴。物业税则是对持有房地产资产所征缴的税收。例如，美国的税法规定，要求按照房地产评估价值的一定比率征收财产税，在这里，财产税就是我们所说的物业税。需要指出的是，目前我国还未出台物业税的相关规定。

与土地政策不同，房地产税收政策主要调节的是房地产需求而不是房

地产供给，在这一点上，房地产税收政策与房地产金融政策相一致。但是，在对房地产需求的具体调节效果上，房地产税收政策与房地产金融政策却存在着差异。例如，我们可以通过对第一套住房给予物业税豁免的方法来具体实施房地产税收政策，由此可见，在区分不同市场群体的市场需求方面，房地产税收政策有着其独特的优势。然而在这一方面，房地产金融政策的优势却并不明显，至少是没有房地产税收政策那样明显。当然，房地产金融政策能够比较有效地对整体性的市场需求进行调控，在这一方面，房地产金融政策具有其自身的政策优势。

房地产结构政策是对各种调控房地产市场供应结构政策的总称，房地产结构政策主要是通过对房地产开发企业行为的规定来达到对房地产市场进行调控的目的。例如，为了鼓励中低档住宅的供应，可以对新开发住宅的户型进行明确的限定，也可以对高档住宅的销售价格设置上限，这些政策就是我们所说的房地产结构政策。房地产结构政策，尽管表面上看是调节市场供给，但实际上，它也能对市场需求进行有效的调节。例如，2006 年 5 月，我国出台了著名的“90 平方米户型限制政策”，该政策规定，所有城市今后新建住宅的供应中，90 平方米以下的住宅必须达到新建住宅总供应量的 70% 以上。这一政策就不仅调节了市场供给，而且也调节了市场需求。因为从当时我国房地产市场需求的具体状况看，90 平方米以下户型的住宅已经不能满足高收入阶层的住宅需求，而只有中低收入的家庭才需要 90 平方米以下户型的住宅。因此，从政策效果上看，“90 平方米户型限制政策”实际上在很大程度上将高收入阶层的住宅需求剔除出房地产市场。

2. 房地产金融政策与其他房地产政策的匹配

大量的研究和长期的经验表明，只有在与其他房地产政策相匹配的条件下，房地产金融政策才能发挥其积极的政策功能。房地产金融政策与其他房地产政策的匹配主要体现在两个方面：

(1) 出台时机上的匹配。出台时机上的匹配主要是指房地产金融政策的出台要与其他房地产政策的出台时间保持同步性。这种政策出台时机上的匹配在进行房地产宏观调控过程中显得十分重要。例如，当提高抵押贷款利率以抑制房地产市场需求时，应同时出台土地紧缩政策，不然的话，将可能导致房地产市场供过于求的灾难性后果。

(2) 作用方向上的匹配。所谓作用方向上的匹配是指房地产金融政策与其他房地产政策在调节方向上应保持一致性，如果没有作用方向上的匹配，则房地产金融政策将难以发挥其政策功能。例如，根据需要中央银行提高了房地产抵押贷款的首付比率，而此时，新出台的房地产税收政策却降低了相关房地产税收项目的税率，如果出现这种情况，则中央银行的房地产金融政策的效果无疑将大打折扣。

从目前情况看，由于相关房地产政策的制定权分属于不同的部门，而这些不同的部门又存在各自的不同利益，从而导致了相关房地产政策在匹配性上的表现难以尽如人意，目前，这一问题已经引起许多国家和地区政府的重视。鉴于房地产业在国民经济中的极端重要的地位，目前有不少学者提出应该提高房地产政策的制定和执行档次，将房地产政策从行业政策提高到国家政策的高度，为此，有必要建立一个类似于中央银行的独立部门，以统一协调房地产政策的制定和执行。当然，对于究竟应该如何将房地产政策从行业政策转变为国家政策，目前还存在广泛的争议，但无论如何，我们有理由相信，房地产政策的匹配性问题将会不断得到改善。

三、我国房地产金融政策的形成和演变

伴随着我国房地产市场的不断发展，我国房地产金融政策也处于不断形成和演变的过程中，在以下的部分，我们将对这一过程进行分析和阐述。了解我国房地产金融政策的形成和演变过程，这有利于加深对我国的房地产金融政策的理解。

（一）1993 年以来我国房地产业的发展：产业政策与阶段划分

严格来说，我国房地产金融政策的基本架构是在 1993 年以后逐步形成的。因此，我们首先需要对 1993 年以来我国房地产业的发展进行简要地回顾和总结。

我国房地产市场 1993 年以来经历了三个不同的发展阶段：第一阶段（1993—1997 年）“局部泡沫”后的调整阶段。1993—1996 年我国房地产投资与销售增长均处于下降状态，其中 1997 年房地产投资额比 1996 年下降了 1.2%。这一阶段是对上个世纪 90 年代初以来的房地产热的一个逐步消化的过程。政府针对房地产泡沫实施了紧缩政策，从财政、金融、土地供给等各个方面规范市场，力图扭转房地产市场的投资导向，调整房地产市场结构。1994 年国务院启动住房制度改革，鼓励职工购买公房，开始了

居民住房由实物分配向货币分配的转化,促使居民住房由原来的“以分为主”向“以买为主”转变。1996 年末,政府提出发展普通民用住宅建设,以形成新的经济增长点。自此,我国房地产市场真正开始起步。第二阶段(1998—2001 年)复苏与发展阶段。进入 1997 年后,针对我国当时通货紧缩的宏观局势,政府开始实施积极的财政政策,拉动内需以刺激消费。在推进城市化的大背景下,1997—2001 年我国房地产业投资与销售增长均出现稳步上扬,投资增长与销售增长均达到 20% 以上。国家在 1998 年明确提出要把房地产业培育成支柱产业、把住宅产业培育成国民经济新的增长点。之后,特别是在 1999 年, 国家出台了一系列扶持房地产发展的政策,特别是加大了对住宅产业的支持力度,如实施住房货币化分配、经济适用房计划、降低税费、消化空置商品房、启动二、三级市场以及大力发展房地产金融等,这些政策对房地产业的复苏与发展起到了极大的推动作用。其中国家从 1998 年下半年开始停止住房实物分配,逐步实行住房分配货币化。这可以看作是城镇居民住房制度改革的关键举措,我国从此开始了居民住房的全面自有化和商品化的进程,房地产业正式登上了人们生活的主流舞台。后续的关于经济适用房和规范土地的一系列政策,奠定了房地产市场良性发展的基础。第三阶段(2002 年至今)快速成长与局部过热阶段。随着住房货币化进程的结束和城市化进程的巨大进展,我国房地产业消费需求开始强力释放。房地产业已经成为我国国民经济发展的支柱产业, 特别是随着 2003 年土地招拍挂制度的实施,我国房地产业的市场化运行程度、特别是原来一直处于严格管制状态的土地市场的市场化程度大大提高。本阶段房地产投资与商品房销售的增长率持续高涨。可以判断,我国房地产市场进入了一个新的金融发展阶段,市场运行中的突出矛盾已由前几年的需求不足转变为在巨大的发展空间背景下,局部性、结构性的需求过度扩张的矛盾。进入 2003 年后,国家以土地审批和信贷投放作为两大主要手段,对房地产及相关行业开始了新一轮宏观调控,尽管这些政策措施对控制固定资产投资过热和房地产投机等行为产生了积极的、明显的成效,然而部分地区房地产投资规模和价格的增幅仍维持在高位状态。随后,在 2005 年 3 月 28 日、4 月 27 日,国务院办公厅发布《关于切实稳定住房价格的通知》(业界称为“老八条”)、国务院常务会议提出八项措施加强对房地产的调控和引导(业界称为“新八条”),强调“必须把解决房地产投资规模和价格上升幅度过大的问题，作为当前加强宏观调控的一个突出任务”。尽管这些政策的实施取得了一定的效果，但是却远未达到其最初的设计目标。进入2005年下半年，特别是2006年以后，我国房地产投资规模和房地产价格都出现了整体性的反弹，这种状况引发了社会各界的强烈不满。为此，国务院于2006年4月，再次出台了一系列新的、更为严厉的房地产宏观调控政策，以期有效抑制房价的持续上涨和房地产投资规模的不断膨胀。

（二）我国房地产金融政策的形成和演变

自1993年以来，伴随房地产市场的不断发展，我国的房地产金融政策也经历了逐步扩展和深化的过程。根据对房地产市场三个发展阶段的划分，我们可以简要地梳理一下每个阶段的房地产金融政策。

在第一阶段（1993—1997年）中，房地产金融政策以紧缩银根和支持住房制度改革为基调。由于政府实施了坚定的紧缩政策，通过紧缩银根控制投资者的资金来源、直接干预房地产信用的信贷限额和信贷质量，很快抑制了房地产投资的过快增长。1994年国家住房货币化改革政策出台后，随后的房地产金融政策带有浓郁的房改金融色彩，一开始资金运用大多投向了房地产开发领域，并没有为住房的商品化和住房市场的持续发展培育有效需求。而随着局部的房地产“泡沫”的逐渐消失，政府将安居工程贷款列入贷款计划，以配合住房制度改革和达到调整房地产投资结构的目的，这是我国房地产金融政策的另一个阶段性特点。同时，政府建设房地产金融市场的侧重点则由单纯的配合房改，转向了引导资金在住房投资和消费及安排公共住房投资之间进行合理配置。从房地产利率方面看，在这一阶段中，无论是房地产开发贷款，还是个人住房贷款，在利率上都没有任何优惠，都执行与其他贷款同档次的利率水平。

在第二阶段（1998—2001年）中，房地产金融政策从需求和供给两个方面支持房地产市场的建设。国家在1998年扩大内需的战略部署中，提出把住宅建设培育成为新的经济增长点，调控的重点就是要启动居民住房消费。金融政策对于房地产业的支持在这一阶段开始转向，由以前的主要支持供给转为同时关注消费需求和供给。1998年，央行对商业银行的规模管理转变成为资产负债比例管理，并陆续颁布和实施了《关于加大住房信贷投入支持住房建设与消费的通知》、《个人住房贷款管理办法》等一系列的政策，这些政策的颁布与实施，进一步加大了住房信贷投入，支持了住房建设和消费，而且还具体规定了对个人住房信贷的优惠条件。1998 年 5 月 15 日颁布的《中国人民银行个人住房贷款管理办法》规定，信贷资金发放的个人住房贷款利率按法定贷款利率（不含浮动）减档执行。1999 年，中国人民银行将住房贷款的上限由房价款的 70% 提高到 80%，将个人住房贷款最长期限从 20 年延长到 30 年，并将个人住房贷款利率在原有的优惠基础上进一步下调 10%。这一系列政策措施终于使房地产市场掀起了波澜，极大地推动了我国房地产市场，特别是住房市场的发展。在这一阶段中，我国房地产开发贷款仍然执行与其他贷款同档次的利率水平。

在第三阶段（2002 年至今）中，金融政策开始对房地产市场的供给结构进行调控，逐步过渡到从供给和需求两个方面对房地产市场进行调控。房地产业投资的高速增长在 2001 年底就引起央行的警觉，并发布了 195 号文件进行调控，但在实际的操作过程中并未得到各家银行足够的重视，造成局部地区违规贷款比例居高不下，蕴含了大量的金融风险。为此，央行在 2002 年二季度的货币政策报告中首次提到要“防止产生房地产泡沫，防止信贷过度集中于房地产业”，而在此前的一季度报告中的说法仍然是“实行低利率、鼓励个人住房信贷、增加房地产开发企业信贷”。在有案可查的资料中，这是最早发出的警惕房地产泡沫的声音。在 2003 年 2 月发布的 2002 年货币政策执行报告中，央行再次提醒房地产泡沫及其引发的金融风险，但是措辞依然温和。考虑到当时扩大内需，拉动经济增长，住宅业是新的经济增长点这一特殊背景，央行的房地产信贷政策采取了‘软着陆’的办法，提出“金融机构既要支持房地产业的发展，又要防止引发房地产泡沫。”从以上文件的精神上看，本次管理层对于房地产市场的调控主要有两个目标。第一个目标是配合宏观调控，减少对整体经济运行和金融风险的压力，主要手段是总量控制，以土地和信贷供应为突破口，控制社会资源流向房地产领域，降低房地产在经济中的比重。第二个目标是重点解决房价过高所带来的社会问题。在这种背景下，央行出台了一系列的金融政策，以达到调控房地产市场运行之目的。2002 年 6 月，央行重新制定了房地产开发贷款的标准，规定只有自有资本投入达到总投资 35% 以上的项目，才有资格获得银行所发放的房地产开发贷款。2004 年 10 月，央行上调存贷款基准利率。2005 年 3 月，央行宣布取消住房贷款的优惠利率，转而执行正常的贷款利率，这也意味着5年及以上期限的住房贷款利率将至少上调0.2个百分点。本次调整商业银行自营性个人住房信贷政策，将现行的住房贷款优惠利率回归到同期贷款利率水平，实行下限管理。对风险相对较小的居民自住性购房，商业银行可实行下限利率，对风险较大的住房贷款，商业银行可向上浮动利率，以便更好地覆盖资产风险。与此同时，央行还调整了个人住房贷款的首付比率，将购买两套以上住房的首付比率，由20%提高到30%以上。2006年，为了进一步深化对房地产市场的宏观调控，央行再一次提高了基准贷款利率，提高幅度为0.27%，并且，央行还再一次强调了严格执行房地产金融调控政策的重要意义。2006年6月，央行下达文件，开始着手在全国范围内对房地产开发贷款进行全面清理，以便进一步整顿房地产金融市场秩序。

我们可以对房地产金融政策的演变路径和取向进行三点总结：

1. 房地产金融政策正在对不同的市场需求给予关注。从以上的回顾中不难看出，为了抑制房地产过热和房地产泡沫的出现，我国的房地产金融政策开始对不同的房地产需求采取不同的反应方式。对于真实的住房需求，金融政策给予保护和支持，而对投机性的住房需求，金融政策则给予抑制和打击。从房地产市场的发展规律看，这种政策取向将是我国房地产金融政策形成演化过程中的另一个长期取向。

2. 房地产金融政策的调控正走向预防性、多元化、间接化、柔性化。通过前后两次调控的对比可以看出：1993年对于房地产的金融调控属于事后调控，由于当时全国房地产市场不发达，部分地区房地产已经过热甚至产生泡沫之后才进行调控；本次调控政策则具有更大程度的超前性，中央银行从分析银行的违规房地产贷款造成的风险出发，及时提出防范房地产过热风险的措施。在调控手段和效果方面：第一次调控采取了控制投资规模、直接干预房地产信贷的金融政策，带有行政强制性，虽然使得房地产市场迅速降温，但也导致了房地产空置率高以及烂尾房等遗留问题；第二次调控通过综合运用利率、准备金率、首付比率的调整、窗口指导等多种政策，以及加大对商业银行的风险监管力度，从房地产需求和供给两个层面对房地产市场进行调控，手段相对温和，政策的导向性更加明晰。从房地产业发展的市场化方向上看，调控手段的多元化、间接化、柔性化也是我国房地产金融政策形成演化过程中的一个长期取向。

3. 如何发挥房地产金融政策对整体宏观经济以及住房保障体系建设的积极影响,是今后我国金融政策制定和执行过程中亟待解决的问题。1998 年我国遭遇通货紧缩,也就在这时我国对个人住房信贷实行了优惠政策,同时放松了对于房地产开发贷款的要求,以支持房地产业的发展,而在 2003 年后,当我国宏观经济出现过热迹象时,我们看到,中央银行采取了逐步取消住房信贷优惠,加大对房地产市场需求调控力度的政策取向。这种状况表明,事实上我国已经开始注重发挥房地产金融政策对整体宏观经济的积极影响。但问题是,从实施效果上看,我国的房地产金融政策并没有真正发挥对整体宏观经济的积极影响,这一点已经被近几年来我国房地产投资的迅猛增长和房地产价格的不断上涨所充分证实。众所周知,房地产业对整体宏观经济具有不可忽视的巨大影响,而这种影响的性质又在很大程度上取决于房地产金融政策的制定和实施。由此可见,如何发挥房地产金融政策对整体宏观经济积极的影响作用是今后我国金融政策制定和执行过程中亟待解决的问题。此外,住房保障体系的建设离不开金融政策的支持,没有金融政策的支持就不可能有完善的住房保障体系。当前购房难的问题已经成为影响我国民生的一个重大问题。如何发挥房地产金融政策对住房保障体系建设的积极影响,将是今后我国金融政策制定和执行过程中亟待解决的问题。

本章小结

房地产金融是金融学的一个分支。房地产金融以房地产实体及其产权的交易过程中所涉及的各种金融服务的供需机制以及相关金融活动对房地产市场的影响为研究对象。

房地产金融市场可以分为多个层次。按照金融产品交易的层次,划分为一级市场和二级市场;按照承担的政策目标,可以分为政策性房地产金融和商业性房地产金融。目前国内从事房地产金融业务的存款性金融机构有商业银行、住房储蓄银行以及非存款性金融机构(比如信托投资公司、投资基金、人寿保险公司、证券公司,等等)。按照融资性质划分,房地产融资工具可以分成两大类:一类是债务融资工具,包括贷款、债券、融资租赁、预收购房款等;另一类是权益融资工具,包括发行股票、房地产投资信托等。

房地产金融政策是指能够对房地产金融活动条件产生影响的各项政策。

房地产金融政策的制定和执行需要与其他的房地产政策相匹配。

练习与思考

1. 与房地产金融相关的问题有哪些？
2. 按照融资性质划分，房地产融资工具可以分成几类？
3. 区分房地产金融一级市场和二级市场。
4. 辨析房地产与金融的关系。

推荐阅读书目

[1] 特瑞斯·M.克劳瑞特、G.斯泰西·西蒙著，龙奋杰、李文诞译：《房地产金融：原理和实践》（第3版），北京：经济科学出版社2004年版。

[2] 中国人民银行研究局课题组：《中国房地产发展与金融支持》，2004年3月5日，http://ifb.cass.cn/show_News.asp? id=1506。

[3] REICO REPORT：《我国房地产金融研究》，2005年第三季度，http://www.blogestate.com/download/REICO%E6%8A%A5%E5%91%8A9.pdf。

第二章 房地产金融理论基础

知识要求

通过本章的学习，掌握

- 资产定价的基本原理
- 财务杠杆与最优资本结构
- 金融期权理论
- 投资组合与有效市场理论
- 金融中介理论与代理理论
- 货币的时间价值

技能要求

通过本章的学习，能够

- 理解基本金融理论如何应用于房地产投融资决策

第一节 资产定价

一、资产定价的基本原理

资产能够为其所有者带来一定时期的现金流。投资者购买某种资产所看中的就是该种资产产生现金流的能力。因此，某种资产的价格是由未来一段时间内所产生的现金流量来决定的。所有现金流量在投资者购买时点上的价值之和就是该资产的价格。这是一种被称作现金流折现的定价方

法。用公式来表示即

$$价格 = \sum_{t=1}^{n} \frac{CF_t}{(1+r)^t}$$

其中,CF代表各期现金流,r是贴现率,n是现金流的次数。该公式表明决定资产价格的因素有三个:现金流量、现金流发生期次和贴现率。任何一个变量发生改变,都会对资产价格产生影响。给定时间、现金流量和贴现率对价格的影响是相反的。现金流量越大,投资者愿意支付的价格越高;贴现率越高,投资者愿意支付的价格越低。

这个公式能够用于任何一种能够为其所有者带来现金流的资产的估价,不论是股票、债券还是实物资产如房地产。就房地产而言,不仅包括实物房地产,还适用于房地产抵押贷款、住房抵押贷款证券、房地产股票、房地产投资信托等资产的估价。

二、资产定价中的现金流量

(一)现金流的内涵

资产定价意义上的现金流量与会计意义上的现金流量的含义不同。会计意义上的现金流指企业现金和现金等价物的流入和流出。企业现金流量以企业作为核算主体,在一定会计期间内,按照收付实现制原则,基于一定经济活动(包括经营活动、投资活动、筹资活动和非经常性项目)而产生,它能够清楚地反映企业的偿债能力、支付能力与资金运营能力。包括经营活动现金流量、投资活动现金流量、筹资活动现金流量。

资产定价意义上的现金流是建立在预期而非实现基础上的概念。这里的"现金"不特指狭义的货币资金,而是广义的现金,包括所有可以增加资产所有者财富的货币资源及非货币资源的变现价值。确定现金流量应遵循的基本原则是:只有增量现金流量才是与资产相关的现金流量。所谓增量现金流量是指购买或者不购买该资产后,投资者财富因此而发生的变动:只有那些由于购买而引起的现金支出增加额才是该投资的现金流出;只有那些由于购买而引起的现金流入增加额,才是该投资的现金流入。

资产定价中使用的现金流是税后现金流。这是因为现金流不仅仅包含利润,它的范围要更宽泛。当一项投资的税后收入为负数,即出现亏损时,其为所有者提供的现金流却有可能仍然为正的。投资者就可以将这些现金进行再投资,从而获得正的投资收益。如果投资持续进行下去,那么再投资收益的累积足以抵消原始投资的会计亏损,从而增加投资者财富。

(二) 现金流的时间性

现金流的取得时间与资产价值有关系。对于现金流量相同的两种资产,现金流越早产生的资产,其价值越大。这是因为现金流越早收到,就可以越早地用于再投资赚取投资收益或者减少所需支付的利息,两者都能增加投资者财富。这一思想可以从公式中得到反映。如果现金流入的时间晚,即 t 愈大,则贴现因子 $1/(1+r)^t$ 越小,资产价格越低。

(三) 现金流的风险

现金流在资产寿命期内并不会一直保持稳定,而是会受到多种不确定因素的影响而波动。也就是说,实际现金流与预期现金流并不一致,实际现金流有可能大于预期流量也可能小于预期流量。大部分资产现金流都有风险,现金流可以被100%确认的无风险资产的例子很少,无违约风险的国库券可以看作是无风险资产。与房地产有关的资产都具有风险,这是因为不确定性广泛存在于房地产开发经营过程中,比如,建筑材料价格、利率、工期、市场等方面都存在较大的不确定性。房地产开发经营过程中的诸多不确定性最终都将反映到项目现金流上,使得项目现金流的不可控因素增加。

(四) 风险在定价中的作用

风险是在房地产投资过程中必须考虑的问题。在房地产估价中,对风险的处理是通过对贴现率的调整来实现的。该方法的理论依据是:贴现率是投资者进行项目投资决策时所要求的最低报酬率,当项目投资的风险增大时,投资者要求得到的报酬也上升,反之,当项目投资的风险减小时,投资者要求得到的报酬也下降。所以风险越大,贴现率越高,风险越小,贴现率越低。这相当于对远期的收益给予一个较小的权重,以体现不确定性随着时间的延长而增加的情况。在金融资产的定价中,经过风险调整的收益率由资本资产定价模型(CAPM)给出。根据CAPM,无风险利率、市场收益率和该资产的系统性风险决定了合适的贴现利率。

不过CAPM的应用有限制条件,要求资产市场是完全竞争的、有效率的,在这一点上,房地产市场并不符合要求,因而CAPM不适用于房地产估价,不过其指导思想仍然是有效的——风险越大的投资,应该提供越高的投资收益率。比如,房地产权益投资的贴现率就应该比债权投资的贴现率更高。这是因为债权人能够优先获得扣除经营费用后的现金流,并且在房地产上拥有留置权,而权益投资者的现金流是不确定的。

第二节　财务杠杆与最优资本结构

一、财务杠杆原理

房地产开发需要大量资金,而房地产企业没有足够的自有资金来开发房地产,所以总会发生资金借入。企业借入资金进行房地产开发,可以享受利息在税前扣除的好处,从而扩大权益收益率。还有,利用债务融资还可以实现与财务杠杆相关的收益。

一般来讲,债务金额是固定的,如果利率也是固定的,那么债务偿还额就是确定的。于是,当利润增大时,每1元利润所负担的债务利息就会相对地减少,从而使权益收益率有更大幅度的提高。这种债务对房地产投资收益的影响称作财务杠杆。显然,对一个公司而言,如果它的固定利息费用较高,则可认为该公司是财务杠杆效应较强的公司。

财务杠杆作用的大小通常用财务杠杆系数表示。财务杠杆系数越大,表明财务杠杆作用越大,财务风险也就越大;财务杠杆系数越小,表明财务杠杆作用越小,财务风险也就越小。财务杠杆系数(degree of financial leverage,DFL)的计算公式为:

$$\mathrm{DFL}=\frac{\text{每股收益变动率}}{\text{营业利润变动率}}$$

对财务杠杆的几点认识:

第一,财务杠杆是一把"双刃剑",即公司利用财务杠杆,既可能给股东带来负债利益,增加股东的每股收益,财务杠杆发挥正效应,也可能给公司股东带来利益损失,降低股东的每股收益,财务杠杆发挥负效应。财务杠杆发挥正效应的前提是公司的负债利率低于资产收益率,否则,负债利率高于资产收益率,财务杠杆将发挥负效应。

第二,财务杠杆效应的大小取决于固定利息费用的大小,进而取决于负债率与利率的高低,即固定利息费用越大,财务杠杆效应越大;固定利息费用越小,财务杠杆效应越小。

第三,财务杠杆系数的大小反映了公司融资风险的大小,即财务杠杆系数越大,说明公司承担的固定利息费用越大,在营业利润增加时,财务杠杆会给股东带来负债利益,而在营业利润减少特别是营业利润减少到不足以弥补负债利息时,财务杠杆则会使股东收益变为负值,遭受巨大的负债损失。

第四,财务杠杆效应随公司营业利润的增加而逐步降低。这是因为,随着营业利润的不断增加,单位营业利润负担的固定利息费用逐步降低,税收负担增加,这意味着股东收益增长的幅度降低,进而使得财务杠杆效应减弱。

第五,财务杠杆系数的大小与公司融资结构之间有着密切的联系。在公司融资总额和息税前利润既定的情况下,融资结构中的负债率越高,固定利息费用越大,财务杠杆系数越大,融资风险也就越大;反之亦然。

二、资本结构与企业价值

财务杠杆既然在一定条件下能够提高公司权益投资收益率,那么是否可以增加公司价值呢?何种资本结构是最优的?或者说最佳的资产负债率如何决定?莫迪利亚尼和米勒提出了MM资本结构理论,认为在一个没有公司所得税的环境中,无论公司资本在债务和权益之间如何进行分配,公司价值都等于公司所有资产的预期收益额按适合该公司风险等级的必要报酬率予以折现。他们的理由是,权益投资者有能力运用自制杠杆(个人借款)来购买完全以权益融资的公司的股票。在支付个人借款利息后,剩余现金流就与公司发行债券融资时的现金流一样了。由于现金流的复制并不依赖于发行债券的公司,所以公司的资本结构并没有创造和增加价值。换个角度看,利用财务杠杆的公司,其股权资本成本率随筹资额的增加而提高。因为便宜的债务给公司带来的财务杠杆利益会被股权资本成本率的上升而抵消,最后使有债务公司的综合资本成本率等于无债务公司的综合资本成本率,所以公司的价值与其资本结构无关。

莫迪利亚尼和米勒的这种观点显然与现实不符。后来他们修正了自己的观点,取消了公司无所得税的假设,认为若考虑公司所得税的因素,公司的价值会随财务杠杆系数的提高而增加,从而得出公司资本结构与公司价值相关的结论。这是因为当公司举债后,债务利息可以计入财务费用,形成节税利益,由此可以增加公司的净收益,从而提高公司的价值。随着公司债权比例的提高,公司的价值也会提高。

19 世纪七八十年代后又出现了一些新的资本结构理论,主要有代理成本理论、信号传递理论和啄序理论等。代理成本理论是经过研究代理成本与资本结构的关系而形成的。这种理论通过分析指出,公司债务的违约风险是财务杠杆系数的增函数;随着公司债务资本的增加,债权人的监督成本随之提升,债权人会要求更高的利率。这种代理成本最终要由股东承担,公司资本结构中债权比率过高会导致股东价值的减低。信号传递理论认为,公司可以通过调整资本结构来传递有关获利能力和风险方面的信息,以及公司如何看待股票市价的信息。资本结构的啄序理论认为,公司倾向于首先采用内部筹资,比如留存收益,因其不会传导任何可能对股价不利的信息;如果需要外部筹资,公司将先选择债权筹资,再选择其他外部股权筹资,这种筹资顺序的选择也不会传递对公司股价产生不利影响的信息。因而不存在明显的目标资本结构。

第三节　金融期权理论

一、期权定义及其类型

期权是指赋予持有者在期权到期日或者到期日之前按照双方事前约定的价格(即协议价格)或者执行价格买或卖一定数量标的资产的权利的合约。期权合约交易的是一种权利,即一旦投资者购买了期权,他就拥有了在一定期限内向期权卖方购买或出售一定数量资产的权利。他可以执行也可以不执行这种权利,这完全取决于他能否在规定时间内从执行期权当中获利。这意味着,对于期权的卖方来讲,他只有应期权买方要求执行期权的义务而没有拒绝执行的权利。这就是说,当期权买方按照合约约定的条件行使买进或者卖出标的资产权利的时候,期权卖方必须相应地卖出或者买进相同数量的标的资产。期权卖方从中得到的好处是期权买方支付的期权费或者期权价格,作为承担义务的报酬。

期权合约的两种最基本形式被称为看涨期权(又称买进期权)和看跌

期权(又称卖出期权)。看涨期权赋予期权买方在期权有效期内以约定价格(即执行价格或者协议价格)购买标的资产的权利。期权买方是否执行期权取决于协议价格与到期日资产市场价格的比较。如果资产的市场价格高于协议价格,期权就会被执行,即期权买方以协议价格买进资产,资产价格与协议价格之间的差额构成了期权买方的投资利润。反之,如果在到期日资产的市场价格低于协议价格,则期权不会被执行而到期。

看跌期权赋予期权买方在期权有效期内以协议价格或者执行价格卖出标的资产的权利。同样,期权买方是否执行期权取决于协议价格与到期日资产市场价格的比较。如果资产的市场价格高于协议价格,期权买方会放弃执行期权,因为这个时候执行期权是不利的。另一方面,如果在到期日资产的市场价格低于协议价格,则期权就会被执行,因为此时期权买方可以相对比较高的协议价格将资产卖给期权卖方,协议价格与资产市场价格之间的差价构成了期权买方的投资利润。

除了这两种最基本的期权形式之外,还可以按照期权被执行的时限来划分为欧式期权和美式期权。欧式期权只能在期权到期日被执行,提前执行是不允许的;而美式期权则允许期权买方在期权到期前的任何一天(当然也包括到期日)执行期权。由于这个原因,美式期权可能比欧式期权更有价值。

二、期权定价模型简介

(一) 二项式期权定价模型

二项式期权定价模型建立在一个基本假设基础上,即在给定的时间间隔内,证券的价格运动有两个可能的方向:上涨或者下跌。

二项式模型将期权的有效期分为很多很小的时间间隔 Δt,并假设在每一个时间间隔 Δt 内股票价格从 S 变化到两个价格 S_u、S_d 中的一个。其中,$u>1$,$d<1$,并且 $u=1/d$。在任何时期,价格上升的概率为 ρ,下降的概率为 $1-\rho$。通过复制一个能够产生与要定价的期权相同现金流的资产组合,可以为期权定价,因为无套利条件要求期权的价值必定等于产生相同现金流的复制资产组合的价值。

考虑一种不支付红利的股票,股票现在的价格为 S,以该股票为标的资产,期权到期收益为 C,假设在未来 T 时刻股票的价格只有两种取值情况,

或者从 S 上升到一个新的价格 S_u，或者从 S 下降到一个新的价格 S_d，即当股票价格向上变化时，股票价格增长的比率为 $u-1$；当股票价格向下变化时，股票价格减少的比率为 $1-d$。在期权的有效期内，我们可以根据股票的取值情况，计算期权的相应价值。当股票价格变化到 S_u 时，我们假设期权价值为 C_u；当股票价格变化到 S_d 时，我们假设期权价值为 C_d。在风险中性假设下，二项式模型为：

$$C = [\rho C_u + (1-\rho) C_d] e^{-rT}$$

其中：

$$\rho = \frac{e^{rT} - d}{u - d}$$

这就是风险中性定价公式。如果期权只有一期，不采取连续复利，那么公式可以简写为：

$$C = [\rho C_u + (1-\rho) C_d]/(1+r)$$

其中：

$$\rho = (r-d)/(u-d)$$

（二）Black-Scholes 期权定价模型

Black-Scholes 模型是用来为欧式期权定价的。在 Black-Scholes 模型中，看涨期权的价值可以写成下列变量的函数：

c 表示欧式看涨期权价格，S 是基础资产现在的价格，X 表示期权执行价格，σ^2 表示基础资产价格波动率，作为近似，波动率可解释为一年内价格变化的标准差，r 表示期权有效期内的无风险利率，T 代表期权有效期。则模型可以写为：

$$c = SN(d_1) - Xe^{-rT}N(d_2)$$

其中：

$$d_1 = \frac{\ln(S/X) + (r + \sigma^2/2)T}{\sigma\sqrt{T}}$$

$$d_2 = \frac{\ln(S/X) + (r - \sigma^2/2)T}{\sigma\sqrt{T}} = d_1 - \sigma\sqrt{T}$$

$N(x)$ 为均值为 0、标准差为 1 的标准正态分布变量的累计概率分布函数（即这个变量小于 x 的概率）。

三、房地产金融期权的例子

多种多样的房地产合同赋予了交易的一方或者双方很多有价值的期权。只不过大多数期权并不在有组织的交易所内交易。比如，在住房抵押贷款中蕴含着提前偿还期权和违约期权。提前偿还期权是指住房所有者在抵押贷款到期前的任何时候都有权提前偿还贷款余额。这相当于住房所有者取得了一项买方期权。实际上抵押人发行了可在到期日之前的任何时候回购的债券（用于购买住房），执行价是抵押贷款被回购时的贷款本金余额（按照贷款名义利率贴现）。而回购时剩余还款额的价值与回购时的市场利率有关。如果市场利率下降，对贷款人而言剩余还款额的价值上升，当执行价格低于剩余贷款价值时，借款人就有可能回购该债券（即提前偿还贷款）。

违约期权是借款人拥有的卖方期权。抵押贷款是以住房上的留置权作担保的。如果借款人不能够再继续偿付本金和利息，贷款人就有权利处置抵押房产并以处置所得来偿还贷款。当房地产价格下跌到贷款余额之下的时候，违约期权就开始具有价值。这个时候借款人就会选择将房地产卖给贷款人来偿还贷款，即借款人以低于债务价值的执行价格（房地产价值）执行了该卖方期权。

下面来看一个房地产交易期权的例子。深交所上市公司金融街（000402）于2005年5月19日与Excel Partners China FUND, L. P.（下称"Excel公司"）就金融街F2地块部分项目签署了《购买选择权协议》，以人民币1 600万元购买金融街一处价值8.78亿元房产的选择权。

根据协议规定，金融街授予Excel公司购买金融街F2-1（A）座房产及相应停车位的选择权，Excel公司须在本协议签署后5个工作日内向金融街一次性足额支付选择权对价共计1 600万元人民币。Excel公司在选择权对价足额支付后，应根据协议规定，在选择权时限内（2005年12月31日前）且项目完成主体结构封顶后，对是否行使该房产的购买选择权做出决定并书面通知金融街。若金融街在协议规定的选择权时限内收到Excel公司的购房通知，则按照协议规定，Excel公司应支付的购房款约8.177亿元以及车位租售款约6 072万元，且上述选择权对价款将被视为购房款的一部分。若金融街在协议规定的选择权时限内未收到Excel公司明确表示的购房通知，则视为该公司自愿放弃行使该房产的购买权，已支付的购买选择权对价将全部作为补偿款归金融街所有，本协议自动终止。

这种期权交易对于双方而言均在一定程度上锁定了业务风险。若协议中的标的价格在选择权期限内上涨，无疑，Excel 公司将行权，并因为期权规避了价格上涨的风险；若标的价格跌幅超过期权成本，Excel 公司可能放弃行权，金融街同时也能获得 1 600 万元期权对价的补偿。

此外，在房地产开发中也隐含着期权。比如，在房地产开发中面临很多不确定性，城市规划的变化就是一种。在某地区的城市规划明确之前，开发商可以先不忙于对此地段进行开发，等到规划风险消失之后再开发。当开发商延迟此投资方案时，对他而言即获得一个等待期权的价值（the value of the option to wait）。就项目净现值随着时间变化的特征而言，这种延迟期权具有看涨期权特征。

第四节　投资组合与有效市场理论

一、投资组合理论

从狭义的角度来说，投资组合是规定了投资比例的一揽子有价证券，当然，单只证券也可以当作特殊的投资组合。人们进行投资，本质上是在不确定性的收益和风险中进行选择。投资组合理论用均值-方差来刻画这两个关键因素。所谓均值，是指投资组合的期望收益率，它是单只证券的期望收益率的加权平均，权重为相应的投资比例。所谓方差，是指投资组合的收益率的方差。它刻画了投资组合的风险。但是投资组合方差不等于单个证券风险的加权平均，因为证券收益率波动有可能是相互抵消的，所以投资组合的方差不仅与单个证券的方差有关系，还与反映证券之间相互关系的协方差有关。只要证券收益之间不是完全正相关，投资组合风险就会比单个证券加权风险还要小。如果资产的收益之间是完全负相关，投资组合的风险为零，也就是说收益是确定的。这就是组合风险分散的原理。这意味着，构造投资组合要选取负相关或者正相关性比较弱的资产。总之，投资组合可以在不降低期望收益率的情况下，减少投资风险。

房地产投资具有很大的不确定性，如何消除不确定性的影响从而降低投资风险是投资者面临的问题。有很多研究证实投资组合有利于分散房地产投资风险。房地产投资组合就是把资金分散投资在不同类型(从而具有不同风险)的房地产上面。而房地产有很多类型,从用途分有写字楼、酒店、超市、停车场、住宅、公寓、标准工业厂房等,从地域分有国内国外、省内省外之分等,多种多样的房地产为分散化投资提供了条件。

二、有效市场理论

有效市场理论认为,如果资产市场是有效率的,那么资产的价格完全反映了与该资产有关的所有可知的信息。根据市场对信息的反应程度和广度,可以把有效市场分成三个不同的层次,即强式有效市场、半强式有效市场和弱式有效市场。所谓强式有效市场是指所有已知信息都已经体现在资产的当前价格当中。投资者不能利用所有公开发表的信息,也不能利用内幕信息来牟取超额利润。在强式有效市场上,有关资产的任何信息一经产生,就得以及时公开,一经公开就能得到及时处理,一经处理,就能在市场上得到反馈。也就是说,信息的产生、公开、处理和反馈几乎是同时的。也就是说,资产的价格反映了所有即时信息。所谓半强式有效市场则是指资产价格不但完全反映了所有历史信息,而且还完全反映了所有公开发表的信息。强式和半强式有效市场的区别在于信息公开的有效性是否被破坏,也就是说是否存在未公开的“内幕信息”。所谓弱式有效市场就是在资产价格中包含了全部历史价格信息,任何投资者无法依靠对历史价格信息的分析(如技术分析)来获取超额利润。

效率市场假说建立在三个强度依次减弱的假设之上:

假设1:投资者是理性的,因而可以理性地评估资产的价值。

假设2:虽然部分投资者是非理性的,但他们的交易是随机的,这些交易会相互抵消,因此不会影响价格。

假设3:虽然非理性投资者的交易行为具有相关性,但理性套利者的套利行为可以消除这些非理性投资者对价格的影响。

由以上三种假设可以看出,有效市场的必要条件可以概括为:

第一,存在大量的资产,以便每种资产都有“本质上相似”的替代资产,这些替代资产不但在价格上不能与被替代品一样同时被高估或低估,而且在数量上要足以将被替代品的价格拉回到其内在价值的水平。

第二，允许卖空。

第三，存在以利润最大化为目标的理性套利者，他们可以根据现有信息对证券价值形成合理判断。

第四，不存在交易成本和税收。

由此可见，有效市场有严格的限制条件。房地产及其市场特征不满足这些假设条件，房地产的异质性以及房地产市场的区域垄断和信息不对称特征决定了房地产市场不会是有效率的市场。影响房地产价值的信息，比如城市规划的变更，基础设施的修建、附近其他项目的开发等，可能并不能得到广泛传播。国内研究表明，我国的房地产市场不具备弱有效性，价格对于市场信息的反应速度比较慢，投资者往往在信息不对称的情况下进行决策，市场搜寻时间偏长，交易成本偏高。

第五节　金融中介理论与代理理论

一、金融中介理论

所谓金融中介是指沟通资金借贷双方的金融机构，商业银行、投资基金、人寿保险公司等是金融中介的主要形式。金融中介的基本作用在于消除了资金需求和资金供给在时间和数量上不一致的矛盾，促进储蓄向投资转化，提高资源配置效率。

金融中介的存在有以下几个理由：

1. 降低交易成本。金融交易中的不确定性因素很多，交易成本高，包括投资项目搜寻费用、谈判费用和履约费用，等等。个人为了降低交易成本而寻求规模经济联合。金融中介便是这种联合的产物，它具有技术上的规模经济和范围经济优势。商业银行等金融中介可以将众多存款人的资金集中起来发放贷款，通过规模经济降低交易成本。因此，如果没有金融中介的存在，金融交易可能会因为交易成本太高而无法完成。

2. 消除信息不对称的影响。金融中介具有信息处理和监督管理的比较优势，能够有效地减少资金供求双方由于信息不对称所导致的逆向选择和道德风险。

3. 提供流动性。金融中介为存款人提供活期存款合约并向借款人提供非流动性贷款，因而承担着将非流动性资产转化为流动性负债的流动性转换功能。因此，金融中介的作用相当于为存款人提供了一种流动性保险，允许他们在最需要的时候进行消费。

4. 风险管理。随着金融产品结构日益复杂，金融风险管理比以往任何时候都更加重要。投资者的风险管理的需求增长很快。金融中介可以为他们规避风险提供相应的避险产品和增值工具。同时金融中介还会通过多元化投资分散风险。

5. 降低参与成本。大量事实表明市场只是一个有限参与市场。对有限参与市场的合理解释是，投资者要有效地参与市场，就要花时间和精力学习市场的运作规律、资本收益的分布情况以及如何监控金融工具的跨时期变化，这就是投资者参与市场的固定成本。此外，投资者还要支付平时监控和跟随市场的边际成本。但是，随着人们收入和生活水平的提高，投资者的时间价值也相应上升，这也就意味着投资者参与市场的机会成本迅速提高。在这种情况下，一个有效的办法是由金融中介代替投资者参与市场和进行投资，这样可以降低投资者的参与成本。

通过上面的讨论我们已经知道，金融中介存在的基本前提是金融市场的不完美性。因此有一种观点认为一旦市场完美起来，金融中介将失去存在的空间：当储蓄者与投资者有完善的信息，能够直接、迅速、无障碍地，即无成本地找到对方时，金融中介就失去了它们的作用。因此，在一个趋向于更高市场透明度和更高效率的世界里，金融中介濒临消失。然而，金融中介却在全球化、信息革命和公开市场的作用更加突出的情况下生存下来。当前的趋势是商业银行的传统业务正在相对缩减而共同基金和养老保险等金融中介业务的市场份额在上升。最明显的例子是在美国。

二、委托代理理论

代理问题的产生是由于委托人与代理人之间存在着信息不对称，即代理人通常拥有信息优势，他知道委托人所不知道的事情。例如，代理人知道自己的真实努力程度，而委托人只能根据某些可观测到的东西（如产量）去进行猜测；或者委托人不知道代理人的效用函数（比如，企业经理可能追求销售收入最大化而不是利润最大化）。前一种情况属于隐蔽行动问题，后一种情况属于隐瞒信息问题。典型的委托代理理论与隐蔽行动问题有关。

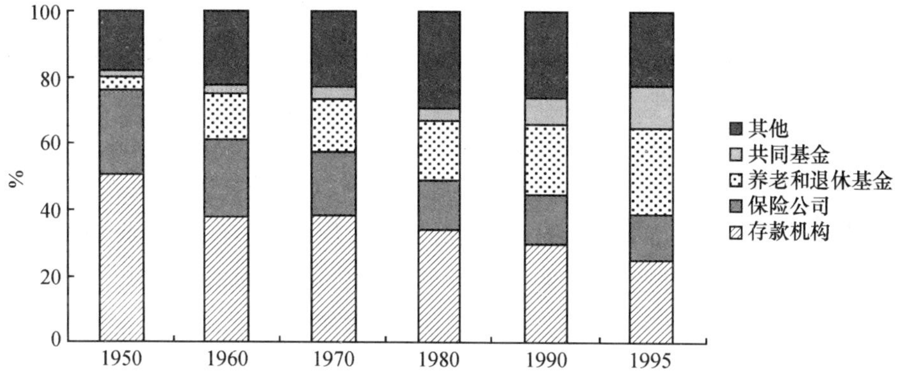

图 2-1　美国主要几类金融中介的金融资产分布

资料来源：Barth, J. R., Nolle, D. E., Rice, T. N., "Commercial Banking Structure, Regulation, and Performance: An International Comparison", OCC Economics Working Paper, February 1997。

由于代理人的行动不为委托人所觉察，所以代理人就有可能采取偷懒或者投机取巧的行为，损害委托人的利益，而自己却不会受到相应的足够的惩罚，这样就产生了道德风险。为了避免发生代理人利用委托人的授权，从事与委托人利益不符的活动，抑制道德风险，委托人就需要设计一套激励约束机制，诱使代理人在追求自身利益最大化的同时，选择实现委托人效用最大化的行动。这就是委托代理理论的中心内容。

在房地产市场中存在很多委托代理关系。比如，在物业管理者与业主委员会之间存在着委托代理关系。业主委员会是委托人，物业管理者是代理人。在签订委托合同后，物业管理企业接受业主委员会的委托，开始行使对物业的管理权。物业管理企业知道自己的工作努力程度，但是业主不知道，业主只能通过它的管理业绩，比如治安状况、环境整洁程度等来观测管理者的努力水平。但是管理业绩与工作努力程度之间不存在完全正相关关系，例如，物业管理区内的治安状况固然与物业管理公司的保安措施有极大关系，但是也与业主的个人素质、物业的结构和设施、地方警力的配合等有关系。所以，物业管理区的治安良好并不能说明物业管理公司的保安措施周密，它也可能是因为业主的防范意识比较强或地方警力巡查严密。由于业主不能根据管理业绩准确推断物业管理企业的真实努力程度，所以，委托代理关系就产生了：物业管理企业拥有业主所不知道的私人信息——工作努力水平，有可能会利用他所拥有的私人信息来谋取不正当利益，损害业主的利益。业主面临的问题是设法诱使管理者将其私人信息显示出来，并采取符合业主利益的行动，同时，给定业主的策略，管理者由于采取这种行动而获得最大利润。

类似的例子还有住房公积金委托贷款。在这种委托代理关系中，住房公积金中心（下称中心）是委托人，商业银行是代理人。中心在将住房贷款资金划转给经办银行后并不清楚银行是如何管理贷款的，比如，中心在委托合同中会要求银行为借款人及中心提供优质服务以及确保经审核后的贷款材料应具有合法性和真实性并认真做好贷款管理和催收工作，但事实上，中心很难知道银行是否采取了合适的行动，委托合同中的相关条款是不可执行的，而银行利用这一点，从自身利益最大化出发，有可能采取有损委托人利益的行动，例如，银行放松对借款人的资信状况审查，对贷款使用缺乏有效监督，或者对贷款本息催收不力等。银行采取利己行动的一个客观原因是源于《住房公积金管理条例》的一项规定：贷款风险由中心承担。因为中心是资金的所有权人①，它应该承担资金经营风险，但是具体贷款业务是由银行承办的，银行的不适行动也会带来风险。虽然中心在与银行所签署的委托贷款合同书中会明确提出银行应该承担由它的疏忽或不尽责而造成的风险，但是实际上很难区分风险责任，最终风险还是由中心独自承担。

虽然中心不能直接观察到银行的努力程度，但是可以根据可观测变量来设计激励机制。比如委托贷款发放量是可以观察到的，中心可以根据贷款量来推断银行的努力程度，并建立一种与之相联系的报酬支付计划，达到激励银行选择对委托人最有利行动的目的。

第六节　货币的时间价值

货币的时间价值是指货币经历一定时间的投资和再投资所增加的价值，也称为资金的时间价值。货币的时间价值有两种表现形式：现值和终

---

① 其实资金的真正所有权在公积金存款人手中，中心只不过是受存款人委托来管理这项资金。因此，中心与存款人之间也是委托代理关系。

值。如果现行一年期存款利率是 10%，你今天存入银行 100 元，一年终了时，你将会连本带息取得 110 元，这就意味着，今天 100 元的资金在效用上相当于明年的 110 元，其中增加的 10 元就是资金的时间价值。100 元的终值就是 110 元，也可以说，110 元的现值是 100 元。透过货币时间价值的含义，我们不难理解，今天一定金额的货币和未来同样金额的货币在经济价值上是不同的。货币的时间价值正确揭示了不同时点上货币之间的换算关系，是计算企业不同时期的财务收支、评价企业经营效益的一项基本指标。

下面我们来考察一种比较常见的现金流——年金的时间价值。

年金是指在某一确定的时期里，每期都有一笔相等金额的收付款项。年金实际上是一组相等的现金流序列。一般来说，折旧、租金、利息、保险金、退休金等都可以采用年金的形式。年金按付款时间可分为后付年金（也叫普通年金）、先付年金（也叫当期年金）两种基本类型。

一、普通年金的终值和现值的计算

普通年金又称后付年金，是指每期期末有等额的收付款项的年金。现实生活中，这种年金最为常见，如银行的零存整取存款。

普通年金的终值是指一定时期内每期期末收付款项的复利终值之和。年金终值的计算，是利用复利终值的计算公式，将各期的现金流复利计算到 n 期末，然后将其加总求和。如果我们用 A 代表年金，同时，仍用 n、i、V_n 分别代表计息期数、利率和年金终值。则普通年金终值的计算过程可以由图 2-2 直观表示出来。

根据图 2-2 的分解，我们可以把普通年金终值的计算公式表述如下：

$$V_n = A \cdot \sum_{t=1}^{n} (1+i)^{t-1}$$

$$= A\left[\frac{(1+i)^n - 1}{i}\right]$$

上式中，$\frac{(1+i)^n - 1}{i}$称为年金终值系数，可通过查“普通年金终值系数表”求得，这样年金终值即为年金与年金终值系数的乘积。

例 1 三年中每年年底存入银行 100 元，存款利率是 10%，则第三年年末年金终值应为：

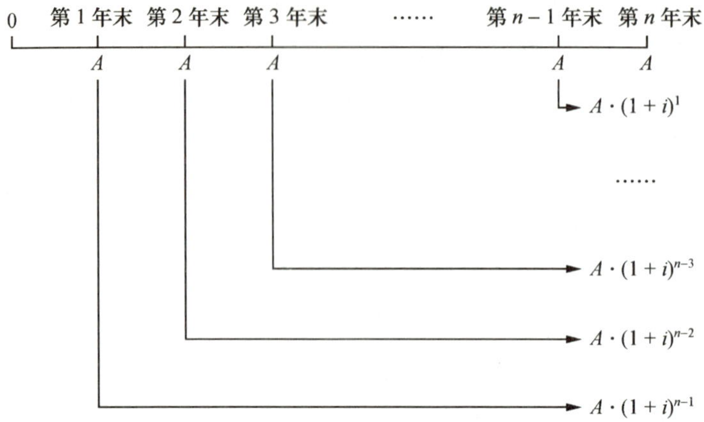

图 2-2　普通年金终值计算示意图

$$V_3 = A\frac{(1+i)^n - 1}{i} = 100 \times \left(\frac{1.1^3 - 1}{0.1}\right) = 331(\text{元})$$

年金现值是将未来不同时期的现金流贴现计算现值，然后把这些现值加起来。普通年金现值 V_0 计算可用图 2-3 说明。

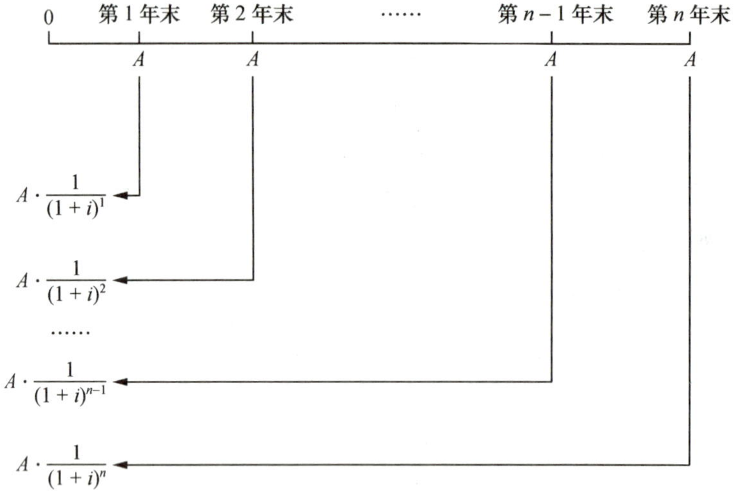

图 2-3　普通年金现值计算示意图

年金现值的计算可以表述为：

$$V_0 = A \cdot \sum_{t=1}^{n} \frac{1}{(1+i)^t}$$

上式中,字母的含义与前面相同。其中,$\sum_{t=1}^{n}\frac{1}{(1+i)^t}$称作年金现值系数,可通过查“普通年金现值系数表”得到。

例 2 年利率为 10%,要想在未来 10 年中,每年年末获得 100 000 元,现在要向银行存入多少钱?

$$V_0 = 100\,000 \times \sum_{t=1}^{10}\frac{1}{(1+10\%)^t} = 100\,000 \times 6.145 = 614\,500(\text{元})$$

二、当期年金的终值和现值的计算

当期年金,又称先付年金,是指在一定时期内,每期期初有等额收付款项的年金。当期年金与普通年金的区别仅在于收付款时间的不同,即前者是在每期期初收付款项,而后者是在每期期末收付款项。n 期当期年金与 n 期普通年金之间的关系,可以用图 2-4 表示如下。

图 2-4 当期年金与普通年金的关系示意图

从图 2-4 可以看出,n 期当期年金与 n 期普通年金的付款期数相同,只是由于发生时间不同,终值和现值的计算有所差异,就终值的计算来看,当期年金比普通年金多计算一期利息,因此,为求得 n 期当期年金的终值,可在求出普通年金终值后,再乘以 $(1+i)$,即当期年金的终值计算公式可表示为:

$$V_n = A \cdot \sum_{t=1}^{n}(1+i)^{t-1} \cdot (1+i)$$

n 期当期年金的终值也可在 $n+1$ 期普通年金终值的基础上减去一期收付款 A 求得。即:

$$V_n = A \cdot \sum_{t=1}^{n+1} (1+i)^{t-1} - A$$

就现值计算来看,当期年金又恰好比普通年金少贴现一期利息。为求得当期年金的现值,可在求出普通年金现值后,再乘以$(1+i)$。也可在$n-1$期普通年金现值的基础上,加上一期不需要贴现的收付款求得当期年金的现值。

例3 某人年初存入银行10 000元,年利率为8%,则第6年年末的本利和为:

$$V_6 = 10\,000 \times \sum_{t=1}^{6} (1+0.08)^{t-1} \times (1+0.08)$$
$$= 10\,000 \times 7.326 \times 1.08 = 79\,228.8(元)$$

例4 某公司租用一台设备,租期为10年,每年年初支付租金10 000元,年利率为8%,则这10年支付租金的现值为:

$$V_0 = 10\,000 \times \sum_{t=1}^{10} \frac{1}{(1+0.08)^t} \times (1+0.08)$$
$$= 10\,000 \times 6.71 \times 1.08 = 72\,468(元)$$

本章小结

资产能够为其所有者带来一定时期的现金流。投资者购买某种资产所看中的就是该种资产产生现金流的能力。因此,某种资产的价格是由未来一段时间内所产生的现金流量来决定的。所有现金流量在投资者购买时点上的价值之和就是该资产的价格。

由于债务金额是固定的,于是,当利润增大时,每1元利润所负担的债务利息就会相对地减少,从而使权益收益率有更大幅度的提高。这种债务对房地产投资收益的影响称作财务杠杆。财务杠杆作用的大小通常用财务杠杆系数表示。

莫迪利亚尼和米勒认为,若考虑公司所得税的因素,公司的价值会随财务杠杆系数的提高而增加。

期权是指赋予持有者在期权到期日或者到期日之前按照双方事前约定的价格(即协议价格)买或卖一定数量标的资产的权利的合约。期权合约的两种最基本形式被称为看涨期权(又称买进期权)和看跌期权(又称卖出期权)。*Black-Scholes* 模型和二项式模型是为期权定价的两种方法。多种多样的房地产合同赋予了交易的一方或者双方很多有价值的期权。

从狭义的角度来说,投资组合是规定了投资比例的一揽子有价证券。投资组合理论用均值-方差来刻画这两个关键因素。房地产投资具有很大的不确定性,如何消除不确定性的影响从而降低投资风险是投资者面临的问题。有很多研究证实投资组合有利于分散房地产投资风险。

有效市场理论认为,如果资产市场是有效率的,那么资产的价格完全反映了与该资产有关的所有可知的信息。根据市场对信息的反应程度和广度,可以把有效市场分成三个不同的层次,即强式有效市场、半强式有效市场和弱式有效市场。

所谓金融中介是指沟通资金借贷双方的金融机构,商业银行、投资基金、人寿保险公司等是金融中介的主要形式。金融中介的基本作用在于消除了资金需求和资金供给在时间和数量上不一致的矛盾,促进储蓄向投资转化,提高资源配置效率。金融中介存在的基本前提是金融市场的不完美性。

代理问题的产生是由于委托人与代理人之间存在着信息不对称,即代理人通常拥有信息优势,他知道委托人所不知道的事情。在房地产市场中存在很多委托代理关系。

货币的时间价值是指货币经历一定时间的投资和再投资所增加的价值,也称为资金的时间价值。货币的时间价值正确揭示了不同时点上货币之间的换算关系,是计算企业不同时期的财务收支、评价企业经营效益的一项基本指标。

练习与思考

1. 资产定价中的现金流有何特点?
2. 风险在资产定价中如何得到反映?
3. 解释财务杠杆是如何被用来在房地产投资中提升权益价值的?
4. 讨论最优资本结构概念在房地产投资中的应用。
5. 举出几个房地产期权的例子。
6. 为何存在金融中介?
7. 房地产市场是一个有效市场吗?

8．举出房地产市场中代理成本的几个例子。

9．谈谈货币的时间价值概念在房地产投资中的应用。

推荐阅读书目

[1] 王重润等:《公司金融学》,南京:东南大学出版社 2005 年版。

[2] 陈琦伟:《公司金融》,北京:中国金融出版社 1998 年版。

[3] 戴中亮:《委托代理理论述评》,《商业研究》,2004 年第 19 期。

[4] 胡庆康、刘宗华、魏海港:《金融中介理论的演变和新进展》,《世界经济文汇》,2003 年第 3 期。

第三章 住房抵押贷款

知识要求

通过本章的学习，掌握

- 住房抵押贷款业务的构成要素及其特点
- 固定利率抵押贷款和可调利率抵押贷款两种基本业务的具体内容和特点
- 几种住房抵押贷款的创新品种
- 住房抵押贷款条款的含义

技能要求

通过本章的学习，能够

- 掌握固定利率抵押贷款和可调利率抵押贷款各自的还贷机制
- 理解住房抵押贷款合同条款对房地产贷款收益的影响

第一节 住房抵押贷款的基本原理

一、抵押与抵押权

所谓抵押，是指债务人或者第三方在不转移对其合法拥有的财产的占有的前提下、将该财产作为保证履行债务的担保从而取得融资支持的行为。抵押是在债务人和债权人都认为比较公平合理的前提下，为确保债务按时清偿而实行的一种有价担保行为。抵押品一般为易于保存或变卖的商品，如股票、债券、房地产等。在约定的偿债期（抵押期）内，债务人拥有财产的占有使用权，可以从事生产经营和消费活动。债权人在债务清偿之前拥有限制性物权，即并不能实际占有和支配抵押财产，只有当债务人不能按期还清债务时，债权人才有权依照有关法律的规定，从抵押财产折价或者拍卖、变卖价款中优先受偿，这种权利被称作抵押权。因此，在财产抵押关系中，债权人又被称为抵押权人，而债务人或者第三人即住房所有人则被称为抵押人，作为担保之用的财产被称为抵押物。

抵押权的特征主要是：(1) 是从属于主债权的担保物权。抵押权的成立以所担保的债权的成立为前提，随所担保的债权的转移而转移，随所担保的债权的消失而消失。(2) 不可分割性。一是当债权的一部分受偿时，抵押权人仍可就其余未受偿的债权对抵押物的全部行使住房抵押权；二是当抵押物发生分割或部分转让时，抵押权人仍可对抵押物的全部行使抵押权；三是被担保债权发生分割时抵押权不因此而分割。(3) 优先受偿性。当同一债务有多项债权时，抵押权所担保的债权必须优先清偿。即只有在抵押权人受偿以后，抵押物仍有剩余变现价值时，无抵押权的债权人才可受偿。(4) 追及性。若发生抵押人擅自转让抵押物时，抵押权人可追及该抵押标的物并继续行使抵押权。

抵押权是债权人拥有的一项重要权利。抵押权的实现，即抵押权人依法将抵押物折价或变现以清偿债务，是有条件的。这一条件的核心，是债务人在抵押期间或抵押到期时不能或拒绝履行债务、且有连带责任的第三方也不履行债务。

设定抵押权后，抵押人对抵押物享有以下权利：一是占有、使用和收益权；二是在同一标的物上再设抵押权，一种情况是所担保的债权已被清偿，另一种情况是抵押物价值大于被担保的债权。

二、住房抵押贷款合同的构成要素

住房抵押贷款合同涉及问题比较复杂，其中最突出的几个构成要素有：

1. 抵押物

在我国，可以抵押的房地产有：城镇国有土地使用权；依法取得所有权的房屋及坐落地的使用权；依法生效的房屋预售(购)合同。在设押过程中有两点值得注意：(1) 凡是设定抵押的房地产，必须在抵押之前在指定机关进行登记，借以取得所有权的确认和法律保护；(2) 以房屋设定抵押的，应连同房屋坐落地的土地使用权同时抵押,以土地使用权设定抵押的,应连同地上建筑物及其他附属物同时抵押。

根据《中华人民共和国担保法》以及其他相关法律的规定,以下房地产不能设定抵押:(1) 权属有争议或不清的房地产;(2) 用于教育、医疗、市政等公共福利事业的房地产;(3) 列入文物保护的建筑物和有重要纪念意义的其他建筑物;(4) 已依法公告列入国家建设征用拆迁范围的房地产;(5) 被依法查封、扣押、监管或者已采取其他形式限制的房地产;(6) 未依法登记领取权属证书的房地产;(7) 未经中国注册会计师确认已缴足出资额的外商投资企业的房地产;(8) 行政机构所有的房地产,政府所有、代管的房地产;(9) 耕地、宅基地、自留地、自留山等集体所有的土地使用权,但法律允许抵押的除外;(10) 划拨土地使用权。

2. 抵押率

银行在承办住房抵押贷款业务时,一般都要求借款人按照抵押住房价值的一定比例事先缴存一笔首期款,余下的再用贷款补足。银行的实际贷款额度占抵押物价值的比率,称为抵押率。银行在确定抵押率时,通常会考虑以下因素:一是被抵押住房的新旧程度,住房越新抵押率越高,反之则越低;二是抵押住房所处的区位环境,包括地理位置、交通、公共设施以及自然和人文条件等。区位环境好的住房,增值能力强,比较容易变现,抵押率一般就会较高;三是楼房单位特征,一般分散的小单位楼房易于处分、风险小,银行愿意给予较高的抵押率。银行的抵押率一般都有上限规定,如法国的法律规定抵押率为60%;我国香港地区则因抵押住房个体差异而有所区别,一般新建住房抵押率可达90%,按揭年限在5年以下者可达85%,5—10年者可达80%;经济发达国家的抵押率大多数在80%左右;我国目前规定不超过80%。

3. 贷款利率

贷款利率是住房抵押贷款价格的直接表现形式。在市场经济环境下,住房抵押贷款的利率是供求双方市场竞争的结果。决定抵押贷款利率的因素包括:融资成本、贷款条件、借款人的信用水平、服务费等。融资成本是银行信贷资金的成本,它包括存款的利息支出和有关融资费用等。贷款利率必须高于融资成本,否则银行就会亏损;贷款条件包括贷款额度、期限、借款人资信状况、抵押物状况、还款方式等。不同的贷款条件对应的风险程度不同，银行要求的贷款利率也就不同，如贷款期限越长，利率要求越高；借款人收入稳定，个人信用优良，贷款利率一般就较低。服务费是抵押贷款中发生的各种费用。有些服务费直接与贷款利率相关。如美国抵押贷款中的折扣点就是借款人提前支付给贷款机构的利息金额，贷款机构提高了贷款收益、借款人可享受免税等优惠。抵押贷款利率的确定要综合考虑上述因素，但最终取决于市场供求和市场竞争。在贷款利率方式选择上，抵押贷款主要采用固定利率和可变利率两种形式。两种利率的选择取决于一国宏观经济状况及长期利率水平的稳定程度。为了及时跟进和反映市场利率，降低利率风险，越来越多的商业银行采用浮动利率，如目前我国香港地区 96% 的个人住房贷款采用浮动利率。

4. 贷款期限

我国目前规定住房抵押贷款期限最长不超过 30 年。对借款人而言，贷款期限越长，每期还款额越小，但是利息负担越重。对贷款人而言，贷款期限越长，利息回报就越多，但是其间面临的不确定性因素也更多，风险较大。抵押住房的价值和可变现性、贷款用途、贷款对象的信用水平等对贷款期限的确定都有一定影响。

5. 还款方式

还款方式主要是指贷款本金和利息的偿付方式。在贷款利率相同的情况下，还款方式不同，不仅借款人的利息成本会有所差异，借贷双方承担的风险也会不同。还款方式多种多样，归纳起来主要有以下几种：分期偿还利息，到期一次还清本金；分期固定还本法；分期本息完全均付法；分级递增（或递减）偿付法；等等。采取何种还款方式，要综合考虑借款人的要求、偿付能力、通货膨胀与利率预期等因素，由借贷双方共同协商确定。

6. 抵押物的占管与处分

占管包含占用和管理两方面内容。房地产的不可移动性决定了房地产只能由抵押人占管，抵押权人保管房地产的产权证书及其他证明文件。在抵押期内，若抵押人有减损所占管的房地产价值的行为，抵押权人有权要求其提供其他等价财产充当抵押物。如果抵押物的灭失或价值降低是因第三人违法行为所致，抵押权人有权享有从第三人支付的赔偿中优先受偿的权利。在抵押期内，抵押人未征得抵押权人书面同意，不得擅自将抵押物拆除、出售、出租、赠与、再抵押或以其他方式处置；只有在征得抵押权人同意，而且明确了偿还抵押贷款本息的责任和方式之后，才可处置。

抵押权人在下列情形下可以行使处分或提前处分抵押物的权利：(1) 贷款合同期届满，抵押人未按期还清债务；(2) 抵押人死亡或被宣告死亡或失踪而无人代其履行债务；(3) 继承人或受赠人或代管人拒不履行债务；(4) 抵押人被宣告解散或破产的。

抵押权人可以对抵押物采取以下处分方式：(1) 申请在当地房地产市场公开拍卖；(2) 委托房地产交易市场出售；(3) 经当地房地产管理部门同意的其他方式。其中拍卖是最常见的方式。

处分收入按以下顺序进行分配：(1) 支付处分抵押物的费用；(2) 扣除抵押物应缴税费；(3) 偿还所欠抵押权人的贷款本金、利息以及违约金；(4) 退还抵押人已付首付款部分；(5) 最后仍有剩余则归抵押权人。若处分收入不足以偿还所欠债务本息，抵押权人有权向抵押人另行追索。

第二节　住房抵押贷款类型

不同类型的住房抵押贷款对于借贷双方的成本与收益的影响是不同的。例如：抵押贷款的还款方式会直接影响贷款的现金流量；贷款利率将决定借款人的成本（或银行的收益）；抵押贷款借贷方式则确定了借款人的投资总额；等等。其中，固定利率抵押贷款和可调利率抵押贷款是基于利率的可变性划分出的两种最基本的贷款类型。在此基础上，一些国家和地区又相继推出多个创新品种。

一、两种基本的住房抵押贷款类型

根据贷款利率是否可以调整，住房抵押贷款可以分为固定利率抵押贷款和可调利率抵押贷款两种类型。其中，由于具体的还款方式不同，这两类住房抵押贷款各自又衍生出许多中间品种。

（一）固定利率抵押贷款

固定利率抵押贷款（fix-rate mortgage，FRM），是指预先确定了利率和分期还款期限的抵押贷款方式。如果还款额本身锁定的话，这个类型的贷款大多数都实行“等额还款”，这也是长期商业贷款中最常见的抵押贷款类型。固定利率抵押贷款主要有两种：固定还本抵押贷款（constant amortization mortgage, CAM）和完全均付抵押贷款（constant payment mortgage, CPM）。

国内将固定还本的抵押贷款称为等额本金还款，将完全均付的抵押贷款称为等额本息还款。按照我国商业银行的规定，贷款期限在 1 年以内（含 1 年）的，实行到期一次还本付息，利随本清；贷款期限在 1 年以上的，可选择等额本息法、等额本金法来归还贷款本息。借款人可以根据需要选择还款方法，但一笔借款合同只能选择一种还款方法，合同签订后，不得更改。分级还款抵押贷款是国际上比较流行的一种消费信贷形式，但目前在国内还较少被银行所采用。

1. 固定还本抵押贷款（CAM）

CAM 的主要特色是定期、定额还本，利息因本金的递减而递减，也就是在贷款后，每期还款的本息和由高而低逐期减少。其还款公式为：

$$每月还款额 = \frac{贷款本金}{还款期数} + (贷款本金 - 累计已还本金) \times 月利率$$

假定贷款 20 万元，贷款期限 10 年，年利率为 5.04%，则还款期限为 120 个月，月利率为 0.42%，每月归还本金 1 666.67 元，每月还款额见表 3-1。

CAM 不太受借款人欢迎，原因主要是：每月偿付的本息和不固定，给计算和偿付带来诸多不便；同时初始阶段还款额过高，对大多数家庭而言还贷压力大。这是因为大多数刚刚购房的家庭，因需要一次性支付贷款首付款以及住房装修等费用，家庭经济情况比较紧张，可能无法承受高额本息；而随着时间的推移、家庭收入的增加，偿付能力会不断提高。CAM 还款的多少正好与借方的经济能力呈反方向变动。

但是，对贷款银行而言，CAM 的还本速度较快、风险小。只要伴随经济发展，借方的收入保持相应增长，则随着时间推移，违约的风险会逐渐减小。而且，在房价上涨较快的地区，银行持有的抵押物会不断增值，因此即便出现违约，银行的利益也有保障。

表 3-1　CAM 举例　　单位:元

期限	月利率(%)	每月归还本金	累积归还本金	每月归还利息	累积归还利息	每月还款额	累积归还本息
1	0.42	1 667	1 667	840	840	2 507	2 507
2	0.42	1 667	3 334	833	1 673	2 500	5 007
3	0.42	1 667	5 001	826	2 499	2 493	7 500
4	0.42	1 667	6 668	819	3 318	2 486	9 986
5	0.42	1 667	8 335	812	4 130	2 479	12 465
6	0.42	1 667	10 002	805	4 935	2 472	14 937
7	0.42	1 667	11 669	798	5 733	2 465	17 402
8	0.42	1 667	13 336	791	6 524	2 458	19 860
9	0.42	1 667	15 003	784	7 308	2 451	22 311
10	0.42	1 667	16 670	777	8 085	2 444	24 755
…	…	…	…	…	…	…	…
111	0.42	1 667	185 037	70	50 496	1 737	235 533
112	0.42	1 667	186 704	63	50 559	1 730	237 263
113	0.42	1 667	188 371	56	50 615	1 723	238 986
114	0.42	1 667	190 038	49	50 664	1 716	240 702
115	0.42	1 667	191 705	42	50 706	1 709	242 411
116	0.42	1 667	193 372	35	50 741	1 702	244 113
117	0.42	1 667	195 039	28	50 768	1 695	245 807
118	0.42	1 667	196 706	21	50 789	1 688	247 495
119	0.42	1 667	198 373	14	50 803	1 681	249 176
120	0.42	1 667	200 000	7	50 810	1 674	250 810

2. 完全均付抵押贷款(CPM)

CPM 的主要特色就是每期支付贷款本金与利息的总和都相同,计算和偿付都比较简便。其计算公式为:

$$每月还款额 = \frac{贷款本金 \times 月利率 \times (1 + 月利率)^{还款期数}}{(1 + 月利率)^{还款期数} - 1}$$

假定贷款 20 万元,贷款期限 10 年,年利率为 5.04%,则还款期限为 120 个月,月利率为 0.42%,每月还款额 2 125 元,每月归还本金和利息见

表 3-2。

表 3-2　CPM 举例　　　　　　　　单位:元

期限	月利率（%）	每月归还本金	累积归还本金	每月归还利息	累积归还利息	每月还款额	累积归还本息
1	0.42	1 285	1 285	840	840	2 125	2 125
2	0.42	1 290	2 575	835	1 675	2 125	4 250
3	0.42	1 296	3 871	829	2 504	2 125	6 375
4	0.42	1 301	5 172	824	3 328	2 125	8 500
5	0.42	1 307	6 479	818	4 146	2 125	10 625
6	0.42	1 312	7 791	813	4 959	2 125	12 750
7	0.42	1 318	9 109	807	5 766	2 125	14 875
8	0.42	1 323	10 432	802	6 568	2 125	17 000
9	0.42	1 329	11 761	796	7 364	2 125	19 125
10	0.42	1 334	13 096	791	8 154	2 125	21 250
…	…	…	…	…	…	…	…
111	0.42	2 038	181 237	87	54 638	2 125	235 875
112	0.42	2 046	183 283	79	54 717	2 125	238 000
113	0.42	2 055	185 338	70	54 787	2 125	240 125
114	0.42	2 063	187 402	62	54 848	2 125	242 250
115	0.42	2 072	189 474	53	54 901	2 125	244 375
116	0.42	2 081	191 554	44	54 946	2 125	246 500
117	0.42	2 090	193 644	35	54 981	2 125	248 625
118	0.42	2 098	195 742	27	55 008	2 125	250 750
119	0.42	2 107	197 849	18	55 026	2 125	252 875
120	0.42	2 151	200 000	9	55 035	2 160	255 035

注:最后一期应归还的本金为 20 万元减去已归还本金的余额,相应地最后一期还款本息和为 2 160 元。

在贷款初期,所支付的贷款本息大部分是利息支出。随着还本的增加,每期所欠贷款逐月减少,因而所支付的利息也随之减少。在同样的条件下,在贷款初期的 CPM 每月支付总额低于 CAM 的每月支付总额,在末期则反之。因此,CPM 更能吸引一些目前贷款初期收入较低而以后收入增长潜力大的购房人。

专栏 3-1 补贴式抵押贷款

在 1982—1983 年的美国住宅市场下跌期间，分级还款的一种变换方法受到了欢迎，这就是补贴式抵押贷款(buy-down mortgage loans)，即在特定时间内提供低于市场利率的抵押贷款。住宅建造商发现这是一个吸引融资、鼓励住房消费的好方法。这个方法同样适用于小额商业物业贷款。其目的同 FHA 提出的 GPM 方法一样：提供给消费者一个较低的初始还款额，使其更容易满足贷款要求。但补贴式抵押贷款方法的特点在于将还款扣除项加入到利息中。也就是说，由卖方为购房人预支一笔费用来扣减贷款期限内的利息，从而降低购房人贷款初期的还款额度。从表面上看，相当于卖方给购房者提供了购房补贴或者说是打了一个价格上的“折扣”。美国一个典型的补贴抵押方法的例子就是以低于账面利率 3 个百分点的水平支付第一年还款，第二年则低 2 个百分点，第三年则低 1 个百分点。到第四年，买方就按照补贴抵押开始时期规定的市场利率进行支付。举例来说，如果账面利率是 10%，还款的实际利率可以是第一年 7%，第二年 8%，第三年 9%。业内通常将这个方法称为“3—2—1”。从技术上说，利率并没有变化：账面本身只反映初始的利率；在账面上写明的还款金额才反映出对实际利率的减扣。卖方所做的是在早期几年支付一部分利息费用，卖方可以也可以不将这部分费用加入到物业价格中。

(二) 可调利率抵押贷款

可调利率抵押贷款(adjustable rate mortgage，ARM)，是一种允许贷款利率在贷款期限内依据市场利率指数不断调整的长期抵押贷款。允许调整贷款利率的目的是将利率浮动的一部分贷款风险转移给借款人。同时，这种方法可以调整贷款收益，也就可以使贷款机构的资金浮动成本与其贷款收益之间建立很好的匹配关系。

1. 可调利率抵押贷款的优势

实践证明，固定利率抵押贷款对于提高居民的住房购买力，拓展金融机构的业务范围起到了重要的作用。但是，无论哪一种固定利率抵押贷款方式,在贷款发放后的十几年甚至几十年的还贷期限内,贷款利率和还款方式都将保持不变。对贷款机构而言,固定利率抵押贷款只有在利率长期保持稳定、波动幅度较小而且短期利率低于长期利率的情况下才能获得稳定收益;而在利率剧烈波动或通货膨胀严重的时期,市场环境的变化会给借贷双方带来多种风险,贷款机构的实际收益将大大降低甚至发生严重亏损。因为贷款利率由预期的真实利率、风险补偿和预期通货膨胀率三部分组成,三者中的任何一个发生变化,都将引起贷款资金成本的变化,从而导致贷款机构的财务损失。为了防范和化解风险,金融市场上出现了可调利率抵押贷款,这种贷款可以防范多种金融风险。

(1) 防范通货膨胀风险

固定利率抵押贷款利率是以贷款人对未来利率变动的估计为基础,考虑通货膨胀等因素以后事先确定的,不能随市场价格的变化而进行相应调整。由于未来通货膨胀率存在不确定性,采用固定利率不能有效地避免通货膨胀风险,贷款机构潜在损失的可能性很大。例如,假设一笔 100 000 元固定利率完全均付抵押贷款,期限为 30 年,年息为 10%,每月付款额应为 877.6 元。这意味着贷款人认定 10% 的贷款利率足以补偿在贷款期间内所有可能发生的通货膨胀等风险。假如贷款发放后,实际通货膨胀率高于贷款人的估计值,市场利率达到 13%,并假定借款人在第 10 年底提前清偿贷款。根据完全均付抵押贷款计算公式,此时贷款人的损失可以通过以下方法计算得出:

$$\mathrm{PV} = 877.6 \times \frac{1-(1+13\%/12)^{-12\times10}}{13\%/12} + 90\,938.0 \times \frac{1}{(1+13\%/12)^{12\times10}}$$

$$= 83\,730.12(\text{元})$$

则贷款机构在这宗贷款上的损失额就是 100 000 − 83 730.12 = 16 269.88(元)。在本例中,由于低估了 3% 的通货膨胀率,贷款机构要承受贷款额 16.27% 的损失。

(2) 防范“短存长贷”引起的利率风险和流动性风险

几乎所有的贷款机构都是采用“短存长贷”的方式谋利,即用相对短期的银行存款发放长期的抵押贷款,各种长期贷款的加权平均利率与各种短期存款的加权平均利率之差就是贷款机构所获得的利差。存贷期限不匹配,容易引发以下风险:第一,由于长期抵押贷款利率固定不变,而短期的存款利率却时刻波动，所以就要求短期存款利率的波动不能过于激烈，否则，贷款机构的利差就无法保证。如果市场利率下降，借款人倾向于提前还贷，就会引起所谓的提前还贷风险；如果市场利率上扬，贷款机构要承受利差和收益将变小的损失。第二，“短存长贷”不仅对贷款利率匹配有较高的要求，同时要求有稳定的存款来源，否则借贷的时期差（maturity gap）问题将无法解决。但是，当银行存款利率相对于通货膨胀率偏低的时候，或者银行存款利率明显低于其他投资项目收益的时候，银行存款额就有可能大幅度下降。例如，美国上世纪70年代末80年代初的高通货膨胀时期，由于政府设置了存款利率的上限，使得储户为寻找更高收益的投资机会，纷纷挤兑存款，致使发放抵押贷款的金融机构一方面存款锐减，另一方面又要为储户支付更高的存款成本，引发了流动性危机。这种状况迫使这些贷款机构开始研究新的抵押贷款方式，以转移固定利率抵押贷款中存在的风险，于是可调利率抵押贷款应运而生。

2. 可调利率抵押贷款协议的主要事项

在可调利率抵押贷款的贷款合同当中，借贷双方会就以下事项达成协议，由此体现出该种贷款的特色。（宾融，2002）

（1）利率指数（rate index）。它是指与可调利率抵押贷款的贷款利率浮动相挂钩的市场利率指数。选择市场利率指数作为调整抵押贷款利率的依据，是因为它能够反映未来的实际利率、通货膨胀率和各种金融风险等综合因素，能够有效地防止经营过程中不确定因素对贷方收益的影响。在美国，可调利率抵押贷款常用的利率指数有：半年期、1年期、3年期和5年期的联邦政府债券利率，12家联邦住宅贷款银行公布的全国资金成本指数以及储蓄贷款机构的资金成本指数，等等。在实际运行中，无论选择哪一种利率指数作为信贷调整的参数，都必须得到借贷双方的认同方可生效，金融机构无权擅自选择对自身有利的市场利率指数。

（2）初始利率（initial rate）。初始利率也称诱饵利率，它是指可调利率抵押贷款最初所采用的贷款利率。由于可调利率抵押贷款使得借款人承担了更多的利率风险，所以它在开始时的利率要低于同等期限的固定利率贷款，同时也低于市场利率与附加利率之和。

（3）附加利率（margin rate）。除了初始利率之外，可调利率抵押贷款以后每一次调整所用的贷款利率，都是由市场利率指数与附加利率两部分组成。附加利率在借贷双方签订合同时就已经被确定下来,并在整个贷款期内维持不变。它的高低反映了借款人在这一贷款合同中所拥有的某些权利(如提前支付期权①)的价值,以及贷款过程中服务费用的高低。当提前支付期权的预期价值较高,或者经营抵押贷款的成本较高时,一般的附加利率就高。

(4) 利率调整幅度(cap and floor)。它指每个调整周期内,贷款利率调整幅度的上、下限,这样无论实际的市场利率指标是否超出调整幅度,每次贷款利率的调整只能以所规定的调整幅度为限。除了对每个利率调整周期内贷款利率的调整幅度进行限制之外,抵押贷款合同往往对整个贷款期限内贷款利率的调整幅度也会有所限制,使整个贷款期限内的贷款利率不能越过某个范围。这事实上会使抵押贷款利率的调整滞后于资金成本的变化,并不是完全与市场利率相匹配。如果市场利率下降较快,则对于贷款机构有利。但是与之相对的,借款人可以通过提前还贷来摆脱这一不利环境。一般在美国,每年的贷款调整上限通常为2%—3%,而整个贷款期限内的贷款调整上限为5%—6%,下限基本由借贷双方协商决定,借贷风险也随之在借贷双方之间变化。一般而言,如果利率的调整余地较小,则贷款方会要求较高的初始贷款利率。

(5) 利率调整周期。这指的是调整贷款利率的时间间隔。调整利率的周期长短一般比较灵活,可以短至1个月、6个月或1年,也可以长至3年或5年以上。在利率趋于上升的时候,较长的利率调整周期对于借款人有利,对贷款机构不利;但在利率趋于下降的时候,则正好相反。

(6) 月付款上限(payment cap)。为了使借款人的月付款额不至于上升太快,可调利率抵押贷款在签订合同之初,就会对于借款人的月付款额的增长做出限制。如美国目前较为普遍的是每年的增长上限不超过7.5%。

① 提前偿还期权(prepayment option)是借款人拥有的一项期权,指借款人在贷款期内提前清偿贷款余额的权利。在市场利率下降的环境中,借款人可以通过提前清偿当前的贷款余额,同时以更低的利率(对应于下降了的市场利率)申请新的抵押贷款来节省贷款利息的开支。提前偿还期权的预期价值越高,对于借款人而言越有价值,而对于贷款机构而言,其面临的风险却越大。通常住房抵押贷款合同中都有提前还款条款(prepayment clauses)以事先规定借款人是否拥有提前偿还期权,通常在提前还款时免收罚金。

（7）负分摊。负分摊常常会使未清偿的贷款余额增加，给双方带来不应有的损失。借贷双方一般在贷款合同签订之时，就对是否允许有负分摊做出规定。如果贷款合同不允许有负分摊，那么贷款方承担着更大的利率风险，它往往会要求较高的初始贷款利率以作为补偿。在以下三种情况下，可能发生负分摊：第一，当本期的月付款额不足以偿还贷款的利息支付部分时，差额将计入到下期的贷款余额之中；第二，在某一利率调整期内，市场利率的上涨超过了合同规定的贷款利率的浮动上限，这时分别按两种利率计算的月付款额的差额就会被计入到下期的贷款余额之中，这两种利率是不受利率调整限制计算所得的贷款利率与借款人实际支付的贷款利率；第三，当按实际贷款利率计算所得的月付款额的增长超过对月付款额增长的限制时，超过的部分也将被加入到下期的贷款余额之中。

可变利率抵押贷款由于能在利率上涨的宏观经济环境下降低贷款机构的利率风险，因而很受抵押贷款放款机构的欢迎。在 20 世纪 80 年代中期美国的住房抵押贷款市场上，可变利率抵押贷款占了很大比例。直到 80 年代后期，由于市场利率波动趋于缓和并且利率水平也有所下降，固定利率抵押贷款才重新成为市场的主流，但可变利率抵押贷款仍保持了一定的市场份额。

3. 可调利率抵押贷款的具体形式①

（1）月还款额与利率无上下限限制的可调利率抵押贷款

这是最简单的可调利率抵押贷款，是指每月付款额随着利率指数的变化而变化的贷款形式。

假定有一笔期限 30 年、年利率 8%、金额为 60 000 美元的抵押贷款，如果设计为分期付款额和利率均无限制的可调整抵押贷款，借贷双方同意，每年年初按 1 年期国库券的利率指数，加上 2% 的保险系数对贷款进行调整，而 1 年期国库券的利率指数在贷款的第 2、3、4、5 年中分别为 10%、13%、15% 和 10%。于是，这笔抵押贷款的月还款额和贷款的余额可如表 3-3 所示。

① 本部分内容参考汪利娜(1999)。

表 3-3 无上下限限制的可调利率抵押贷款还款情况表

1	2	3	4	5	6	7
年份	指数 +	附加利率 =	综合利率	月还款额	支付额变化%	贷款余额
1			8%	440.28		59 502
2	10%	2%	12%	614.30	+39.5	59 260
3	13%	2%	15%	752.27	+22.5	59 106
4	15%	2%	17%	846.21	+12.5	58 990
5	10%	2%	12%	617.60	-27.0	58 639

资料来源:汪利娜,《美国住宅金融体制研究》,北京:中国金融出版社 1999 年版,第 136 页。

从上表可以看出,在贷款的前 5 年,无限制可调利率抵押贷款的分期付款变化很大,如第 2 年月还本付息额向上浮动了 39.5%,第 5 年向下浮动了 27%。这种调整虽然可以将利率的风险转嫁给借方,但如果借方的支付额变化幅度过大,超出其当前收入和实际资产的支付能力,导致拖欠贷款等问题,将会使贷方陷入呆账坏账过多的困境。

专栏 3-2 美国基准利率贷款

基准利率贷款是美国商业贷款中常见的可调利率抵押贷款。这种贷款的利率取决于银行自身的基准利率。不受监管的贷款人有时候使用“纽约基准利率”,即通常在金融报刊上刊登的利率。银行的基准利率由其董事会制定,而且隔一段时间作一次变更。如果一个大银行更改了利率,许多小银行也会随着作相应地调整。这种情况下,可调利率抵押贷款的利率就是根据贷款风险在银行的基准利率上加上风险利率得到的最终利率。如果贷款是“基准利率加两个点”,就意味着无论银行基准利率是多少,都要在此基础上增加两个百分点。例如,如果银行的基准利率在放贷初期是 8%,贷款实际利率就是 10%(8% +2% =10%)。基准利率可以不受控制地每天变化,贷款实际利率也就相应变化。

(2) 有上限和负分摊的可调利率抵押贷款

有上限和负分摊的可变利率抵押贷款,是指借贷双方约定了月还款额的上限，并允许负分摊的贷款形式。这种贷款对贷款机构转移利率风险有所约束，在某种程度上对借款人有利，但增加了贷款人由负分摊所带来的另一些损失，如贷款余额与抵押品价值比过高、贷款担保程度下降、收入延迟等风险，因此，贷款机构往往要求较高的贷款初始利率。

有支付上限和负分摊的可调整抵押贷款是西方国家较常用的贷款方式。在放贷过程中由于负分摊的存在，有两点值得注意：第一，当利率指数上升，并超过支付额上限时，未来支付的利息将同复利一起记入贷款余额，尽管支付上限在某种程度上减少了借方利率的风险，但贷方却要承受由负分摊所带来的另一些损失，因此，贷方往往坚持调高贷款初始利率；第二，即便在贷款利率比较低的年份里，贷款余额的增加，每月的还贷额仍会比较大，这将影响借方的支付能力。

（3）设置利率上限的可调利率抵押贷款

有利率上限的可变利率抵押贷款，是指无论市场利率如何变化，均执行合同中约定的利率调整周期以及允许利率变动的幅度的贷款形式。利率在合同约定的利率上限范围内进行调整，不完全受市场利率的约束。

如果将上笔贷款设计为有利率上限的可调利率抵押贷款，即在其他条件不变的情况下，将利率上调幅度设为2%，便可得到一份有利率上限的可调利率抵押贷款，如表3-4所示。由于设置了利率增幅上限，当利率指数加上附加利率超过利率增幅的上限时，每月实际还款额将根据这些上限计算，不进行负分期付款。

表3-4　有利率上限的可调整利率抵押贷款还款情况表

年份	指数+附加利率	利率上限	月还款额	支付额变化%	贷款余额
1		11%	571.39		59 730
2	12%	12%	616.63	+7.9	59 485
3	15%	14%	708.37	+14.9	59 301
4	17%	16%	801.65	+13.2	59 159
5	12%	12%	619.37	-22.7	58 807

限制利率上升的幅度而又不允许有负分摊，在综合利率（利率指数+附加利率）高于利率上限时，就会使贷方蒙受超过上限部分的利息损失。为了防止这种方式的利率风险，有利率上限的抵押贷款的初始利率常常高于无上限以及有上限和负分期付款的可变利率抵押贷款，以便贷方在早期多收回一些贷款，弥补未来的利率变化所带来的亏损。同时，这还意味着，

只有当期收入较高的居民才有资格获得贷款，一般来说，借方的支付能力越强，给贷方带来的拖欠风险就越小。

专栏3-3　美国对可调利率抵押贷款借方的有关保护性措施

可调利率抵押贷款在美国发展得比较成熟。为保护住房购买者的利益，有些州和联邦法规监控着一些可调利率方法的关键之处。联邦储备银行为此扩展了其《贷款诚信法案》中的Z条款，要求相关信息要公开，让消费者可以更好地获取信息，知道自己应该选择什么方式进行融资。但这些法规不适用于商业借款人，因为他们一般被视为商人，有较好的信息渠道，不需要特殊保护。

对住房购买者的保护措施主要包括：

1．利率变动频率限制。利率变更的时间间隔可以是6个月到5年的任何一个时间，但是这个频率必须要告知借款人，并在整个贷款期内保持不变。实践中，大约80%的可调利率抵押贷款都使用一年一变的利率更改方法。

2．根据调整指数进行的利率变更。所有的利率变更都必须根据一种经官方批准的调整指数而进行，且不受贷款人控制。指数由贷款人选择，且必须告知借款人。在每个变更时期内，利率必须进行调整，根据变更时期的指数可以上调也可以下调。联邦储备银行《贷款诚信法案》中的Z条款要求告知借款人一个指数是如何使用，并如何影响到未来还款的例子。现在批准可以使用的指数有很多，包括平均住房抵押贷款利率和资金成本平均值。

3．还款上限。为了减少住房还款急剧上升的可能性，许多贷款人，包括二级市场购买人，已经对还款金额作了限制，即规定了还款额在一次利率变动后及整个贷款期内的增长上限。现在普遍使用的三种上限是：(1)利率一次调整的幅度不能超过1%，有些是2%；(2)贷款期内的利率变化不能超过5个百分点，有些情况下不能超过6个百分点；(3)任何一次利率调整后的还款额增幅不能超过7.5个百分点。

正是这些利率变更的限制鼓励了住房消费者使用可调利率抵押贷款，尤其是在产权只持续几年的情况下，这种方法更加受到青睐。

二、住房抵押贷款的创新品种

随着经济的起伏不定，住房抵押贷款在提供方式上也进行了相应变化来更好地满足需求。下面介绍几个住房抵押贷款的创新品种。

（一）双周还款

双周还款，即将每月还款一次改为每两周还款一次的住房抵押贷款。计算公式如下：

$$A = P \times \frac{I/26}{1-(1+I/26)^{-26\times n}}$$

其中：A——每次还款额；

P——贷款本金；

I——年利率；

n——贷款年限。

这种还款方式的优点在于：在每月相同的还款额度下，双周还款相当于将每月一次的还贷变为每两周一次，还贷额度变为原来的一半，每次的还款压力减小了，同时还贷次数增加，加速了贷款余额减少的频率，利息计算基数的下降趋势加快，使得最后的结果是还贷期限明显缩短，利息总额大大减少。从每年还贷总额上看，双周还款因每年共需还款 26 次，实际上相当于比按月还款每年要多还一个月的贷款，这是这种方式给还款人增加的压力，但是数额毕竟较小，相对于减少的利息来说，还是值得的。西方国家因习惯于周薪制，这种还款方式很受借款人欢迎。对于国内的贷款客户，如果家庭成员发薪时间能够间隔半月左右，这种方式能有效减少资金滞留导致的利息损失，应该有一定的市场。

（二）次级抵押贷款（sub prime mortgage loan）

次级抵押贷款是指一些贷款机构向信用度较差和收入不高的借款人提供的贷款。美国抵押贷款市场的“次级”（sub prime）及“优惠级”（prime）是以借款人的信用条件作为划分标准的。根据信用的高低，放贷机构对借款人区别对待，从而形成了两个层次的市场。信用低的人申请不到优惠贷款，只能在次级市场寻求贷款。两个层次的市场服务对象均为贷款购房者，但次级市场的贷款利率通常比优惠级抵押贷款高 2%—3%。次级抵押贷款给那些受到歧视或者不符合抵押贷款市场标准的借款者提供按揭服务，所以在少数族裔高度集中和经济不发达的地区很受欢迎。

借款者的信用记录以及提前偿付可能性是影响贷款定价的主要因素。另外三个决定贷款利率的指标是贷款等级、信用评分和按揭成数。贷款等级共有六个：premier plus、premier、A－、B、C、C－。评级标准为申请者的按揭贷款偿付记录、破产记录以及债务收入比率。信用评分采用FICO指标。通常，固定利率借款者的平均信用评分高于浮动利率借款者。按揭成数（LTV）是指贷款与资产价值的比例。一般来说，贷款等级越高，FICO评分越高，按揭成数越低，表明贷款风险较小，相应定价越低，反之则越高。这也体现了风险补偿原则。

提前偿付罚金也是控制风险的措施之一。当利率下降的时候，次级抵押贷款借款者倾向于提前偿付贷款，以便以较低的利率重新申请贷款。而贷款的提前偿付会给贷款者带来损失，并且由于提前偿付的可能性不可预测，这种损失也是不可测的。因此，为了限制提前偿付这种行为，贷款者对提前偿付者收取一定的罚金。

次级贷款对放贷机构来说是一项高回报业务，但由于次级贷款对借款人的信用要求较优惠级贷款低，借款者信用记录较差，因此次级房贷机构面临的风险也天然地更大。瑞银国际（UBS）的研究数据表明，截至2006年底，美国次级抵押贷款市场的还款违约率高达10.5%，是优惠级贷款市场的7倍。对借款者个人而言，违约会使其再融资难度加大，丧失抵押品的赎回权，无法享有房价上涨的利益。而且，任何一个借款人的违约对借款者所居住地区也有不良影响。据芝加哥的一项调研，一个街区如果出现一起违约止赎，则该街区独立式单一家庭住房平均价值将下跌10%，而一个地区如出现较为集中的违约现象，将会严重降低该地区的信用度。

美国次级按揭客户的偿付保障不是建立在客户本身的还款能力基础上，而是建立在房价不断上涨的假设之上。在楼市火爆的时候，银行可以借此获得高额利息收入而不必担心风险；但如果房市低迷，利率上升，客户们的负担将逐步加重。当这种负担到了极限时，大量违约客户出现，不再支付贷款，造成坏账。此时，就容易产生次贷危机。

（三）再抵押贷款

只要国家法律或者现有的抵押贷款条例没有禁止，同一个资产就可以有超过一个的抵押贷款。借款人在之前获得的抵押贷款不能满足资金运用时，只要借贷限额继续有效，就可以将该物业再次设押申请贷款。也就是说，多重抵押贷款的一般规模限制是所有级别的抵押贷款总额不能超过物业价值的80%。按照放贷的先后次序，贷款依次为第一顺位抵押贷款、第二顺位抵押贷款、第三顺位抵押贷款……，债权人的索赔权也相应地依次排列。如果借款人出现了违约，在没收并拍卖抵押物业的过程中，拍卖所得款项可能无法支付所有抵押贷款索赔的金额。在出售中获得的任何收益都要按照抵押权人各自的优先权进行分配，而不是依据在破产拍卖时使用的比例分配。因此，谁拥有最优先的索赔权，谁就有可能获得全额补偿。对贷款人来说，优先索赔权是一种风险，因此，再抵押贷款就要求更高的利率，并且往往是短期的。再抵押贷款是在小投资者和金融公司之间公开交易的，这些金融公司通常需要高的折扣来平衡附加的风险。

（四）漂浮式抵押贷款

漂浮式抵押贷款又称部分分期付款，即借贷双方商定一个名义贷款期限和一个实际贷款期限，在名义贷款期限内按等额本息法每月还款；当实际贷款期限到期时，按照当时的市场利率一次性付清所有的贷款余额。一般适用于实行固定利率的金融市场中。

举例说明：贷款10万元，利率10%，实际贷款期限10年，名义贷款期限为30年。前10年每月还款额按30年期计算约884元，而若按10年期计算则每月实际还款额应为1 356元，也就是说每月减少了472元的还款额度。10年期满时贷款余额约90 312元必须一次还清。

这种贷款的特点是在固定利率机制下，如果发生通货膨胀导致利率上调，贷款方要求最后一次还款按照当时的市场利率计算，可以借此转嫁利率风险；对于借款方来说，每月还款额度相对较少，前期还款压力较小，利于灵活使用资金；但期满时要求一次还清贷款余额，负担过重、风险较大，一般需要再次融资。

（五）逆向年金抵押贷款

逆向年金抵押贷款又称住房反抵押贷款，是指为解决虽有房产但收入较少的老年人的生活困难，银行允许老人以现有房产作抵押，在约定期限内每月支付老人一定数量的生活费，期满后借款人或其继承人或是还款或是将抵押房产转给银行的一种反向抵押贷款方式。在贷款过程中，银行要注意两个方面的问题：一是每月贷款额的确定因素应该包括房主年龄、房产现价、房产预期价、房主愿意出押的产权数量等;二是土地所有权的归属对该类贷款有限制作用。在土地私有制下出售土地所有权可以作为偿还贷款的最基本保障,而在我国土地有限期的使用权对该种贷款有一定限制。

(六) 负资产按揭

负资产按揭[①]是香港金融界针对房市极度低迷的情况、为转移贷款违约风险而推出的应急产品。自 1998 年亚洲金融风暴以后,香港房地产价格一路暴跌,截至 2003 年春已经平均下降了 6 成半左右,而且房地产市场仍未摆脱低迷和萧条,没有止跌回升的迹象。住房按揭是香港居民购买住房的主要手段,银行按揭贷款成数一般不超过房价的 7 成,由于房价的大幅暴跌,许多按揭借款人所购房屋的市价已远不及其按揭贷款的未偿还余额,成为“负资产人士”。针对这种情况,香港的监管部门迅速推出有关政策指引,各家银行及时对符合条件的“负资产人士”调低按揭利率,以减轻客户还款负担。渣打、汇丰、中银等银行推出了负按揭中心,专门办理负资产按揭业务;有的银行更是推出了高达房屋价值 140% 的按揭贷款额度,增加了对借款人的贷款;渣打银行推出了负资产转按、延长还款期(最长 40 年)、先还息后还本等弹性还款措施,且均不收手续费。上述有针对性的措施不仅帮助借款人提高了支付能力,同时也防范了借款人因支付能力下降带来的违约风险。

(七) Mortgage One 账户

这是香港渣打银行推出的一项业务,被称为按揭业务中革命性的创新。该账户将按揭借款人的存款账户与按揭账户相连,把每日的存款账户余额作为借款人可以提前偿还贷款的本金,用以减少借款人的利息支出。而提前偿还贷款的存款部分可以作为银行为借款人增加的信贷额度,客户可以随时从存款账户支取。Mortgage One 账户的创新不单单是一种按揭产品的创新,更重要的是它在按揭业务中引入了如何更好地为个人客户理财的理念,被香港银行业称为“按揭综合户口”。

① 我国香港地区一般习惯将 mortgage 译为按揭。

第三节　抵押合同中的重要条款

从法律形式上看，在进行抵押贷款的过程中，借贷双方必须签订一份抵押贷款合同，抵押贷款合同实际上规定了借贷双方各自的合法权益。在本节中，我们将对抵押合同中的重要条款进行阐述。

一、交费项目条款

在抵押贷款合同中，有一些条款明确规定了抵押人缴纳各种与抵押房地产相关的税费义务，从贷款人的角度看，制定这类条款的目的在于实现贷款风险部分向借款人的转移。一般来说，抵押贷款合同中所规定的借款人的缴费项目包括：

（一）抵押房地产相关的各种税费、评估费用、杂费以及所有较抵押还款有优先权的缴费项目，在一些情况下，可能还包括相关的租赁费用。之所以将上述费用纳入到交费项目的范围之内，其主要原因就在于，贷款人想通过这样的规定，规避抵押物权所可能受到的损害。

（二）意外保险费用。为了防范抵押贷款的风险，贷款人一般会要求借款人办理可能会对抵押房地产造成价值损害的意外风险保险事宜，并要求借款人按照保险合同的规定按时交纳保险费用。需要指出的是，办理意外保险并不是抵押贷款合同的必备要件，在一些情况下，贷款人可能并不将是否办理意外保险作为发放抵押贷款的必要条件。

在具体执行中，贷款人一般要求借款人在上述有关费用交纳之前，将这些费用先期转交到贷款人手中，然后再由贷款人代为缴纳，这样做的目的是为了交费项目条款能够得到严格执行。

二、抵押房地产转让

在一般情况下，抵押贷款合同将允许抵押房地产的再次转让，但是会对这种转让的性质做出明确的约束。这类约束主要包括：

（一）在抵押贷款尚未完全清偿的情况下，抵押房地产的转让原则上需要经过抵押权人的书面同意。在没有获得书面同意的情况下，如果抵押人擅自转让抵押房地产，则抵押权人有权要求抵押人立即偿还全部未清偿款项，并要求一定的赔偿。否则，抵押房地产的转让在法律上是无效的。做出上述约束的目的在于，使抵押权人有能力保护自己的抵押物权不受房地产新业主的侵犯。

（二）如果抵押人决定将抵押房地产进行转让，抵押权人则有权根据市场现行的利率水平适当提高抵押贷款的利率水平，进行这一约束的目的在于，减少抵押房地产的受让者申请在利率方面更具吸引力的新贷款的可能性。可见，这种限制将有利于贷款者规避利率波动的不利影响。

三、提前还款

在市场利率水平变动的情况下，为了减少不必要的利息支出，借款人可能会实施提前还款，如果出现这样的情况，贷款人的利益无疑将遭受损失。① 因此，在抵押合同中，贷款人一般会对提前还款的行为加以一定的限制。一些抵押贷款合同，可能完全排除了提前还款的可能性，而一些抵押贷款合同虽然允许提前还款之行为，但是会对提前还款行为实施一定的处罚，这种处罚主要是通过收取一定额度的罚款来实现的。在具体的执行中，罚款额度一般将随提前还款数量的不同而不同。此外，贷款人也可能不对提前还款行为实施任何限制，如果这样做，贷款人一般是出于应对竞争压力的考虑。总之，在是否对提前还款实施限制方面，相关的法律给予了贷款人充分的选择权，至于如何行使这种选择权，贷款人可视具体情况而定。

四、抵押贷款违约

发放抵押贷款的主要风险之一就是，借款人可能会以这样或那样的形式违约，因此，在抵押贷款合同中，有许多条款是专门针对违约而制定的。

（一）对抵押贷款违约的认定。在抵押贷款合同中，一些条款对违约行为做出了明确的界定。从具体定义上看，抵押贷款违约行为是指违背抵押贷款合同规定的行为。抵押贷款违约最常见的形式是，借款人没有按期偿还抵押贷款本金和利息。此外，如果借款人没有按时交纳与持有抵押房地

① 对于固定利率抵押贷款而言，市场利率水平降低，实施提前还款将减少利息支出；而对于浮动利率抵押贷款而言，市场利率水平提高，实施提前还款将减少利息支出。

产相关的税费、保险费,也属于违约行为。借款人的以上违约行为,只需要承担相应的民事责任,但是如果借款人在获得抵押贷款的过程中,实施了金融诈骗行为的话,则需要承担相应的刑事责任。

(二)罚息条款。所有的抵押贷款合同中都包含了罚息条款,按照罚息条款的规定,当借款人出现逾期还贷时,借款人将因此支付相应的违约罚金。一般来说,罚金的数额取决于三个因素:其一是逾期还贷的时间,其二是逾期还贷的金额,最后一个是对逾期还贷资金的处罚利息。

(三)取消抵押品赎回权。在房地产抵押贷款中,借款者虽然将房地产的抵押权转移给了贷款者,但仍然合法享有重新赎回抵押权的权利,这种权利就是我们所说的抵押品赎回权。抵押品赎回权实际上给予了借款者随时重新享有抵押房地产完全产权的权利,因此,从法律意义上看,如果贷款人出于风险控制的考虑而想对抵押房地产进行处置的话,就必须首先取消借款人所合法享有的重新赎回抵押权的权利,不然的话,法律将不允许贷款者对抵押房地产进行处置。因此,所有的抵押贷款合同都赋予了贷款人取消抵押品赎回权的权利。

在实践中,通常有两种方法来达到取消抵押品赎回权的目的。方法之一是贷款者请求法院裁决。在这种方法中,贷款者可以借款者拖欠债务为由,向法院提起诉讼,由法院受理,并下达判决。在这种方法中,法院的判决将规定对抵押人及其财产的处理方法。法院判决所涉及的财产并非仅限于作为抵押品的房地产,凡法律允许的、借款人名下的所有财产都可能被列入法院判决的财产清单中。方法之二是贷款人申请取消抵押品赎回权并直接拍卖抵押品,如果拍卖的收入超过未清偿贷款额,则超过部分归借款者所有。尽管从法律关系上看,取消抵押品赎回权与拍卖抵押品是两个独立的行为,但通常两者是同时进行的。

尽管法律赋予了贷款人取消抵押品赎回权条款,但在现实中,贷款人却总是谨慎地运用这种权利,在这里,存在三个方面的原因:原因之一是,取消抵押品赎回权通常伴随着较高的执行成本;原因之二是,在借款人缺乏偿还能力的情况下,采用这种方法未必能取得理想的效果;最后,取消抵押品赎回权的行为通常将对多方当事人的利益产生影响,而考虑到这种影响,贷款人可能也不愿意采取取消抵押品赎回权的行动。因此,作为一种替代,在贷款人需要对抵押房地产进行资产处置的情况下,贷款人通常运用测试法来处理违约行为。在这里,测试法是除取消抵押品赎回权方法之外所有处理违约行为方法的总称。从本质上看,测试法意味着当事人双方达成在今后一段时间内都须执行的一份协议,在该协议中,贷款人同意不诉诸法律,但作为交换条件,借款人则同意贷款人所提出的解决方案。测试法通常包括以下几种:

1. 重新构造抵押贷款。当借款人目前暂时出现还款困难,但未来仍有可能偿还全部或部分欠款时,对原有的抵押贷款进行重新构造可能是一种比较好的选择。重新构造抵押贷款可采用多种方法,方法之一是改写抵押贷款合同,自抵押贷款合同生效到抵押贷款款项全部清偿完毕的整个过程中,抵押贷款合同的形式可能会发生很大的改变。改写抵押贷款合同的原因很多,如随着内外部情况的变化,抵押贷款双方当事人可能需要对原有合同条款进行重新谈判;为避免或补救违约行为的发生,可能需要订立新的合同条款或对原有合同条款进行修改,等等。当借款人出现暂时的财务困难而需要对原有抵押贷款合同进行修改时,通常可能对原合同中的利率条款、还款额条款、还款期限条款进行变更。例如,降低利率水平、减免抵押贷款的还款额度、放宽还款期限都是一些经常使用的方法。但无论对原抵押贷款合同条款进行何种程度的修改或变更,都必须注意一点,那就是合同条款的修改或变更都不能威胁到抵押权益的优先受偿权。对还款期限的修改或变更一般不会威胁到抵押权益的优先受偿权。但是对其他条款的修改或变更则完全可能对抵押权益的优先受偿权构成威胁。因此,贷款者在改写抵押合同时应考虑如下因素:

(1) 抵押品目前的状况如何?抵押人是否有对抵押品滥用或浪费的行为?如果存在这样的情况,则合同的改写将必须十分慎重。

(2) 是否存在其他留置权干预的可能性?这类留置权是指记录或附属于该抵押贷款之后的留置权。如存在这类留置权,那么合同条款的修改或变更是否将提高这些留置权的优先受偿权?如果存在这样的状况,则合同的改写也必须十分慎重,甚至可以考虑放弃改写合同的努力。

(3) 抵押担保人的状况如何?抵押担保人的担保义务是否会因为贷款的延期而消失?考虑到这种情况,贷款人有必要取得担保人对贷款延期的认可。然而从另一方面看,由于延期有可能增加担保人的担保义务,担保人因此可能会拒绝在延期协议上签字,在这种情况下,贷款人可考虑在不改变现有期限条款的前提下,暂时放宽对抵押人的还款要求。例如,如果借款者不能按照合同要求按月还款,可考虑暂时减免借款人的月还款额度;又如,如果借款者不能按时偿还到期的本金,则可考虑将所拖欠的本金改为按月偿还,并给予一定的宽限。这样做尽管比较麻烦,但是可以给借款者一定的缓冲,一旦借款者的财务状况好转,便可恢复原有的还款方式。

2. 抵押贷款转让。只有在满足一定的条件下,改写抵押贷款合同才有可能。如果改写抵押贷款合同没有可能,则可采取抵押贷款转让的方式。在这里,抵押贷款转让是指伴随着抵押房地产向新业主的转让,抵押贷款还款义务也被同时转移的过程。可见,伴随着抵押贷款的转让,抵押贷款的还款义务也随之发生了转移,由原来的借款人转移给了新的借款人,即抵押房地产的新业主。在抵押房地产的价值超过抵押贷款余额的情况下,新业主是乐意接受偿还抵押贷款余额义务的。因此,贷款人常常运用抵押贷款转让方式来替代取消抵押权赎回方式。

3. 自愿转让产权。若借款人无法继续履行抵押贷款合同义务,借款人或许愿意将自己所拥有的房地产权益"出售"给贷款人,以此最终了结自己履行抵押合同的义务。在一定的条件下,出现这种情况是完全可能的。例如,如果借款人因为违约而面临被取消抵押品赎回权的时候,为免去取消抵押品赎回权所耗费的时间、精力和财力,他可能会请求贷款人直接受让其房地产的权益。如果作为抵押品的房地产的价值超过抵押贷款余额,则出于同样的原因,贷款人也完全可能接受借款人的请求。

在借款人自愿转让房地产时,应向贷款人出具保证书或转让契约,同时借款人也应要求贷款人签署免除责任的证明,以此表明借款人不再受到原有抵押合同义务的约束。与取消抵押品赎回权相比,采取自愿转让房地产方法的优点在于,它不仅可以节省与取消抵押品赎回权相关的时间、财务成本,而且还可以规避法律上的不确定性。

值得注意的是,一些潜在的因素可能将使自愿转让房地产的行为在法律上无效。首先,这种转让可能会因为提供了某种优惠条件而无效。其次,如果转让触及了第三方责任人的利益而没有给予补偿的话,也可能使转让无效。

五、其他重要条款

在抵押贷款合同中，还存在一些其他的重要条款，这些条款包括：

（一）贷款人占有抵押房地产条款。在抵押贷款合同中，可能还包括贷款人占有抵押房地产条款，该条款规定，在作为抵押品的房地产委付期间，贷款人（或法定接受人）可接管该房地产并收取租金，直到取消抵押品赎回权为止。按照该条款的规定，所收取的租金首先要用于支付房地产的管理费用和营业费用，然后才是用于偿还抵押贷款、房地产税、房地产保险费以及其他抵押贷款合同中所要求抵押人支付的费用。

（二）解除债务关系。所有的抵押贷款合同都对解除债务关系做出了明确的规定。当抵押人偿还了全部抵押贷款债务后，贷款人将及时解除这一债务关系并向抵押人发出书面通知，该书面通知被称为解除证明书。解除证明书应在有关部门进行登记，以注明抵押人房地产的产权已不再受抵押贷款债务的约束，抵押人也不必因此继续履行还款义务。但是，按照惯例，解除债务关系的相关费用是由抵押人所承担的。

（三）未来贷款条款。在抵押贷款合同中，特别是以抵押方式发放的建设开发贷款合同中，可能还包括了这样的条款，该条款被称之为未来贷款条款。这一条款的具体含义是指，可加抵押贷款①中未来各期抵押人将向贷款人支取的贷款金额。未来贷款条款一般要求注明贷款总额，当贷款总额无法注明时，则应具体说明各期贷款的性质。

（四）附属贷款条款。附属贷款条款是指，第一抵押贷款人同意将自己所取得的优先受偿权让渡给其他抵押贷款人，从而使自己收回贷款的权利附属于他所让渡的贷款人。一般来说，附属贷款条款适用于下列情况：在作为抵押品的房地产进行转让的过程中，可能该房地产的新买主希望从其他金融机构获取一笔新的抵押贷款，在这种情况下附属贷款条款发生作用。

本章小结

住房抵押贷款是指由银行或其他房地产金融机构以借款人提供的预购

① 所谓可加抵押贷款是指一种特殊的借贷关系，在这种借贷关系中，贷款人在一定的条件下，将有权要求抵押人提高抵押品的资产组合价值。

住房或其他房地产作为还款的物质保证的抵押贷款。住房抵押贷款业务主要由抵押物、抵押率、贷款利率、贷款期限、还款方式和抵押物的占管与处分等几个要素构成。

根据贷款利率是否可以调整,可将住房抵押贷款分为固定利率抵押贷款和可调利率抵押贷款两种类型。其中,由于具体的还款方式不同,其各自又衍生出许多中间品种。固定利率抵押贷款主要有两种:固定还本抵押贷款(CAM)和完全均付抵押贷款(CPM)。可调利率抵押贷款的具体形式则包含月还款额与利率无上下限限制的可调利率抵押贷款、有上限和负分摊的可调利率抵押贷款,以及设置利率上限的可调利率抵押贷款。另外,利用两种基本贷款类型的原理,国外及我国香港地区的住房抵押贷款在提供方式上不断创新,相继推出了双周还款、次级抵押贷款、再抵押贷款、漂浮式抵押贷款、逆向年金抵押贷款、负资产按揭以及 Mortgage One 账户等新的业务品种。

从法律形式上看,借贷双方必须签订一份抵押贷款合同,抵押贷款合同实际上规定了借贷双方各自的合法权益。抵押贷款的重要合同条款涉及交费项目条款、抵押房地产转让、提前还款、违约等。这些合同条款的设计对住房抵押贷款收益产生了影响。

练习与思考

1. 试从贷款“三性”的角度分析住房抵押贷款的特点。

2. 试比较 CAM、CPM 和 GPM 三种固定利率住房抵押贷款形式的异同。

3. 试分析比较固定利率抵押贷款和可调利率抵押贷款各自适合的经济环境。

4. 何谓“负分摊”? GPM 贷款为何会出现负分摊现象? 随着时间的推移,负分摊对 GPM 抵押贷款余额会有何影响?

5. 案例分析题:李明先生以 5.51% 的年利率申请到一笔为期 20 年的 100 万元的住房抵押贷款。如果他可以在 CAM 和 CPM 之间做选择的话,哪种贷款在偿还期内的利息总额更高? 请说明原因。

6. 一笔 CPM 贷款的金额为 80 万元,利率为 6%,期限为 25 年,按月付款。请计算:

（1）每月付款额；

（2）第1个月的利息和本金付款额；

（3）在25年中偿还的总本金和总利息金额；

（4）第10年中的每月付款额和期末本金余额。

7. 阅读下面材料并分析：住房抵押贷款为何会影响房价波动？住房信贷政策失控可能会给金融机构带来哪些风险？你认为加息以及限制第二套住房贷款的措施会对抑制房价过快增长起到作用吗？为什么？2008年下半年中国楼市的寒流涌动、居民贷款购房热情剧减又反映了什么问题？你认为今后中国的住房抵押贷款业务应该如何发展？

2007年三季度经济述评：抑制投资性需求为房市降温（节选）①

中国信息报社　2007.11.07　13:31:52

"住房真实性需求"是影响房地产供求关系的基础性因素。目前我国正处于快速城市化进程中。据悉，未来几年城镇人口要从目前的44%上升到2020年的60%以上，城镇人口将会增加近4亿。城市化运动背景下的大量城市新"移民"需要在城市安家置业，城市改造以及房地产大规模开发推动的拆迁活动驱动大量的被拆迁户进入住房市场。从消费结构上看，中国人也正处于消费升级的过程中。购买房屋、汽车等超大件物品是居民收入增加之后的必然选择，更多的原有居民为改善住房条件重新进入了住房市场。

然而，仅有强烈的需求愿望，远远不足以推动房地产市场如此高速发展。银行信贷是促使居民将需求变为现实的推动器，它帮助众多的中国百姓提前实现了自己的住房梦。有数据表明，目前个人购房，90%以上的民众是通过个人住房按揭贷款完成的。1998年全国银行发放房贷426亿元，2005年房贷总额为49 100亿元，7年间飙升115倍。工、中、建三大行房地产贷款中的个人住房贷款2006年底达到11 760.66亿。这些数据说明，1998年以来我国的房地产投资和市场需求的快速增长，基本上是建立在国内银行贷款基础上的。

但是，银行贷款也是放大住房需求的"变压器"。住房信贷政策失控，

① 资料来源：国家统计局网站。

信贷发放“敞口化”助长了购房者的购买欲望，房地产的需求在银行的支持下放大了。在房地产繁荣景象的引导下，众多投资者将目标瞄准了房产市场。房价上涨的局面相继吸引了社会的投资，投机资金、不断释放的房地产需求在持续支撑着房地产市场，大力吸纳房地产市场的新增供应量，从而造成了房价一涨再涨的局面。大量投资需求挤占了商品房供应，楼市的刚性需求得不到有效释放，形成恶性循环，房价步步走高。结果，房价的不断上涨在为一部分人保值、增值的同时，更带来了众多的恐慌性被动需求跟进，很多自住性购房者提早加入了购房大军，进一步加剧了紧张的供求关系，房价于是持续上涨。

对房地产价格的上涨预期放大了对住房的需求，加剧了现阶段的住房紧张局面，同时也透支了房价，透支了未来一定时间内的消费。超前消费的行为在房贷市场表现得淋漓尽致。甚至有一些家长东拼西凑也要为还在上大学的子女贷款购买住房，就是最典型的透支消费。

推荐阅读书目

[1] 汪利娜:《美国住宅金融体制研究》，北京:中国金融出版社 1999 年版。

[2] 威廉·B. 布鲁格曼、杰弗里·D. 费雪著，逯艳若、张令东、任国军译:《房地产融资与投资》(第 11 版)，北京:机械工业出版社 2003 年版。

[3] 曾国安:《住房金融:理论、实务与政策》，北京:中国金融出版社 2004 年版。

[4] 宾融:《住房抵押贷款证券化》，北京:中国金融出版社 2002 年版。

第四章　住房公积金与住房储蓄银行

知识要求

通过本章的学习，掌握

- 住房公积金的含义、使用原则
- 公积金贷款程序
- 住房储蓄与住房公积金的区别
- 住房储蓄银行的运作方式

技能要求

通过本章的学习，能够

- 了解住房公积金和住房储蓄银行的运作模式

第一节　住房公积金制度

一、住房公积金概述

（一）住房公积金的概念

住房公积金是职工及其所在单位按规定缴存的具有保障性和互助性的个人住房基金，归职工个人所有。住房公积金是一种个人长期义务性储蓄，实行住房公积金制度的职工个人按月缴纳占工资一定比例的住房公积金，工作单位也按月提供占职工工资一定比例的公积金，两者都归职工个人所有，专户存储。其运作的基本特点是“低存低贷，封闭运行”。

（二）住房公积金制度的发展阶段

从1991年5月上海首先建立住房公积金制度以来，住房公积金制度在我国不断发展完善，覆盖面日益扩大，归集资金量稳步增长，已成为住房分配货币化的一种重要形式，成为房改的一项基本制度。回顾住房公积金的发展历程，可以概括为三个阶段：

1. 1991年5月—1994年6月，住房公积金试点阶段。1991年5月，上海宣布实施五位一体的住房制度改革方案，其要点是"建立公积金，提租发补贴，配房买债券，买房给优惠，建立房委会"。房改以建立住房公积金为核心环节。上海在1992年5月又率先推出了个人购房公积金贷款。1992年天津市、北京市、江苏省的部分城市也相继建立了住房公积金制度，取得经验后在全国各地逐步推行。

2. 1994年6月—1996年8月，住房公积金全面发展阶段。上海、天津等地的成功探索为全面建立住房公积金制度奠定了基础，提供了经验。1994年《国务院关于深化城镇住房制度改革的决定》明确要求，建立住房公积金制度，发展住房金融和住房保险，建立政策性和商业性并存的住房消费信贷体系。所有行政和企事业单位及其职工按照"个人存储、单位资助、统一管理、专项使用"的原则交纳住房公积金，并对住房公积金的缴存、使用、列支办法管理和监督等做了原则规定。随后，财政部、国务院房改领导小组和中国人民银行联合发布了《建立住房公积金制度的暂行规定》，为推行住房公积金制度提供了政策保证。此间，除西藏外的30个省、自治区、直辖市相继建立了住房公积金制度，是住房公积金制度全面普及的阶段。

3. 1996年8月—2002年3月，住房公积金制度发展步入规范完善阶段。针对住房公积金制度推进过程中的问题，1996年8月国务院办公厅转发了国务院房改领导小组《关于加强住房公积金管理的意见》，明确了住房公积金管理的若干基本原则，包括住房公积金不纳入预算外管理，实行"房委会决策、中心运作、银行专户、财政监督"的管理原则。此后，各地按照《关于加强住房公积金管理的意见》要求逐步规范了住房公积金管理，促进了住房公积金健康发展。上海、天津等地先后制定实施了住房公积金管理的地方性法规，国务院也开始了住房公积金立法工作，1999年4月，国务院《住房公积金管理条例》发布实施，标志着住房公积金步入规范化管理新阶段。

4. 2002年3月至今，住房公积金进入法制化管理阶段。针对《住房公积金管理条例》执行中暴露出的问题,2002 年 3 月国务院颁布了修改后的新《住房公积金管理条例》。修改的内容主要包括:扩大住房公积金的缴存范围,增加了"民办非企业单位、社会团体";行政区域内住房公积金的管理工作由省级建设主管部门负责修改为省级建设主管部门会同同级财政部门、人民银行分支机构共同负责;规定一个设区市只设一个管理中心;住房公积金管理委员会负责确定受托银行;等等。住房公积金管理的法制化、规范化推动了住房公积金规模的扩大,到 2007 年底,住房公积金缴存总额为 16 230. 30 亿元,缴存余额为 9 605. 11 亿元。实际缴存职工人数为 7 187. 91 万人。累计提取额为 6 625. 19 亿元,占住房公积金缴存总额的 40. 82%。累计为 830. 04 万户职工家庭发放个人住房贷款 8 565. 90 亿元。

二、住房公积金的使用及增值

(一)住房公积金的使用

住房公积金的提取和使用有多种形式。一方面,公积金存款人可以提取自己账户内的住房公积金用于购买、建造、翻建、大修自住住房,可以按规定偿还住房贷款本息和部分房租;另一方面,公积金存款人可以申请个人住房公积金贷款用于规定的住房消费。此外,住房公积金作为政策性资金,其增值效益还可以作为建设城市廉租住房的补充资金,发挥社会保障的作用。

1. 住房公积金提取

住房公积金的提取是有限制条件的。住房公积金的提取一般基于两类情况:一类是公积金存款人发生住房消费需要而提取住房公积金使用;另一类是公积金存款人丧失缴存住房公积金的能力,相应地就应当允许其提取住房公积金。用于住房消费的提取包括:(1)购买、建造、翻建、大修自住住房(这是住房公积金的主要提取方式)。(2)公积金存款人偿还住房贷款本息。(3)支付房租超出家庭工资收入规定比例的部分。另外,公积金存款人丧失缴存住房公积金条件时可以提取,如离休、退休、完全丧失劳动能力并与单位终止劳动关系、户口迁出所在市、县或者出境定居、公积金存款人死亡等。

2. 住房公积金贷款

住房公积金贷款是指以住房公积金为资金来源,向缴存住房公积金的职工发放的定向用于购买、建造、翻建、大修自住住房的住房消费贷款。申请住房公积金贷款有两个限制条件:一个是对贷款申请人条件的限制,即贷款申请人必须是缴存住房公积金的职工;另一个是对贷款用途的限制,即贷款只能用来购买、建造、翻建或者大修自住住房。

住房公积金贷款与商业性个人住房贷款相比具有以下特点:一是非营利性,即不以营利为目的。二是政策性,贷款利率较低,比同期商业性住房抵押贷款利率低将近一个百分点。三是贷款对象的局限性,商业性个人住房贷款的对象是具有当地城镇户口的居民,而住房公积金贷款仅限于已经建立住房公积金制度的单位的在职职工。四是间接性,商业性个人住房贷款一般为个人直接向银行提出申请,办理贷款手续;住房公积金贷款在办理申请、审批、还款等手续时需借款人所在单位的配合承诺。

(二) 住房公积金的保值与增值

为了保证资金的安全、维护住房公积金所有人的利益,《住房公积金管理条例》明确规定了住房公积金保值增值的前提、程序和方式。另外,为了避免发生风险,禁止住房公积金管理中心向其他人(包括自然人、法人)提供担保。

1. 住房公积金保值的前提。住房公积金应优先用于个人账户的提取和发放住房公积金贷款,在保证《住房公积金管理条例》规定的资金用途,留有足够的提取备付金和委托发放住房公积金贷款基金后,可以用于购买国债。这是因为住房公积金是职工个人的住房储金,它的用途主要是解决职工的住房消费需求。因此,在住房公积金的年度计划中应当优先全额保证职工的提取和贷款的需求,留有足够的资金予以满足,在这个前提下,如果资金量还有剩余,才可以用于购买国债。

2. 保值运作的主体。保值运作主体是住房公积金管理中心。但住房公积金管理中心无权决定住房公积金保值形式,住房公积金的保值形式应由住房公积金管理委员会决定。住房公积金管理中心在编制住房公积金的年度计划、使用计划时,先要考虑年度可用资金的数量,在可用资金的限度内,根据地区经济发展状况、住房市场情况、资金需求情况等因素,编制符合实际情况的住房公积金使用计划。在满足提取、贷款的条件下,可用资金还有剩余,可以编制购买国债的资金计划。

3. 住房公积金的保值方式。住房公积金使用的安全性是运作的基本要求。在保证运作安全性的前提下,应最大限度地提高资金运作的效益性。如果这笔资金沉淀在银行就不能充分发挥住房公积金的作用,没有做到合理使用。国债是风险最小的投资形式之一。购买国债相对于住房公积金在银行账户内沉淀,既保证了资金运作的安全性,又具有更好的效益性。股票、金融债券、企业债券等其他投资形式,与国债相比,尽管可能具有更高的投资回报率,但由于具有较高的风险,有损失本金、收益低于沉淀资金存款利息收入等投资失败的可能,不符合住房公积金运作安全性的要求。

4. 禁止住房公积金管理中心向他人提供担保。住房公积金管理中心对住房公积金没有所有权。住房公积金管理中心不是企业,不以营利为目的,所负责管理的住房公积金是职工个人所有的资金,住房公积金管理中心拥有的是管理权,不是所有权,对住房公积金产生的收益,住房公积金管理中心同样是只有管理权,没有所有权,所以,住房公积金及其收益不属于住房公积金管理中心。因此,《住房公积金管理条例》规定住房公积金管理中心不能向单位或个人提供担保,这是为了保证资金运作的安全,避免住房公积金管理中心向他人提供担保后,承担连带责任,造成资金损失。

5. 增值收益应用于建立住房公积金贷款风险准备金、住房公积金管理中心的管理费用、建立城市廉租房的补充资金。不过,廉租房及其建设资金的主要来源是政府的投入,住房公积金的增值收益只能作为一种补充资金,不是廉租住房建设的主要资金来源。

三、住房公积金贷款

(一)住房公积金贷款的类型

1. 个人住房公积金贷款

个人住房公积金贷款是住房公积金管理中心用住房公积金,委托商业银行向购买、建造、翻建、大修自住住房、集资合作建房的住房公积金存款人发放的优惠贷款。

2. 个人住房公积金组合贷款

个人住房公积金组合贷款是指当住房公积金基本贷款额度不足以支付购房款时,借款人在申请住房公积金贷款同时又向受托银行申请商业性个人住房贷款,两部分贷款一起构成组合贷款。组合贷款中住房公积金贷款由管理中心审批,商业性贷款由受托银行审批。

房地产开发商与管理中心和受托银行签订《商品房按揭贷款合作协

议》,由房地产开发商为借款人提供阶段性保证担保,并按贷款总额一定比率缴存保证金,待产权证办妥完成抵押登记后,结束保证担保责任,转为所购住房抵押担保。借款人向管理中心提出贷款申请,获得批准后由受托银行与借款人签订借款合同,办理用款手续。

3. 个人住房公积金置换组合贷款

个人住房公积金置换组合贷款,是先由银行用银行资金对借款人(缴存住房公积金的职工)发放商业性住房贷款后,再由受托银行代理借款人向管理中心申请公积金贷款。借款人的公积金贷款额度控制在其公积金基本贷款额度内且不超过商业住房贷款金额的70%,其公积金基本贷款期限比商业住房贷款期限短一年以上。

(二) 住房公积金贷款合同的主要条款

1. 贷款的对象和条件

贷款对象是购买、建造、翻建、大修自住住房、集资合作建房并按时、足额缴存住房公积金的职工。

借款人向管理中心申请住房公积金贷款应具备以下条件:

(1) 申请的贷款必须用于购买、建造、翻建、大修自住住房、集资合作建房;

(2) 借款人具有稳定的职业和收入,信用良好,有偿还贷款本息的能力;

(3) 借款人及单位按规定,按时、足额为职工个人办理住房公积金缴存手续,并在申请贷款时,连续足额缴存住房公积金12个月以上;

(4) 借款人具有购买住房的合同或协议,借款人必须是购房合同约定的产权人或共有产权人;

(5) 借款人同意用当地产权明晰的房产作抵押,借款人用所购买的期房作抵押的,要有符合规定条件并具备担保资格的法人提供阶段性保证担保或以第三人房产提供抵押担保;

(6) 借款人办理质押的,应用国库券、国家重点建设债券、金融债券、AAA级企业债券和个人定期储蓄存单;

(7) 借款人购房的首付款占购房总价款的比例不得低于20%;

此外贷款申请人还要提供有效的身份证明和居住证明文件。

2. 贷款的基本额度、期限和保险

住房公积金管理中心根据借款人及其配偶的单位及个人住房公积金缴存情况以及借款人所购房屋价格,计算并确定借款人实际贷款最高限额。

也有的城市根据借款人实际债务负担能力来确定贷款额度，例如昆明市规定，贷款额度 = 借款人及家庭成员月工资收入之和 ×0.4（还款能力系数）×12 个月 × 贷款年限。如果借款人夫妻双方及所在单位公积金缴交不正常，就会降低借款人实际能够得到的贷款额度。

住房公积金贷款根据借款人偿还贷款的能力和有效工作年限确定合理的贷款期限，最长不得超过 30 年。另外，借款人可自愿按抵押物总价或贷款本息合计数购买保险。

3. 贷款的偿还方式

住房公积金贷款的偿还方式有两种：贷款期限在 1 年以内（含 1 年）的，实行到期一次还本付息；贷款期限在 1 年以上的，借款人可选择等额本息还款或等额本金还款两种还款方法中的任何一种方法还款。等额本息还款法，即借款人每月以相等的金额偿还贷款本息。等额本金还款法，即借款人每月等额偿还本金，利息随本金逐月递减。

借款人可多次提前偿还贷款或一次性提前还清贷款。提前偿还贷款的，借款人应事先告知贷款人，经贷款人同意后，由贷款人根据约定的利率和贷款余额，按实际占用天数计收利息，已计收的利息不作调整。

4. 贷款利率

住房公积金贷款的利率，按建设部、人民银行规定的利率执行。如遇国家贷款利率调整，按有关贷款利率调整的规定执行。住房公积金贷款期限在 1 年以内（含 1 年）的，遇法定利率调整，不分段计息；贷款期限在 1 年以上的，遇法定利率调整时，于次年 1 月 1 日开始，按相应利率档次执行新的利率。

5. 贷款担保

住房公积金贷款担保与商业贷款的担保方式没有本质的区别，目的是要达到商业银行认可的贷款担保。具体方式可分为三种：（1）抵押加担保。借款人将所购的住房抵押给银行，同时还要有具法人资格、符合担保条件的第三方给予担保。（2）抵押加购房综合保险。如果不选择第三方担保，可以在办理房屋抵押时，买一份综合保险，它将为借款人提供保证、保险。（3）质押。也就是把相当于贷款额的有价证券或者其他流动性资产抵押给银行，如债券、存单等。

6. 债权保护

借款人应按照借款合同约定按月归还到期的贷款本息。逾期者,对逾期部分,加收罚息。如果借款人、保证担保人连续六个月不按借款合同的约定偿还贷款本息,或者借款合同期满,借款人、保证担保人未按合同约定偿还贷款本息,或者借款人未征得贷款人同意,擅自将抵押物出售、交换、赠与和扩建,擅自将抵押物出租而未书面告知贷款人等情况出现,贷款人将有权处分抵(质)押物。

专栏 4-1　住房公积金制度存在的问题及改革方向的讨论

一、存在的问题

(一) 管理机构职能定位不准确

我国现行《住房公积金管理条例》规定住房公积金的管理实行的是"住房公积金管理委员会决策、住房公积金管理中心运作、银行专户存储、财政监督"的原则。住房公积金贷款的风险,由住房公积金管理中心承担,银行作为受托人只收取手续费,不承担住房公积金贷款风险。按照现代金融理论,资本金的存在是金融企业创立和营运的基本条件,法人的独立资产是经营者承担负债风险的担保性资金。作为住房公积金主要经营载体的管理中心,是不以营利为目的的独立的事业单位,不是独立的金融机构,没有法人资本,不具备承担风险的能力,缺乏有效的利益约束机制。其管理费用由本级财政从该中心上交的住房公积金增值收益中按标准拨付。可见,管理中心根本不具备承担住房公积金经营风险和民事责任的能力。这种筹资无成本、负债无风险的运行机制潜在的金融风险是巨大的。

(二) 监管缺位

在全国范围内没有形成统一的自上而下的监管体制,个别地区利用公积金属地性原则各自为政。近年来,住房公积金被挪用案频频发生。例如,湖南衡阳 2.53 亿元住房公积金被违规挪用。

(三) 沉淀资金较多

由于制度设计上的根本缺陷,很多缴存住房公积金的人依然买不起房子,而相当一部分住房公积金闲置,据中国人民银行《2004 年房地产金融报告》，截至2004年末，除去个人住房贷款和购买国债，仍有沉淀资金2086.3亿元，占缴存余额的比例为42.6%。也就是说，有近一半的公积金被闲置，资金闲置无论从投融资的理论讲还是从市场经济运作原则的角度讲，都是有限资源的一种浪费。世界银行2006年的一份报告也指出，中国的住房公积金贷款主要是使收入较高的家庭受益，而他们只是城镇人口的一小部分，大部分非正规就业或失业的中低收入者无法参加公积金；很多低收入的成员因为承受能力的制约而无法使用其公积金。

（四）运行模式中存在的问题

住房公积金的管理实行的是“住房公积金管理委员会决策、住房公积金管理中心运作、银行专户存储、财政监督”的原则。目前这种运行与决策相分离的制度，其目的是为了加强风险防范，克服管理中的种种不负责任现象。但实际情况表明，这样一种运作机制，未能达到最初制度设计的目的。原因在于各方权利、责任不明确。从本质上讲，无论是住房公积金管理委员会，还是住房公积金管理中心，对其行使委托权的不是政府，而是广大的城镇职工（公积金的最终所有者），住房公积金的所有者与住房公积金管理机构实际上是一种委托—代理关系。主要存在如下问题：

1. 委托人的目标不明确或者说委托人的目标是一个无法明确衡量的指标。国务院1999年7月颁布的《住房公积金管理条例》没有设定明确的可考核的目标，也没有这方面的指导意见。

2. 对代理人缺乏明确的激励机制。由《住房公积金管理条例》可知，公积金管理中心的报酬不仅是稳定的而且是比较优厚的，即无论工作努力与否、最终业绩如何，报酬都是不可变的。因而，不利于提高公积金管理中心的工作效率。

3. 委托人与代理人之间的风险分担问题。我们很难明白：风险为什么由管理中心承担？如何承担？按照委托—代理理论，公积金管理中心不是资产的所有者而只能是代理人，它只能是为资产的所有者服务，并按其要求对资产进行管理。在适当的激励机制下，它的目标是为委托人的利益服务，除了按事先签订的契约和事后的结果获取报酬外，不可能单独承担公积金运行中的风险。

住房公积金制度是我国政策性住房金融的重要组成部分，当前的住房公积金制度存在众多问题，应对其进行系列创新。目前，理论界对住房公积金改革方向有如下观点：

一是认为应“改革住房公积金管理中心既非政府，亦非金融机构，同时又兼有政府和金融机构职能的畸形形态，使之成为独立的为政府政策目标服务的金融机构”，鉴于此，国内有学者建议将住房公积金管理中心改制成为专业性非银行住房金融机构——住房金融公司，扭转住房公积金管理中心定位不清、监督管理和风险约束机制不健全的局面。

二是认为“住房公积金的未来发展方向之一，似可逐步转变成为住宅合作社。同时，目前很多地方的公积金实际上十分接近金融机构，似可引导其向合作金融机构的方向发展”。

三是认为，住房公积金应承担贷款保险和保值增值的职能：“可以考虑以住房公积金的市场运作为核心，同时建立两个专门机构：一方面是为城镇居民提供住房抵押贷款保险的机构，根据居民上交的住房公积金数量为其提供一定数额的贷款抵押保险；另一方面是住房公积金的市场运作机构，主要负责公积金保值和增值”。

四是创立法定公积金和自由公积金，提高职工缴存的积极性。

五是创立住房公积金受益凭证，实现住房公积金在有限范围内流通。

六是改革现行住房公积金缴存办法，防止加剧收入差距，该办法为：单位以法定缴存率乘以单位每月应付工资总额算出公司应配住房公积金总额，再以该总额除以职工总数打入职工账户。

七是认为，在长期把住房公积金、养老保险金、失业保险金合并管理，成立大公积金制度，在当前要完善住房公积金与经济适用房、廉租房、政策性住房金融协调配合的机制。

第二节　住房储蓄银行

一、住房储蓄银行的特点及其运行方式

（一）特点

住房储蓄业务的特点是，先存后贷，低存低贷，固定利率，灵活方便，消

费有奖。先存后贷就是住房储蓄客户要先存款,达到规定条件后才能取得贷款。低存低贷就是客户的存款利率低于现行定期存款利率,而贷款利率更大幅度低于现行个人住房贷款利率。即将推出的最优贷款年利率为3.3%,是国内各种个人住房贷款中利率最低的。固定利率就是住房储蓄合同一经签订,客户的存、贷款利率就固定下来,不受市场利率波动的影响。灵活方便就是参加住房储蓄,以及办理存款和还贷的手续简便,住房储蓄贷款可以和其他个人住房贷款组合使用,住房储蓄合同还可以根据客户的要求进行变更、分拆、合并或转让。消费有奖就是只要客户将其住房储蓄和住房贷款用于住房消费就可以获得一定数额的奖励。

(二) 运作方式

住房储蓄者将钱存入一个配贷资金库,银行将所积累的资金按特定的公式,把住房储蓄存款和住房储蓄贷款(根据抵押和资信审核结果)发放给住房储蓄者。

住房储蓄合同的执行分为四个阶段:

1. 签订合同

储户根据自己的住房需要和储蓄能力与住房储蓄银行签订《住房储蓄合同》,随后储户每月有规律地进行储蓄。住房储蓄合同一经签订,储户即拥有了日后从住房储蓄银行得到贷款的权利。住房储蓄合同额由存款额(存款+利息)和贷款额(合同额-存款额)两部分组成,其中贷款额约占合同额的50%。客户可以选择不同的合同类型。客户可持身份证或其他有效证件(户口簿、军官证等)到中德住房储蓄银行指定的建设银行网点或由外销人员上门,缔结住房储蓄合同申请表。中德住房储蓄银行将在收到申请表后向客户发出确认信确认接受申请、合同生效。此后,客户应按照合同约定进行存款,以便将来得到贷款。不同的合同类型对应不同的存款额和还款额,合同类型的选择,是根据居民家庭的收入情况和得到贷款时间的预期进行的。表4-1为中德住房储蓄银行①住房储蓄合同类型。

① 中德住房储蓄银行系由中国建设银行与德国施威比豪尔住房储蓄银行于2004年合资设立,总部位于天津。2008年7月后,中德住房储蓄银行的业务扩展到吸收公众存款、发放个人住房贷款、发放住房开发贷款以及各种代理业务。

表 4-1　中德住房储蓄银行住房储蓄合同类型

A 类合同明细表

章	类型	AA	AB	AC
1/11	服务费	如果客户签订合同，SGB 收取的服务费是合同额的 1% 如果客户提高合同额，SGB 收取的服务费是提高额的 1% 若达到配贷条件的客户放弃贷款，根据其申请，SGB 会将全部服务费退还给客户		
2	推荐月存款额（占合同额的‰）	10	8	6
3	存款利率（年利率%）	0.50	0.50	1.00
4	评价值系数	1.6	1.2	0.4
4	最低评价值	8	8	8
4	最低存款额（占合同额的%）	50	50	50
9	贷款利率（年利率：%）	3.30	3.30	3.90
9	分期还款额（利息＋还款）（占合同额的‰）	9	7	5

A 类合同得到贷款时间参照表

达到配贷条件前预计存款期限	合同类型 AA	合同类型 AB	合同类型 AC
一次性存款	2 年零 4 个月	3 年	4 年零 2 个月
常规存款	4 年零 5 个月	5 年零 7 个月	7 年零 8 个月

B 类合同明细表

章	合同类型	BA	BB	BC
1/11	合同服务费	以 30 元合同额为基础： 在签署合同时， 合同额大于 3 万，小于等于 30 万，收取服务费 300 元 合同额大于 30 万，小于等于 60 万，收取服务费 600 元 合同额大于 60 万，小于等于 90 万，收取服务费 900 元 以此类推		

（续表）

1/11	合同服务费	在提高合同额时， 提高额小于等于30万，收取服务费300元 提高额大于30万，小于等于60万，收取服务费600元 提高额大于60万，小于等于90万，收取服务费600元 以此类推 若达到配贷条件的客户放弃贷款，根据其申请，住房储蓄银行会100%返还客户所付服务费		
2	推荐月存款额（占合同额的‰）	10	8	6
3	存款利率（年利率%）	0.50	0.50	1.00
4	评价值系数	1.6	1.2	0.4
4	最低评价值	8	8	8
4	最低存款额（占合同额的%）	50	50	50
9	贷款费用	住房储蓄贷款额的1%		
9	贷款利率（年利率：%）	3.30	3.30	3.90
9	分期还款额（利息+还款）（占合同额的‰）	7.8	6	4.4
12	转让费	依据转让人和受让人协商而定		

B类合同存款时间参照表

达到配贷条件前预计存款期限	合同类型AA	合同类型AB	合同类型AC
一次性存款	2年零4个月	3年	4年零2个月
常规存款	4年零5个月	5年零7个月	7年零8个月

资料来源：中德住房储蓄银行网站 http://www.sgb.com。

在签订住房储蓄合同时，储户需选择合同类型，但在得到贷款前，合同类型可以改变。合同类型变更后，还款类型也作相应变更。住房储蓄存、贷款不管期限长短，均实行固定的利率。通常贷款利率比存款利率高2.75个百分点。存款利率为1.25%—2.5%，贷款利率为2.75%—5.25%。住房储蓄的存、贷款利率一般低于资本市场利率。

2. 存款阶段

在存款阶段（储蓄阶段），借款人需要把一定的款项存入住房储蓄配贷资金库，可以每月有规律存款或以额外多存款的形式进行储蓄，并得到利息。

3. 配贷阶段

当客户满足了配贷的所有条件后，住房储蓄银行把储户的住房储蓄合同额（存款额 + 贷款额）付给储户，称为配贷，即支付住房储蓄合同额，也就是说，住房储蓄银行在对抵押物和客户的资信状况进行审核后，将客户的住房储蓄存款与住房储蓄银行所提供的贷款一道发放给客户。配贷资金来源包括存款、利息、补贴资金、还款额，以及在必要的情况下从商业银行拆借的资金和其他资金。客户存款和还款的行为对住房储蓄银行每个月用于配贷的资金量有着重要影响。

配贷条件如下：(1) 通常存款额至少要达到合同额的 50%；(2) 达到最低评价值。住房储蓄银行每月月底对达到最低存款额的储蓄合同计算一次评价值。计算评价值是为了衡量存款人为储蓄客户集体所作贡献的大小。评价基础为截至评价当日客户的存款累计产生的利息额。存款越多越快，评价值就越高。

由于能否提供配贷取决于配贷资金量的多少，所以住房储蓄银行需对已满足配贷条件的合同进行排序管理。储户得到配贷的顺序依据评价值的高低依次排列，直到当月的配贷资金用完为止。所以，住房储蓄银行不能够、法律上也不允许对客户承诺其得到配贷的具体时间。只有这样才能确保该融资系统独立于资本市场之外。

接受配贷的储户须再与住房储蓄银行签订一份贷款合同，并按银行要求提供相应的贷款担保。贷款担保原则上采用不动产抵押、质押以及其他保证形式。在担保物的价值不够时，银行有权要求贷款人提供附加担保措施。此外，储户有义务对所购建的房屋进行保险，并将银行作为受益人；银行有权要求储户参加人寿保险或丧失工作能力保险，受益人为银行。

4. 贷款阶段

配贷后，除了存入的存款外，客户还将获得贷款。根据所选合同的类型，客户每月以优惠的利率偿还贷款本金和利息，利率是固定不变的。还款额和期限依合同类型而定。客户可随时提前还款。

（三）营销方式

中德住房储蓄银行的营销渠道是以中国建设银行天津市分行 220 多个营业网点为主体的银行销售渠道和以外围销售为辅的外围推销员销售渠道构成。与住房储蓄银行合作的银行和外围推销员负责推销住房储蓄银行的产品，并与客户签订住房储蓄合同。住房储蓄银行向每个客户收取合同额1%的服务费，其中约80%（即合同额的0.8%）作为佣金付给合作银行或外围推销员。签订的合同份数越多、合同金额越大，得到的佣金就越多。

（四）资金来源

住房储蓄业务着重强调了业务资金的封闭运转，即资金来源于客户的存款和还款，用途只能是为客户进行配贷；资本金与业务资金严格分离，原则上不参与业务资金的运转（至今，德国施威比豪尔住房储蓄银行及其在国外的合资银行从未将资本金运用到配贷当中）。为此，住房储蓄银行也要遵循住房储蓄业务规律，其资金来源主要是客户的存款和还款，只有在特殊情况下，住房储蓄银行才可能临时从资金市场上拆入少量资金以保证配贷需要。其资金用途主要有：一是为客户配贷，二是支付放弃配贷的客户的提款。在住房储蓄银行成立初期或在其他个别时期，当达到配贷条件的客户很少、存款过多时，可以购买一些安全性、流通性都好的债券；也可以为急需贷款的住房储蓄银行客户发放商业贷款利率的短期接替贷款和预先贷款。住房储蓄资金不允许进行风险交易。

（五）佣金的支付

住房储蓄银行依靠建设银行营业网点和外围推销员为其推销《住房储蓄合同》。住房储蓄银行与客户签订住房储蓄合同后，向客户收取合同额1%的服务费，用于支付推销合同佣金和其他营销费用。佣金支付额及方法为：初期，佣金额是住房储蓄合同额的0.62%（即服务费的62%），随着业务的发展逐步提高，直至0.8%（目前施威比豪尔住房储蓄银行在德国开展业务收取的佣金为合同额的0.8%）；佣金在客户签订合同后对建设银行营业网点一次性支付，对外围推销员先支付70%，一年后再支付30%。如客户在一年内违约，取消合同，该笔佣金须退还给住房储蓄银行。

专栏4-2 德国的住房储蓄银行

德国的住房金融体系由多种金融机构参与，形成了各种形式互相配合的融资体系。从事住房金融业务的主要金融机构有四大类型，即信贷银行、储蓄银行、抵押银行和住房储蓄银行。信贷银行和储蓄银行提供变动利率商业抵押贷款，贷款额分别占全部住房贷款额的28%和24%；抵押银行是专门提供固定及变动利率抵押贷款的金融机构，其所提供的贷款占全部住房贷款额的13%以上；住房储蓄银行专门提供住房储蓄贷款，贷款额占全部住房贷款额的23%左右。此外，人寿保险公司等其他金融机构提供占全部住房贷款额12%的贷款。各金融机构之间既互相竞争，又在竞争中依法进行合作。从1948年至2001年，约30家德国住房储蓄银行为住房建设提供了合计超过8 000亿欧元的资金，参与了1 300万套住房的融资，占德国拥有的3 800万套住房的34%，其中900万套为新建住房，占德国拥有的3 800万套住房的24%。几乎每3个德国人中就有1个与住房储蓄银行签有住房储蓄合同；在每3个住房融资项目中，就有2个采用住房储蓄作为其组成部分。

德国的住房储蓄银行都是独立的金融企业的法人，公司制是目前德国住房储蓄机构普遍采纳的一种组织形式。其特点和成功经验主要可以从以下几个方面探讨：

1. “固定利率、低息互助”是德国住房储蓄制度的核心原则

德国住房储蓄制度是一个封闭运转的融资系统，独立于德国资本市场，存贷款利率不受资本市场供求关系、通货膨胀等利率变动因素的影响，并且贷款利率明显低于市场利率。近年来，德国银行商业性住房抵押贷款利率在8%—11%之间波动，而住房储蓄银行的贷款利率一般固定在5%，存款利率是3%（国家有条件地另行补贴10%）。这种固定利率的优势是：居民还贷额固定明确，对居民尤其是中低收入居民具有较强的吸引力。住房储蓄业务与市场利率脱钩，避免了资本市场波动可能给储户和银行带来的风险。

2. 实行严格的“配贷”机制

为了保障住房储蓄资金在使用中的公平性和安全性，德国住房储蓄银行在借贷资金的发放过程中，除了按常规审查借款人的支付能力之外，还有一套严格的“配贷”机制。首先是对“最低存款额”的规定：凡需要获得低息借款者，必须按储贷合同定期交纳储蓄金，先履行储蓄义务，并满足最低存款额要求，即只有当储蓄达到所需贷款额的40%—50%、参加储蓄至少两年以上时，才有资格得到所需的贷款；其次是评估，即德国住房储蓄银行每月对储蓄者的资金积累状况和对住房储蓄的贡献进行评估，并以评估值的高低来确定借款人的资格和贷款的分配顺序。因此可以说，规定最低存

款额和最低存款年限,实质上是建立和培育个人信用的一种有效方式。

3. 颁发住房储蓄奖金以扶持住房储蓄业务

在德国,政府以向住房储蓄者颁发住房储蓄奖金的形式扶持住房储蓄业务发展。对与住房储蓄银行首次签订住房储蓄协议的储户,凡家庭年储蓄金额达到1 600马克,单身储户达到800马克的,德国政府通过财政补贴给予10%的奖金。雇员参加住房储蓄一年,储蓄金额达到936马克的,雇主必须支付相同金额存入雇员的储蓄账户,作为职工资产积累奖金。同时,国家对职工资产积累达936马克者)给予10%的雇员储蓄奖金。

目前,德国的住房储蓄银行有近40家,总资产已达3 000多亿马克,拥有的住房金融业务量占全国住房金融业务总额的20%左右。德国家庭中约有30%参加了住房储蓄,使德国成为世界上居住水平最高的国家之一,并且德国居民形成了相对固定的融资模式,即:一般通过向多家金融机构贷款以获得购房所需要的足够资金,抵押贷款期限为25—30年,住房抵押贷款来源包括:40%—50%的贷款来自于住房储蓄银行,30%—40%来自于各种商业性抵押贷款,其余10%—20%是家庭积累。

作为德国最大的住房储蓄银行,施豪银行至今已有70多年开展住房储蓄业务的经验。至2001年底,其实收资本为3.1亿欧元,资产总额为323.84亿欧元,正在执行的合同超过720万份,合同总额为1 620.38亿欧元,德国每13人中就有1人与施豪银行签订了住房储蓄合同。2001年施豪银行新签合同89.2万份,合同额207.46亿欧元,新增业务约占德国住房储蓄合同总额的26%,继续保持领先地位。施豪银行在1948年至2001年间,为290多万套新建住房及同样套数的翻新和重建住房提供了共计1 800亿欧元的贷款,占全国住房储蓄银行提供资金总额的22%以上。在欧洲其他国家,施豪银行除了在法国的阿尔萨斯州和洛林州设立了分行、与欧盟国家的银行组织签订合作协议、为跨国搬迁的居民提供与住房有关的服务外,还分别在斯洛伐克、捷克、匈牙利等中欧国家与当地的银行成立了合资银行,专门从事住房储蓄业务,并在当地个人住房消费贷款市场占有较高的市场份额,在为个人住房消费者提供住房融资方面发挥了重要作用。至2001年底,施豪银行参与组建的合资银行在斯洛伐克住房储蓄业务市场中的占有率达68%,在匈牙利的市场占有率为31%,在捷克市场的占有率达41%。施豪银行在德国及国外开展住房储蓄业务的实践,特别是在东欧三国组建合资银行的成功经验，为其与中国建设银行合作、在中国成立住房储蓄银行、开展住房储蓄业务奠定了基础。

资料来源：德国施豪银行，《德国的住房储蓄制度》，《国际金融研究》，1998年第8期。

二、住房储蓄制度与住房公积金制度的比较

住房储蓄是借贷双方通过合同契约筹措住房资金的一种住房金融类型。潜在购房者与指定机构订立存贷合同，潜在购房者按合同约定，定期到指定机构存入资金，当储蓄一定时间并且积累一定数额后，便自动取得从该机构获得住房抵押贷款的权利。我国的住房储蓄制度与公积金制度有一些相似，都具有低存低贷、封闭运行和社会保障的特点。不同的是住房公积金制度具有强制性的特点，而住房储蓄制度则是一种自愿的参加方式，它是以住房储蓄贷款合同为基础的。住房储蓄制度在一定程度上弥补了公积金制度的不足，突破了住房公积金贷款只能享受一次的限制。

住房储蓄与住房公积金的共性在于三方面：一是二者均封闭运作，独立于资本市场之外；二是二者都是低利率，其中，住房储蓄贷款的利率比住房公积金贷款的利率更低；三是二者的借款人必须是存款人，即只有存款人才有资格在相应的机构得到贷款。

住房储蓄与住房公积金的区别主要在于：住房储蓄是自愿的，是为自助而互助合作，达到住房融资的目的；而住房公积金是依法强制缴存的。就合同内容而言，住房公积金贷款和住房储蓄贷款的差异如表4-2所示。

表4-2　住房公积金贷款和住房储蓄贷款的差异

	公积金贷款	住房储蓄贷款
贷款发放主体	委托人为公积金管理中心，贷款发放由其他商业银行完成	中德住房储蓄银行
贷款金额	最高金额为30万元，具体额度和借款人的公积金缴存情况有关	与住房储蓄合同额有关，无最高金额的限制。
贷款期限	最长年限为30年	根据住房储蓄合同类型确定，年限为5—12年

（续表）

	公积金贷款	住房储蓄贷款
贷款利率	非固定利率，会调整	固定利率，不调整
担保方式	购买期房必须采用担保公司保证的方式，其他的可以采用抵押方式	主要是抵押和保证两种方式
还款方式	等额本息还款法和等额本金还款法	等额本息还款法
贷款用途	用于购买、建造、翻建、大修自有住房的专项住房消费贷款。职工购买的自有住房包括商品住房、经济适用住房、私产住房、集资建造住房、危改还迁住房、公有现住房	购买、建造、维修、装修住房或服务于这些目的的行为，也可以用作与住房相关的其他目的，如为建造住房获取建筑用地、偿还因住房项目所欠的债务
借款人年龄	有退休年龄的限制，最高男为65岁，女为60岁	无年龄限制

专栏4-3　我国住房储蓄银行的历史与现状

1987年底，作为我国首批住房储蓄制度试点改革的烟台、蚌埠借鉴国外经验，报经国务院批准成立了住房储蓄银行。

烟台住房储蓄银行是按照股份制的经营模式建立的。参照信托投资公司的资本金要求，当时这家银行的注册资本被确定为2000万元，股东单位有6家，其中烟台市财政局500万元、中国建设银行700万元、中国工商银行400万元、中国农业银行200万元、中国银行100万元、中国人寿保险公司100万元。在特定条件下产生的住房储蓄银行，既不是商业银行，也没有被认定为政策性银行，只是被确立为肩负着住房体制改革和金融体制改革试点的重任。在成立之初，烟台住房储蓄银行业务单一，只能开办低息抵押贷款业务，而其资金来源除了各企事业单位缴存的住房基金外，就只有老百姓为了从这家银行获得低息贷款而存入的仅能获得活期利息的储蓄存款。

1989年后，为治理通货膨胀，国家出台了相关政策，包括要求所有银行三年内不得给予房地产开发商贷款支持。这就给烟台住房储蓄银行的经营带来许多困难,因为吸收来的资金没有出路了。经过数次向中国人民银行反映实际情况,该行终于被许可办理工商企业贷款和已缴存住房基金单位的流动资金贷款。在此之前,烟台住房储蓄银行已经将过去只能支付活期存款利率的住房储蓄分成两种:如果存款人不买房,就能获得等同于其他商业银行一样的利息;如果存款人买房,就只能获得活期存款利息。

1991年之后,随着住房公积金制度在全国的推广,烟台也成立了住房公积金管理中心,1995年,烟台住房储蓄银行就把筹集住房基金的功能移交给了住房公积金管理中心。此后,住房储蓄银行的性质得到转变。央行也开始用监管商业银行的办法来监管烟台住房储蓄银行。烟台住房储蓄银行的总资产在这一年达到36.03亿元人民币,在当地商业银行的排名中,仅次于四大国有商业银行,位居第五。

转型以来,烟台住房储蓄银行和其他商业银行站在了同一个起跑线上。2002年8月28日,央行批复同意烟台住房储蓄银行增资扩股。按照批复,扩股后该行的实收资本金将从2 000万元人民币增资到10亿元人民币。烟台住房储蓄银行的资本充足率将从不足8%提高到15%左右,达到上市的要求。

蚌埠住房储蓄银行自成立以来,也被确立为住房体制改革和金融体制改革的试点,专门办理与房改配套的住房基金筹集、信贷、结算等政策性金融业务。但由于政策环境等多方面因素,随着时间的推移,它并未真正起到住房储蓄银行的作用,而只是从事一般的银行业务,和政府的钱袋子差不多,放了很多工商企业贷款。1994年蚌埠又成为全国国企改革试点城市,随着蚌埠拖拉机配件厂等一大批老工业企业的破产倒闭,又给蚌埠住房储蓄银行、蚌埠当地的城市信用社等增加了一大块不良资产。2000年,蚌埠住房储蓄银行的资产规模为7亿元左右,但是因为经营情况不佳,以零利润并入蚌埠商业银行。2003年,烟台住房储蓄银行改制更名为恒丰银行,成为我国第11家股份制商业银行。

与此同时,外资住房储蓄银行却悄悄进入中国,2004年2月25日由中国建设银行与德国施威比豪尔住房储蓄银行合资成立的我国首家住房储蓄银行在天津成立,这不仅为中国住房金融市场引进了一种全新的模式,也是住房金融制度的创新,标志着住房储蓄银行又开始出现。

本章小结

住房公积金是职工及其所在单位按规定缴存的具有保障性和互助性的个人住房基金,归职工个人所有。住房公积金是一种个人长期义务性储蓄。其运作的基本特点是“低存低贷,封闭运行”。住房储蓄业务的特点是,先存后贷,低存低贷,固定利率,灵活方便,消费有奖。住房储蓄制度与公积金制度有一些相似,都具有低存低贷、封闭运行和社会保障的特点。不同的是住房公积金制度具有强制性的特点,而住房储蓄制度则是一种自愿的参加方式,它是以住房储蓄贷款合同为基础的。

练习与思考

1. 在金融市场国际化、全球化和自由化程度不断提高的今天,住房储蓄银行还有继续存在的优势吗?为什么烟台和蚌埠的住房储蓄银行没有能够生存下来?

2. 如何改革住房公积金制度?

3. 中国与新加坡的住房公积金制度有何不同?

4. 阅读下面材料并分析:河北省大幅度放宽了住房公积金贷款政策,背后的原因是什么?没缴过住房公积金也可申请贷款是否合理?如何提高住房公积金的使用效率?

我省出台住房公积金贷款新规 职工购房贷款优先

河北省建设厅昨天召开新闻发布会,公布了《关于进一步加快发展全省住房公积金个人住房贷款业务的意见》(以下简称《意见》),提出我省要建立住房公积金管理中心与房地产开发企业的贷款合作机制,让购房职工优先使用住房公积金个人住房贷款;开拓住房公积金异地个人住房贷款业务;同时规定住房公积金个人住房贷款最高额度从30万元提高到40万元,没缴过住房公积金的购房人也可以申请住房公积金贷款。

《意见》指出,住房公积金个人住房贷款是国家为解决城镇职工住房问题而实施的一项强制性制度。我省将建立住房公积金管理中心与房地产开发企业的贷款合作机制,房地产开发企业在商品住房、经济适用住房开发中,应与开发项目所在地住房公积金管理中心签订贷款协议,让购房职工优先使用住房公积金个人住房贷款。

开拓住房公积金异地个人住房贷款业务。我省将按照国家和我省有关规定，积极开拓住房公积金省内、省外异地个人住房贷款业务，方便异地购房的缴存职工申请住房公积金个人住房贷款。

公积金贷款最高额度提至40万元。《意见》提出，我省将提高住房公积金个人住房贷款最高额度，在全省住房公积金个人住房贷款额度最高30万元、最长期限30年统一要求的前提下，部分市可由住房公积金管委会议定，住房公积金个人住房贷款最高额度可提高到40万元，最长期限30年。

没缴过住房公积金也可申请贷款。《意见》提出，我省将扩大住房公积金贷款受益范围。对未缴存住房公积金的购房人，由正常缴存住房公积金且未申请使用住房公积金个人住房贷款的职工（不少于2人）提供担保，可申请住房公积金个人住房贷款。

商业贷款可转为公积金贷款。《意见》要求开展以住房公积金个人住房贷款偿还商业银行住房贷款业务。对符合住房公积金个人住房贷款申请条件的职工，可通过转换所购房屋抵押权或由中介机构提供阶段性担保等方式，办理转商业银行住房贷款为住房公积金个人住房贷款业务。

同时，《意见》提出要调动承办银行发放住房公积金个人住房贷款的积极性，在国家规定的承办住房公积金金融业务的银行间，建立竞争机制，存贷款业务向支持住房公积金个人住房贷款发放且业绩较好的承办银行倾斜。

我省还将加强住房公积金个人住房贷款管理，建立贷款评估机制和贷款发放与回收跟踪制度，防止贷款风险，确保资金安全。

资料来源：http://esf.sjz.soufun.com/newsecond/news/1724354_3.htm，2008年5月7日。

推荐阅读书目

[1] 德国施豪银行：《德国的住房储蓄制度》，《国际金融研究》，1998年第8期。

[2] 程红梅：《中国当代房地产金融思想发展研究（1978—2005）》，复旦大学博士学位论文，2007年。

[3] 殷红、张卫东：《房地产金融》，北京：首都经济贸易大学出版社2002年版。

[4] 洪艳蓉:《房地产金融》,北京:北京大学出版社 2007 年版。
[5] 丛诚:《论住房公积金制度存废与改革方向》,《上海建设科技》,2008 年第 1 期。

网络资源

http://www.sgb.cn

第五章 提前还贷

知识要求

通过本章的学习，掌握

- 提前还贷的期权性质及其影响因素
- 提前还贷的决策
- 利用二叉树模型来为提前还贷期权定价
- 提前还贷对银行的影响
- 对提前还贷风险的管理方法

技能要求

通过本章的学习，能够

- 对提前还贷的方式和时机做出合理的选择
- 能够利用二叉树模型来为提前还贷期权定价

第一节 提前还贷的影响因素

一、提前还贷的性质

提前还贷是指借款人在贷款到期之前支付全部或者部分贷款余额。一般包括两种情况，一次付清全部贷款余额和提前付清部分贷款余额。提前还贷有主动和被动两种形式，主动提前还贷也可以视作理性提前还贷，它主要与借款人为住房进行再融资的行为有关，当市场利率下降的时候，提前偿还贷款可以降低融资成本，这是借款人理性决策的结果。被动提前还贷是非自愿的，是由于借款人工作变动或者失业、离婚、死亡等因素所导致。这些因素可能促使金融机构取消借款人对抵押房产的赎回权，并出售该房产从而造成抵押贷款的提前偿还。非自愿的提前还贷只占整个提前还贷行为很小的一个比例，例如，在美国，每年因借款人违约而发生的提前还贷在金额上不到贷款总额的1%，因此，由这些因素而导致的提前还贷行为相对并不重要。我们主要研究借款人的主动提前还贷行为。①

提前还贷具有期权特征。提前还贷相当于借款人从银行那里按照约定价格（合同利率）购买抵押贷款。这说明如果银行允许借款人提前偿还贷款，那么在签订贷款合约的同时借款人获得了一项买方期权（call option），即借款人根据市场利率变化情况有权决定是否需要在到期之前偿付全部贷款余额，这里的基础资产是抵押贷款，协议价格为贷款的合同利率，执行价格为市场利率。如果市场利率下降（贷款价值上升），借款人就要行使期权，以较低的合同价值购买未到期的贷款余额。目前，以期权方法来研究住房抵押贷款以及抵押贷款支持证券的定价是一个流行趋势。在固定抵押利率制度下，市场利率上升时借款人因固定的合同利率低于市场利率而选择维持与银行的交易，市场利率下降时借款人则选择提前还贷，然后通过再融资获得较低的市场利率；而在浮动抵押利率制度下，市场利率下降时借款人因合同利率随市场向下浮动而选择维持与银行的交易，在市场利率上升时则选择提前还贷，以彻底退出抵押交易的方式规避较高的市场利率。与独立的期权交易相比，抵押合同中提前偿还期权的交易过程和交易价格都隐含在基础的抵押贷款交易之中，因而被称为隐含期权（embedded option）。

但是提前偿还期权与一般的金融买方期权并不完全一样，首先，如果基础资产即抵押贷款的担保资产被出售，那么抵押贷款必须被偿还，或者被转移给新的买主。这样的提前还贷是非合意的，因而可能不具有期权价值，也即提前偿还期权有可能是被迫执行的，这一点与金融期权有很大不

① 从合同角度来讲，如果说凡是没有按照合同约定条件来偿还贷款的行为都可以被视作违约，那么提前还贷也是违约的一种形式。但是提前还贷行为的影响因素与（狭义的）违约还有很大不同，造成的后果也不一样，违约会造成贷款本金的损失，而提前还贷仅仅造成贷款利息收入的减少。

同。其次，一个人控制两种资产，住房与提前偿还期权，而这两种资产收益之间并非完全相关。这就意味着家庭使住房收益最大化的策略可能并不能使期权收益最大化。例如，当住房价格下降的时候，卖掉现住房而再以较低价格购买一套新的住房可能增加住房收益，但是提前还贷的收益并非最大，因为此时抵押利率可能在上涨，抵押贷款的价值并非最低。

二、影响提前还贷的主要因素

（一）再筹资倾向。这是导致借款人提前还贷的最为重要的因素。当市场利率明显低于抵押贷款的合同利率时，只要借款人能够以更低的利率获得新的贷款，那么提前还贷就是合理的。再筹资倾向与以下几方面因素有关。

1. 现行抵押利率与合同利率的差额。这是激发借款人执行提前支付期权的重要的金融诱因。抵押贷款市场利率下降使借款人能够以更低的成本筹措到资金，借款人为了减少利息支出，就在现行利率水平上重新举债来偿还原有的抵押贷款余额，这样在新的抵押贷款上，他就可以支付较少的利息了。市场利率越低，即它与合同利率之差越大，对借款人行使提前支付期权的激励强度越大，因为借款人通过再融资而减少支付的利息会随着市场利率与合同利率的差额的扩大而增加。这说明，提前偿付概率是利差的函数，也就是说，合同利率越高，借款人越有可能提前还贷。但是，提前偿付概率与利差之间并不是一个线性关系，而是凸状关系，当市场利率下降时，提前偿付概率具有加速上升趋势。经验研究表明，当利差在1.5—2个百分点时，借款人提前还贷行为会大量涌现①。

需要说明的是，提前偿付行为对利率下降的反应存在时滞，对固定利率抵押贷款提前偿付行为的经验研究表明，提前还贷时滞大约在2个月。这是因为在利率下降时期，借款人的利率预期是向下的，而理性的借款人总想在最低利率水平上融资，因此需要对当前利率水平观察一段时间，以便确定利率是否还会下降。但是当他发现利率不再下降时候，利率已经开始上升了。这时他再决定融资，却已经错过了最佳时机。另一个原因是，再融资过程需要时间，比如，提出申请、贷款人审查、抵押物价值评估、保险、

---

① 陈钊：《住房抵押贷款理论与实践》，上海：复旦大学出版社2000年版，第145页。

签署新的贷款合同等，另外，终止原有合同也需要时间，从而使借款人的提前还贷行动推迟。

2．再融资成本。合同利率与市场利率的差额的扩大只是提前偿付行为发生的必要条件，而不是充分条件。因为借款人还必须考虑再融资成本。它主要包括因提前偿还贷款而交纳的罚息、为申请贷款而发生的费用、贷款手续费、抵押物价值评估费用等。如果提前偿付带来的利息支出节约的现值之和不足以弥补再融资成本，那么借款人不会选择提前偿付贷款。这意味着越接近贷款到期日，越不可能出现提前偿付行为，在贷款末期，提前偿付概率很低。因此，为了补偿再融资成本，借款人需要在抵押贷款到期前的一段时间就做出提前偿付的决定。

然而，再融资成本对于不同借款人而言是不同的，因为每一个人信用状况、贷款特征、住房特征等情况不一样，所以会面对不一样的再融资成本。这就造成借款人在考虑是否执行提前偿还期权的时候并不完全依据期权的价值状态，如果再融资成本高，那么即使期权价值大于零，借款人也可能不会行使期权；反之，如果再融资成本比较低，那么即使期权价值小于零，借款人也有可能行使期权。

3．再融资条件。借款人在决定提前偿还贷款时还要考虑是否具备再融资条件，这包括再融资成本的支付能力、再融资所需要的住房权益。当借款人为了偿还原有的贷款余额而申请新的贷款时，必须满足贷款人提出的贷款房价比即 LTV 要求，也就是借款人在住房上累积的权益要能够为他所申请的贷款数量提供足够的担保。例如，假定在时刻 t，住房价格为 $H(t)$，贷款余额为 $L(t)$，则借款人权益为 $H(t)-L(t)$。如果利率在时刻 t 下降，那么借款人决定提前偿付贷款（假定没有时滞）。为了支付剩余贷款本金 $L(t)$，他需要以现行利率借入一笔相当于 $L(t)$ 的款项。假定贷款人出于保证资产安全的考虑，只提供相当于借款人权益 80% 的贷款。这意味着借款人要想得到他想要的额度，下面的等式关系必须得到满足：$[H(t)-L(t)]\times 80\% = L(t)$，从中解得 $H(t)=2.25L(t)$。这就是说，只有当借款人权益在时刻 t 相当于 $1.25L(t)$ 时，借款人才能得到提前偿付贷款所需要的数量。

由于再融资条件的限制，某些借款人不能获得新的贷款。这种现象被称为提前还贷的锁定效应（lock in effect）。

（二）住房转手。在住房转手时就需要提前付清所有的贷款余额。不过，美国统计局的数据表明，转手的房屋只占房屋存量很小的一个比例。住房的转手情况同房屋市场交易的活跃程度有关，因而受多方面因素的影响。

1. 总体经济发展状况。良好的经济发展前景会增强消费者的信心，促使他们改善现有的住房条件。地区性的经济不景气会使当地的住房转手率上升，因为这会使当地的人口迁出率上升，也使得更多的抵押房产因被取消赎回权而需要拍卖。

2. 利率水平。较低的抵押贷款利率水平能够刺激购房行为，特别是当抵押贷款利率水平的下降使原本不具备获得贷款资格的潜在购房者获得贷款时，住房市场交易会极其活跃，住房转手率也同时上升。较低的利率水平也往往刺激经济增长，提高居民的可支配收入，从而促使更多的人希望通过住房转手改善居住条件。

3. 人口因素。人口结构是影响住房需求的一个重要因素。例如，初次购房群体的规模直接影响着存量的住房交易的实现，从而影响到住房的转手率。

三、提前还款速度的测量

借款人的提前还款速度取决于本金额外偿还的相对数额。根据美国联邦住房管理局的样本数据，20 世纪 70 年代中期住房抵押贷款平均偿还期限为 12 年，因此，在住房抵押贷款证券化初期，美国金融机构采取简单的“第 12 年清偿”假定来衡量抵押贷款借款人的提前还款行为，即假定借款人正好在抵押贷款合同签订后的第 12 年做出提前还款的决定，将所有剩余本金清偿完毕。显然，这种对提前还款行为的衡量是相当不成熟的，与现实中借款人的还款行为有较大的差距。此后，在住房抵押贷款的实践领域逐渐产生了一系列更为合理的对借款人提前还款行为的衡量方法（陈钊，2000）。

（一）单月清偿率与固定提前偿还率

1. 单月清偿率（single monthly mortality rate，SMM）

单月清偿率假定借款人在下一个还款期内（每个月）具有恒定不变的提前偿付贷款余额的可能。例如，假设单月清偿率为 P，则贷款在第一个月被全部清偿的概率为 P，在第二个月被全部清偿的概率为 $(1-P)P$，更一般地，贷款在第 n 个月被清偿完毕的概率为 $(1-P)^{n-1}\cdot P$。

2. 固定提前偿还率(constant prepayment rate, CPR)

与单月清偿率指标相联系的另一个衡量指标是固定提前偿还率,又称条件清偿率(conditional prepayment rate)。CPR 是一个年提前偿付指标,指借款人在某一年提前清偿全部贷款余额的概率,把提前偿还金额作为当前未偿还抵押贷款余额的一个比率。条件清偿率同样假定借款人在每个月的提前还款可能性是相同的,在该年中不发生提前还款的概率为 1 - CPR,而根据单月清偿率的定义,特定一年中不发生提前还款的概率为 $(1-SMM)^{12}$,而对于特定的年份就有 $(1-SMM)^{12}=1-CPR$。

条件清偿率就可以由单月清偿率换算得出:$CPR=1-(1-SMM)^{12}$

(二) PSA 基准

在抵押贷款领域一个更为常见的对提前还款行为的衡量指标是由公共证券协会(Public Security Association, PSA)于 1985 年提出的,被称为 PSA 基准,用来预测提前偿还风险,该模型以固定提前偿还率 CPR 为基础,对整个贷款偿还期间各个月份提前偿还额占贷款余额的比率进行预测。100% PSA 即指在 30 年期抵押贷款合同生效后的第 1 个月内,抵押贷款以 0.2% 的速度(占未偿还本金余额的比率)被提前偿付,且这一比例每月增加 0.2%(比如,在第二个月就变成 0.4%),直到第 30 个月为止,即 6% 的水平,从第 30 个月开始的每个月,100% PSA 维持一个固定的 6% 年提前偿还率不变。以此为参照,可以产生对不同提前还款速度的描述(见图 5-1),例如,150% PSA、200% PSA 分别表示提前还款速度是 100% PSA 情况下的 1.5 倍与 2 倍。150% PSA 表示年提前偿还率在第一个月是 0.3%,在第二个月是 0.6%,在第 30 个月达到 9%,然后一直保持 9%。0PSA 则表示没有提前偿还。

PSA 假设,在贷款初期,提前偿还率很低,随着贷款时间的推移,提前偿还率也随之增大。

在数值上,PSA 基准与 CPR 可以按以下方法进行换算,以 100% PSA 为例,

$$\begin{cases} CPR = 6\% \times \dfrac{t}{30} & 1 \leqslant t \leqslant 30 \\ CPR = 6\% & t > 30 \end{cases}$$

上式中 t 指抵押贷款发放以来的月数。目前,PSA 基准是衡量借款人

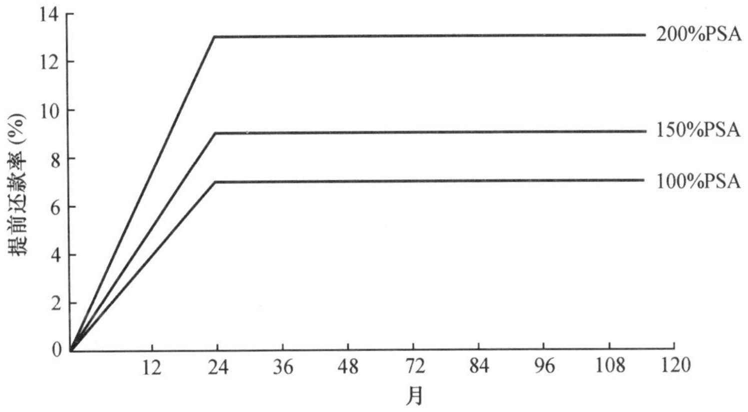

图 5-1 提前还款速度

提前还款速度的最流行的指标。

第二节 提前还贷决策

一、提前还贷的收益与成本

通常,借款人提前还贷是为了节约利息支付,这种提前偿付可以视为借款人出于利益最大化的理性选择。当然也有其他因素影响借款人的提前偿付,比如居住地的迁移等。不过借款人选择提前还贷也具有一定的负效应,主要体现在以下一些方面:

首先,借款人由于提前还贷而损失了一笔预付利息。以等额还贷方式为例,借款人在还贷初期所还本金占月还款额的比例较低,利息所占比重较大。随着还贷时间的延长,月还款额中本金所占比重越来越大,即借款人在提前还贷时,已经在前期预付部分利息,而这部分利息是不能退回的,因而这部分损失只能作为提前还贷的沉淀费用。例如,借款 10 000 元,期限 5 年,利率 3.6%,等额还款。回想我们在第三章介绍过的等额还款计算公式,

$$每月还款额=\frac{贷款本金\times月利率\times(1+月利率)^{还款期数}}{(1+月利率)^{还款期数}-1}$$

容易得到月还款额为 182.37 元,按贷款期 60 个月计算,扣除本金 10 000 元,利息总额为 942.2 元。36 个月后,提前 24 个月还款,这时已还

182.37 元×36 个月 = 6 565.32 元，其中，还本 5 894.16 元，还息 671.15 元，此时尚需补还本金 4 105.84 元。如果贷款利息是按月等额支付的，那么 36 个月的利息应为 942.2 元 ÷ 60 个月 ×36 个月 = 565.32 元。与借款人实际支付利息 671.15 元相比，借款人多支付了 105.83 元利息，这部分利息即为借款人预付利息，属于提前还贷的沉淀成本。

其次，提前还贷作为一种期权，对借款人是有价值的。借款人必然要为获得该期权支付费用，在实践中提前还贷期权费表现为银行收取的违约金或者罚息，这成为提前还贷的显性成本。不过目前国内大部分银行在收取违约金方面比较谨慎。

再次，提前还贷具有机会成本。借款人可以将资金投入到股票、期货、外汇、房地产等方面以获得收益，或者存入银行获取利息收入。而如果将这笔资金用来提前还贷，就丧失了在这些方面投资可能获得的收益，放弃的投资收益成为提前还贷的机会成本。特别是在央行多次加息后，提前还贷的机会成本会增加。

专栏 5-1　2005 年以来的我国加息时间表

一年期存贷款基准利率		
时间	一年期存款基准利率	一年期贷款基准利率
2005 年 10 月 29 日	2.25%	5.58%
2006 年 4 月 28 日	2.25%	5.85%
2006 年 8 月 19 日	2.52%	6.12%
2007 年 3 月 18 日	2.79%	6.39%
2007 年 5 月 19 日	3.06%	6.57%
2007 年 7 月 21 日	3.33%	6.84%
2007 年 8 月 22 日	3.60%	7.02%
2007 年 9 月 15 日	3.87%	7.29%
2007 年 12 月 20 日	4.14%	7.47%

借款人在决定是否提前还贷时，必须综合考虑收益与成本。具体而言，就是将节约利息的现值与提前还贷的成本进行对比，如果利息现值大于成

本支出，那么提前还贷就是值得的，否则不宜提前还贷。在影响借款人提前还贷决策的因素中，提前还贷成本基本是确定的，而能够节约多少利息则受多种因素影响，比如提前还贷方式、提前还贷时间等。因此，利息的节约是不确定的，从而成为影响借款人提前还贷的关键性因素。

二、提前还贷方式的选择

提前还贷的方式有四种，即：一次全部还款；部分提前还款，月供不变，缩短还款期限；部分提前还款，减少月供，还款期限不变；部分提前还款，增加月供，缩短还款期限。这四种方式与节约利息的多少有很大关系。为了说明还贷方式对利息的影响，来看下面的例子。

例 假设在2007年6月30日王先生买了一套售价100万元的房子，首付30%后，贷款额为70万元，贷款期限20年，利率6.6555%（折合月利率0.5546%）。按等额本息还款法计算，每月月供额为5 283.16元，该贷款方案利息本金总额为5 283.16元×240个月 =1 268 064元，其中利息高达1 268 064元 - 700 000元 =568 064元。还款6个月后，如果王先生刚好手里已有盈余资金，并且预计未来银行贷款利率将上调，那么他考虑提前还款，此时他已供款六期，累计还款5 283.16元×6个月 =31 698.96元，根据等额还款方式本息拆分公式，

$$当期本金 = \frac{每月还款额}{(1+月利率)^{贷款期数-已还款期数+1}}$$

$$当期利息 = 每月还款额 - 当期本金$$

例如，第6个月偿还本金 =5 283.16元 ÷（1 +0.5546%）$^{240-6+1}$ = 1 469.48元，支付利息 =5 283.16元 -1 469.48元 =3 813.68元。依此可以计算得到已经支付的六期利息累计23 000.85元，本金合计8 698.11元，所余贷款本金为700 000元 -8 698.11元 =691 301.89元。剩余贷款期限为19.5年。

5年期定期储蓄存款利率为5.85%。银行对王先生的行为没有收取违约金。在这种情况下，我们来比较一下各个方案的净收益。

方案1：一次全部还清贷款

如果王先生一次还清全部贷款，那么需偿还剩余本金691 301.89元。节约利息 =568 064元 -23 000.85元 =545 063.15万元。

成本包括两个部分：一是放弃的银行存款利息收入现值，[691 301.89元 × $(1+5.85\%)^{19.5}$ − 691 301.89元] ÷ $(1+5.85\%)^{19.5}$ = 463 164.78元；二是预付利息。如果568 064元利息是按月平均支付的，那么每个月需支付利息568 064元 ÷ 240个月 = 2 366.93元，6个月支付利息总计为14 201.6元，而现在却支付了23 000.85元，多付利息8 799.25元。两项成本合计471 964.03元。

一次全部还清贷款的净收益等于节约利息减去成本，即545 063.15元 − 471 964.03元 = 73 099.12元。

方案2：部分提前还款，月供不变，缩短还款期限

假如王先生提前还款10万元，剩余贷款本金为591 301.89元，若保持之前的月供水平，即5 283.16元，将贷款本金和月供数代入等额还款计算公式，得到贷款期限缩短为14年10个月(合14.83年)。

节约的利息为原还款方案的应付利息数减去新还款方案的应付利息数。如果不提前还款，所剩应付利息为568 064元 − 23 000.85元 = 545 063.15万元。提前还款10万元本金后，应付利息按照新的贷款余额和期限来计算，即5 283.16元 × 178个月 − 591 301.89元 = 349 100.59元。所以，节约的利息 = 545 063.15元 − 349 100.59元 = 195 962.56元。

成本中放弃的银行存款利息收入现值为[100 000元 × $(1+5.85\%)^{14.83}$ − 100 000元] ÷ $(1+5.85\%)^{14.83}$ = 56 963.74元。6个月预付利息与方案1相同，为8 799.25元。两项成本合计65 762.99元。

所以，方案2的净收益为195 962.56元 − 65 762.99元 = 130 199.57元。

方案3：部分提前还款，减少月供，还款期限不变

若王先生提前还款10万元，剩余贷款本金为591 301.89元，贷款期限剩余234个月，此时月供为4 517.79元 = 591 301.89元 × 0.5546% × $(1+0.5546\%)^{234}$ ÷ $[(1+0.5546\%)^{234}-1]$。

如果不提前还款，所剩应付利息为568 064元 − 23 000.85元 = 545 063.15万元。提前还款10万元本金后，应付利息按照新的贷款余额和期限来计算，即4 517.79元 × 234个月 − 591 301.89元 = 465 860.97元。所以，节约的利息 = 545 063.15元 − 465 860.97元 = 79 202.18元。

成本中放弃的银行存款利息收入现值为[100 000元 × $(1+5.85\%)^{19.5}$ − 100 000元] ÷ $(1+5.85\%)^{19.5}$ = 66 998.92元。6个月预付

利息与方案 1 相同,为 8 799.25 元。两项成本合计 75 798.16 元。

所以,方案 3 的净收益为 79 202.12 元 - 75 798.16 元 = 3 403.96 元。

方案 4: 部分提前还款,增加月供,缩短还款期限

提前还款 10 万元,剩余贷款本金为 591 301.89 元,还款期限缩短为 10 年,则月供增加为 6 760.9 元。

节约的利息 = 545 063.15 元 - 220 006.16 元 = 325 056.98 元。成本 = 43 364.15 元 + 8 799.25 元 = 52 163.4 元。所以,方案 3 的净收益为 325 056.98 元 - 52 163.4 元 = 272 893.57 元。

从中可以看出,缩短还款期限在降低利息支付方面具有重要意义。另外,机会成本对借款人提前还贷决策亦有较大影响。

三、提前还贷时机的选择

提前还贷时机的选择对于采取等额本息还款方式的消费者来说很重要。这是因为月供包括本金和利息,在贷款初期,月供中的利息支出要高于本金支出,而在贷款后期,月供基本以本金为主,利息很少,即在贷款期间的某个时点上,月供的本金部分和利息部分相等,超过这个时间,本金部分将超过利息部分。如图 5-2 所示。

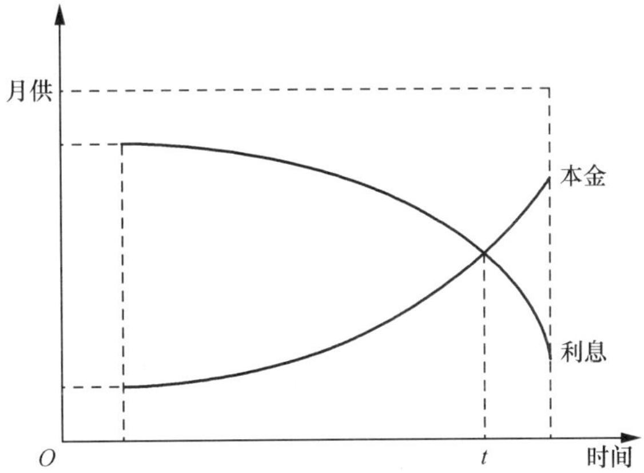

图 5-2　本金利息曲线

在这个时间之后提前还贷,节约的利息不多,如果有好的投资机会,提前还贷的收益可能超不过提前还贷的成本,此时提前还贷是不明智的。当然,如果没有高收益的投资机会,即节约的利息高于投资收益,那么提前还

贷仍然是值得的。所以，在提前还贷时机的选择上，一是要看提前还贷的机会成本，二是要看本金和利息相等的时间 t。

月供中本金和利息相等的时间 t 可以利用等额本息公式以及本息拆分公式推导出来。已知

$$A=\frac{P\times i\times(1+i)^n}{(1+i)^n-1}$$

$$B_t=\frac{A}{(1+i)^{n-t+1}}$$

$$C_t=A-B_t$$

其中，A 表示等额月供，P 表示贷款本金，i 为月利率，B_t 和 C_t 分别表示月供本金和利息。n 为以月表示的贷款期限。

根据已知条件，使得本金与利息相等的 t 决定于

$$t=n+1-\frac{\ln 2}{\ln(1+i)}$$

例如，假定李先生贷款 40 万元买房，期限 20 年（240 个月），利率 6.8%（月利率 0.566%），月供 3 051.45 元。20 年贷款本利和为 732 348.53 元，其中，利息总额 332 348.53 元。则 $t=240+1-\ln 2\div\ln(1+0.566\%)=118.18$ 个月。这意味着，在贷款近 10 年后，月供中的本金与利息相等。按照本息拆分公式，第 118.18 个月的本金偿付额为 3 051.45 元 $\div(1+0.566\%)^{240-118.18+1}=1\,525.64$ 元，近似等于月供的二分之一。

李先生在还款 10 年之后想一次把贷款还清，此时已偿还本金 134 746.90 元，支付利息 231 427.1 元。剩余贷款本金为 265 253.10 元。如果提前清偿贷款，少付息 332 348.53 元 − 231 427.1 元 = 100 921.43 元。假设定期储蓄存款利率为 5.85%，如果李先生将用于清偿贷款的 265 253.10 元存入银行，获得利息收入的现值为［265 253.10 元 $\times(1+5.85\%)^{10}-$ 265 253.10］$\div(1+5.85\%)^{10}=115\,024.77$ 元。此时即便不考虑前 10 年多付出的利息（相对于每月均匀支付利息），结论已经很明显：放弃的利息收入要大于提前还贷所节约的利息成本，净收益为 −14 103.34 元，所以此时提前还贷并不合适。

如果李先生在 10 年之前的某个时间，比如 8 年之后决定清偿贷款会如何呢？此时已偿还本金 100 051.81 元，支付利息 192 887.38 元。剩余贷款

本金为 299 948. 19 元。提前清偿贷款使李先生少付息 332 348. 53 元 − 192 887. 38 元 = 139 461. 15 元。而放弃的银行存款利息收入现值为 [299 948. 19 元 × (1 + 5. 85%)^{12} − 299 948. 19] ÷ (1 + 5. 85%)^{12} = 148 328. 39 元。净收益为 − 8 867. 24 元。

比较两个时间提前还贷所节约的利息，发现在 10 年之前提前还贷节约的利息多出 139 461. 15 元 − 100 921. 43 元 = 38 539. 72 元。因此，从节约利息支付角度看，邻近贷款到期日提前还贷的收益较低。

但是，如果考虑机会成本，那么在本例中两个时间上的提前还贷决策都不可取，因为机会成本大于节约利息。不过，比较二者的净收益，尽管都是亏损的，但是第二个时间上提前还贷的亏损绝对额相对较小，所以仍然是第二个时间上的提前还贷决策更好一些。这说明，如果借款人决定提前还贷，那么早比晚好。

专栏 5-2　对居民提前还贷决策的调查

1. 新利率执行，您会选择提前还贷吗？

1. 会	66%
2. 不会	12%
3. 根据个人情况	22%

2. 您认为提前还贷要提前一个月预约的规定合理吗？

1. 合理	20%
2. 不合理，霸王条款	61%
3. 既然合同规定，也无可厚非	20%

3. 您选择提前还贷的主要原因是？

1. 楼市不好	2%
2. 利率上调，省钱	71%
3. 趁现在还不收违约金	12%
4. 对自己未来收入增长信心不足	15%

4. 您选择提前还贷的比例是

1. 全部还清	10%
2. 量力而为，还一部分	90%

5. 你是否担心银行收取提前还贷违约金？

1. 担心	63%
2. 不担心	20%
3. 无所谓	17%

资料来源：http://jn.focus.cn/common/modules/survey/show-pub.

第三节　提前还贷条件下的抵押贷款定价

一、提前偿还期权定价

（一）提前偿还期权的结构

提前偿还期权赋予借款人在贷款到期之前的任一时间按照贷款合同约定的利率购买贷款余额的权利。所以提前偿还期权属于美式期权。借款人是期权买方，居于多头地位，拥有提前偿还期权，贷款人是期权卖方，居于空头地位。提前偿还期权的基础资产是住房抵押贷款。期权的执行价格是抵押贷款的合同价值。提前偿还期权的价值等于执行日抵押贷款市场价值与合同价值的差额①，借款人是否行使期权，要取决于期权是否处于可获利状态（in the money）②，即期权价值是否为正值。如果期权处于不可获利状态（out of the money），借款人就不会提前还款。

（二）提前偿还期权的价值确定

1. 应用二叉树模型来定价期权的步骤

由于提前偿还期权属于美式期权，所以 Black-Scholes 期权定价模型不

① 假设没有时间价值。

② 如果考虑到再融资成本，借款人执行期权要考虑期权价值与再融资成本的差额不能小于零。

适用,而只能采用近似定价方法——二叉树定价模型。①

期权定价的基础是建立一个反映利率运动的二叉树模型,描述未来的市场利率变化情况。应用二叉树模型来定价期权分为四步:第一步,利用基于观测到的国库券收益的期限结构模型来产生二项式利率树,这个期限结构模型决定了利率树上各个节点的利率以及利率上升或者下降的概率,如图 5-3 所示;第二步,给定利率树,从期末开始逆向估价没有提前偿还情况的抵押贷款价值;第三步,给定利率树,逆向评估提前偿还期权;第四步,得到提前偿还情况下的抵押贷款的价值。

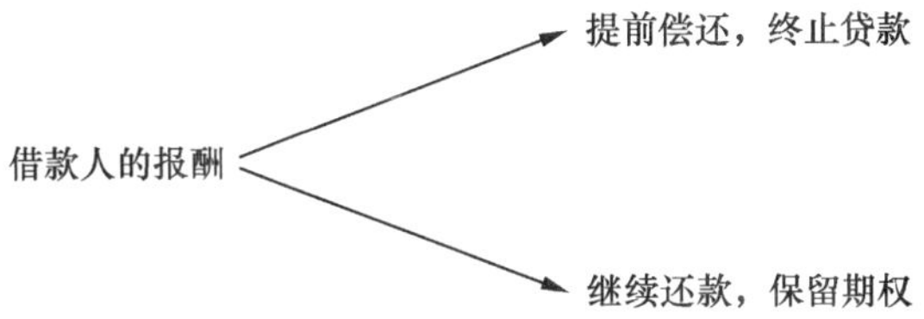

图 5-3 利率树的结构

$$借款人报酬 = \begin{cases} P_T - S, & 若\ P_T > S \\ 0, & 若\ P_T < S \end{cases}$$

其中,S = 被提前偿还情况下的抵押贷款余额,代表提前偿还期权的执行价格;P_T 表示基础资产的市场价值,即基于市场利率计算的没有被提前偿还的抵押贷款的当前余额;T 表示贷款偿还日期(比如以月来表示),即执行日。

2. 数字例子

下面通过一个数字实例来说明如何利用二叉树模型来为提前偿还期权定价。

(1) 利率二叉树

首先勾勒一个利率(预期)变化路径。假设一笔 4 年期住房抵押贷款,本金 1 000 元,贷款利率为 8%,年金 301.92 元。时间间隔为 1 年。下一年

① 如果基础资产在期权有效期内没有红利支付,那么也可以用 Black-Scholes 期权定价模型来为美式看涨期权定价,但是如果基础资产有收益,那么 Black-Scholes 期权定价模型就不再适用于美式看涨期权。Black 提出了近似解决方法,该方法是先确定提前执行美式看涨期权是否合理,如不合理,按照欧式看涨期权处理,如果合理,则分别计算在到期日和执行日的欧式看涨期权价格,以二者之中较大者作为美式看涨期权价格。

利率上升或者下降的概率各50%，利率上升为上一年利率的1.1倍，或者利率下降为上一年利率的0.9倍。以连续复利法计算年利率。例如，如果利率上升，第一年年末利率等于$8\% \times e^{0.1} = 8.841\%$，如果利率下降，第一年年末利率等于$8\% \times e^{-0.1} = 7.239\%$。计算结果形成利率二叉树，见表5-1。

表5-1　利率(预期)变化路径

0	1	2	3	4
				11.935%
			10.799%	
		9.771%		9.771%
	8.841%		8.841%	
8.000%		8.000%		
	7.239%		7.239%	
		6.550%		6.550%
			5.927%	
				5.363%
\$1 000.00				
4				
8%				
	\$301.92	\$301.92	\$301.92	\$301.92
\$1 000.00	\$778.08	\$538.40	\$279.56	

注：表中最末一行数字表示的是该期期末的贷款余额，等于未偿还现金流的现值之和。例如，第一期期末贷款余额$778.08 = 301.92 \times (P/A, 8\%, 3)$。

(2) 没有提前还款条件下的住房抵押贷款价格

首先计算每年一次的付款额，查年金现值因子表，已知$r = 8\%$，$t = 4$，年金现值因子为3.3121，年金现值P等于1 000，所以年金$A = 1\,000/3.3121 = 301.92$，即借款人每年需要等额支付301.92元。

价格树每一节点上的数值表示若借款人没有提前偿还期权，该抵押贷款当时的价格。各节点上的该价格是从最后一期往前逆向计算得到的。我们从最后一期开始。由于第四年期末抵押贷款到期，不再产生现金流，所以期末的贷款余额为零。而前面各期节点上的期望价值应当等于对后一期的价格预期与固定付款额之和的贴现值。第t期住房抵押贷款的期望价值用公式表示就是：

$$\frac{\text{第 } t+1 \text{ 期抵押贷款的期望值} + \text{第 } t+1 \text{ 期抵押贷款偿付额}}{1+\text{第 } t \text{ 期利率}}$$

利用每年付款额结合以上利率二叉树，就能够构造出无提前还款条件下的抵押贷款价格树。例如，第三期期末

$$272.49 = \frac{(0.5 \times 0 + 0.5 \times 0) + 301.92}{1 + 0.10799}$$

$$272.40 = \frac{(0.5 \times 0 + 0.5 \times 0) + 301.92}{1 + 0.8841}$$

其余依此类推。第二期期末

$$525.52 = \frac{(0.5 \times 272.49 + 0.5 \times 277.40) + 301.92}{1 + 0.09771}$$

$$538.32 = \frac{(0.5 \times 277.40 + 0.5 \times 281.54) + 301.92}{1 + 0.08}$$

其余依此类推。第一期期末

$$788.61 = \frac{(0.5 \times 538.32 + 0.5 \times 549.23) + 301.92}{1 + 0.07239}$$

其余依此类推。期初

$$999.33 = \frac{(0.5 \times 766.11 + 0.5 \times 788.61) + 301.92}{1 + 0.08}$$

如表 5-2 所示。

表 5-2　住房抵押贷款价格树

0	1	2	3	4
				\$ –
			\$272.49	
		\$525.52		\$ –
	\$766.11		\$277.40	
\$999.33		\$538.32		\$ –
	\$788.61		\$281.54	
		\$549.23		\$ –
			\$285.03	
				\$ –
\$1 000	778.08	538.4	279.56	\$ –

（3）提前偿还期权估值

在表 5-2 的基础上我们就能够进一步来计算提前偿还期权的价值。很

显然,在任一节点上借款人有两种选择:不提前还款,继续拥有这一期权,或者立即执行这一期权。上述两种选择给借款人带来的结果往往并不相同,提前偿还期权的价值是由其中使借款人处境更好的一种选择决定的。选择不提前还款的期权价值由下一期的提前偿还期权价值决定。选择提前还款的期权价值由此时的抵押贷款价格与贷款余额之差表示。二者取其大者。用公式表示提前偿还期权价值

$$C_{t,r} = \max\left[(B_{t,r} - X_t), \frac{(\pi_{u,t+1} \times c_{u_{t+1},r_{t+1}}) + (\pi_{d,t+1} \times c_{d_{t+1},r_{t+1}})}{(1 + r_t)}\right]$$

其中,$B_{t,r}$表示没有提前还款条件下的第 t 期贷款价格,X 表示期权执行价格(即第 t 期贷款余额),$(B_{t,r} - X_t)$表示在提前还款情况下提前偿还期权的价值;上式中括弧的第二项表示在不提前还款情况下,本期提前偿还期权的价值,它是下一期提前偿还期权价值的期望值的贴现值。$\pi_{u,t+1}$和 $\pi_{d,t+1}$分别表示利率在下一个期间上升或者下降的概率;$c_{u_{t+1},r_{t+1}}$和 $c_{d_{t+1},r_{t+1}}$分别表示在 $t+1$ 期当利率上升或者下降的情况中提前偿还期权的价值。

如表 5-3 所示,付款期全部结束后的提前还款期权价值当然为零。

表 5-3　提前偿还期权的价值

0	1	2	3	4
				$ –
			$ –	
		$ –		$ –
	$0.42		$ –	
$5.07		$0.92		$ –
	$10.53		$1.98	
		$10.83		$ –
			$5.47	
				$ –

例如,第三期期末

$$0.00 = \max\left[(277.40 - 279.56), \frac{0.5 \times 0 + 0.5 \times 0}{1 + 0.08841}\right]$$

$$5.47 = \max\left[(285.03 - 279.56), \frac{0.5 \times 0 + 0.5 \times 0}{1 + 0.07239}\right]$$

$$1.98 = \max\left[(281.54 - 279.56), \frac{0.5 \times 0 + 0.5 \times 0}{1 + 0.07239}\right]$$

其余依此类推。期初的提前偿还期权价值等于

$$5.07 = \max\left[(999.33 - 1\,000), \frac{0.5 \times 0.42 + 0.5 \times 10.53}{1 + 0.08}\right]$$

(4) 能够被提前偿还的抵押贷款的价值

再回顾一下前面提到的提前偿还期权与抵押贷款价格之间的关系：

可被提前偿还的抵押贷款的价值

　= 不可被提前偿还的抵押贷款价值 - 提前偿还期权价值

提前偿还期权价值

　= 不可被提前偿还的抵押贷款价值 - 可被提前偿还的抵押贷款价值

下面我们就利用这一组关系来推算可被提前偿还的抵押贷款价值。利用表5-3和5-2,可以得到相对应的每个时期的抵押贷款价值,见表5-4。

表5-4　可被提前偿还的抵押贷款价值

0	1	2	3	4
				$ -
			$272.49	
		$525.52		$ -
	$765.68		$277.40	
$994.26		$537.40		$ -
	$778.08		$279.56	
		$538.40		$ -
			$279.56	
				$ -

由此我们可以推知提前还款条件下抵押贷款的价格不可能高于无提前还款条件下抵押贷款的价格。这是因为提前还款条件下的抵押贷款价格中不包含期权价值。

3. 提前还款罚款与再筹资成本对抵押贷款定价的影响

上面的分析没有考虑再筹资成本以及提前还款罚款。提前还款罚款与再筹资成本都会在一定程度上影响借款人提前还款期权的执行成本,降低提前偿还期权价值,从而提高抵押贷款的价格。以提前偿还罚款为例,来说明这个问题。

对借款人的提前偿还行为征收罚款会改变借款人执行期权的成本,就是说执行价格将上升,期权被执行的概率下降。给定前面的利率树,如果

提前偿还罚款为当期贷款余额的2%，那么提前偿还期权的执行价格等于当期贷款余额×(1+2%)。根据表5-1给出的各期贷款余额，计算从期初到第四期期末的期权执行价格分别为1 000,793.64,549.17,285.15,0.00。重新观察表5-3，请注意这是在假定执行价格等于当期贷款余额(合同价值)的情况下得到的提前偿还期权价值，而现在执行价格高于当期贷款的合同价值，提前偿还期权价值变小。利用表5-2和5-3，重新计算期权价值，如表5-5所示。

表5-5　征收罚款条件下的提前偿还期权

0	1	2	3	4
				$ –
			$ –	
		$ –		$ –
	$ –		$ –	
$0.01		$ –		$ –
	$0.03		$ –	
		$0.06		$ –
			$ –	
				$ –

有几点需要说明：(1) 第三期期末期权价值为零，这是因为此时期权执行价格为285.15，大于各个利率发生情况下的当期贷款余额，因此借款人不会执行期权，此时期权价值为零。(2) 第二期期末，期权的执行价格是549.17，仅仅小于第三种利率情况下的贷款余额549.23，比其他两种情况下的贷款余额都要大，所以期权价值等于0.06。(3) 第一期期末期权执行价格是793.64，大于当期所有的贷款余额，所以不管利率上升还是下降，借款人都不会执行期权，此时期权价值取决于第二期的期权价值期望值的贴现值，所以近似等于

$$0.03=\max\left[(788.61-793.64),\frac{0.5\times 0+0.5\times 0.06}{1+0.07239}\right]$$

用表5-2无提前偿还期权情况下的抵押贷款价格减去表5-5中的提前偿还期权价值，就得到在征收提前偿还罚款的情况下，可以被提前偿还的抵押贷款的价格。见表5-6。

表 5-6 被提前偿还的抵押贷款的价格(含征收提前偿还罚款)

0	1	2	3	4
				$ –
			$272.49	
		$525.52		$ –
	$766.11		$277.40	
$999.32		$538.32		$ –
	$788.58		$281.54	
		$549.17		$ –
			$285.03	
				$ –

第四节 对提前还贷风险的管理

一、提前还贷对商业银行的影响

从银行角度看,借款人提前还贷是一种风险,原因在于提前还贷给银行造成影响。

(一) 对银行来说,提前还贷使银行抵押贷款现金流变得不稳定,破坏了资产负债匹配结构,加大了资产负债管理难度。同时对商业银行赢利能力产生不利影响。存贷利差是银行的主要赢利渠道。住房抵押贷款是银行资产中最为优质的一部分,安全性相对较高,每笔贷款数额大、期限长,是商业银行信贷资产中的重要获利资产,可为银行带来长期稳定的利息收入。一方面,如果发生提前还贷,将使商业银行提前收回贷款而无法再继续按原来约定的利率获得优质资产的长期预期收入。另一方面,不定期的提前还贷打破了银行预先制定的资金计划,使其在短期内无法对提前还贷的本金进行效益最大化配置,尤其是当投资报酬率下降时若不能为提前收回的资金及时寻找到有利的投资机会,则会造成资金的闲置损失。结合我国目前的现实,银行系统内居民存款余额连年居高不下,各银行都有大量闲置资金急于寻找出路,在这样的情况下,借款人提前还贷只会增加银行闲置资金量,加大银行的资金运用压力和风险。

(二) 提前还贷还会增加商业银行的服务成本和管理成本。对于每一笔抵押贷款，银行在审核贷款申请者信用、评估抵押物价值、签订抵押贷款合同、发放抵押贷款，以及收取还款等各个环节都产生服务成本，这些成本是通过抵押贷款的利息收入得到补偿，并被分摊在整个还贷期内的。如果借款者提前还款，本应分摊在整个贷款期间的服务成本和管理成本将落在较短时期内，增加贷款的平均成本；另外，提前还款的不确定性使银行不能按正常贷款程序来处理，只能投入额外的资源来完成有关的各种操作，增加相关成本。

（三）提前还贷加大了贷款证券化的难度

1. 住房抵押贷款证券化要求资产池有一个稳定的现金流和存续期间，而提前还贷会改变住房抵押贷款证券化资产池的现金流量和存续期间的稳定性，破坏证券化的条件。如果提前还贷增加，会加速贷款本金的收回，缩减预期的利息收入，使得证券化的资产池变得不稳定，加大了资产组合和实施证券化的难度。

2. 提前还贷也会对抵押贷款证券产生“价格压缩效应”，影响证券定价，使得证券价格不能随息票利率的变化而变化，因为息票利率上升会使证券价格上升，但高利率会因提前还贷增加而使证券价格增幅减小；相反，息票利率下降时也会因为提前还贷的减少而使证券价格减小的幅度降低。

3. 对证券投资者来说，也会增加其投资收益的不确定性，加大投资风险，降低抵押贷款证券化对投资者的吸引力，不利于证券化的顺利开展。

二、利用期权定价技术来对提前还贷风险进行价格补偿

在本章开始的时候，我们曾指出银行允许借款人提前还款实质上是给予借款人一种期权，这种期权使得借款人可以在市场利率变动时相机抉择，始终选择有利于自己的交易利率。由于提前偿还期权使得借款人面临市场利率波动时能够通过选择是否提前还款来规避利率风险，做到趋利避害，而将所有利率风险转嫁给银行承担。显然，与所有独立交易的期权产品一样，这种隐含期权也是具有确定价值的金融服务，借款人获得这种转嫁风险的服务是需要支付与该期权价值相当的成本的。当然，既然是隐含期权，其价值和支付也相应地隐含在抵押贷款的交易利率和交易过程之中。

依风险定价是现代市场经济中金融产品交易的基本原则，也是银行在抵押贷款业务中承担风险而获得补偿和回报的关键机制。根据“资产价值 =

时间价值+风险价值”的基本定价原理，银行在依据风险确定贷款利率时应该将抵押贷款利率确定在充分覆盖各种风险因素的水平上，因此，抵押贷款利率不仅要反映以同期限无风险政府债券收益率表现的时间价值和与借款人信用风险水平相当的信用风险溢价，而且还要反映给予借款人提前还款便利而承担利率风险的隐含期权的价值，即：抵押贷款价值=时间价值+信用风险溢价+提前还款隐含期权价值。按照这种风险定价机制确定的贷款利率，银行面临的提前还款风险在抵押贷款发放时通过价格机制就得到了补偿和回报，这就如同贷款利率补偿信用风险一样。显然，有效利用贷款风险定价机制不仅要有市场化的利率制度作为前提条件，而且银行应该具有对信用风险和隐含期权进行准确量化和合理定价的能力。

需要注意的是，运用风险定价技术在抵押交易价格中对借款人提前还款风险进行补偿只是银行以风险交换收益的第一步，因为银行尽管获得了价格补偿，但风险已经转移到银行一边，任何对已承担的风险的管理失误都可能最终造成获得的补偿化为乌有，甚至遭受更大的损失，因此，银行一方面需要在抵押交易中通过风险量化和定价获得价格补偿，另一方面也需要对所承担的风险进行表内对冲和市场转嫁等有效的现代风险管理，从而保障最终实现以风险换收益。①

三、对冲和转嫁提前还贷风险的现代方法

这些方法主要包括表内对冲、市场对冲和资产证券化。表内对冲是指利用银行资产负债表资产和负债两方对市场利率变化影响具有相互抵消的自然对冲效应，进行合理安排和缺口管理，最大限度地将市场利率变化对银行资产负债表的总体影响降至最低限度，甚至为零。目前西方国家银行在这方面的管理方法已经由利率敏感性资金缺口管理发展到到期日缺口和久期缺口管理。表内自然对冲对银行和整个经济体系的风险管理都具有重要意义，因为银行在抵押贷款业务中吸收的利率风险如果能够在表内自然对冲，不仅对银行而言大大降低了管理风险的成本，而且这部分风险并没有像市场对冲和资产证券化那样被转嫁给经济体系中的其他参与者，从而

---

① 陈忠阳，《管理提前还贷风险的现代理念、制度和方法》，http://www.frc.com.cn/sp/05/05046/loan.doc，2005(4)。

有效降低了系统性风险。当然，表内自然对冲发挥作用的范围和程度受到业务调整的成本和可行性的限制，通常有剩余风险需要通过市场对冲来解决。

所谓市场对冲就是银行通过购买场内或场外交易的各种利率衍生产品来对冲表内剩余风险。无论是利率期货、利率期权、利率互换还是远期利率协定，其本质无非是银行通过这些产品将利率风险以一定的成本和代价转嫁给市场中愿意承担该风险的其他机构和投资者，这与借款人通过提前还款隐含期权将利率风险转嫁给银行是相同的道理。利率衍生产品市场在过去十多年发展迅猛，成为现代金融市场的重要组成部分，其根本的推动力就来自于银行管理利率风险的需求。（陈忠阳，2005）

近些年，随着资产证券化的快速发展，银行转嫁提前还款风险又有了新的途径。其基本的机制是，银行通过将住房抵押贷款打包出售给特别设立的特殊目的公司（SPV），把资产负债表上的抵押贷款转变为现金，从而抵押贷款的信用风险和提前还款风险都随着贷款的销售转移给特殊目的公司，进而通过特殊目的公司发行抵押贷款支持证券（MBS）在资本市场中将这些风险分散转移给更多的投资者，而银行的利润被锁定为该笔抵押贷款发行利率与销售利率之间的买卖差价。显然，与表内自然对冲不同，银行通过市场对冲和资产证券化将风险转嫁出去的同时，其在抵押贷款交易过程中获得的补偿和回报也要随着风险转嫁支付给新的风险承担者。

专栏5-3　利用衍生金融工具管理提前还贷风险

美国金融机构在利用衍生金融工具管理提前还贷风险方面处于领先地位。以房利美（Fannie Mae，即联邦国民抵押贷款协会）为例，该公司大量发行可赎回债券。可赎回债券允许证券发行人在利率下调引起提前还款风潮时赎回债券，再发行利率较低的个人住房抵押贷款证券，从而有效规避利率风险。发行可赎回债券并非是对利率和提前还款风险进行套期保值的唯一手段，房利美还利用一系列衍生品种如利率互换、调整期权等。利率互换能将短期债券转换为长期债券。调整期权能有效地将一次性偿还债券或不可赎回债券转换为可赎回债券。公司只作为这些衍生工具的终端用户，而不进行衍生品种交易、持有头寸或进行衍生品种投机。这些衍生金融产品的运用,可以保护类似房利美这样的金融机构免受普遍的利率风险,特别是提前还款风险的威胁。

通过资产证券化将提前还款风险进行转嫁,成为近年来管理提前还款风险的新手段。

美国个人住房抵押贷款证券的种类很多,从结构上来看,主要有简单结构和复合结构两种。最为常见的个人住房抵押贷款证券是转手抵押贷款证券,它也是最基本的 MBS。转手抵押贷款证券是在一系列期限、利率和质量上相似的贷款集合的基础上所发行的证券。这种证券的最大特点是作为证券发行担保的个人住房抵押贷款不再保留在原贷款机构的资产负债表上,而全部转移给投资人。在这种情况下,贷款机构的提前还款风险被全部地转移给投资人。

转手抵押贷款证券发行后,提前还款风险被转移给投资人,但风险本身并未发生变化。对投资人来说,仍然存在提前还款风险。因此,基于进一步管理提前还款风险的需要,美国的金融机构又推出了一系列的衍生产品,对个人住房抵押贷款证券进行金融创新,比较有代表性的是担保住房抵押贷款债券和本息切块住房抵押贷款证券。

担保住房抵押贷款债券是一种有多种期限的个人住房抵押贷款担保证券,最早于 1983 年由联邦住房贷款抵押公司发行,随后逐渐在市场上流行。其主要特点是以同一个住房抵押贷款集合为基础而发行的证券都有三到六个不同的到期日,最典型的是四个到期日,按照不同的次序逐步偿还不同层次债券的本金和利息。其最大优点是投资人所收入的现金流量相对比较稳定,不会因为借款人提前还款而打乱债券本息的计划。

本息切块住房抵押贷款证券也称为剥离证券,1986 年由房利美创造出来。本息切块住房抵押贷款证券不再是按照比例,而是按照一个特殊的结构来分配现金流量。目前最流行的是第二代本息切块住房抵押贷款证券,即利息证券和本金证券。利息证券获得担保品产生的全部利息,而本金证券获得担保品全部的本金偿还额。在通常情况下,利息证券的价格与市场利率呈正相关关系,本金证券的投资者收益与市场利率呈负相关关系。

资料来源:刘疆,《个人住房抵押贷款提前还贷风险管理之国际经验》,《时代金融》,2007 年第 1 期。

四、对提前还款收取违约金

有些银行采取“罚息”的做法来对提前偿付行为加以限制。当借款人要求提前偿还贷款时，银行会对借款人收取剩余本金的几个月（1—6个月不等）利息；有些银行采取收取贷款手续费的方式，贷款手续费又称“点数（points）”，按照贷款总额的一个比例收取，借款人实际得到的是扣除这个比例后的剩余部分，但是仍需按贷款总额偿还贷款。点数构成再融资成本，提高了实际贷款利率。贷款手续费逐期摊销，由于手续费是固定的，因此随着时间推移，每期摊销额逐渐下降。如果借款人提前偿还贷款，手续费就要在较短时间内摊还，这意味着实际利率进一步上升，从而使合同利率与实际利率的差额缩小，再融资激励减弱。因此，点数可以在一定程度上阻止提前偿付行为的发生。监管部门一般不允许对提前偿还贷款的借款人采取惩罚性措施，但实际上征收罚息的做法仍然存在。罚息高低取决于实际剩余贷款期限，距到期日时间越短，银行收取的手续费就越少；反之则较多。

专栏5-4 国外金融机构管理提前还贷风险的经验

收取违约金这种做法在国外普遍存在。例如，美国金融机构都会对个人住房抵押贷款的提前还款行为收取一定的价格补偿，这些惩罚政策（penalty）包括：（1）锁定期（lockout），即在一定的贷款期内，禁止进行任何形式的提前还款。（2）固定违约金（fixed prepayment penalty）：即规定一个固定的金额或者贷款本金的一个固定的比例作为违约金。（3）递减违约金（step-down prepayment penalty）：规定随着时间延长而递减的违约金比例，最后在距离到期日的某个时间之后降低为0。（4）收益保障条款（yield maintenance clause）：近年来，金融机构更倾向于采用收益保障条款来替代违约金。这种收益保障条款收取借款人一次性的费用，该费用等于提前还款额乘以合同利率同市场利率之间差额的贴现值。

荷兰的《抵押贷款行为法》对借款人提前还款进行了严格限制。在每个还款年度内，借款人偿还初始贷款额的10%以内可以免收违约金，部分银行可以放大到15%—20%。超过部分均将被收取违约金。同时，还规定以下几种情况产生的提前还款不受比例限制，免于收取违约金:(1) 住房出售；(2) 借款人死亡；(3) 借款人破产；(4) 遭受火灾并从保险中获得补偿；(5) 在新的固定利率周期开始，个人住房抵押贷款利率重新制定时。荷兰的个人住房抵押贷款在其三十年的存续期内，每五年至二十年为一个利率锁定期。在每一个固定利率期到期后，个人住房抵押贷款的利率将重新根据当前的市场情况制定。由于没有上限和下限的限制，新制定的个人住房抵押贷款利率一般会同当时的市场利率保持一致。在这个阶段开始前，借款人可以自由进行提前还款，而不需要支付任何违约金。

借款人若提前清偿超过被允许的提前还款额度的部分，将被收取一笔违约金。其数额等于按照当时市场利率新发放个人住房抵押贷款月利息同现存个人住房抵押贷款月利息额之间的差额。有的时候，银行还会收取一笔固定的违约金，大概250—500 基尔德(guilder，荷兰货币单位)。这些"收益保障"(yield maintenance)措施被普遍地用于防范提前还款风险。

资料来源:刘疆,《个人住房抵押贷款提前还贷风险管理之国际经验》,《时代金融》,2007 年第 1 期。

目前国内对于银行是否应该收取罚金有很大争议。有人认为违约金并非是有效的风险补偿方式。因为违约金高低的确定缺乏理论依据。相比之下,以现代金融产品定价理论为基础的风险定价补偿不仅更容易被市场接受,而且更加合理有效。另外,收取违约金有可能削弱银行竞争力。在现代银行实践中,不收取违约金的提前还款作为一种隐含期权产品不仅替借款人管理了利率风险,而且贷款人还通过风险定价获得了相应的回报。相反,银行对提前还款收取违约金实际上等于拒绝了借款人转嫁风险的请求,同时也就失去了在产品定价中提高回报的理由。因此,收取违约金不仅弱化了银行风险管理的职能和服务借款人的能力,而且使银行丧失了以承担风险换取收益的机会,最终削弱了银行的核心竞争力。

近年来,由于竞争激烈,各家银行为了争取客户,提前还款的手续费相应减少了。而且国内某些商业银行已推出了允许借款人改变还款计划、提前偿还部分或全部贷款的业务。

本章小结

提前还贷是指借款人在贷款到期之前支付全部或者部分贷款余额。提前还贷有主动和被动两种形式。提前偿还具有美式买方期权(call option)特征,即借款人根据市场利率变化情况有权决定是否需要在到期之前偿付全部贷款余额。对提前还贷的衡量也就是对提前还款速度的衡量,借款人的提前还款速度取决于本金额外偿还的相对数额。衡量提前还款速度的指标主要有单月清偿率、固定提前偿还率,以及由公共证券协会提出的PSA基准。目前,PSA基准是衡量借款人提前还款速度的最流行的指标。提前还贷与再融资倾向和住房转手有关。影响再融资的主要因素包括现行抵押贷款利率与合同利率的差额、再融资成本以及再融资所需要的住房权益等。住房转手则与地区经济发展状况、利率水平、人口状况等有关。提前还贷的方式和时机能够影响节约利息的多少,谨慎地选择合理的还贷方式和时机是借款人提前还贷决策需要考虑的。由于提前偿还期权属于美式期权,所以Black-Scholes期权定价模型不适用,而只能采用近似定价方法——二叉树定价模型。提前还款会影响银行运用资金的效益,所以银行对提前还款要进行管理。对提前还款人收取罚息是一种引起争议的做法。

练习与思考

1. 如何理解提前还贷的期权性质？影响借款人做出提前还贷决策的因素有哪些？

2. 银行为什么要对提前还贷进行管理？你认为银行对提前还款收取罚息是否合适？

3. 测算提前还款速度的指标有几种？

4. 为何要应用二叉树模型来为提前偿还期权定价？简述提前偿还期权定价的步骤。

5. 阅读下面材料并分析:为什么利率上升都会引发提前还贷？这与利率下降引发提前还贷矛盾吗？银行对提前还贷收取违约金能否遏制提前还贷？还有没有其他管理提前还贷风险的措施？

加息引发提前还贷

自2008年1月1日开始,房贷利率将由5.81%调整到6.6555%。业内人士分析，这将会刺激提前还贷。据分析，提前还贷的客户主要有三种心态：第一种类型是加息恐惧族，担心新增的月供压力过大，影响生活质量；第二种类型是节省利息族，想通过提前还款，减少利息支出；第三种类型是无处投资族，觉得自己手中反正有闲钱，平时也很少投资，就有了提前还款的想法，在房贷升息加上目前股市等其他投资渠道处于低迷的情况下，不如一次性付款购房来得安全。

银行提醒，提前还贷并不一定合算，购房人还须谨慎。目前部分银行对借款人办理提前还款收取一定的违约金，且提前还款金额越大，支付违约金越多。据了解，各家银行收取提前还贷违约金的对象，一般都是贷款不到一年就提前还贷的市民，超过一年则不收取。据了解，中国银行收取的违约金为一个月的利息（按照5.31%的年利率计算，以下同），中国工商银行为剩余月数的利息，中国建设银行为违约天数的利息，最多一个月，中国农业银行也是一个月的利息。由于已经实施新利率，那么提前还贷的违约金也相应上涨了。

6. 案例分析：陈先生在年初购买了一套价值100万元的住房，贷款50万元，期限20年，利率5.814%，等额还贷。每月还款3 528.71元，假设期间利率无变化，20年还贷本息合计846 890.68元，其中利息346 890.68元。假设明年利率将上调至6.8%，那么陈先生的月供将增至多少？若陈先生手头有闲钱，想提前还贷，假如提前还款10万元，按目前利率计，提前还贷后本金余额为多少？你建议陈先生保持月供水平而缩短贷款期限还是减少月供而保持贷款期限不变？假定长期储蓄利率为5.85%。

推荐阅读书目

[1] 陈钊：《住房抵押贷款理论与实践》，上海：复旦大学出版社2000年版。

[2] 王重润、崔玉平：《住房抵押贷款提前偿还风险研究综述》，《中国房地产研究》，2007年第3期。

第六章 住房抵押贷款的违约风险及其管理

知识要求

通过本章的学习，掌握

- 住房抵押贷款违约风险的期权性质
- 住房抵押贷款违约类型以及影响借款人违约的因素
- 银行对违约风险的管理方法以及风险管理业务流程
- 住房抵押贷款保险条款的设计原则

技能要求

通过本章的学习，能够

- 从期权角度分析住房抵押贷款违约的影响因素
- 熟悉风险管理方法以及贷款保险条款的设计原则

第一节 住房抵押贷款违约及其影响因素

一、住房抵押贷款违约的定义

所谓住房抵押贷款违约是指借款人在合同执行期间终止还款并已持续一段时间。从风险管理角度，通常将逾期90天即连续三个月未能偿付贷款本息的现象看作是违约。

根据期权理论，违约不是由支付能力不足引起的，而是由于负权益的出现。所谓权益是指资产所有者对资产拥有的所有权以及获得相应报酬的权利。在抵押贷款中，借款人权益是指借款人对住房拥有的所有权以及由此而产生的收益。借款人在物业中积累的权益等于房价减去贷款余值。一般来说，随着贷款逐渐被清偿，贷款余额下降，借款人权益增加。但是当房价下跌至贷款余额之下时，借款人权益为负，这时借款人就会通过违约来降低偿债成本，即以相当于住房价格的代价偿还抵押贷款。从期权角度看，这相当于借款人在贷款之初购买了一份卖方期权(put option)，当房价下跌到一定程度使得卖方期权处于可获利状态(in the money)时，借款人就会实施这种权利。

二、住房抵押贷款违约风险的类型及其影响

从借款人角度，违约风险可以分为被动违约和故意违约(或理性违约)。被动违约主要与借款人的支付能力有关。当借款人收入不足以支付抵押债务时，违约就发生了。影响借款人收入流的因素包括失业、疾病、离婚等。这些外生冲击导致借款人的财务状况恶化，使之无法偿还到期债务，不得不放弃抵押品赎回权。另一方面，被动违约也可以解释成为借款人在资本市场上受到了流动性约束。对于暂时性的支付困难，违约是不理性的，因为借款人在住房上的累积权益是在不断增长的。所以，借款人会寻求再融资来偿还到期债务。在一个完美资本市场上，借款人能够以一个不变利率筹措到他所需要的任意数量款项。但是因为资本市场是不完美的(比如利率缺乏灵活性、融资工具不足、信息不充分等)，所以借款人借不到他想要的数量，只能被迫放弃偿还贷款。①

一般来说，被动违约一般不会给贷款人造成损失或者造成的损失比较小，但是故意违约则不然。故意违约是指借款人从效用最大化角度出发，在有偿还能力的条件下，以放弃自己在住房中的累积权益为代价主动终止执行贷款合同的行为。故意违约是理性的，它符合借款人的利益，却对贷款人利益造成损害，通常贷款人无法从抵押物的拍卖收入中收回未偿付的贷款本息。因此，理性违约成为银行重点防范的对象。

三、影响住房抵押贷款违约的因素

影响借款人违约的因素大致可以分为五类：

---

① 但是如果考虑到借款人的信用损失问题，那么对于那些信用度低的人来说，即便资本市场是完美的，收入波动仍然会影响到违约行为，因为他无法以现行利率筹集到他想要的款项。

（一）偿付能力因素

借款人偿付能力下降，比如收入减少或者债务负担加重等都会引起借款人违约。当然这是一种被动违约，因为在这种情形下，通常房价要高于贷款价值，借款人在住房上的累积权益是增加的，这时违约并不合算。引起借款人偿付能力改变的原因直接或者间接地来自这样几个方面：职业的稳定性，学历，家庭供养人数，信用状况，月还本付息占家庭月收入的比率，借款人年龄、婚姻状况，等等。大量研究表明，借款人信用状况以及月还本付息占家庭月收入的比率与违约风险相关度最高。美国的个人信用状况用信用分值来表示，信用记分模型有 FICO（Fair ISAAC Company）等。经验研究表明，FICO 分值在 620 分以下和 660 分以上的借款人的违约风险有很大差异，前者的违约概率是后者的 18 倍。

（二）住房权益因素

研究结果表明，住房权益或者说贷款房价比（LTV）与违约率之间存在显著相关关系，且 LTV 对违约风险最具有解释力。穆迪公司（Moody's）对美国加州在 1970—1988 年间的大约 7 000 000 个抵押贷款中违约个例的研究结果显示，LTV 越大，违约概率越大。特别是当 LTV 超过 0.85 后，违约概率增长很快。如图 6-1 所示。

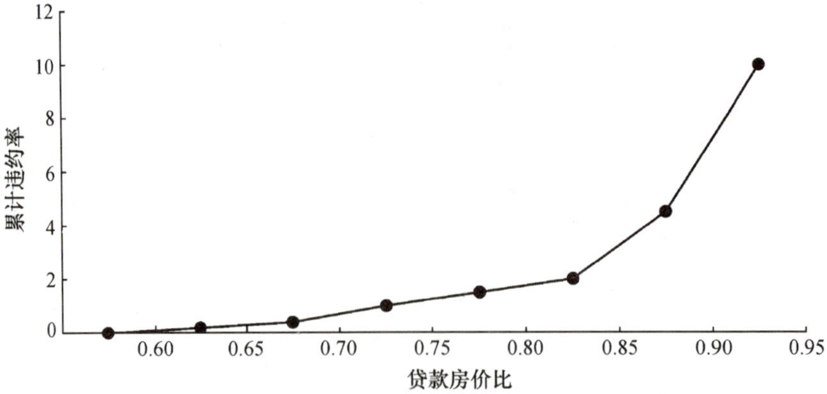

图 6-1　LTV 与违约率的关系

资料来源：Hayre, Lakhbir, "A Simple Statistical Framework for Modeling Burnout and Refinancing Behavior", *Journal of Fixed Income*, 1994, 4(3)。

影响借款人权益的因素主要有以下几个：房价、贷款额、利率、贷龄等。

房价波动决定借款人权益的变化方向、累积速度和规模；贷款期限短，本金偿还快，负债下降快，累积权益增加迅速；利率变动会影响到贷款余值，利率下降，贷款价值上升，权益减少，利率上升，贷款价值下降，权益增加。

（三）房价预期因素

Kau 和 Kim（1994）指出，理性违约决策不仅受当期房价和利率的影响，还要受到借款人价格预期的影响。这是有道理的，因为作为一个理性的人，借款人不想放弃未来房价上升所带来的增值收益。如果他预期房价下降只是暂时的，那他就不一定违约。具体说，借款人是否决定在时刻 t 违约，要取决于他对房价下跌持续时间以及房价上涨幅度和利率水平的预期。假定预期利率 i 不变，下跌时间为 n，预计第 $t+n$ 期的房价为 H^e，$H^e > H(t)$ 且 $H^e > L(t+n)$，$L(t+n)$ 表示第 $t+n$ 期的贷款余额。如果借款人在时刻 t 违约（$H(t) < L(t)$），那么违约净收益为 $L(t) - H(t) \equiv D(t,t) > 0$。如果借款人继续持有抵押贷款，其收益为房价增值（折现到时刻 t）$\frac{H^e - H(t)}{(1+i)^n}$，代价是在这段时间内支出的贷款利息，以 $R(i,n)$ 表示利息支出现值和。净收益为 $\frac{H^e - H(t)}{(1+i)^n} - R(i,n) \equiv D(t,t+n)$。如果 $D(t,t+n) > D(t,t)$，借款人选择继续履约；如果 $D(t,t+n) < D(t,t)$，借款人选择违约。我们看到，若借款人预期房价下跌持续时间很长（即 n 比较大），使得 $D(t,t+n) < D(t,t)$，借款人违约；若 n 一定，但是 H^e 较小，即预计房价上涨幅度不大，导致 $D(t,t+n) < D(t,t)$，违约发生。这说明，借款人的心理预期确实对违约行为有很大影响。

（四）交易成本

负权益不能解释全部违约现象，交易成本对违约决策也有影响。Quigley 和 Order（1995）用美国联邦住房贷款抵押公司的有关数据建立了一个违约模型，他们发现，即使在权益为负的情况中，违约概率也没有超过 0.1。这意味着还有其他因素在影响着违约行为。有关的经验研究显示，虽然期权模型可以解释违约行为，但是还不够，还必须考虑交易成本因素，因为他们发现有些人在实施卖方期权后，境况变得更糟糕，而这些人的交易成本通常都比较高。

交易成本是因借款人违约而发生的各种费用支出以及信用损失，包括寻找新住所的搜寻费用、搬迁费用等。信用损失表现为在资本市场上再融资时受到额度、利率、担保、期限、资金使用和划拨等方面的限制。对于不同的人,信用损失不一样。对于那些严重倚赖资本市场的借款人来说,违约的信用损失比较大。在交易成本存在的条件下,借款人的违约决策变量将不仅是权益,还包括交易成本。令 $C(t)$ 表示时刻 t 的交易成本,$E(t)$ 代表借款人在住房中积累的权益,$E(t)=H(t)-L(t)$。只有当 $E(t)+C(t)<0$,即违约总成本 $H(t)+C(t)$ 小于违约收益 $L(t)$ 时,违约才是可行的。很显然,与无交易成本的违约条件相比,交易成本提高了违约条件。

(五)其他因素

除了上述主要因素外,经验研究还证明以下这些因素也在影响借款人的违约决策。比如,所购房产的物理特性(如结构、新旧程度等),区位(如交通条件、自然环境、生活服务设施等),社区人文环境(如邻里关系、社区文化、治安等),等等。

专栏 6-1　美国次贷危机:从酝酿到扩散

从 20 世纪 80 年代开始,美国一些住房贷款机构开始降低贷款门槛,不仅将贷款申请人的收入标准调低,甚至没有资产抵押也可得到贷款买房,进而形成了比以往信用标准低的住房贷款,"次贷"也因此得名。由于次贷的借款人需要支付高额利息,因而银行从中获利颇丰。次贷的信用基础薄弱,信用风险大,但是由于贷款有抵押,放贷机构相信如果借款人违约,可以从对抵押资产的拍卖收入中获得利益补偿。在这一信念驱使下,次贷获得了巨大发展。尤其是 20 世纪末期,美国经济景气,房价不断上涨,次贷的信用风险几乎无人提及。次贷风行美国。

有数据显示,次贷发展最快的时期是 2003—2006 年,这几年恰恰是利率最低的一段时期。放贷机构坐收超常利润,贷款人赢得房产"升值",一切感觉良好。到 2006 年末,次贷已经涉及了 500 万个美国家庭,目前已知的次贷规模达到 1.1 万亿至 1.2 万亿美元。

假如美国的房地产价格可以一直上升,假如利率持续维持超低的水平,次贷危机也许就不会发生。然而,为防止市场消费过热,2005 年到 2006

年，美联储先后加息17次，利率从1%提高到5.25%。由于利率传导到市场往往滞后一些，2006年美国次贷仍有上升。但加息效应逐渐显现，2007年以来美国房地产泡沫开始破灭，房价下跌。

利率上升加剧了次贷借款人的债务负担，他们无力偿付到期贷款，只好不要房子了。贷款机构收不回贷款，只能收回贷款人的房子，可收回的房子不仅卖不掉，而且还不断贬值缩水，于是从2007年2、3月开始，美国一些次级抵押贷款机构开始暴露出问题，首先是新世纪金融公司因濒临破产被纽约证交所停牌。次贷危机开始显现。

美国次贷危机之所以演变成为全球性的金融危机，是因为次贷早已经通过美国的金融创新工具——资产证券化放大成为次级债券，弥漫到了整个美国乃至全球的金融领域。美国的抵押贷款机构，显然知道次贷高回报的背后是高风险，它们不仅需要防范风险，更需要找到不断扩展自身资金的新来源，以支撑更大规模的放贷，来获取更多赢利。抵押贷款证券化恰好为它们创造了机会：在高额回报的承诺下，以整合"打包"的次贷为抵押发行次级债并出售给银行、资产管理公司、对冲基金、保险公司、养老基金等金融机构，抵押贷款机构于是有了新的源源不断的资金，创造出快速增长的新的次贷。

次级债进入债券交易市场后一度"不俗的表现"使投资者淡忘了它的风险。但是，当房地产泡沫破裂、次贷借款人还不起贷款时，不仅抵押贷款机构陷入亏损困境，无力向那些购买次级债的金融机构支付固定回报，而且那些买了次贷衍生品的投资者，也因债券市场价格下跌，陷入了流动性短缺和亏损的困境。

那些购买了房地产次级债的金融机构损失惨重。自2007年第三季度开始，金融机构开始报告大额损失，反映了抵押贷款和其他资产的价值大幅下跌。截至2008年1月底，花旗、汇丰、UBS、美林、摩根斯坦利等大型银行和证券公司，已对900亿美元以上次贷相关资产损失进行了撇账处理。这个名单里还有法国的兴业银行、巴黎银行，英国的北岩，瑞士的瑞银等世界性的大银行。2008年4月，国际货币基金组织发布报告，预计源于次贷危机的全球金融动荡将造成高达9450亿美元的损失。

资料来源：《次贷危机传导路线图》，http://finance.jrj.com.cn/news/2008-a04-12/000003522225.html。

第二节　住房抵押贷款违约风险管理

在《巴塞尔协议》中，完全以居住为用途的房产作抵押的贷款被列入高风险资产，风险权重50%。国际经验显示通常在贷款后的3到8年个人住房贷款将进入违约高峰期。目前国内一些商业银行的不良贷款率正在上升，其风险日渐显现。中国人民银行研究局研究指出，住房抵押贷款的平均不良率在1%左右，建设银行、工商银行的不良率已超过1%，与其他贷款相比，住房抵押贷款虽属优质资产，但是按照目前的发展速度，潜在风险已逐渐显现。2003年7月22日的《华尔街日报》曾撰文指出："中国个人住房抵押贷款还没有遇到真正的考验，即房地产价格下跌"。一旦国内房地产市场出现调整或振荡，住房抵押贷款违约率就会上升。违约风险是国内商业银行必须认真对待的风险之一。

一、违约风险管理基本业务流程

风险管理包括风险识别与评估、风险防范与控制和风险转移与补偿等三个基本步骤。商业银行信用风险管理的基本业流程是指在遵循信用风险管理基本原则——统一额度授信原则和不相容职务分离原则的前提下，依据《巴塞尔银行监管委员会文件汇编》，在银行信贷业务的贷前处理、贷款审批、贷款发放、贷后管理和贷款回收等各环节的审批工作流程中，按照风险管理基本步骤，对信贷业务所作的风险识别、评估、预警和风险处理，以求实现最小风险下的收益最大化（见图6-2）。

二、信用分析与信用评分模型

在信用分析基础上对借款人的信用状况进行评分，这是国外银行常用的一种信用风险管理手段。最初的信用评分是由评级人员依个人经验进行主观评价，之后发展到3C评价（品德、能力、担保）和5C评价（品德、能力、资本、条件和担保）。这些多数是主观、定性的评价方法。为了降低信用评分中的主观因素，越来越多的定量评估方法被采用。这些方法主要包括：多元判别分析、Logistic模型、线性规划法、神经网络法等。下面我们以5C评价法为例介绍传统信用分析法，并以应用最广泛的Logistic模型为例介绍

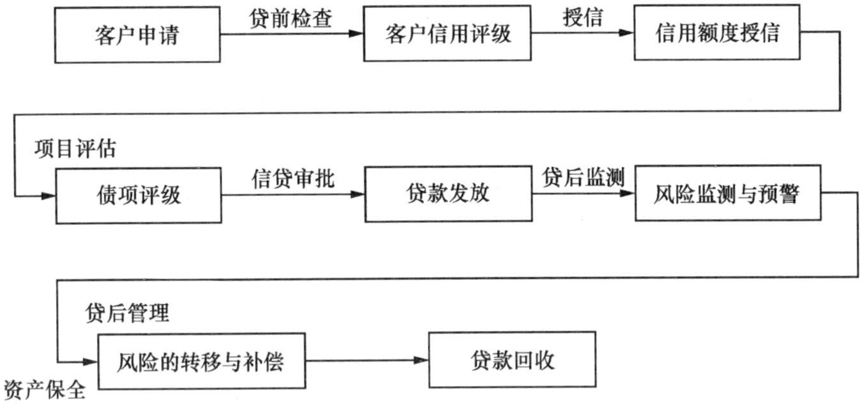

图 6-2　信用风险管理基本业务流程图

信用评分定量模型。

（一）信用分析（5C 评价法）

信用分析属于事前的风险识别，通过信用分析银行可以将具有潜在违约倾向的借款人排除，至少可以对贷款申请人的信用等级和风险状况进行分等定级，提供不同的贷款合约，并采取风险损失防范措施。国外商业银行一般从五个方面考察贷款申请人即借款人的信用状况，即所谓 5C 原则：品德（character），指借款人的信用和声誉；资本（capital），指借款人拥有的财产状况；能力（capacity），指借款人是否有稳定的工作和收入；担保（collateral），指担保品的变现能力、价值以及是否易于保管等；环境条件（condition），指借款人工作所在的行业的发展前景。

品德指的是借款人的信用和声誉，有没有如约偿还贷款的意愿，以及是否具备承担合同约定义务的责任感。借款人信誉良好对于贷款人来讲是非常重要的，甚至比偿还能力还要重要，因为借款人的信誉和品行直接决定了偿还意愿是否强烈，如果借款人品德有问题，即便有足够的偿还能力，也有可能故意违约。借款人的信誉是一个不好量化的指标，所以对借款人品德的考察必须从不同侧面进行，包括借款人的工作和学习的经历与背景、家庭结构及其变动、婚姻状况、历史信用记录，等等，要依据从不同侧面得到的资料来综合评价借款人的品德。

资本是指借款人拥有的财产的货币价值以及人力资本的价值，它反映了借款人的资金实力以及风险承受能力。借款人资产包括货币资产，比如现金、国债、股票、储蓄存款等；不动产，包括住房和汽车等；还有能够换取劳动收入的人力资本。资产规模越大，借款人对风险的承受能力就越强，违约的可能性越小。比如，充足资本可以避免一些暂时的外部冲击（失业、提高利率等）对借款人偿付能力的不利影响。目前，银行在分析借款人信用状况的时候没有给予人力资本足够的重视，这是一个缺憾。人力资本赋予借款人持续获取收入的能力，在评估借款人资本实力的时候，要注意区分账面价值与实际价值，以及资本的稳定性和变现能力。

借款人的能力指借款人收入的稳定性、增长潜力以及债务偿还能力。

贷款担保的作用在于为银行贷款提供保护，银行根据抵押房产价值的一定比率来发放贷款。在借款人违约时，银行可以通过处分抵押房产来弥补贷款本金损失。评价抵押房产的价值主要根据房产的变现能力（如区位、结构等）、房地产价格的稳定性、保险等。

环境条件是指借款人的身体状况和职业状况以及外部环境。外部环境是指借款人所在地区的经济发展状况以及房地产市场状况。在房地产市场景气的时候，房价在不断上涨，违约风险小，银行乐于发放住房抵押贷款。但是在房地产市场不景气的环境中，贷款风险比较大，银行就会紧缩贷款。

（二）信用评分模型（Logistic 回归模型）

信用评分的主要目的是将贷款申请者的信用级别分类，显示借款人在未来某一特定时间内违约的可能性。为达到分类目的，依据某种理论，在历史数据基础上构造出信用评分系统，然后输入申请者的相关指标数据，其信用水平将被评分系统估算出来并归属为相应的信用级别，为信贷决策提供依据。

信用评分模型的主要吸引人之处在于可以缩短贷款审批所需要的时间，进而降低贷款成本。据美国的研究表明，在传统的小业务贷款中，引入信用评分模型使得每笔贷款的批复时间由 2 周降至 12 小时。另外，银行使用评分系统会产生正的效应，因为它能够增加银行对某类风险的适应性，具有较高风险的边际借款人较为容易但是以一个合理的价格获得融资，从而减少来自这些借款人的逆向选择。

数学和计算机技术的发展导致数量化的信用评分模型得到广泛应用。Logistic 模型是目前为止应用最为广泛的一种信用评分模型。

Logistic 模型的出发点是一个多元线性回归模型。假设已经通过一定的方法从样本变量中提取出了若干指标作为特征向量，回归分析就是将这些指标变量拟合成为一个被解释变量——违约率 p。这个多元线性回归模型如下所示：

$$p_i = \beta_0 + \beta_1 x_{i1} + \beta_2 x_{i2} + \cdots + \beta_k x_{ik} + \varepsilon_i, \quad i = 1,2,\cdots,n$$

由于该模型等式右边可能的取值范围为$(-\infty, +\infty)$，而等式左边作为违约率，其取值范围为(0,1)。为了更加合理,模型需要作一定的变化：

$$\ln\left(\frac{p_i}{1-p_i}\right) = \beta_0 + \beta_1 x_{i1} + \beta_2 x_{i2} + \cdots + \beta_k x_{ik} + \varepsilon_i, \quad i = 1,2,\cdots,n$$

模型左边括号中的$\frac{p_i}{1-p_i}$称为“险算比”或“发生比”。$x_1, x_2, \cdots, x_k$ 表示解释变量,如借款人的收入、婚姻状况、房价、贷款利率、首付款比率,等等。将上式进行简单转换，可以得到 Logistic 模型的基本形式：

$$p_i = \frac{1}{1 + \mathrm{e}^{-(\beta_0 + \beta_1 x_{i1} + \beta_2 x_{i2} + \cdots + \beta_k x_{ik})}}$$

当通过资料回归估计出系数 $\beta_0, \beta_1, \cdots, \beta_k$ 的值之后，我们可以根据上式预测新的申请者的违约率，将其归纳为相应的信用等级。

国外银行机构的信用评分模型已经比较成熟。从我国银行业的实践来看,信用评分模型的应用还处于初级阶段。由于缺乏有效的历史数据的缘故(某些银行通过其所建立的数据库收集了部分历史数据,但数据的质量较差),我国商业银行普遍没有建立起定量信用评分的模型,大多数银行只是根据自身情况建立了基于专家判断法的信用评分模型,但由于此模型的预测能力没有经过系统的验证,导致这些模型在实际业务中的应用实效大打折扣。目前,各商业银行对个人信贷信用风险的评估主要还是依据客户经理和专家的经验判断。

三、贷款审批

尽管银行可以根据信用评估等级来决定向借款人发放多少贷款,不过,即便是信用等级最高的借款人,也仍然存在违约的可能。因此,在对借款人信用评级的基础上,银行对违约风险的控制主要体现在审批过程。审批过程就是银行针对贷款申请决定以何种条款来发放多少贷款。目前国内住房抵押贷款审批过程包括五个环节：

1. 贷前调查。申请人需要填写商业银行规定的大量资料。信贷员在审核申请人所提供资料的基础上，还需收集申请人的其他信息，并对申请人的信用状况进行进一步的分析和评估。其中，申请人收入来源和收入水平调查是贷前调查的核心内容，贷前调查还包括对申请人资信和还款意愿等的调查。在调查基础上，信贷员根据自身经验，给出倾向性的调查意见。

2. 贷款审查。贷款审查员根据信贷员提交的材料和其他信息，对该笔贷款的风险进行评估，并对信贷员的贷前调查是否符合调查要求以及调查意见是否正确做出专业性的判断。

3. 贷款审批。贷款审查后，贷款审查员将申请人材料以及信贷员的调查意见和自己的审查意见报上级部门或委员会审批，由上级部门或委员会做出贷与不贷、贷多贷少的决策。小额度贷款一般由支行或者市级分行信贷管理部门负责审批，超过其权限则需递交到省级分行信贷管理部门审批。

在贷款审批的时候，通常银行会利用若干指标将借款人的借款额度控制在一个合理的范围内。这几个指标是：月付款与月总收入之比，在美国这个比例一般不超过28%，在我国香港地区不超过50%；月债务总支出（包括月偿付贷款本息）与月总收入之比，在美国这一比例不超过33%；贷款额与房屋价格比（LTV），在美国，若贷款未上保险，则一般不超过80%，有私人保险的贷款，LTV不得大于95%，如果贷款得到政府担保，则这一比例最高可达到100%。法国一般为60%—80%，在我国香港地区，平均为53.3%。目前国内对这一比例的规定是不能高于70%。有时贷款人也会要求一个房价与收入比，例如，美国的FHA（联邦住房管理局）曾要求所购房价不能超过年收入的2.5倍。

4. 信贷检查。上级信贷主管部门要对下属部门发放的住房抵押贷款进行定期检查，检查内容主要包括银行的信贷政策、管理制度执行情况及是否存在越权审批情况等。

5. 信贷审计。除了贷款审批部门自身进行定期检查外，审计部门基于内部风险控制的目的将对分支机构发放的住房抵押贷款进行审计，除了审计信贷政策和制度执行情况外，还包括业务操作的合规性、安全性等。

四、违约风险转移

依赖于金融衍生品市场以及保险市场，银行可以实现违约风险的转移和分散。通过要求借款人提供履约保证保险，银行将违约风险转嫁给保险公司。关于违约风险的保险问题我们在下一节专门讨论。利用金融衍生市场转移风险主要表现在两个方面：一是出售资产，二是信用衍生产品。银行通过住房抵押贷款证券化将住房抵押贷款出售给二级市场投资者，实现违约风险以及其他风险的分散。

利用信用衍生产品来转移违约风险是随着金融市场的迅猛发展而出现的一种新的风险管理技术。信用衍生产品是用来交易信用风险的金融工具，在使用信用衍生工具交易信用风险的过程中，信用风险被从标的金融工具中剥离，使信用风险和该金融工具的其他特征分离开来。信用衍生产品将银行过于集中的信用风险向第三方转移。信用衍生产品的一个重要品种是总收益互换（total return swap），在总收益互换安排下，投资者接受原先属于银行的贷款或证券（一般是债券）的全部风险和现金流（包括利息和手续费等），同时支付给银行一个确定的收益，一般情况下会在 LIBOR 基础上加减一定的息差。与一般互换不同的是，银行和投资者除了交换在互换期间的现金流之外，在贷款到期或者出现违约时，还要结算贷款或债券的价差，计算公式在签约时确定。如果到期时，贷款或债券的市场价格出现升值，银行将向投资者支付价差；反之，则由投资者向银行支付价差。总收益互换可以对冲信用风险敞口，但会使银行面临利率风险。即使基础贷款的信用风险没有发生变化，只要 LIBOR 变化，那么整个总收益互换的现金流也要发生变化。

为了剥离出总收益互换中的利率敏感性因素，出现了另外一种信用互换合约——违约互换。银行在每一互换时期向作为交易对手的某一金融机构支付一笔固定的费用（类似于违约期权价格）。如果银行的贷款并未违约，那么其从互换合约的交易对手那里就什么都得不到；如果该笔贷款发生违约的情况，那么互换合约的交易对手就要向其支付违约损失，支付的数额等于贷款的初始面值减去违约贷款在二级市场上的现值。

由于信用衍生产品缺少标准化的产品和合约，产品种类贫乏，该市场的标准化程度较低。

第三节　住房抵押贷款保险

保险是银行控制违约风险的一种外部机制。抵押贷款保险可以提高贷款申请人的信用等级，帮助贷款申请人获得贷款，同时保护抵押贷款银行免于遭受借款人违约带来的损失。下面我们介绍一下美国和加拿大的抵押贷款保险制度，然后讨论抵押贷款保险机制设计问题。

一、美国的抵押贷款保险制度

美国抵押贷款违约保险体系由政府担保机构和私人保险机构两大部分组成。政府担保机构包括联邦住房管理局（简称 FHA）和联邦退伍军人管理局（简称 VA）。FHA 采用全额保险方式，VA 采用限额保险，而大多数私人抵押贷款保险机构（以下简称 PMI）实行共同保险。由于 VA 项目针对退伍军人，因此在整个市场中占的份额较小。FHA 的市场份额在 20 世纪 80 年代以来一直呈增长趋势，尤其在 1986 年、1987 年增幅很大。1991 年以后相对于 PMI，FHA 的市场份额下降；这主要是由于政府提高了 FHA 保险费的缘故，下面简单介绍 FHA、PMI。

（一）联邦住房管理局抵押贷款保险（FHA）

20 世纪 30 年代经济危机后，银行由于担心贷款无法收回，因而把首期付款比例提高到 50% 左右，贷款期限在 5 年左右。很多家庭被排斥在贷款市场之外。针对这种情况，政府进行干预。根据 1934 年颁布的《国民住宅法》创建了 FHA，为中低收入家庭、第一次购房者以及边远地区居民（私人保险公司不能服务到的）提供贷款保险，使这些人能获得高比例（LTV）的贷款，同时又保护私人贷款机构的利益不受损害。

FHA 促进了抵押贷款市场的标准化。FHA 目前认定了 10 000 家有资格的贷款人，贷款人必须遵循 FHA 规定的借款人资格、评估、建筑物标准等工作程序和标准。目前 FHA 保险的贷款占到总贷款额的 8.2%。

FHA 采用全额担保方式，即承担因借款人违约给贷款人带来的所有正常损失——包括借款人所欠本金、利息以及处理房产需发生的各种费用（律师费、税费、评估费、维护费等），因此风险较大。为了控制风险，FHA 有贷款额度、贷款比例限制，另外还要综合考虑借款人收入、信用、工作经历、每月开支等状况。

贷款限额。FHA 的贷款限额过去在全国都是统一的。现在则根据特定地区的房价而有所不同,例如房价高的地区此限额调整为该地区中等房价的 95%。平均来看,贷款最高限额在 20 万美元左右。

贷款比例。FHA 最普通的保险项目是贷款年限 30 年、固定利率的贷款项目。借款人最低首期付款比例可达到 3% 左右。

保险费率。保险费结构为首付加每年支付,首付部分既可以直接用现金支付也可以加在贷款额度中。如果贷款提前还清则可以部分返回首付的保险费。贷款比例在 95% 以下的,年度保险费为贷款余额的 0.5%;贷款比例在 95% 以上的,年度保险费为贷款余额的 0.55%。年度保险费支付时间的长度取决于首付款的比率。

(二) 私人抵押贷款保险机构(PMI)

私人抵押贷款保险是由私人保险公司向贷款人提供保险,以防止借款人违约给贷款人带来损失。如果贷款申请人的首付比例小于房产评估价值或者销售价格的 20%,他就必须购买私人抵押贷款保险,这可以帮助申请人以一个比较低的首付款额来获得抵押贷款。否则银行就会拒绝发放贷款房价比(LTV)如此之高的贷款。PMI 保费依首付款和贷款金额大小而不同,但是根据美国抵押贷款银行家委员会(Mortgage Banker Association of American, MBAA)的规定,年度保费最高可以相当于贷款金额的 0.5%。大多数房屋购买者都需要 PMI,因为 20% 的首付是很大一笔支出。住房购买者必须在累计偿付金额超过贷款本金的 20% 以前,每年(或者按月)持续缴纳 PMI 保费,而这是一个比较长的过程,在这期间,保险公司将承担保险责任。一旦贷款(余额)房价比达到了 80%,借款人就可以通知银行停止支付 PMI 保费,终止保险。在 1999 年生效的房主保护法案要求银行告知房屋买主,到贷款房价比达到 80%,从而可以取消 PMI,需要多长时间。当贷款余额达到 78% 的时候,银行要自动取消 PMI。不过这个法案确实允许银行要求高风险借款人继续缴纳 PMI 一直到贷款房价比到 50%。通常,被认为风险比较大的贷款包括那些在申请过程中不能提供充分收入证明材料或者其信息的贷款。此外,有违约纪录的人以及有比较高的债务收入比的人也被归为高风险贷款者。①

PMI对贷款额度没有限制，但是为了控制风险，采取共同保险的方式，即损失额在原始贷款本金的一定百分比内完全由保险机构承担，超过这一限额的部分则按相同的比例在贷款机构和保险机构之间分配损失额。共同保险将贷款机构的利益与保险机构的利益捆在一起，激励贷款机构控制贷款风险，可以避免贷款机构道德风险的发生。

一般来讲，PMI的承保率(coverage ratio)只有贷款额的12%—30%，目的是提高借款人的信用水平。② 假若借款人违约，PMI有两种选择，它既可以代替借款人偿付全部债务并收回抵押房产，也可以选择按照承保率进行赔付，具体选择哪种方式则取决于抵押房产的市场价值，如果房价足以补偿债务，就选择前一种方式；否则就选择后一种方式。

（三）FHA与PMI保险的比较

FHA与PMI通过对贷款额、贷款比例、保险年限、保险费率等方面的不同规定，区分了各自的保险客户，形成了一个相对独立、相互补充、共同发展的完整体系。

贷款额度。FHA对贷款额度有限制，而PMI则没有限制。因此FHA保险平均的贷款规模小于PMI。FHA在低价房的贷款保险市场上占统治地位，PMI在高价房的贷款保险市场上占主流。而两者又在中等价格房产贷款市场相互竞争。

贷款比例。FHA的贷款比例高于PMI，据统计，1993年的FHA保险贷款中，60%的客户的贷款比例(LTV)超过90%。FHA的客户偿债比率(月偿债额/月收入)也高于PMI。因此，FHA承担了向高风险客户提供贷款保险的任务。

---

① 引自The Basics of Private Mortgage Insurance (PMI), Bankrate. com, 2001年6月1日。在美国，如果购房人没有20%首付，也可以不购买保险，办法有两个：一个是如果借款人愿意支付更高的利率，银行可以不要求其购买PMI。利率上浮范围在0.75%到1%之间。另一个办法是，利用"80-10-10"贷款。这个计划包括两笔贷款和一个10%的首付。即借款人首付房价款的10%，剩余90%需要贷款，这笔贷款由两笔贷款构成，第一笔抵押贷款相当于房产销售价格的80%，第二笔抵押贷款对应于剩下的销售价格的10%。第二笔抵押贷款的利率较高，但是因为它仅仅占总贷款的10%，所以在这两笔贷款上的月度支付仍然比偿付一笔带有保险的抵押贷款来的低。

② 假定贷款人要求LTV大于75%的贷款需保险，那么承保率 = (贷款额 - 0.75 × 房价)/贷款额，如果房子价值为10万元，贷款为9万元，那么承保率 = (9 - 0.75 × 10)/9 = 16.67%.

保险费率。FHA采用部分一次性支付加年度支付的费用结构，但PMI的保险费率较FHA低。特别是对贷款比例在95%以下的，FHA的保险费率较高。也即从经济上鼓励借款人如果能支付较多的首付款则到私人保险公司去保险，从而避免出现将私人保险公司挤出市场的局面。另外，FHA在全国实行统一的保险费率，而PMI则不是，不同的公司收取的费用略有不同，同一公司根据地区、职业等的不同，在收费上也不同。

保险时间。FHA项目，只有当抵押贷款额完全付清时，保险才取消。而PMI项目，一般当借款人在物业中的权益大于房价的20%时（通过贷款的不断偿还和物业升值），就停止保险。FHA与PMI的比较见表6-1。

表6-1　FHA和PMI的比较

特征	PMI	FHA
承保范围（保险金额）	贷款总额的12%—30%	贷款总额的100%
贷款规模要求	最高500 000美元	低成本地区最高121 296美元 高成本地区最高219 849美元
贷款期限	最长40年，一般30年	15—30年
贷款类型	固定和浮动利率贷款	固定和浮动利率贷款
保费计划	月度、年度和一次总付	一次初始保费加月度保费
费率（贷款额的百分比）	每年0.32%—0.90%，取决于LTV和其他贷款特征	1.75%—2.25%的初始保费加0.50%的年度费率
保险市场份额（1999年）	52%	34%
抵押贷款市场份额	15%	10%

资料来源：David Liu，"Exporting Mortgage Insurance Beyond the United States"，*Housing Finance International*（32—41），1999。

二、加拿大的抵押贷款保险制度

在加拿大抵押贷款市场上，贷款担保是由两类机构提供的：一个是公营的加拿大抵押贷款和住房公司（Canada Mortgage and Housing Corporation，CMHC），另一类是以加拿大抵押保险公司（MICC）为代表的私营保险机构。CMHC成立于1944年，属于联邦政府独资拥有。到1999年底，由CMHC担保的抵押贷款余额为187亿加元，占全部抵押贷款余额的45%。目前MICC的市场份额比较小，下面我们主要介绍CMHC。

CMHC初期的主要职能是建造住房向退伍军人出售，以及为社会住房建设项目提供贷款。1954年，为降低抵押贷款首期付款比例，提高中低收入家庭买房支付能力，加拿大议会重新修订《全国住房法》，授权CMHC向抵押贷款提供100%担保，以此鼓励金融机构发放低首付款的抵押贷款。

CMHC按照首期付款比例确定担保费率，首期付款比例越高，担保费率越低，如果首期付款比例超过25%，借款人无需购买抵押贷款保险。担保费用由借款人承担，可以一次支付，也可以分期支付，如果是分期支付的话，需要在上述标准之外另加0.5%。

CMHC将收到的保费集中起来，设立担保投资基金，以基金运作的收入支付担保赔款。20世纪90年代以前，担保基金的主要投资产品是加拿大政府债券，20世纪90年代以后，担保基金的投资活动日趋市场化，除加拿大政府债券外，还投资外国政府债券及公司债券等。从20世纪90年代开始，担保基金开始赢利。到1999年年底，担保投资基金的资产总额为41亿加元。

CMHC和发放抵押贷款的金融机构签订合作协议。CMHC根据金融机构的资产、负债、网点、服务等方面情况，审查该机构是否具备条件，如果审查通过，该金融机构与CMHC签订合作协议，所发放的低首付款抵押贷款由CMHC提供100%担保。到1999年，共有137家金融机构和CMHC签订了合作协议。

贷款机构根据借款人的还贷能力、借款人资信状况、所购住房的价值和住房市场总体情况，决定是否给借款人发放贷款。在上述四个因素中，借款人的还贷能力最为重要，审查还贷能力的指标主要有两个：一个是家庭收入与住房消费支出比，这里的家庭收入是指税后收入，住房消费支出是指贷款的分期付款额、房产税、暖气费以及物业管理费等。一般这个指标不得超过32%，否则得不到贷款。另一个指标是家庭债务与家庭收入比，这里的家庭债务是指所有家庭债务，包括抵押贷款、汽车贷款和信用卡贷款等，一般这个指标不得超过40%，如果超过40%的话，金融机构通常都会拒绝贷款。

如果借款人没有按期还款，并且逾期超过3个月以上，该笔贷款转入违约处理程序，在这种情况下，贷款和所抵押的住房一并从贷款机构转到CMHC，由CMHC处置所抵押的住房。在贷款机构把贷款和所抵押的住房转出后3个月内,CMHC向贷款机构偿还所有欠款。

抵押担保制度是加拿大联邦政府干预和管理抵押贷款市场和住房市场的主要政策工具。到1999年年底,由CMHC提供担保的抵押贷款余额为187亿加元,占全部抵押贷款余额的45%,承保家庭约300万户,占全国家庭总数的三分之一,其在保持抵押贷款市场的长期稳定发展、促进住房产业持续发展、改善中低收入家庭住房条件等方面发挥了举足轻重的作用。

三、抵押贷款保险机制设计:避免道德风险

抵押贷款保险会带来银行的道德风险。因为银行考虑到保险人承担了抵押贷款风险,它就有可能采取比较冒险的贷款决策,从而使保险人面临的风险增大。如何避免银行的道德风险,这是抵押贷款保险机制设计的一个重要方面。抵押贷款保险机制的设计必须满足两个条件:参与约束和激励相容约束。参与约束条件要求保险计划要能够吸引贷款人参与到这个计划当中来,也就是说,贷款人参与计划的好处要大于不参加这个保险计划的好处。激励约束条件意味着,在贷款人的行为不可观察的条件下,贷款人能够从选择符合保险人利益的行动中获得最大效用。就参与约束而言,参加抵押贷款保险计划对于贷款人的好处不言而喻,不仅使银行面临的风险得到大幅度降低,资产质量得到提高,从而节约资本成本,而且,扩大贷款规模,还增加了利息收入。因此,参加抵押贷款保险计划是银行进行风险管理的内在需要。所以,设计抵押贷款保险计划的关键在于设计有效率的激励机制。

(一)发展稳定的客户关系

在博弈论中有一个著名的难题,叫做囚徒困境。如果博弈只有一次,那么双方的占优策略就是出卖对方,坦白交代。但是如果博弈是连续的、重复的,那么当事人就会采取合作的策略,来获取更大的利益,因为每一方当事人都知道,如果自己背叛对方,肯定会遭到对方的报复。这种未来收益的诱惑是双方能够采取合作态度的关键。正如囚徒困境所揭示出来的道理一样,如果保险人与贷款人之间的关系是长期稳定的,就相当于在二者之间建立了一种连续重复博弈关系,一旦保险人发现贷款人在放贷过程中采取了损害自己利益的行动,保险人马上就可以给以惩罚,比如取消给这个贷款人的贷款保险,如果贷款人意识到保险人可能采取的行动,它就会采

取有利于保险人的行动，比如谨慎贷款，或者加强对贷款的管理。

因此，构建有效率的激励机制的一个重要途径是保险人发展与贷款人的长期稳定的客户关系。长期稳定的客户关系意味着对于信誉良好的贷款人，保险人可以签订总保单的形式来激励贷款人采取更积极的风险防范措施。总保单是在保险人和被保险人之间的一个有法律效力的约束合同，它仅仅规定保险期限和保险条件。在保险人授权下，贷款人可以在总保单约定的保险条件和期限中，自己决定对哪些贷款申请人提供保险以及提供多大程度的保险。而对于一个新的客户，在其申请总保单之前，保险人要调查客户的经营情况、业绩以及保险手续来决定是否接纳这个客户的申请。如果这个客户的经营和绩效满足保险人的质量要求，那么保险人就可以向他授权总保单。对于已经签发的保单，保险人则可以通过跟踪客户的表现来确保业务满足可以接受的风险标准。

保险公司允许经过选择的贷款人代表它来签发保险和批准经过保险的抵押贷款的做法称作“代理签单”，代理签单通常建立在一系列严格审查标准之上。当保险人对贷款人的资质条件进行审查之后，双方就一整套代理签单标准达成协议。对于那些不符合这些标准要求的贷款保险申请，需要单独由保险人来批准。为了确保贷款人执行这个标准，保险公司需要对贷款人的经过保险的贷款组合进行定期审计。如果贷款组合的绩效没有达到预期效果，保险公司就要对贷款人发出警告，除非绩效得到改善，否则代理签单的授权最终就有可能被取消。

（二）产品设计

保险产品的设计非常关键。一般来讲，保险人不会提供全额保险，而是规定一个免赔额，即保险人和贷款人风险共担。① 例如，美国的 PMI 采取共同保险方式，即损失额在原始贷款本金的一定百分比内完全由保险机构承担，超过这一限额的部分则按相同的比例在贷款机构和保险机构之间分配损失额。共同保险将贷款机构的利益与保险机构的利益捆在一起，激励贷款机构控制贷款风险，同时也可以避免贷款机构道德风险的发生。下面介绍两种基本的保险品种。

---

① 也有例外，比如美国的 FHA 为贷款提供全额担保。但是它通过其他方式来控制风险。后文对此会有介绍。

1. 保险金额是未清偿贷款余额的一个固定比例。如图 6-3 所示。

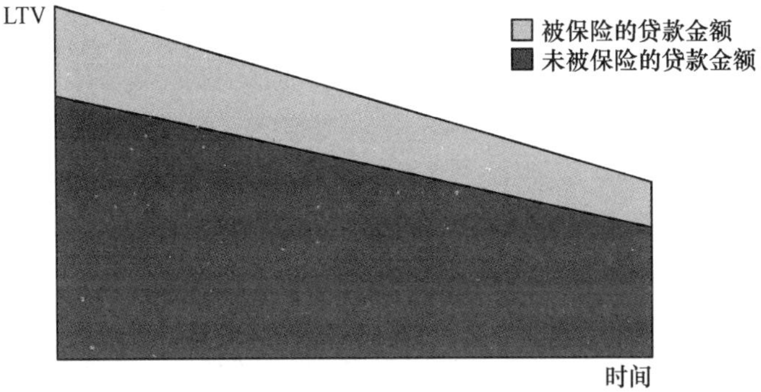

图 6-3　保险金额是未清偿贷款余额的一个固定比例

图中纵轴 LTV 表示贷款房价比,横轴表示时间。颜色深的部分表示未被保险的贷款金额,颜色浅的部分代表被保险的金额。随着时间流逝,未清偿贷款余额在逐渐下降,但是被保险的贷款金额与未被保险的贷款金额之间的相对比重没有变化。

2. 在一个设定水平上,贷款人风险承受程度不变,但是保险金额随着贷款被偿还而递减。如图 6-4 所示。

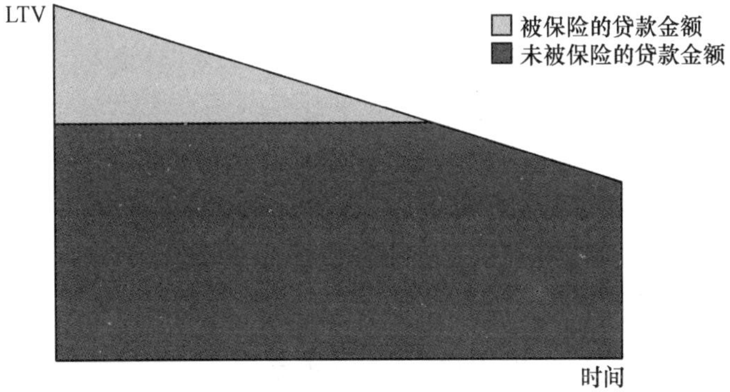

图 6-4　保险金额随着贷款被偿还而递减

图中未被保险的贷款金额以深颜色部分表示,颜色浅的部分代表被保险的金额。我们可以看到,在任何一个时点上,如果 LTV(贷款房价比)达到或者低于事先约定的某个比例,比如贷款房价比为 80%,那么保险公司的保险责任就自动终止,即贷款人要始终承担一定比例的风险。在这一比例之上，保险人要承担保险责任，但是保险金额随着贷款逐渐被清偿而下降，最终当 LTV 下降到约定的比例，比如 80% 的时候，保险金额下降为零，保险责任结束。

本章小结

从期权角度看，违约期权相当于看跌期权，当房价下跌到贷款余额之下时，借款人权益为负，这时借款人就会违约，即以相当于放弃住房的代价来偿还抵押贷款。违约分为故意违约和被动违约。主动违约是银行风险管理部门关注的重点。风险管理包括风险识别与评估、风险防范与控制和风险转移与补偿等三个基本步骤。风险管理措施包括内部机制和外部机制。内部机制指加强贷款审查以及采用信用评分、利用衍生金融工具等手段，外部机制主要指抵押贷款保险和担保措施。

练习与思考

1. 为什么说违约期权是一种看跌期权？试分析其期权结构。
2. 在抵押贷款保险机制设计中如何避免银行的道德风险？
3. 试述银行贷款风险管理的基本流程。
4. 银行管理信用风险的手段有哪些？
5. 银行通过何种渠道转移贷款风险？
6. 阅读下面两段材料并分析：引起借款人断供（违约）的原因是什么？借款人断供划算么？银行为什么热衷发放住房抵押贷款？银行如何应对房贷风险？你认为银行还应该从哪些方面加强风险管理？

材料 1　央行报告预警北京房贷三重风险 违约可能增加

近日央行发布关于《2008 年上半年北京市房地产市场和房地产信贷形势分析报告》（以下简称《报告》），对北京市场的房地产形势进行探析。

《报告》提醒金融机构需要密切关注房贷的三重风险：一是部分房地产开发企业资金趋紧可能造成开发贷款不良率上升；二是房价低迷可能造成个人住房贷款违约增加；三是预售资金管理缺位可能会产生信贷资金风险。

与此相适应，央行建议各家银行加强对借款人的资格审查及贷后管理，避免向还款能力较差的借款人发放“次级”住房贷款。同时，完善预售资金监管制度，防范企业转移和挪用预售资金。

截至2008年6月底，中资银行各项人民币房贷不良率为2.56%，比上年末微升0.19个百分点，其中商业性个人住房贷款不良率为1.65%，较上年末提升0.22个百分点，商业性住房开发贷款不良率为4.32%，较上年末提高0.37个百分点。

另有国有银行房贷部人士指出，《报告》的下发，体现出央行对北京房贷市场持审慎态度。今年以来，深圳房价下跌进而引发购房者断供一事在业内闹得沸沸扬扬，在这种情况下，管理层对各地房贷市场的关注也在情理之中。该人士指出，相比深圳，北京的房地产市场刚性需求大，且银行机构在执行房贷政策的过程中少有“打擦边球”的情况，出现金融风险的几率并不大。

资料来源：焦点房地产网 house.focus.cn 2008年08月04日08:31，京华时报。

材料2　深圳房贷违约逐月增多 断供可能继续扩大

深圳房价逐步走低、房贷违约逐月增多、断供人群日益涌现、银行压力随之增大。

银行房贷普遍收紧

现在办理房贷的手续比较多，客户需要提供稳定的收入来源证明、首次置业证明等资料，银行也将查询客户的个人征信系统，看看你是否第一次置业、是否有不良的信用记录。对于购置一手楼，目前通常是开发商确定银行，客户在购房现场就可以办理相关手续。但根据实际房产情况，并非每个客户都能够享受到最高贷款额度。同样，按揭购房贷款利率最低执行同期限、同档次基准利率下浮15%，也是严格按照政策执行，并不会有太多的优惠政策。对于曾买过房的客户来说，受到的限制更为严格。农行规定，只要有贷款购房的记录，即使已经出售，再次购房也按第二套房的标准执行，即首付四成以上，利率上浮10%。

精选客户，控制风险

银行后台审批部门也暗自提高了放贷门槛。一家股份制银行信贷部门人士称，去年下半年开始，该行就将深圳地区列为房贷高风险区，房贷执行标准高于其他地区。目前不管首套置业还是多套置业，该行深圳地区房贷首付比例基本控制在不低于四成五，即使优质客户首付也不能低于四成。业内人士分析称，通过提高首付比例等方式提高资质略差的客户的贷款门槛后，将提高这部分客户的违约成本，从而降低贷款风险。

银监局加强风险提示

不久前，深圳银监局披露了房贷不良贷款的情况，称房贷断供处在正常水平，断供情况仅仅是个案。不过，深圳银监局也承认，随着楼市价格变化，深圳个人按揭的违约率呈上升态势，存在潜在的断供风险，银行贷款质量面临较大压力。

针对目前房贷风险增加的情况，深圳某银行采取了四项措施：首先是与总行沟通，缩减年初制定的房贷指标，降低房贷工作人员的工作压力；第二，对房贷风险控制进行前移，对预期不良贷款可能存在的风险，由以往的90天改为60天监控，提前通过电话等方式，通知贷款客户；第三，加强了对抵押房产的管理，对于客户正常收入以及房产抵押物等方面的管理进行了完善；第四，在审贷方面，要求相对更加从严，比如在第二套住房、第三套住房等方面会提高房贷利率以及降低贷款额度等方面。

资料来源：http://finance.qq.com/a/20080805/000894.htm，2008年8月5日。

推荐阅读书目

[1] 王重润：《信息、效率与机制：住房抵押贷款市场研究》，北京：经济管理出版社2004年版。

[2] 陈钊：《住房抵押贷款理论与实践》，上海：复旦大学出版社2000年版。

[3] 威廉·B. 布鲁格曼、杰弗里·D. 费雪著，逯艳若、张令东、任国军译：《房地产融资与投资》（第11版），北京：机械工业出版社2003年版。

[4] 朱晓明、刘治国：《信用评分模型》，《统计与决策》，2007年第1期。

网络资源

http://www.mbaa.org

附录

中国建设银行的个人信用评分标准

	项目	评分标准			
自然情况	年龄	25 岁以下	26—35 岁	36—50 岁	50 岁以上
		2	4	6	4
	性别	男	女		
		1	2		
	婚姻状况	已婚有子女	已婚无子女	未婚	其他
		5	4	3	2
	健康状况	良好	一般	差	
		5	3	-1	
	文化程度	研究生以上	大学本科	大专	
		8	6	4	
	户口性质	常住户口	临时户口		
		2	1		
职业情况	单位类别	机关事业	国有企业	集体企业	军队
		6	4	3	5
		个人独资企业	个体经营户	三资外企	其他
		2	2	5	1
	单位经济状况	良好	一般	较差	
		4	2	0	
	从事行业发展前景	良好	一般	较差	
		4	2	-1	
	岗位性质	单位主管	部门主管	一般职员	
		6	4	2	
	在本岗位年限	两年以上	一至两年	一年以内	
		3	2	1	
	职称	高级	中级	初级	无
		4	2	1	0
	月收入	10 000 万以上	8 000—10 000 元	5 000—8 000 元	4 000—5 000 元
		12	10	9	8
		3 000—4 000 元	2 000—3 000 元	1 000—2 000 元	1 000 元以下
		6	4	2	1
家庭情况	家庭月收入	5 000 元以上	4 000—5 000 元	3 000—4 000 元	
		9	6	5	
		2 000—3 000 元	1 000—2 000 元	1 000 元以下	
		4	3	1	

（续表）

	项目	评分标准		
与本行关系	是否本行员工	是	否	
		2	0	
	本行账户	有信用卡账户	有储蓄账户	无
		6	4	0
	存款账户	较高	较低	无
		6	4	2
	业务往来	频繁	一般	较少
		4	2	0
	其他借款情况	从未借款	有借款但已还清	有拖欠记录
		4	6	－5

不同分数的贷款额度

评分	信用等级	贷款额度（元）
90分以上	AAA	60万
80—89分	AA	10万
70—79分	A	5万
60—69分	BBB	1万
50—59分	BB	5 000
40—49分	B	3 000
40分以下（不含40分）	C	0

资料来源：王海玲，《关于防范住房抵押贷款风险的研究》，首都经济贸易大学硕士学位论文，2002年。

第七章 住房抵押贷款证券化

知识要求

通过本章的学习,掌握

- 资产证券化的类型和基本特征
- 住房抵押贷款证券化的基本原理、参与机构和运作程序
- MPTS、CMO和SMBS三种MBS产品的设计特征

技能要求

通过本章的学习,能够

- 认知MBS转移信贷机构融资风险的作用机理以及致命缺陷
- 分析MBS的结构

第一节 住房抵押贷款证券化原理

一、资产证券化的内涵

(一) 资产证券化的概念

资产证券化就是将资产收益权以债券的形式在资本市场上发行并流通的过程。其中,资产是指可以为其所有者带来未来收益的有形财产或无形权利,其表现形式可分为有形资产和无形资产。无形资产又可分为股权资产、债权资产、货币资产和其他的财产权利如工业产权、特许权等。

通常,适合证券化的资产品种应该具备以下条件:(1) 期限较长、流动

性较差;(2) 具有可预见的稳定均匀的未来现金收入;(3) 资产质量稳定而优良,变现价值较高;(4) 具有某种同质性并能够根据一定的特征(如根据相同的贷款期限、利率等)构成一个资产组合;(5) 合同标准规范;等等。如住宅抵押贷款,借款人将按照签订的贷款合同按月偿还贷款的本金和利息,相类似的还有汽车贷款等消费贷款的分期付款合同等。

目前,根据产生现金流的资产证券化类型的不同,资产证券化工具一般被划分为资产支持证券(asset-backed securitization,ABS)和住房抵押贷款证券(mortgage-backed securitization,MBS)。MBS与ABS之间最大的区别在于:前者的基础资产是住房抵押贷款,后者的基础资产是除住房抵押贷款以外的其他资产。与MBS相比,ABS的种类更加繁多,具体可以细分为以下几个品种:汽车消费贷款、学生贷款证券化;信用卡应收款证券化;贸易应收款证券化;设备租赁费证券化;等等。表7-1展示的是欧美MBS和ABS的发行规模。从中可以看到,在欧洲国家,两种类型债券的发行规模基本相当,而在美国,住房抵押贷款证券化规模庞大。

表7-1 欧美MBS和ABS的发行量 单位:十亿美元

	MBS	ABS	总计
美国(2003年)	3 144	581	3 725
欧洲(2002年)	78.5	79.2	157.7

资料来源:Bond Market Association。

(二) 资产证券化的基本特征

作为一项重要的金融创新,资产证券化给现代金融体系带来了强烈的冲击和巨大的改变,资产证券化为资产所有者提供了新的流动性,将新的风险收益关系体现在资产债券上。它的出现改变了传统的融资模式,融资者不再需要通过以自身的信用能力或自身的资产为抵押,或利用外部担保从银行借入资金,也不再需要通过在资本市场发行股票或债券等筹集资金,只要融资者拥有可证券化的资产,他就可以通过证券化的方式进行债券发行,实现资金筹集。

相比传统的融资方式,资产证券化融资具有以下特征:

第一,破产隔离与融资安全性。这是资产证券化的核心要素,它要求原始债权人破产时,证券化资产权益不作为清算财产,其所产生的现金流可以按证券化交易契约规定的内容支付给投资者,保护投资者的利益。也就是说发起人的其他资产的信用风险以及发起人本身的各种风险因素,都不会影响到已经证券化的资产和证券化的融资结构,即资产的投资者无须承担发起人的风险。其包含两个含义:一个含义是上述资产证券化的融资结构与发起人的破产风险相互隔离;另一个含义是指特设载体(SPV)无破产风险。

第二,真实出售。为了达到破产隔离的目的,原始债权人在向发行人出售资产以获得资产债券发行收入的过程中,其资产转移必须是一种真实销售行为,能够保证达到破产隔离的效果,避免出现出售者遇到破产清算时,已证券化的资产遭受牵连的风险,妨碍对评级债券的正常支付。也就是说抵押资产的所有权是否确实通过资产证券化交易转移给了债券的发行人,而投资者在购买债券后是否确实拥有那部分抵押资产的所有权。

第三,具有资产质量要求。该特征也包含两个含义:一个是经济含义,指那些证券化成本小于收益的资产才适宜证券化;另一个是信用含义,指的是支持资产的信用质量,包含信用评级和信用增级两个方面。支持资产的信用来源不同,是否采取信用增级,债券的信用评级重点不同。由第三者完全担保的支持资产,评级机构的分析重点是对信用担保提供者的信用进行分析。由第三者部分提供信用增级支持的资产组合,评级机构要考虑信用增级提供者信用降级的影响,提供信用增级的数量,以及借款人和资产组合的信用质量。那些没有第三者担保的支持资产,资产评级机构主要考虑抵押资产自身的特点及相应的历史数据。

第四,融资对象的扩大化与融资期限的延长性。在金融投资领域,由于谨慎的原则,一些投资者和贷款人常常受到外部的投资限制或者内部自主设置的一些投资限制,不能向一些融资对象融资,或者资金规模受到一定限制,资产证券化作为一种特殊的融资方式,放松了一些限制,吸引了一批投资主体,扩大了融资来源。一般情况下,企业直接融资的最长期限最高也就是 7 年,而资产证券化融资可以延长融资期限。

资产证券化有助于发起人进行资产负债管理,是一种转移风险、创造信用、提高流动性的金融创新工具,对传统金融理论提出了多方面的挑战。首先,它打破了传统金融体系中融资方式的局限,打破了债权融资与股权融资的传统金融格局,形成了债权融资、股权融资、资产融资三分天下的格局;

其次,它对建立在传统融资方式基础上的现代金融理论提出了有力的挑战。因而,资产证券化已成为近30年来世界金融领域发展最迅速的金融工具,同时也是金融发达国家的金融机构尤其是商业银行在竞争中取胜所应具备的技术。

专栏7-1　资产证券化的起源

资产证券化始于20世纪70年代的美国,最初仅限于住宅抵押贷款的证券化。

美国当时金融制度中的某些特殊管制措施客观上刺激了住宅抵押贷款二级市场的建立。一是政府对银行和储蓄机构营业地域的跨州限制,造成东西部地区资金供求失衡。抵押贷款证券化可建立起地域间资金流动的市场机制,贷款人通过证券化将其抵押债权出售给资金充裕地区的金融机构,调剂地区间的资金余缺,使割裂的区域性资金市场趋于统一。二是政府对储蓄机构实行利率管理,致使其资产负债利率水平不匹配。美国储蓄机构长期在严格的利率管制下维持低利率水平。自20世纪60年代末起,美国的通货膨胀日益严重,市场利率不断上升,为了与投资基金和货币市场争夺资金,储蓄机构被迫提高存款利率,而已经放贷出去的长期抵押贷款则利息较低,以致利差不断缩小。抵押贷款证券化的推出改变了银行传统的"资金出借者"的角色,使银行同时具有"资产出售者"的职能,有助于缓解财务危机。

美国联邦政府为推动住房抵押贷款二级市场的发展也采取了一系列重大措施。第一,20世纪30年代经济危机之后,美国国会先后建立数家专业的政府信用机构,为抵押贷款发行市场提供支持。联邦住房贷款银行(FHLB)通过贴现窗口为发放抵押贷款的金融机构提供资金,帮助其解决流动性问题。联邦住房管理局(FHA)为符合承保标准的住宅抵押贷款提供保险,联邦退伍军人管理局(VA)也对合格的抵押贷款提供担保,这两个机构不仅分担了贷款机构承受的违约风险,同时也促进了抵押贷款合约的标准化,为抵押贷款的二级市场流通创造了条件。第二,政府也着手构建抵押贷款二级市场的专营机构。1938年,联邦国民抵押贷款协会(FNMA,又称Fannie Mae,即房利美)成立,最初负责购买由FHA和VA保险或担保的抵押贷款合同,后来国会于1970年授权其购买FHA和VA不提供担保的普通抵押贷款。1968年,从FNMA中分立出一个新机构,即政府国民抵押贷款协会(GNMA,又称Ginnie Mae),职能是运用“政府的信用担保”支持FHA和VA担保的抵押贷款市场的发展。1970年,联邦住房贷款抵押公司(FHLMC,又称Freddie Mae,即房地美)建立,国会授权其购买经政府机构或私人机构保证的住宅抵押贷款,后其业务逐渐扩大到无保险或无担保的私人抵押贷款。

在这些措施的鼓励下,1970年,GNMA担保发行了第一笔基于FHA和VA保险的贷款抵押支持债券,标志着住宅抵押贷款证券化的正式开始。其后,FN-MA和FHLMA也以其买入的住房抵押贷款组合作为基础发行债券,并保证利息本金及时偿付。进入20世纪80年代,私营金融机构开始运用非官方信用提高的方法发行由常规家庭抵押贷款和商业性房地产抵押贷款支持的债券,自此美国住宅抵押贷款证券化进入飞速发展阶段。并且,随着证券化技术的日趋成熟,应用范围逐步扩展到汽车贷款、信用卡应收款等各类资产,美国资产债券市场的发展可以用持续高速发展来概括。根据美国债券市场协会的数据,证券化一直保持年均11.28%的高速增长,资产债券发行在外余额从1985年的373亿美元增加到2006年底的8.6万亿美元。市场规模目前已远超美国公债、公司债及市政债券,成为美国目前最大的固定收益市场。2006年在美国各主要类型固定收益品种中,资产证券化商品约占31%,占最大比重;公司债位居第二约占19%,以下依次为国债、货币市场工具、机构债和市政债。

欧洲各国也纷纷效仿美国引进了信贷资产证券化,尤其在英法两国达到了较高的发展水平。亚洲对贷款证券化技术的开发较晚,1997年亚洲金融危机后,由于银行风险加大,贷款证券化获得了各国前所未有的重视。

资料来源:《贷款证券化》,http://www.hudong.com/wiki。

二、住房抵押贷款证券化的模式

住房抵押贷款证券化主要是银行住房抵押贷款债权的证券化。它是指金融机构(主要是商业银行)把自己所持有的流动性较差但具有较稳定的未来现金收入的住房抵押贷款,汇集重组为抵押贷款池,由商业银行或特定机构以现金方式购入,经过担保或其他形式的信用增级后,以债券形式出售给投资者的融资过程。由此而形成的资金融通市场被称作抵押二级市场。住房抵押贷款证券化使房地产业传统的融资模式“贷款——贷款收回——再贷款”,变为“贷款——贷款出售——再贷款”模式。其最主要的特点是将原先不易为投资者接受,缺乏流动性但能够产生可预见现金流入的资产,转换成了可以在市场上流通、容易被投资者接受的债券,或者说就是将住房抵押贷款转换为可转让工具的过程。资产支持债券的本息支付直接依赖于该贷款组合产生的现金流。由此可见,住房抵押贷款证券化的实质可以理解为将信贷资产的未来收益以债券的形式提前转让给投资者。

目前,住房抵押贷款证券化的模式有两种:表内住房抵押贷款证券化和表外住房抵押贷款证券化。表内住房抵押贷款证券化是指商业银行按一定标准形成抵押贷款组合,并以该抵押贷款组合形成的现金流作为偿付基础在资本市场上发行住房抵押贷款债券,向个人和机构投资者出售。表外住房抵押贷款证券化是指商业银行把按一定标准形成的抵押贷款组合出售给特定交易机构,并由它以此为基础发行债券,向个人和机构投资者出售,筹集资金支付给出售抵押贷款组合的商业银行。两者的区别在于:前者没有发生抵押贷款资产所有权的转移,抵押贷款组合和由此发行的住房抵押贷款债券都体现在商业银行资产负债表上;后者抵押贷款组合通过“真实出售”,发生了抵押贷款资产所有权的转移,脱离了商业银行资产负债表,所发行的住房抵押贷款债券不再是商业银行的负债,而是“特定交易机构”的负债。

三、住房抵押贷款证券化的投资风险分析

抵押债券的投资风险主要决定于抵押权的风险和利率风险,具体包括如下几个方面的风险:

(一)自然灾害引起的抵押物灭失风险

由于自然灾害(如火灾、地震等)可能造成抵押物灭失的风险,因此抵押房屋一般都要求购买房屋保险,房屋保险一般根据不同地区的自然情况有不同的要求。通过房屋保险制度,因自然灾害引起的抵押物灭失的风险不会构成对抵押权的风险。

(二)产权风险

产权风险是指因借款人不具有抵押房地产的产权或者产权有障碍而引发的风险。对于抵押房地产,贷款方可以要求借款人购买贷款产权保险。

产权保险分为两种：一是买房产权保险，保障买房者的权益；二是贷款产权保险，保障抵押权人的利益。通过产权保险制度，抵押权也不存在产权风险。

（三）信用风险

借款人还不起贷款或不能按时还款引起的坏账和拖欠风险，即信用风险。完善的抵押信用保险制度可以适当消除信用风险。在美国，对政府国民抵押贷款协会担保发行的抵押债券，其抵押的坏账风险由联邦住房管理局或联邦退伍军人管理局等政府机构承担，可能出现的拖欠风险则由政府国民抵押贷款协会提供的债券担保来解决。通过这种双重保险，抵押债券投资者能够按时按量收到抵押投资的本息。联邦国民抵押贷款协会和联邦住房贷款抵押公司发行的债券，包括政府担保贷款和常规贷款两部分。对政府担保贷款，其坏账风险的管理与前者相同，拖欠风险则由这两家机构的信用来担保。对常规抵押贷款，则通过要求抵押成数高于八成的部分购买抵押保险来保证。在比较平稳的房地产市场中，一般情况下房地产市值不太可能忽然贬至低于原价的八成，出现抵押负值的情况；但是如果一旦房地产市场急剧衰退、房价贬值，这种风险集中发生的概率会增加，而且会进一步加剧金融市场的动荡。

（四）提前偿付风险

借款人提前偿还贷款会引起提前偿付风险。如果借款人提前偿还贷款，投资者就要重新投资，在实现再投资之前，投资者就要损失利息收入。抵押债券的提前偿还风险主要是通过在签订贷款合同时附加补偿条款以减少损失以及通过抵押债券品种的创新转移风险。

（五）利率风险

利率的变化会引起利率风险。抵押债券的利率风险一般可以通过设计可调利率抵押来降低或者通过二级市场进行转移。

对于这些风险，产权保险制度、抵押信用保险制度和债券担保制度在很大程度上能够保证抵押贷款和抵押债券投资的安全和收益，保障抵押权人和抵押债券投资者的利益，但是并不能从根本上完全消除风险可能带来的危害。在经济环境出现恶化特别是楼市衰退时期，住房抵押贷款证券化涉及的债务人、投资人、担保机构以及商业银行等相关当事人，都会不同程度地遭遇风险，严重时甚至诱发或者加重金融危机乃至经济危机。如2008年以来美国的“两房”危机就是极好的例证（详见专栏7-2）。因此，住房抵押贷款证券化是一把双刃剑，必须要与本国国情相结合审慎推行，除了要完善各相关环节的运作，还要特别加强对房地产市场价格走势的预警系统。

专栏7-2　住房抵押贷款证券化风险的产生与传递

——美国“两房”危机将次贷危机推向纵深

房利美（Fannie Mae）和房地美（Freddie Mac）（以下简称“两房”）在美国抵押贷款市场的运转过程中发挥着至关重要的作用。2008年7月，“两房”爆发财务危机，将美国的次贷危机推进至新的发展阶段。

“两房”的主要职能是通过向银行购买抵押贷款债权，释放银行的现金流以便用于发放新的贷款，从而最终帮助美国家庭顺利买到住房。虽然“两房”均为私人拥有的上市公司，但是作为联邦法律创建的“政府授权企业”（government sponsored enterprises，GSE），这意味着它们可以享有特殊的权利，即：它们可以免交各种联邦以及州政府的税收，并且享受来自美国财政部的金额均为22.5亿美元的信贷支持（credit line）。然而，最重要的特权是隐性的，投资者相信，如果它们面临破产倒闭的威胁，联邦政府一定会出手援救。

“两房”从融资与投资两个角度来构建其商业模式。一方面，“两房”利用被市场普遍认可的来自美国联邦政府的隐含担保（implicit guarantee），在市场上发行具有最高信用评级的机构债进行融资；另一方面，“两房”主要从贷款商（例如商业银行或其他存款性金融机构）手中购买住房抵押贷款债权，它们既可以在资产组合中持有这些债权，也可以将其打包后实施证券化，发行住房抵押贷款支持债券（MBS）并出售给全球市场上的投资者。发行MBS可以帮助这两家公司更快地回笼资金，从而收购新的债权。如果选择持有债权，那么，在它们的资产负债表上，与债权相对应的是资本金或两家公司发行的非MBS债券；如果发行MBS，则在资产负债表上，资产方是现金或者更多的债权，而负债方是MBS。

“两房”对于美国住房抵押贷款市场的顺利运转起到了非常重要的作用。由于贷款商向居民提供贷款后，可以很快将贷款出售给房利美与房地美，能够加快资金流动，降低贷款商的资金成本，从而降低了抵押贷款利率，惠及全国范围内的借款者，尤其是中低收入借款者。截至目前，美国的住房抵押贷款市场规模约为12万亿美元，而房利美和房地美持有大约5.3万亿美元的抵押贷款债权，占整个市场规模的44%。在5.3万亿美元中，两家公司实际上拥有1.6万亿美元的债权，同时为3.7万亿美元的债权提供了担保。按照美国会计准则，1.6万亿美元债权位于两家公司的资产负债表内，而3.7万亿美元担保位于两家公司的资产负债表外。但无论是拥有还是担保，两家公司都承担了相同的信用风险。

“两房”没有涉足次级贷款领域，主要原因是它们不能从事该领域业务。次级贷款的定义是不能满足法律要求的贷款，而“两房”只能购买向提供充足首付以及收入证明的借款人发放的抵押贷款。

为什么“两房”会突然爆发危机，成为次贷危机新的受害者？它们是如何陷入麻烦的？

原因之一在于，这次美国房地产市场的泡沫实在是过于严重了。在加利福尼亚州、佛罗里达州等地，很多在市场最高点购置房产的居民目前都面临负资产的窘境。结果导致各种贷款（既包括次贷和Alt-A，也包括满足房利美与房地美标准的优质贷款）的违约率都大幅上升，这自然会增加房利美与房地美资产负债表上的坏账。

原因之二在于，虽然政府对“两房”的贷款标准有严格的要求，但是对两家公司的资本金规模却要求不高。相对于庞大的资产组合而言，这两家公司的资本金规模非常有限。换句话说，它们的财务杠杆过高。截至2007年底，这两家公司的核心资本合计832亿美元，而这些资本支持着5.2万亿美元的债务与担保，杠杆比率高达62.5。因此，即使资产组合发生对资产总量而言并不太严重的账面损失，“两房”都可能发生危机。如果不是市场认为存在政府的隐含担保，它们是不可能维持如此之高的杠杆比率的。事实上，两家公司应对信用风险的能力远远弱于市场化金融机构。

令问题更加复杂的是，随着自身规模的扩大，在赢利动机的驱使下，“两房”在收购贷款并发行MBS的传统业务之外，开辟了新的赢利渠道，这就是购买其他私人金融机构发行的MBS，从中赚取自身资金成本与所购买MBS之间的息差（由于两家公司可以发行信用等级相当于美国国债的机构债来募集资金，资金成本相当低）。近年来，这两家公司购买的私人金融机构发行的MBS规模迅速扩大：从1997年到2007年，房利美购买的其他机构发行的 MBS 从 185 亿美元上升到 1 278 亿美元，房地美购买的其他机构发行的 MBS 从 250 亿美元上升到 2 670 亿美元。据估计，房利美与房地美大约购买了整个私人机构所发行 MBS 的一半以上。虽然上述 MBS 均为 AAA 评级，但是次贷危机爆发以来，由于信贷风险从次级抵押贷款市场逐渐扩展到整个抵押贷款市场，这些 MBS 的信用评级开始被调降，市场价值相应下滑。这就加剧了次贷危机对“两房”资产组合造成的负面冲击。

次贷危机爆发后，一方面由于自身持有的贷款组合的违约率上升，另一方面由于自己购买的其他机构发行的 MBS 的市场价值下降，导致“两房”账面出现越来越大的亏损。2007 年，房利美发生了 35.6 亿美元亏损，房地美发生了 30.9 亿美元亏损。2008 年第 1 季度，房利美又出现 21.9 亿美元亏损，房地美又出现 1.5 亿美元亏损。连续的亏损已经令投资者对两家公司的前景感到担忧。

然而，最终引爆危机的，则是雷曼兄弟公司分析师 7 月 7 日发表的一份报告。该报告指出，一项会计准则的变动可能导致以上两家公司不得不募集 750 亿美元的资本金。这项会计准则就是杀伤力十足的 FAS 140 条款，该条款试图阻止企业继续将不良资产隐藏在资产负债表的表外实体中。如果“两房”要将表现欠佳的抵押贷款资产重新转移到资产负债表内，它们不得不募集新的资本。报告指出，房利美需要募集 460 亿美元资本，而房地美需要募集 290 亿美元资本。

这份报告的披露彻底摧毁了市场对“两房”的信心。所有人均意识到，仅凭“两房”自己的力量，绝对不可能募集到规模如此庞大的资本金。投资者开始在股票市场上抛售两家公司的股票。两家公司在短短一周左右的时间内便损失了一半左右的市值，最终导致美国证监会不得不介入调查针对“两房”股权的卖空行为。此外，持有大量 MBS 的债权人也对“两房”还本付息的能力产生怀疑，目前两家公司 5 年期债券收益率与同期美国国债的收益率差距正不断扩大。

“两房”危机体现了美国住房抵押贷款市场风险的不断转移和升级。次贷风险首先是起源于信贷机构的不审慎贷款和居民的过度消费与借贷。次贷危机爆发之后，信用风险转移至投资银行和商业银行，“两房”危机则是信用风险累积与传递的结果。如果美国财政部和美联储进行救援，相当于把金融机构的风险转移至整个金融体系和监管机构，可能真正酿成系统性风险。目前，次贷危机已经从金融体系传导至实体经济，从美国市场传导至全球市场。当前无论是发达国家还是发展中国家都面临增长势头放缓，通胀压力加剧的局面。如果应对不当，全球经济可能陷入滞胀。

资料来源：张明、郑联盛，《次贷危机走向纵深》，http://finance.sina.com.cn。

第二节　住房抵押贷款证券化的运作机制

一、住房抵押贷款证券化的参与者

住房抵押贷款证券化是一项复杂的系统工程，参与主体众多，涵盖银行、债券、保险、税收、法律等多个部门。这些参与主体可以划分为两类：一是交易主体，主要包括发起人、特定交易机构和投资者；二是辅助机构，主要包括服务商、信用增级机构、信用评级机构、债券承销人、受托管理人等。同时，在证券化过程中还需要相关中介机构如律师事务所、会计师事务所、资产评估机构等的参与和政府有关部门的协助。不同的参与主体在证券化过程中发挥的作用不同。

（一）交易主体

1．发起人（originator）

发起人，又称为原始抵押贷款债权人，它既是住房抵押贷款人，又是抵押贷款出售者，主要是商业银行、储蓄机构和其他从事住房抵押贷款业务的金融机构。发起人的职责是根据自身资产负债情况、资金需求状况、资本市场行情等，对可证券化的抵押贷款资产进行定性和定量分析，在充分估计其现金流及风险的基础上，将拟证券化的抵押贷款资产进行剥离，并出售给特定交易机构，如果是自己发行则将剥离出的抵押贷款作为发行债券的基础抵押担保品。通常担保的抵押贷款资产组合预期现金流要大于所发行的抵押贷款债券的预期还本付息额。

发起人在市场上出售抵押贷款资产有两大好处：第一，可以使发起人自身的风险与所剥离的贷款资产组合的现金流风险相隔离，投资人只能对组合部分进行追索，而不能对发起人进行追索；第二，可以迅速提高资金的流动性。如果发起人采用表外证券化的形式，则抵押支持债券能够将发起人的抵押贷款很快地从资产负债表中移出，并用原来支持这些抵押贷款的权益进行融资，实现当前抵押贷款供应量的增长。这种杠杆作用使得发起人不需筹集高成本的资本金，就能在法定的资本充足率要求内进行新的融资。

2. 特定交易机构(special purpose vehicle, SPV)

特定交易机构，即特设机构，又称特殊目的公司或发行人，是为收购抵押贷款资产和发行抵押贷款债券而专门成立的机构。SPV 必须是一个独立于其他金融机构的专门机构，以此避免关联交易，最大限度地保护投资者的利益。

SPV 具有特殊的法律地位。SPV 通过在发行抵押支持债券时的严格自律和用收入来购买有保障的债券作为资产，使自己成为不破产实体。为了保证不易破产，SPV 就不能引起其他债务。如果引起了其他债务，SPV 必须采取措施确保当其他债务工具发生违约时，不会影响到抵押支持债券。这些措施包括限制那些同抵押支持债券利率相同的其他债务。同时，对 SPV 的资产负债情况必须进行严格监管，包括 SPV 的损益表、资产负债表和现金流量表必须符合公认的会计原则，必须定期发布工作报告以保持其业务经营的高透明度等。SPV 必须要有维护投资者利益的独立董事，并且不得进行兼并重组。

SPV 是一个非银行的金融机构，通常以信托机构或公司的形式进行组建。SPV 可以由发起而设立，由抵押支持债券到期而解散；或是不受资产池期限的限制，永续存在。一般分为“虚”的 SPV 和“实”的 SPV 两种情况。虚的 SPV 是纯粹为完成一系列的金融证券化目的而成立的、无具体业务、被动存在的法律实体，主要满足债权人针对特定资产或权益的优先求偿权，可视为资产或权益出让方现存业务的融资性安排。抵押贷款本身也只是在法律形式上从出让方移交给 SPV。实的 SPV 一般有充足的真实资本(直接注资或由第三方提供担保达成实质性的资本能力)，并可能从事实际经营性活动，如美国的三大住房抵押贷款证券化公司或其他专门从事为住房抵押贷款进行筛选、包装、管理、融资的专业公司。因该类公司从事大规模、具体、直接的业务操作，并可能产生极大的财务风险，故其需要充足的资本注入，并需要大量的专业人员参与管理工作。这种形式的 SPV 在监管上的要求也较高。

SPV 是沟通发起人与投资者之间的桥梁，在住房抵押贷款证券化过程中居重要而特殊的地位。SPV 的作用主要是按照“真实出售”的标准从发起人处购买基础资产；通过优先/次级结构等信用增级手段，对信用资产进行信用增级；聘请信用评级机构对信用增级后的资产进行信用评级，获得较高等级；选择服务商、受托人等为交易服务的中介机构；选择承销商，发行抵押支持债券；委托服务商从原始债务人处收取借款人的偿付金，委托受托银行向债券持有人按约定方式进行本息偿付。

3. 投资者(investor)

投资者是抵押贷款债券的债权人，包括机构投资者和个人投资者，以机构投资者为主。对个人投资者而言，持有住房抵押债券可以获得较高的投资回报；对于机构投资者而言，可以增强资金的流动性，优化资产投资组合，提高自身的资产质量。

(二) 辅助机构

1. 服务商(servicer)

服务商通常由债券发起人或其附属机构兼任。它的主要职责是：(1) 定期向抵押借款人即原始债务人收取到期本金和利息；(2) 将收集到的还款存入受托管理机构开设的专门账户中；(3) 按合同约定负责催讨借款人的逾期的应还款项；(4) 定期向投资者和受托机构提供抵押贷款组合的月份或年度报告，详细说明借款人履行贷款协议的情况；(5) 管理相关的税务和保险事宜。服务商每个月都从 SPV 处获取服务费收入，服务费收入为抵押贷款利息扣除债券息票利息、担保费及其他相关费用后得出，费率通常为0.5%。

2. 受托机构(trustee)

受托机构是面向投资者，担任资金管理和偿付职能的证券化中介机构，一般由 SPV 自身担当。受托机构的主要职责包括：(1) 代表信托机构向发起人购买抵押贷款，并向投资者发行债券；(2) 提供信托账户，负责将服务商收取的贷款本息存入信托账户，并负责将该收入分配到投资者的账户中；(3) 当抵押贷款本息和产生的现金流与债券偿付现金流不匹配时，受托机构有责任将未支付给投资者的剩余现金流进行再投资，实现保值增值；(4) 审核并转交服务商向投资者提供的各种报告；(5) 当服务商因故取消或不能履行职责时，受托机构应该并且能够代替其担当相应职责。

3．信用增级机构(credit enhancement agency)

信用增级是住房贷款证券化中减少发行整体风险、增强投资者信心的有效途径。对金融机构来说，获得的信用等级越高，其发行的债券就越容易被市场接受，发行成本也就越低。如果金融机构资产组合的质量较高，就有可能在短时间内实现资产证券化，那么相应地就提高了该金融机构的资产流动性。

信用增级一般有两条途径：一种是由政府组建的机构对贷款进行担保，这种担保中包含政府的信用，担保后达到的信用等级较高，但是数量较少；另一种是由私人机构进行的信用增级，一般所说的信用增级大多数指的都是这一种。私人机构进行的信用增级，可分为内部的和外部的两大类，前者由 SPV 自己进行，后者由第三方提供。它们采用的信用增级技术各不相同。

SPV 的信用增级技术一般是通过优先/次级结构、储备基金结构、调整利率结构和利差账户等方式实现。其中使用较多的是优先/次级结构。所谓优先/次级结构，就是抵押贷款的发行人发行两类抵押支持债券——优先债券和次级债券，通过保留次级债券(低信用债券)来承担信用风险。

由第三方进行信用增级，是指由 SPV 向信用级别很高的金融机构或企业寻求金融担保，由担保机构向投资者保证 SPV 将按期履行还本付息的义务。如 SPV 违约，由担保机构代为支付到期的债券本息。担保机构通常需要由最高信用等级的大商业银行、保险公司、政府机构、专门的金融担保公司或其他企业来担任。具体的信用增级技术包括组合保险(pool insurance)、信用证(letters of credit)、债券保险(bond insurance)等。经过担保的债券通常能获得与担保机构一样的信用评级，从而使该债券获得更高的定价和更好的市场流动性。由于担保机构也要承担一些风险，因此要向 SPV 收取一定的担保费用，一般为担保金额的 0.5%。SPV 可以根据需要，在权衡担保费用及其他信用增级方式的前提下，做出担保与否的选择。

4．信用评级机构(credit rating agency)

信用评级机构不仅要帮助发行人确定信用增级的方式和规模，并且要为投资者设立一个明确而又可以接受的信用标准，同时以其严格的评级程序和标准尽量为投资者减少风险。评级机构的工作并不只限于对即将发行的抵押支持债券进行评级，在债券存续期间，它往往还需要持续跟踪监督发行人的财务状况、风险因素变动情况，并且根据结果调整债券的信用级别，以维护投资者的利益。

评级机构一般只对与住房抵押贷款支持债券有关的标的资产未来产生现金流量的能力进行评估，以判断可能给投资者带来的风险。这种评级对象的针对性，对那些自身资信并不太理想、很难在资本市场进行有效融资的机构往往具有特别重要的意义。因为它们可以将诸如住房抵押贷款等质量相对优良的资产项目剥离出来，进行一定的信用增级，由此就可获得远高于自身的资信等级，从而为住房抵押贷款的资产证券化铺平道路。

5．承销机构(distributor)

它们负责向投资者销售抵押支持债券。

二、住房抵押贷款证券化的运作程序

我们可以从图7-1中清晰地看出住房抵押贷款证券化的基本流程：

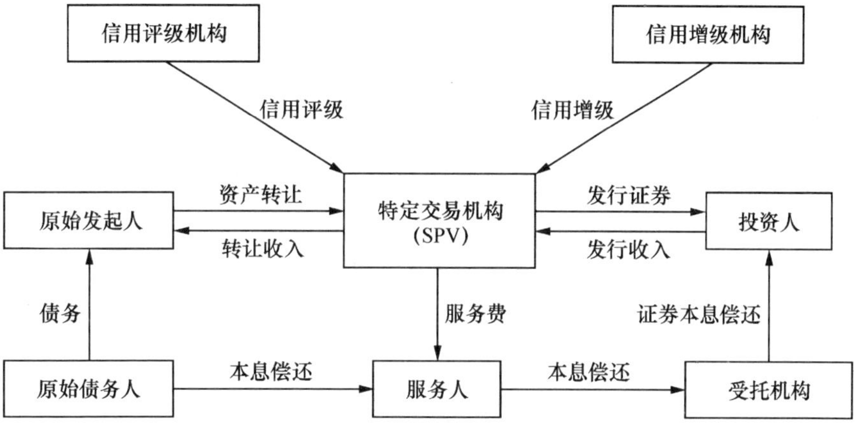

图7-1　住房抵押贷款证券化基本流程

(一) 原始发起人组建资产池

原始发起人(一般为贷款的出售银行)将自身的抵押贷款组合成抵押贷款池，首先要分析自身对抵押贷款证券化的融资要求，确定其证券化的目标；然后对能够证券化的资产进行清理、估算，根据证券化的目标确定资产数；最后将这些资产汇集组建资产池(asset pooling)。发起人必须对抵押贷款池中的每笔贷款都拥有完整的所有权。能够进行证券化的基础资产一般要达到以下要求:资产可以产生稳定的、可预测的现金流收入;原始权益人持有该资产已有一段时间,信用表现记录良好;资产具有标准化的合约文件,即资产具有很高的同质性;资产抵押物的变现价值较高;债务人的地域和人口统计分布广泛;资产的历史记录良好,即违约率和损失率较低;资产的相关数据容易获得;资产池中的资产应该达到一定的规模。

(二) 向 SPV 出售组合资产

发起人将抵押贷款池通过合同或者协议的方式出售给"特定交易机构"(SPV)。这种出售可以有债务更新、转让和从属参与三种形式。债务更新即先终止发起人与债务人之间的债务关系,再由 SPV 与债务人之间按原合约的条款签订一份新的合约。它一般用于资产组合中涉及少数债务人的场合。转让是通过一定的法律手续把待转让的抵押贷款的债权转让给 SPV。在从属参与的方式中,发起人与抵押债务人之间的债务合约继续保持有效,债券也不必转让,而是由 SPV 先行发行抵押支持债券,取得投资者的资金后,再将资金转贷给发起人,转贷金额等同于抵押组合金额,贷款附有追索权。

抵押贷款在出售时必须保证"真实出售",当原始发起人发生破产清算时,该资产不列入清算的范围,以达到该抵押贷款组合的"破产隔离"。判断真实出售的标准取决于各国的法律解释和法庭裁判。根据美国《财务会计准则》第 77 条的规定,实现真实出售必须满足以下三个条件:

(1) 出让人必须放弃对未来经济利益的控制;

(2) 出让人必须有能力合理估计出在附有追索权条款下应承担的义务;

(3) 除非附有追索权,否则受让人不能将资产退还给出让人。

(三) 进行信用增级

在抵押贷款组合中,由于各笔贷款的偿付期限各不相同,它与以它为基础发行的债券期限也就不相匹配,同时住宅抵押贷款一般期限长、价值大,抵押人的违约、拖欠等因素都会给投资者带来损失。为了吸引投资者,SPV 在进行信用评级之前,要进行信用增级(credit enhancement),即聘请信用评级机构对所设计的证券化结构进行考核,以确定为了达到所希望的信用等级而需要进行的信用增加的程度。之后,SPV 可以通过一系列的内、外部信用增级的途径,实行信用增级,其主要目的是降低信用风险。

(四) 信用评级与发行债券

进行信用增级后,SPV 将再次聘请信用评级(credit rating)结构对将要发行的债券进行正式的发行评级。评级主要考虑抵押贷款的信用风险,并且向投资者公布最终评级结果,为投资者提供选择债券的依据。由于出售的资产都经过了信用增级,所以抵押贷款支持债券的信用级别一般会高于发起人。此后,将由债券承销商负责向投资者发行债券。

(五) 向发起人支付资产的价款

SPV 从债券承销商那里获得发行债券的收入,然后按合同规定的价格把发行收入的大部分支付给原始发起人作为购买证券化资产的价款,此时,它要优先向其所聘用的各专业机构支付相关费用。

(六) 管理抵押贷款组合资产与回收资产收益

服务商(一般由发起人担当)将对资产池进行管理。管理的主要内容是收取、记录资产池产生的现金流,并且把全部收入存入 SPV 事先指定的受托银行的专门账户中,形成积累资金,以便按时间向投资者偿付本金和利息。

(七) 还本付息

在每一个规定的债券偿付日,SPV 将委托银行按时、足额地向投资者偿付本息。待债券全部被偿付完毕后,如果抵押贷款组合资产池产生的收入在还本付息、支付各项服务费用后仍有剩余,则按合同在原始发起人和 SPV 之间分配。至此,资产证券化交易的全过程宣告结束。

专栏 7-3　建元 2005-1 个人住房抵押贷款支持证券

2005 年 12 月 15 日,由中国建设银行作为发起机构的国内首单个人住房抵押贷款证券化产品——"建元 2005-1 个人住房抵押贷款资产支持证券"正式进入全国银行间债券市场。交易结构安排如下图所示。

建设银行 2005-1 个人住房抵押贷款资产支持证券的交易结构

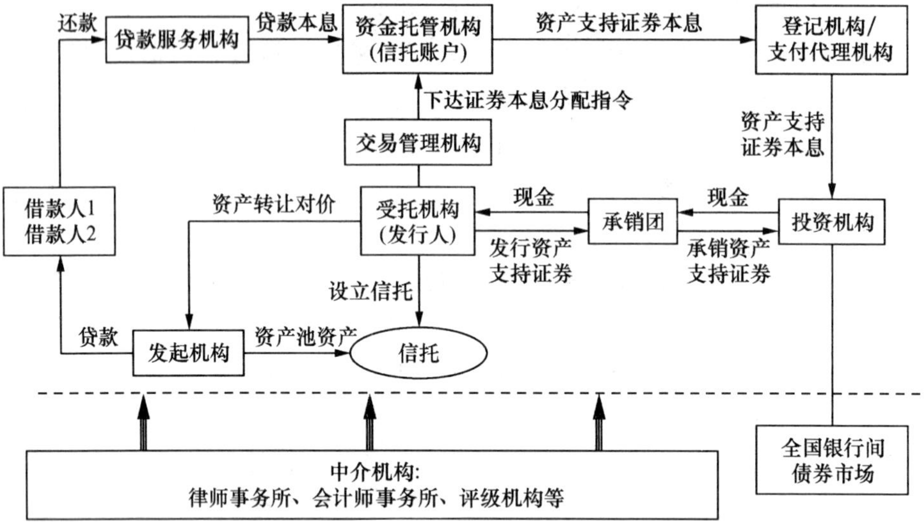

建行聘请了金杜律师事务所、富而德律师事务所、渣打银行、中国国际金融公司、北京穆迪投资者服务有限公司、中诚信国际信用评级公司、德勤会计师事务所和毕马威会计师事务所等具有国际水准的团队为证券的发行提供相关中介服务。由中信信托投资有限责任公司担任本次建设银行个人住房抵押贷款支持证券受托机构和发行人,由中国工商银行作为资产保管机构,香港上海汇丰银行作为交易管理机构,中央国债登记结算公司作为证券登记托管和支付代理机构。

按照现金流分配的先后顺序,本次"建元 2005-1 个人住房抵押贷款资产支持证券"分为优先级和次级两个部分。其中,优先级证券再按本息支付顺序先后分为 A、B、C 三档,分别获得中诚信 AAA、A 和 BBB 级评级。次级证券向建设银行定向发行,未予评级。本次证券发行后,依照相关法规,A 档和 B 档证券在发行后 2 个月内在银行间债券市场上市交易流通,C 档证券可通过协议转让交易流通。建设银行选择以上海市、江苏省和福建省三家一级分行作为本次项目的试点分行,并按照严密规范的贷款入库标准,从上述三家试点分行筛选出了 15 000 余笔、金额总计约 30 亿元的个人住房抵押贷款组成资产池。经筛选进入资产池的个人住房抵押贷款均为建设银行的优质资产。

建设银行 2005-1 个人住房抵押贷款资产支持证券的层次设计

证券层次	发行金额（人民币）	评级（中诚信国际）	发行方式	发行利率		加权平均期限
				形式	水平	
A 级	2 669 764 500 元	AAA	簿记建档	浮动	基准 +1.1%	3.15 年
B 级	203 626 100 元	A	簿记建档	浮动	基准 +1.7%	10.08 年
C 级	52 791 900 元	BBB	簿记建档	浮动	基准 +2.8%	12.41 年
S 级	90 500 638 元	未评级	建行自留	—	—	—

2007 年 12 月 14 日，中国建设银行宣布成功发行 41.6 亿元人民币“建元 2007-1 个人住房抵押贷款支持证券”，结构设计与“建元 2005-1 个人住房抵押贷款支持证券”基本类似。这是该行继 2005 年成功发行首单个人住房抵押贷款证券化产品之后，在金融创新方面的又一有力举措。

资料来源：《建元 2005-1 个人住房抵押贷款证券化信托项下资产支持证券信用评级》，http://www.ccxi.com.cn/pdf/2005-jianyuan.pdf。

三、抵押贷款质量控制和抵押标准化

虽然产权保险制度、抵押信用保险制度和证券担保制度在很大程度上保证了抵押贷款和抵押证券投资的安全和收益，但是对抵押保险和证券担保机构来说，它们仍要承担相应的风险。虽然在借款人还不起贷款时，可以处分抵押物，但处分抵押物是一件相当费力的事，不到万不得已不会这样做。另外，对投资者来说，保险索赔也不是一件容易的事情。因此，要控制贷款的坏账和违约风险，除保险制度外，最根本的是提高抵押贷款的质量。为了控制抵押贷款的质量，需要有一套严格的质量控制标准，只有符合标准的抵押贷款才被允许证券化。

下面是美国联邦国民抵押贷款协会（简称“房利美”）的抵押贷款标准。①

① 资料来源：《走进美国房地产（系列之六）——美国房地产抵押证券化》，http://www.szhome.com/new/NewsWindow/zhuanti/1012/1012-6.htm。

（一）关于合格的抵押贷款

合格的抵押贷款必须符合如下要求：

抵押类型：合格的抵押贷款必须是用1—4户型住宅（一幢1—4户）担保的定息抵押贷款或浮息抵押贷款；

抵押贷款额：抵押贷款额必须符合美国国会制定的购房价限额要求；

抵押期限：抵押期限不能超过30年；

抵押优先权：对于第一次抵押，抵押权必须是第一优先权，对于第二次抵押，抵押权必须是第二优先权；

托收储蓄账户：为了支付每月的地税、保险费等开支，借款人必须提供托收账户，并定期存入足够支付这些开支的款项；

保险要求：抵押贷款要有合法的产权保险、灾害保险和抵押信用保险（贷款额超出8成部分）。

（二）关于合格的借款人

合格的借款人必须符合如下条件：

借款人必须达到能承担抵押贷款责任的法定年龄；

一般情况下借款人应该是美国公民或者是持有绿卡有永久居留权的人，但对于有良好信用、经济状况良好的外国人，或者所购房屋为自己居住且抵押贷款成数不超过7.5成的外国人，也符合借款人资格条件；

借款人必须用自有的现金，支付至少5%的首期款；

借款人必须有稳定的工作和稳定的收入；

借款人每月的住房开支不应超过其家庭月收入的28%，借款人每月的总债务不应超过月收入的36%（俗称28-36规则）；

借款人要有良好的信用（一般采用Fair Isaac Corporation① 公司制定的信用评分办法，简称FICO信用分，来评估借款人的信用）。

（三）关于合格的抵押房地产

合格的抵押房地产应符合如下要求：

合格的抵押房地产必须是1—4家庭住宅，包括经批准的共有房屋、合

---

① Fair Isaac Corporation由工程师Bill Fair和数学家Earl Isaac创建于1956年，主要提供咨询服务和企业决策管理系统。该公司发展出FICO信用分，来衡量信用风险。目前，FICO是使用最广泛的一种信用评分。

作房屋中的单元或规划住宅区内的住宅单元；

抵押房地产必须位于美国境内；

抵押的住宅应是借款人的主要住所，如果抵押的住宅是借款人作为第二居所或作为投资出租的，那么，借款人的这种房屋不能多于4套，且租金收入不能用来计算借款人月收入与住房开支的比例；

除此之外，还包括如详细的信用文件标准、就业与收入分析、交割资金来源规定、债务与信用调查方法、物业与估计分析等内容，并附有上百种标准表格。

房利美的抵押贷款标准非常严格，但是美国次贷危机的发生说明这些标准没有被严格遵守，导致证券资产质量下降。因此，在资产证券化过程中，提高基础资产——抵押贷款的质量是防范风险的根本措施。

第三节　住房抵押贷款证券类型及其特点

由于金融工程的广泛推广，资产证券化的产品不断推陈出新。就住房抵押贷款证券化工具而言，在最发达的美国的抵押二级市场上，出现了多种抵押贷款债券，影响最大且比较成熟的有三大类产品：一是抵押转手债券（mortgage pass-through security，MPTS），二是担保抵押债券（collateralized mortgage obligations，CMO），三是剥离式抵押支持债券（stripped mortgage-backed security，SMBS）。其中各类产品内部又不断衍生出许多新的品种。

一、抵押转手债券（MPTS）

抵押转手债券是较流行的抵押债券，也是最早出现和最简单的抵押债券品种。1970年由美国政府国民抵押贷款协会首创。

抵押转手债券的“转手”有两层含义：一是产权转手给投资者；二是每期还本付息的资金流入抵押集合后，管理者在扣除管理服务费等规定开支后，将剩余现金流转让给债券持有人。“转手”的具体过程是：先将若干种类的抵押贷款组成一个资产池，然后以该资产池产生的现金流量（即抵押贷款的本息收入）作为担保来发行债券。每一张抵押贷款债券都代表着该资产池现金流的一部分，投资者在获得收益的同时也要承担被证券化的抵押贷款的风险。该资产池中抵押贷款的本息收入由服务商定期收集，然后转给 SPV,SPV 在扣去担保费、服务费和其他费用之后,再转交给抵押贷款债券的投资者。

抵押转手债券的特点是抵押资产集合的产权过手给债券持有人,债券份额代表了债券持有人对抵押集合中抵押权的产权份额。在债券发行前,抵押集合的产权是属于发行者的;债券发行后,抵押集合作为一项财产,其产权由所有债券持有人共同拥有。发行者只是这项财产的经营者,负责抵押集合的管理和服务,并接受全体债券持有人的监督(通常委托一家信托机构作为监管机构,代表所有债券持有者对发行人的管理行为进行监督)。

抵押转手债券的优势在于:这种抵押贷款的证券化通过一系列的转换,把原来期限长、流通性差的抵押贷款,变成了一种或若干种期限不同、流通性强的新债券;同时,它把以往由一家金融机构办理的抵押信贷业务,转变成了由多家金融机构和市场投资者共同参与的融资活动,将金融风险分散到尽可能广的范围,从而大大降低了传统间接融资机制中抵押信贷的多种风险。对投资者而言,这种债券与一般债券几乎没有区别,而且信用等级高、收益也相对稳定;对债券经营机构而言,这种债券除了能从抵押贷款债券的服务中获得稳定的服务费,还因为其经过“转手”而支付给投资者利息,可以免缴联邦所得税。因此,抵押转手债券一经推出,就在债券市场上掀起了抢购热潮,其发行量一直占抵押债券市场的 50% 以上。

但是,由于抵押转手债券不对基础资产所产生的现金流作任何处理,也伴生了一些缺陷。比如,这种债券只是将贷款原始权益人的收益与风险转移并细化到每个投资者,投资者面临着相同性质的风险与相同水平的收益,难以同时吸引不同类型的投资者。而且,债券的现金流不稳定,投资者须承担基础贷款的提前偿付风险。

二、担保抵押债券(CMO)

担保抵押贷款债券(collateralized mortgage obligations, CMO),是以抵押贷款组合为基础发行的多种期限、多种利率、多种组合的多级别的抵押债券。

美国早期的 MBS 主要吸引的是那些愿意接受较高不确定投资期限以换取较高收益率的投资者,1983 年美国房产抵押贷款利率的猛烈下跌和房地产抵押贷款的猛增,使得金融创新者不得不想方设法扩大 MBS 的投资群体。CMO 就在这样的背景下诞生了。该年 6 月,联邦住房贷款抵押公司首先推出了 CMO。它以转手债券或住房抵押贷款为标的资产,在此基础上发行一系列不同期限、不同利率、不同信用级别的多层次且依次偿还的债券,以满足不同投资者的时间偏好和现金流需求。最近 20 年来 MBS 的市场新增份额绝大多数来源于 CMO,目前 CMO 已占 MBS 市场总额的近 40%。

从本质上来看,CMO 是基于 MBS 的一种衍生品种,或者叫结构型产品。CMO 的结构为投资者提供了各种期限和收益率,以及符合投资者偏好的风险/收益特征,显著扩大了 MBS 的投资者群体。例如,存款金融机构热衷于期限短、抗利率风险功能强的抵押债券,以满足其调整资产组合抵御市场风险的需要;而养老基金和保险公司则偏爱期限稍长、收入稳定的债券品种。它们都能在 CMO 中寻觅到各自理想的投资工具。

CMO 种类多达近 30 种,这里仅介绍最基本的 SPC 结构。

SPC(sequential pay classes)结构,即按次序支付结构。其最大的特点是本金的支付方式是按各级债券字母的排列次序 A,B,C,…,Z 进行:只有当 A 级债券获得本金支付后,B 级债券才有资格获得本金收入,并以此类推。一般最少分 4 级,最多的在 10 级或 10 级以上,所有各级债券的总价值要高于生成它的抵押贷款的价值,这一差值是投资银行的一大主要收入来源。债券的票息可以是固定利率、浮动利率或零利率。各债券投资者每月的利息收入是按所投资债券的面值余额和债券票息计算的,但 Z 级债券多为无息债券(zero-coupon bond)。这并不意味着 Z 级债券没有利息收入,而是指只有在其他各级债券都获得本金和利息收入之后,Z 级债券才开始享有利息和本金收入,而且其未支付的利息将累计加到未清偿的余额上,因此,Z 级债券也被称为应计债券。

SPC 的分层都是根据一个假设的提前还款率,以特定的现金流特征和期限设计的,这个假设的提前还款率被称为定价速度,它代表了市场对住房抵押贷款未来提前还款的当前预期。

大多数的 SPC 层级债券每月都会以本级债券的当前面值为基数支付利息,即便这种债券当前并未偿还本金。因此,除优先级最高的债券外,其他层级都有一个本金封锁期,在这段时期,债券只能获得利息支付。术语“还款窗口期”是指债券获得本金还款的时期,还款窗口期和本金封锁期并不是绝对的,而是受提前还款的影响而发生变化的。

我们举例说明，假定某抵押贷款资产组合的金额为104 000 000美元，期限30年，贷款利率为10%。以此发行100 000 000美元的SPC结构，其债券种类、期限和利息安排见表7-2。

表7-2　发行商的SPC结构资产负债表

资产	负债	期限	利率	发行金额
抵押贷款	债券A	5—9年	9%	30 000 000
	债券B	9—14年	9.25%	30 000 000
	债券C	12—17年	9.75%	25 000 000
	债券Z	28—30年	10.50%	15 000 000
	债券总计：			100 000 000
	净资产			4 000 000
资产总额：104 000 000	负债和净资产总额：			104 000 000

资料来源：汪利娜，《美国住宅金融体制研究》，北京：中国金融出版社1999年版，第191页。

从上面的资产负债表可以看出，这组多级结构由A、B、C和Z四级债券组成，它们的期限、票息和发行金额都有所不同。在对债券的总体收入做出安排后，多级债券按照组合中债券的等级和次序分别向A、B、C和Z级债券投资者支付本息。首先要保证A级债券的投资者在相对短的时间内获得本息收入，同时只向B级和C级债券投资者支付利息；待A级债券的投资者收回全部投资后，B级债券投资者开始获得本金收入；C级债券投资者也是在B级债券投资者收回全部投资后才开始获得本金收入；只有A、B、C级债券的本息收入全部得到清偿以后，Z级债券的投资者才能获得本息收入，并将多年累积的未支付利息收入计入其总收入。由于Z级债券的风险最大，因而其票息率最高，为10.50%，高于A、B、C级债券的票息和抵押贷款资产组合的利息率。同时，其发行金额也最少，仅占债券发行总额的15%。

对于发行商来说，其抵押贷款资产组合的利率为10%，而其发行多级债券的加权利率低于10%，这种利率差价，便是它们的主要利润来源。表7-2显示，在资产总额与负债总额之间存在着一个数额为4 000 000美元的差额，这个差额就是发行商额外的净资产，也是债券的保险金。设立保险金的目的，在于保证发行商能及时按期向投资者支付本金和利息，预防提前支付的风险和市场利率下降的风险，同时还可以支付债券的经营管理费用。

在这组四级多级债券中,A 级债券的期限最短,可以满足商业银行、储贷机构和货币市场基金等短期投资的需求;B 级和 C 级债券常常是保险公司和人寿养老基金的中期投资目标;Z 级债券的期限较长,是信托基金、共同基金和国际投资机构长期投资的理想工具。可见,SPC 的推出,不仅丰富了抵押市场的金融产品,也为房地产金融市场培育了一支庞大的机构投资者队伍。

三、剥离式抵押支持债券(SMBS)

剥离式抵押支持债券(stripped mortgage-backed security, SMBS)是继 1983 年担保抵押债券(CMO)创立以后另一个最主要的抵押支持债券的衍生创新。它在 1986 年 7 月由政府国民抵押贷款协会创立。它主要是将一个抵押贷款组合中的利息和本金按一定的比例重新分配,形成两个或多个剥离式抵押支持债券。大多数的剥离式抵押支持债券的发行是由 FNMA 包揽的,其余的由私人渠道和 FHLMC 发行。

剥离式抵押支持债券的类型包括合成息票过手债券(synthetic-coupon pass-through securities)和本息拆分抵押贷款债券两种基本形式。

合成息票过手债券是剥离式抵押支持债券最初的形式。合成息票过手债券得到来自基础抵押品中固定比例的本金和利息的现金流。

本息拆分抵押贷款债券是 1986 年联邦国民抵押贷款协会推出的一种新式金融工具,是 SMBS 最普遍的类型。其基本做法是拆分抵押贷款组合中的收入流,分别以贷款的本金收入流和利息收入流为基础发行抵押贷款本金债券(principle only, PO)和利息债券(interest only, IO)。这种精心的设计和安排,使得本金债券和利息债券别具特色、功能各异。在固定利率抵押转手债券中,投资者共同分享组合贷款的本金和利息收入,但在本息拆分抵押贷款债券中,本金债券投资者获得本金收入,利息债券投资者只获得贷款利息收入的部分。由于组合中固定利率抵押贷款有着分期付款和金额均等的特点,拆分后的本金债券和利息债券的投资收入流便呈现出两种截然相反的形态:利息债券投资的收入流在还贷初期比较大,并随贷款余额的下降而递减;本金债券的投资收入流在还贷初期比较小,但随利息支付的下降而呈现增长的趋势。正是这种收入流的差异,抵御提前还贷风险功能上的差异，使得本金债券和利息债券成为投资者进行套期交易的理想工具和金融工程中的创新产品。

本章小结

资产证券化就是将资产收益权以债券的形式在资本市场上发行并流通的过程。资产证券化工具一般被划分为资产支持证券（ABS）和住房抵押贷款证券（MBS）两大类。资产证券化融资具有破产隔离与融资安全性、真实出售、具有资产质量要求、融资对象的扩大化与融资期限的延长性等特征。MBS主要是指金融机构把自己所持有的流动性较差，但具有较稳定的未来现金收入的住房抵押贷款，汇集重组为抵押贷款池，由商业银行或特定机构以现金方式购入，经过担保或其他形式的信用增级后，以债券形式出售给投资者的融资过程。发行MBS的积极意义在于：降低和分散银行的风险、提高银行资金的使用效率、促进住房抵押二级市场的规范化发展以及优化资本市场的品种结构等。抵押债券的投资风险主要决定于抵押权的风险和利率风险。MBS的参与主体可划分为两类：一是交易主体，主要包括发起人、特定交易机构和投资者；二是辅助机构，主要包括服务商、信用增级机构、信用评级机构、债券承销人、受托管理人等。同时，在证券化过程中还需要相关中介机构如律师事务所、会计师事务所、资产评估机构等的参与和政府有关部门的协助。MBS运作的基本流程有七大步骤：原始发起人组建资产池；向SPV出售组合资产；进行信用增级；信用评级与发行债券；向发起人支付资产的价款；管理抵押贷款组合资产与回收资产收益；还本付息。目前，影响最大且比较成熟的MBS工具有三大类：抵押转手债券（MPTS）、担保抵押债券（CMO）和剥离式抵押支持债券（SMBS），其中各类产品内部又不断衍生出许多新的品种。提前还贷比例是关系MBS现金流稳定、决定其安全性的主要因素，因而也是决定不同MBS工具设计差异性的关键。

练习与思考

1. 资产证券化有哪些重要特征？

2. 发行MBS对放贷银行有何意义？对投资者而言有可能遭受哪些风险？

3. 举例说明在面临提前还贷时，不同MBS产品的抗风险原理及抗风险水平。

4. 阅读专栏7-1的材料并讨论：在美国出现楼市低迷、经济衰退的情形下，住房抵押贷款证券化还能不能有效解决金融市场的危机？其中哪些角色遭遇的风险会比较大？说明原因并思考对策。

5. 思考题：就当前中国的经济环境而言，是否有必要加快住房抵押贷款证券化的进程？为什么？如何提高在产品设计和市场监管等方面的风险防范能力？

6. 分析下面中国工商银行宁波分行的不良资产证券化结构，指出：(1)其信用增级的方式；(2)在风险隔离和真实出售方面的不足。

1. 发行概况：

时间：2004年4月

方式：分层信托

账面价值：26.19亿元

发行额：8.2亿元

评级机构：中诚信托、大公评级公司

期限：3年

2. 资产池。受益权产品的资产包账面价值26.19亿元，实际收益产品为8.2亿元。资产包涉及20个行业、233家贷款单位，贷款笔数为864笔，其中有抵押贷款为262笔，有担保贷款为602笔，该资产包的处置收入构成受益权产品的收益来源。

按照现金流的不同信用等级，将受益权分为A、B和C三个级别。其中A级受益权产品4.2亿元，持续期为1年，预期年利率5.01%，本金和利息的保障来源于资产池的未来现金流；B级受益权产品2亿元，持续期为3年，预期年利率5.10%；C级受益权产品2亿元，持续期为3年，未明确收益率。A级受益权、B级受益权两类受益权向机构投资者转让，持有期限不超过3年，其利息按季度支付。发行人承诺到期回购B级受益权。

3. 交易结构

a. 设立财产信托：工行宁波分行以其合法拥有的资产（账面价值26.19亿元）委托给中诚信托，设立财产信托。工行宁波分行作为唯一受益人，取得本信托项下全部（A级、B级、C级）信托受益权，价值8.2亿元。

b. 受益权转让:通过信托受益权的转让,为受益人提供以信托资产处置收入为支持的投资品种。工行宁波分行将其享有的A级、B级受益权转让给投资者,中信证券作为受益权的承销商负责承销A级和B级受益权,C级受益权仍由工行宁波分行持有。

c. 由工行宁波分行委托给中诚信托,信托资产为委托人合法拥有的债权类资产,中信证券担任受益人代表。中诚信托负责信托受益和本金的分配,并以信托财产产生的现金流支付信托受益权的收益和本金。

d. 工行宁波分行受中诚信托委托作为信托财产的资产处置代理人,负责信托财产的处置和现金回收。

e. 信托终止,中诚信托将剩余信托财产交回工行宁波分行。

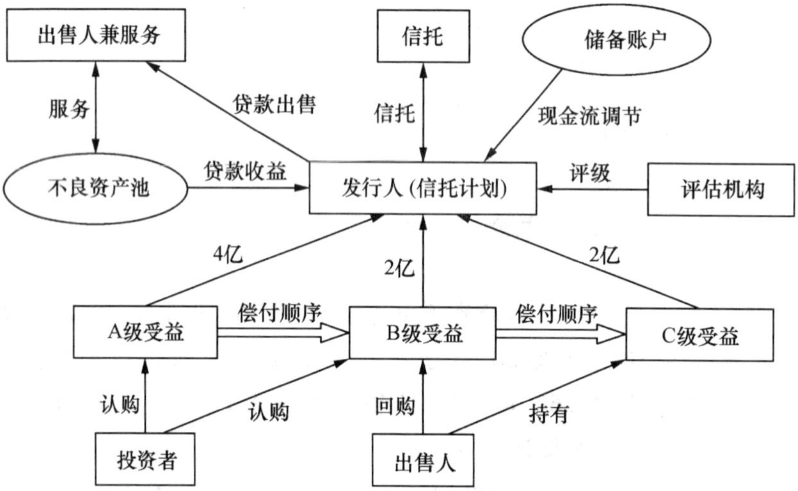

工商银行宁波分行不良资产证券化结构图

推荐阅读书目

[1] 威廉·B.布鲁格曼、杰弗里·D.费雪著,逯艳若、张令东、任国军译:《房地产融资与投资》(第11版),北京:机械工业出版社2003年版。

[2] 宾融:《住房抵押贷款证券化》,北京:中国金融出版社2002年版。

[3] 汪利娜:《美国住宅金融体制研究》,北京:中国金融出版社1999年版。

[4] 施方:《住房抵押贷款证券化:运作和定价》,上海:上海财经大学出版社 2005 年版。

[5] 谢经荣等:《房地产金融》,北京:中国人民大学出版社 2002 年版。

[6] 中国人民银行金融市场司编:《中国资产证券化:从理论走向实践》,北京:中国金融出版社 2006 年版。

网络资源

中国资产证券化网 http://www.chinasecuritization.cn/nplzt/index.asp

第八章 融资决策与融资管理

知识要求

通过本章的学习，掌握

- 资本成本的含义
- 利用边际资本成本的概念在相互竞争的融资方案间进行选择的方法
- 财务杠杆的概念及其在融资决策中的作用
- 房地产融资管理流程

技能要求

通过本章的学习，能够

- 利用边际资本成本和财务杠杆的概念在相互竞争的融资方案间进行选择
- 编写简单的房地产融资计划书

第一节 资本成本与融资选择

一、资本成本的含义和影响因素

（一）什么是资本成本

资本成本是指房地产企业为筹集和使用长期资金（包括自有资本和借入长期资金）而付出的代价，体现为资金提供者所要求的报酬率。资本成本也可以看作是房地产投资的机会成本，即一旦将资金投入某个房地产项目，就失去了获取其他投资报酬的机会，这意味着不能用历史数据说明资本成本。

资本成本的作用表现在：从融资角度看，资本成本是选择资金来源、确定融资方案的重要依据，企业力求选择资本成本最低的融资方式。从投资角度看，资本成本是评价投资项目、决定投资取舍的重要标准。资本成本还可用作衡量房地产企业经营成果的尺度，即经营利润率应高于资本成本，否则表明业绩欠佳。

资本成本可有多种形式，包括个别资本成本、加权平均资本成本以及边际成本。在比较各种融资方式时，使用个别资本成本，包括普通股（或者留存收益）成本、长期借款成本、债券成本；在进行资本结构决策时，使用加权平均资本成本；在进行追加融资决策时，则使用边际资本成本。

（二）影响资本成本的因素

在市场经济环境中，多方面因素的综合作用决定着企业资本成本的高低，其中主要的有：总体经济环境、证券市场条件、企业内部的经营和融资状况，以及项目融资规模。

总体经济环境决定了整个经济中资本的供给和需求，以及预期通货膨胀的水平。总体经济环境变化的影响，反映在无风险报酬率上。显然，如果整个社会经济中的资金需求和供给发生变动，或者通货膨胀水平发生变化，投资者也会相应改变其所要求的收益率。具体说，如果货币需求增加，而供给没有相应增加，投资人便会提高其投资收益率，企业的资本成本就会上升；反之，投资人则会降低其要求的投资收益率，使资本成本下降。如果预期通货膨胀水平上升，货币购买力下降，投资者也会提出更高的收益率来补偿预期的投资损失，导致企业资本成本上升。

证券市场条件影响证券投资的风险。证券市场条件包括证券的市场流动难易程度和价格波动程度。如果某种证券的市场流动性不好，投资者想买进或卖出证券相对困难，变现风险加大，要求的收益率就会提高；或者虽然存在对某证券的需求，但其价格波动较大，投资的风险大，要求的收益率也会提高。

企业内部的经营和融资状况，是指经营风险和财务风险的大小。经营风险是企业投资决策的结果，表现在资产收益率的变动上；财务风险是企业融资决策的结果，表现在普通股收益率的变动上。如果企业的经营风险和财务风险大，投资者便会有较高的收益率要求。

融资规模是影响企业资本成本的另一个因素。企业的融资规模大，资本成本较高。比如，企业证券发行规模很大，资金筹集费和资金占用费都会上升，而且证券发行规模的增大还会降低其发行价格，由此也会增加房地产企业的资本成本。

二、边际资本成本与融资决策

（一）边际资本成本的概念

房地产企业无法以某一固定的资本成本来筹措无限的资金，当其筹集的资金超过一定限度时，原来的资本成本就会增加。在房地产企业追加融资时，需要知道融资额在什么数额上会引起资本成本怎样的变化。这就要用到边际资本成本（或者增量成本）的概念。边际资本成本是指追加投资的资金成本。在融资数额较大的情况下，往往通过多种融资方式的组合来实现。在多种融资组合的情况下，边际资本成本需要按加权平均法计算，此时边际资本成本是追加融资时所使用资本的加权平均资本成本。

例1 东海房地产公司投资5 000万元开发商用房，现拟追加投资1 000万元，东海房地产公司的资本结构为：债务0.65、留存利润0.35。若仍按此资本结构来融资，个别资本成本预计分别为：银行贷款为8%，留存利润为12%。试计算该追加融资的边际成本为多少？

该追加借款的边际资本成本为：

$$0.65\times 8\% + 0.35\times 12\% = 9.4\%$$

如果房地产投资规模比较小，可以仅仅选择某一种融资方式。考虑这种情况，某房地产公司计划向银行借款400万元用于开发一小型商业用房，贷款利率10%，期限1年。假如开发商能够以10%的利率筹集的资金限额为600万元，超过此限额利率将上调至12%。现在因项目开发的需要，开发商实际需要借款600万元，即在400万元借款基础上追加借款200万元，那么这200万元追加投资的边际资金成本为10%。

然而，如果项目的设计发生更改，开发商实际需要借款700万元，追加投资100万元，那么这100万元的边际成本是多少？也许有人会说是

12%。其实不然,因为开发商为了得到这追加的100万元,必须为前面所借的600万元多支付2%的利息。因此,这100万元的资金成本不仅包括12%的利息,还要包含2%的附加利息成本。600万元的附加利息是12万元,这12万元构成100万元的边际成本的一部分。所以100万元的边际资本成本就是

$$12\% + \frac{12}{100} = 24\%$$

(二)利用边际资本成本进行融资选择

房地产企业或者投资者面临多种融资选择。既可以留存利润(或者发行股票)来融资,也可以发行债券或者向银行借款。而每种融资方式又有不同的要素组合,比如借款利率、借款金额、期限、融资条件,等等。投资者需要在多种融资方式中进行选择,以期降低资本成本。为了理解边际资本成本在融资决策中的作用,来看一个例子。

例2 东海房地产公司正在开发商业写字楼,投资1 000万元,需要向银行借款。银行提供了两种贷款供选择:其一,贷款成数60%,期限2年,利率12%;其二,贷款成数70%,期限2年,利率13%。两种贷款均为到期一次还本付息。如果你是财务部门的经理,你会建议公司采用哪种贷款?

比较两种贷款:第一种贷款金额小,只有600万元,但是利率低一些;第二种贷款虽然利率高一个百分点,但是贷款金额多出100万元。现在的问题是东海房地产公司追加投资100万元是否合算?从表面分析,100万元追加借款的成本应该是13%,可是事实并非如此。如果借款人想多借100万元,不仅要支付13%的利率,还需要为700万元中的前600万元多支付1%的利率。按照复利法则,600万元的1%利息为:$600(1+1\%)^2-600=12.06$万。按照13%的利率,12.06万元相当于每年支付多少呢?查年金终值表,12%和14%利率所对应的期限2年的年金终值因子分别为2.12和2.14,取算术平均数,则13%利率对应的年金因子为2.13,所以每年支付5.66万元($12.06\div2.13=5.66$)。这样,借款人为多取得100万元贷款,每年需要为第一种贷款的600万元多支付5.66万元利息,再加上13%的利率,这100万元的边际资本成本为:

$$13\% + \frac{5.66}{100} \times 100\% = 18.66\%$$

所以,公司财务部门的建议是,如果公司能够利用这100万元从其他投资项目中获得比18.66%更多的收益,就没有必要多借款,还是选择第一种贷款更合算。

在很多时候,一种融资方式不能够满足投资者的需要,通常需要多种融资安排。房地产投资者需要在多种融资安排中做出选择。下面举例说明在追加融资过程中,如何比较选择不同规模范围的融资组合。

例3 东海房地产公司目前拥有资本2 000万元,资本结构为长期借款占40%,留存收益占60%。其中长期借款800万元,资本成本3%;留存收益1 200万元,资本成本13%。加权平均资本成本为9%。现拟投资开发一个大型综合购物中心,需要筹措资金。在目前的资本结构下,随着企业融资规模的扩大,各种资本的成本也会发生变动。测算资料详见表8-1:

表8-1 资本成本测算表 单位:万元

资金种类	目标资本结构	新融资的数量范围	资本成本
长期借款	40%	1 000以内 1 000以上	3% 5%
留存收益	60%	3 000以内 3 000以上	13% 14%

试确定筹措新资金的资本成本为多少?

(1)计算融资突破点。因为花费一定的资本成本只能筹集到一定限度的资金,超过这一限度多筹集资金就要多花费资本成本,引起原资本成本的变化,于是就把在保持某资本成本不变的条件下可以筹集到的资金总限度称为现有资本结构下的融资突破点。在融资突破点范围内融资,原来的资本成本不会改变;一旦融资额超过融资突破点,即使维持现有的资本结构,其资本成本也会增加。融资突破点的计算公式为:

$$\text{融资突破点} = \frac{\text{可用特定成本筹集到的某种资金的最大规模}}{\text{该种资金在资本结构中的比重}}$$

由题意可知,在花费3%资本成本时取得的长期借款融资限额为1 000万元,那么融资突破点为:

$$\text{融资突破点} = 1\,000/40\% = 2\,500(\text{万元})$$

按此方法，本题中各种情况下的融资突破点的计算结果如表 8-2 所示：

表 8-2　资本成本约束下的融资突破点　　单位：万元

资金种类	资本结构	资本成本	新融资额	融资突破点
长期借款	40%	3% 5%	1 000 以内 1 000 以上	2 500
留存收益	60%	13% 14%	3 000 以内 3 000 以上	5 000

（2）计算边际资本成本。根据上一步计算出的融资突破点，可以得到三组融资总额范围：① 2 500 万元以内；② 2 500—5 000 万元；③ 5 000 万元以上。对以上三组融资总额范围分别计算加权平均资本成本，即可得到各种融资总额范围的边际资本成本。计算结果如表 8-3 所示：

表 8-3　边际资本成本　　单位：万元

序号	融资总额范围	资金种类	资本结构	资本成本	加权资本成本
1	2 500 以内	长期借款 留存收益	40% 60%	3% 13%	40% ×3% =1.2% 60% ×13% =7.8%
			第一个范围的资金平均成本 =9%		
2	2 500—5 000	长期借款 留存收益	40% 60%	5% 13%	40% ×5% =2% 60% ×13% =7.8%
			第二个范围的资金平均成本 =9.8%		
3	5 000 以上	长期借款 留存收益	40% 60%	5% 14%	40% ×5% =2% 60% ×14% =8.4%
			第三个范围的资金平均成本 =10.4%		

从表 8-3 可以看出，融资规模增加时边际资本成本的变化，图 8-1 将这种变化更清楚地展示出来。房地产企业可以由此做出追加融资的决策。

此外，通过边际资本成本与边际投资报酬率的比较，可以判断有利的投资和融资机会。图 8-1 中同时显示了企业目前可供选择的五个开发项目，分别以数字 1—5 表示。企业筹集资金首先用于边际投资报酬率最大的项目 1，然后有可能再选择项目 2，以此类推。

边际资本成本与边际投资收益的折线相交于 3 500 万元的融资规模，这是适宜的融资预算。此时可选择项目 1、2、3，它们的边际投资报酬率高于 3 500 万元的边际资本成本。

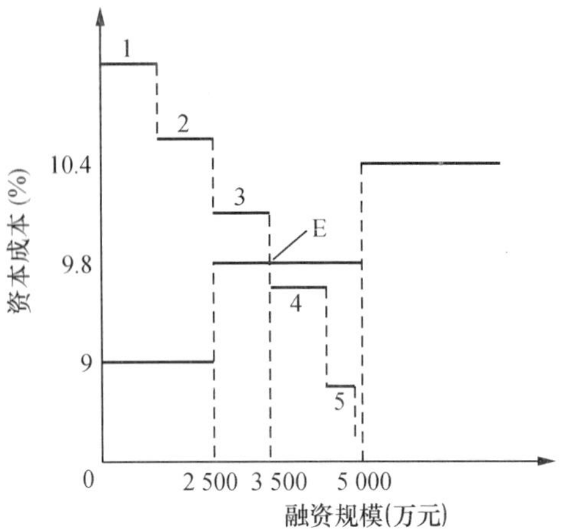

图 8-1　边际资本成本与融资选择

第二节　财务杠杆对房地产现金流的影响

一、财务杠杆的作用

（一）税前的积极财务杠杆

回忆一下我们在第二章曾经介绍过的财务杠杆的概念，所谓财务杠杆就是投资者利用负债来投资房地产。但是只有当负债利率低于房地产投资收益率的时候，利用财务杠杆才是有利的，或者说这个时候财务杠杆是积极的。为了说明这一点，我们看一个例子。

例 4　一投资者欲投资购买价值为 150 万元的小型物业，出租经营，预计年营业利润达到 24 万元。投资者可以选择借款，也可以选择不借款。如果借款，有两种贷款可以选择：一种贷款金额为 100 万元，年利率 14%，25 年内按月分期偿还，每月偿还本金利息为 12 038 元；另一种贷款 120 万元，期限、利率与前一种贷款相同，月偿还 14 445 元。在这三种不同融资方式下的现金流见表 8-4：

表 8-4　三种不同融资方式下的现金流量表　　单位:元

	无借款	借款 1 000 000	借款 1 200 000
营业利润	240 000	240 000	240 000
减年债务	0	144 456	173 340
税前营业利润	240 000	95 544	66 660
房产购买价格	1 500 000	1 500 000	1 500 000
减借款额	0	1 000 000	1 200 000
自有资金	1 500 000	500 000	300 000
自有资金投资利润率	16%	19.1%	22.2%
杠杆系数①	1	2.51	3.60

从表 8-4 可以看到,以自有资金投资利润率表示的现金流量的变化受到负债规模或者说杠杆作用的影响。随着杠杆作用的增强,税前现金流不断下降,从 240 000 元下降到 66 660 元,而自有资金投资利润率则从 16% 上升到 22.2%。这个例子印证了我们在第二章所提到的积极的财务杠杆需要满足的条件,即财务杠杆发挥正效应的前提是公司的负债利率低于资产收益率。在表 8-4 中,资产回报率是 16%,而贷款利率仅为 14%。②

不过,财务杠杆并非在一切条件下都能够发挥好的作用,如果负债利率高于总资产收益率,财务杠杆将发挥负效应,减少资产的现金流量。

为了说明这个问题,重新考虑例 4 的情况。如果实际的经营收入只有 190 000 元,而并不是先前预计的 240 000 元,那么实际的房地产总资产回报率只有 12.7%,低于贷款利率 14%。在这种情况下,财务杠杆的作用强度(以杠杆系数表示)越大,资产收益率反而越低。这种负作用具体见表 8-5。

① 本例中杠杆系数计算依据的是年债务金额。

② 也可以年偿债系数(年偿付本息除以贷款本金)与自有资产收益率比较确定财务杠杆是否有利。在本例中,年偿债系数为 14.45%,以资产收益率与年偿债系数相比要较与贷款利率相比更好。

表 8-5 财务杠杆的负作用 单位:元

	无借款	借款 1 000 000	借款 1 200 000
营业利润	190 000	190 000	190 000
减年债务	0	144 456	173 340
税前营业利润	190 000	45 544	16 660
房产购买价格	1 500 000	1 500 000	1 500 000
减借款额	0	1 000 000	1 200 000
自有资金	1 500 000	500 000	300 000
自有资金投资利润率	12.7%	9.1%	5.6%
杠杆系数	1	4.17	11.4

这个例子分析的是横截面的情况,即仅仅是一期的现金流情况。如果涉及多期现金流,就必须引入时间价值概念,用现金流现值计算内部收益率(IRR)。利用内部收益率的概念我们可以得到关于积极财务杠杆条件的另一种表述方式:

$$BTIRR_E = BTIRR_P + (BTIRR_P - BTIRR_D)(D/E)$$

其中,$BTIRR_E$:自有资金(权益资本)的税前内部收益率;

$BTIRR_P$:总投资的税前内部收益率;

$BTIRR_D$:债务的税前内部收益率(即贷款的税前实际成本)

D/E:债务对权益资本(自有资金)比率。

这个公式说明,只要总资产收益率 $BTIRR_P$ 大于实际债务成本 $BTIRR_D$,那么自有资产收益率 $BTIRR_E$ 就一定大于总资产收益率 $BTIRR_P$。这是积极财务杠杆的另一种含义。这意味着,借款数额越大,投资者的权益资本收益率就越高。

(二) 税后的积极财务杠杆

现在我们讨论积极的财务杠杆对税后的现金流量会有何影响。考虑税收因素之后,有两个问题需要引起注意:一个是积极的财务杠杆的条件要发生变化,关键点是税后的负债成本,也就是说,要获得税后积极财务杠杆,税后的资产回报率必须大于税后债务成本(利率)。

$$ATIRR_E = ATIRR_P + (ATIRR_P - ATIRR_D)(D/E)$$

其中,$ATIRR_E$:自有资金(权益资本)的税后内部收益率;

$ATIRR_P$:总投资的税后内部收益率;

$ATIRR_D$:债务的税后内部收益率(即贷款的税后实际成本)

D/E:债务对权益资本(自有资金)比率。

另一个是房地产折旧的税收处理。为了抵消房产(不含土地)价值的逐年降低,一般允许每年在房地产经营收入中扣除一笔折旧费。折旧方法各不相同,但是所有计算的起点是房屋修建和装饰的房产成本的部分,不包括土地成本。这个起点成本包括房地产的借入资金和投资者的自有资本。由此而产生的结果是,由于有折旧的存在,财务杠杆可以加大投资者的税收豁免,扩大自有资产的投资收益率。我们来看下面的例子。

例5 一投资者投资100 000元建造住宅房产用来出租,其中15 000元获得土地,其余用于建设房屋。房产年租金净收入为12 000元。投资者处于28%的边际税率等级。假设折旧期31.5年(直线折旧法),房产年折旧额2 698元。持有期5年,转手价格100 000元。银行贷款80 000元,贷款房价比80%,利率10%,年支付利息8 000元,期限5年,到期一次还本。

为了观察税后积极财务杠杆的条件,我们需要预测无借款情况下的现金流量。

表8-6 无借款情况下的现金流量 单位:元

	1	2	3	4	5
1. 税前现金流					
营业利润	12 000	12 000	12 000	12 000	12 000
减债务支付	0	0	0	0	0
税前现金流	12 000	12 000	12 000	12 000	12 000
2. 应税收入					
营业利润	12 000	12 000	12 000	12 000	12 000
减利息	0	0	0	0	0
减折旧	2 698	2 698	2 698	2 698	2 698
应税收入	9 302	9 302	9 302	9 302	9 302
税额	2 604	2 604	2 604	2 604	2 604
3. 税后现金流量					
税前现金流量	12 000	12 000	12 000	12 000	12 000
减税额	2 604	2 604	2 604	2 604	2 604
税后现金流量	9 396	9 396	9 396	9 396	9 396

（续表）

	第 5 年出售现金流量预测			
销售价格			100 000	
减抵押贷款余额			0	
税前现金流量				100 000
销售年税额				
销售价格		100 000		
初始投资成本	100 000			
减累计折旧	13 490			
资产余值		86 510		
资产收益		13 490		
销售税额				3 777.2
税后销售收入				96 222.8

根据税前和税后现金流量可以计算相应的内部收益率。运用试错法，计算得到税前内部收益率为 11.86%，而税后内部收益率为 8.76%。

税后负债成本等于税前成本乘以 $(1-t)$，其中 t 表示所得税税率。所以根据已知条件，税后负债成本为

$$10\%(1-28\%)=7.2\%$$

比较税后的内部收益率与税后负债成本，发现税后内部收益率大于税后负债成本，这说明利用财务杠杆是有利的。

既然财务杠杆是积极的，那么投资者向银行借款投资房地产就是帕累托选择。借款投资房地产的现金流见表 8-7。

表 8-7　借款投资的现金流　　单位：元

	1	2	3	4	5
1. 税前现金流					
营业利润	12 000	12 000	12 000	12 000	12 000
减债务支付	8 000	8 000	8 000	8 000	8 000
税前现金流	4 000	4 000	4 000	4 000	4 000
2. 应税收入					
营业利润	12 000	12 000	12 000	12 000	12 000
减利息	8 000	8 000	8 000	8 000	8 000
减折旧	2 698	2 698	2 698	2 698	2 698
应税收入	1 302	1 302	1 302	1 302	1 302
税额	364	364	364	364	364

（续表）

3. 税后现金流量					
税前现金流量	4 000	4 000	4 000	4 000	4 000
减税额	364	364	364	364	364
税后现金流量	3 636	3 636	3 636	3 636	3 636
			第 5 年出售现金流量预测		
销售价格				100 000	
减抵押贷款余额				80 000	
税前现金流量					20 000
销售年税额					
销售价格			100 000		
初始投资成本		100 000			
减累计折旧		13 490			
资产余值			86 510		
资产收益			13 490		
销售税额					3 777.2
税后销售收入					16 222.8

注：销售税额 = 资产收益 × 所得税率，即 3 777.2 = 13 490 × 28%。资产收益表示资产销售价格与资产账面余值的差额，例如 86 510 = 100 000 − 13 490。

根据税前和税后现金流量可以计算相应的内部收益率。运用试错法，计算得到税前内部收益率为 20%，而税后内部收益率为 15.40%。与无借款情况比较，财务杠杆使税后内部收益率从 8.76% 提高到 15.40%。

一个值得注意的现象是，税前和税后的财务杠杆强度不一样，这是显而易见的，因为在其他条件一样的情况下，税收会减少现金流。另外，财务杠杆的强度还与贷款利息和贷款成数有关系。在第二章已经提到，固定的贷款利息越多，杠杆系数越大。同样道理，给定贷款利率，贷款成数越大，说明贷款规模越大，支付的贷款利息越多，杠杆强度越大。

二、保本利率

对财务杠杆的讨论解决了这样一个问题，即房地产企业为什么需要债务？这是因为积极的财务杠杆会扩大自有资产的现金流量，扩大投资收益率。但是接下来的一个问题是，当企业决定借款的时候，它能够承受的最高的贷款利率是多少呢？或者说，在积极的财务杠杆变得不利之前，最高的贷款利率是多少？在财务杠杆由积极转向消极的边际上，保持财务杠杆

中性的利率被称作保本利率。保本利率使得(税后)房地产总资产收益率等于贷款利率(或者税后债务成本)。即

$$ATIRR_D = ATIRR_P$$

由此可以得到一个等价的条件:

$$ATIRR_E = ATIRR_P$$

也就是说,自有资产收益率等于总资产收益率。① 根据这个关系,我们可以计算保本利率。

例如,根据已知条件,税后权益投资收益率为8.76%,根据保本利率的含义,令税后债务成本等于税后总资产收益率,也即等于税后自有资产收益率8.76%,由于税后债务成本等于税前成本乘以税率,而税率为28%,所以税前债务成本为8.76%/(1-28%)=12.16%。这意味着,不论与借款额或者借款条件相联系的杠杆强度如何,能够保证偿还债务并且不会降低自有资产收益的最高利率是12.16%。②

三、边际成本、风险与杠杆

财务杠杆固然是企业决定是否借款的一个重要的考虑因素——抛开其他条件不谈,只要财务杠杆是积极的,借款就是有利可图的事情——但是我们在前面也看到,进行额外融资的决策时要考察其边际资本成本的情况。

在我们讨论的例题中,总投资的80%是由一笔利率为10%的贷款来融资的。因为这一利率水平低于12.16%的保本利率,因此杠杆作用是有利的。现在假设投资者可以得到占总投资85%的贷款,利率为10.25%(为研究方便,假设该贷款仅计利息,不需偿还)。从表面上看,新贷款的利率10.25%低于保本利率12.16%,似乎额外融资是合理的,其实不然。我们来分析一下这里额外获得的5 000元的边际成本是多少?

如果借款85 000元,相比第一种情况追加融资5 000元。现在不仅这

① 从这组关系中可以推断在杠杆中性的情况下,税后债务成本(实际借款利率)将等于权益资本收益率(自有资金收益率)。也就是说,在同一个房地产项目上,投资者和债权人获取了相同的税后收益率。但是权益投资者以保本利率(在杠杆中性的时候等于实际借款利率)取得收益,得不到风险溢价,而房地产投资显然要面临更大风险。

② 房地产投资者的底线是获得无借款条件下的资产收益率,在本例中就是8.76%。所以保本利率也可以理解成使投资者在借款与不借款之间感觉无差异的利率。

5 000 元要支付 10.25% 的利率，而且前面的 80 000 元借款也需要支付这个利率，这相当于多支付利息 0.25 个百分点。按照复利法则，80 000 元多支付利息为：$80\,000(1+0.25\%)^5-80\,000=1\,004.80$ 元。如果按照 10.25% 的利率，那么这 1 004.80 元相当于每年支付多少钱呢？这是一个已知年金现值求解年金的问题。查年金现值系数表，10% 和 11% 所对应的年金现值系数分别是 3.7908 和 3.6959，根据试错法，10.25% 所对应的现值系数为 3.7671。因此，1 004.80 元相当于每年支付额为：$1\,004.80\div3.7671=266.73$ 元。所以，追加融资 5 000 元的边际成本 $=10.25\%+266.73\div5000=15.58\%$。这一成本高于保本利率 12.16%。因此，取得这笔新贷款是不合算的。由此可见，分析时只考虑新贷款的总利率是不行的，而应注意研究其额外资金的情况，每当投资者考虑以较高利率取得数额较大的贷款时，总要牵涉到额外资金的边际成本问题，因此，决策时应该将边际成本与保本利率进行比较，以形成正确的判断。

增加对债务的依赖有两种间接后果：风险随之增加，借贷成本亦增加。从前文我们可以看出，财务杠杆的好处是建立在杠杆有利的假设上的。而这是一种不确定的假设。从例 4 当中可以看到，如果房产实际经营利润低于期望收益，财务杠杆将是不利的，杠杆作用扩大了不利结果。因此，使用财务杠杆会扩大自有资产的现金流，也会增加投资的风险。当财务杠杆作用强度加大时，贷方也会感到风险的增加。他们会要求以更高的实际利率作为补偿。补偿可以来用提高贴现率或提高票面利率或两者兼而有之。这样做的结果，意味着借方随着贷款额的增加，其贷款成本也将增加。

第三节　融资流程的管理

前面我们已经了解了融资选择的理论方法和原则，下面介绍在实践中房地产企业对融资流程的管理。

一、房地产融资流程

首先，要确定资金需求。通过现金收入计划和资金投入计划得出基于时间序列的资金需求，作为编制融资方案的基础。在资金投入曲线和从预售开始的资金回收曲线之间的正差部分，即整个开发项目的资金缺口部分，其数额即为资金需求量。

其次，寻求可能的融资方案。根据测算出的资金需求量以及可能获取资金的融资渠道，在公司目标资本成本下来制定几种可行的融资方案。

最后，评判分析并选择最优融资方案。在多种可行的融资方案和组合中，根据资本成本最小化原则选取最优融资方案。

上述融资流程参见图 8-2。

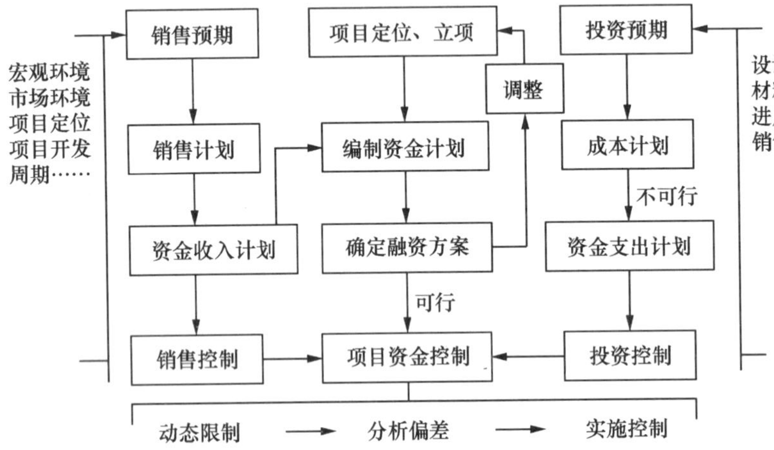

图 8-2　房地产融资流程

二、房地产项目资金投入和现金收入的估计①

为筹集一个项目的资金，首先要知道究竟需要多少资金和什么时候投入这些资金。编制资金流动计划表，是解决这个问题的较好方法。一般的资金流动计划可以用表格形式或图线形式表达，对于大型项目可以以季度为单位计算资金流动量，中小型项目则可以月度为单位计算。

（一）资金投入的估计

编制资金投入计划，主要是根据开发项目的建设进度计划，开发商与承包商签订的工程承包合同中的工程成本预算，施工组织设计中关于设备、材料和劳动力的投入时间要求，以及付款方式来分项计算。资金流出项目主要包括的内容如表 8-8 所示。

① 本小节主要参考了刘洪玉：《房地产开发经营与管理》，中国物价出版社 1995 年版。

表 8-8　资金投入项目表

序号	项目	含义及内容
1	土地费用	为取得房地产项目用地而发生的费用，根据取得土地方式的不同可以分为：划拨或征用土地的土地拆迁费、出让土地的地价款、转让土地的土地转让费、租用土地的土地租用费、股东投资入股土地的投资折价
2	前期工程费	包括项目前期规划、设计、可行性研究，水文、地质勘测以及“三通一平”等阶段的费用支出
3	基础设施费	建筑物 2 米以外和项目用地规划红线以内的各种管线和道路工程的建设费用，包括供水、供电、供气，排污、绿化、道路、路灯、环卫设施等的建设费用
4	建筑安装工程费用	该费用指建造房屋建筑物所发生的建筑工程费用、设备采购费用和安装工程费用等
5	配套设施费	居住区内为居民服务配套建设的各种非营利性公共配套设施（即共建设施）的建设费用，包括幼儿园、学校、医院、停车场、会所、居委会等
6	开发间接费用	房地产开发企业所属独立核算单位在开发现场组织管理所发生的各项费用
7	管理费用	房地产开发企业的管理部门为组织和管理房地产项目的开发经营活动而发生的各项费用
8	财务费用	房地产开发企业为筹集资金而发生的各项费用，包括借款和债券利息、金融机构手续费、代理费、外汇汇兑净损失及其他财务费用
9	销售费用	房地产开发企业在销售房地产产品过程中发生的各项费用以及专设销售机构的各项费用
10	其他费用	包括临时用地费和临时建设费、工程造价咨询费、工程质量监督费、工程监理费等
11	开发期税费	房地产企业负担的与房地产投资项目有关的各种税金以及地方政府或有关部门征收的各项费用
12	不可预见费	包括涨价预备费、基本预备费等，按照一定比例计提

资料来源：住房和城乡建设部，《房地产开发项目经济评价方法》。

将以上各项费用列表并根据工程进度计划计算出每月或每季度的总费用支出，即为资金投入计划表，如表 8-9 所示。

表 8-9　资金投入计划表

序号	成本费用	计算期			
		1	2	…	n
1	土地费用				
2	前期工程费				
3	基础设施费用				
4	建安工程费				
5	配套设施费				
6	管理费				
7	其他费用				
	合计				

（二）现金收入估算

估算现金收入计划，主要是根据房地产租售计划、租售价格，并结合市场行情进行计算。现金流入包括预售定金、销售收入和租金收入等，如表 8-10 所示。

表 8-10　现金流入估算

序号	现金流入	计算期			
		1	2	…	n
1	预售定金				
2	销售收入				
3	租金收入				
4	其他收入				
	合计				

（三）确定资金缺口

将资金投入计划与现金收入计划列示在同一表中，对比各期发生的资金投入和现金收入情况，计算资金缺口，来合理安排资金计划，如表 8-11 所示。

表 8-11　资金计划表

序号	项目	计算期			
		1	2	…	n
1	资金投入				
1.1	土地费用				
1.2	建安工程费				
1.3	配套设施费				
…	…				

（续表）

序号	项目	计算期			
		1	2	…	n
2	现金收入				
2.1					
2.2					
…	…				
3	资金缺口＝资金投入－现金收入				

也可以通过画图的方式将资金缺口表示出来，见图8-3。

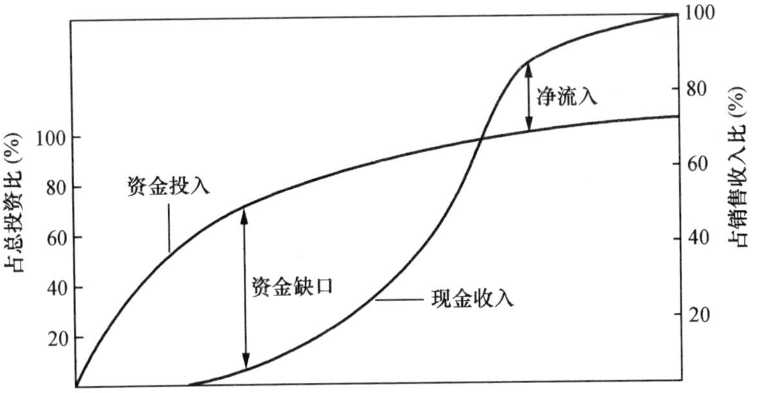

图8-3 房地产开发项目资金计划图

三、确定房地产项目融资方案

房地产开发项目融资的核心部分是在资本成本目标约束下选择融资模式、确定融资结构。成功的融资方案应当在其各融资来源之间实现有效合理的风险分配，并且通过融资规模的调整和时间上的衔接，实现资本成本的最小化。

如图8-4所示，首先确定融资的目标，根据投资者自身情况和项目形势提出可行的融资方案，确定方案评价因素和评价标准，用有效的方法进行分析、判断，选择融资方案，并在实施过程中不断反馈信息，对融资方案进行修正和调整，以实现融资目标。

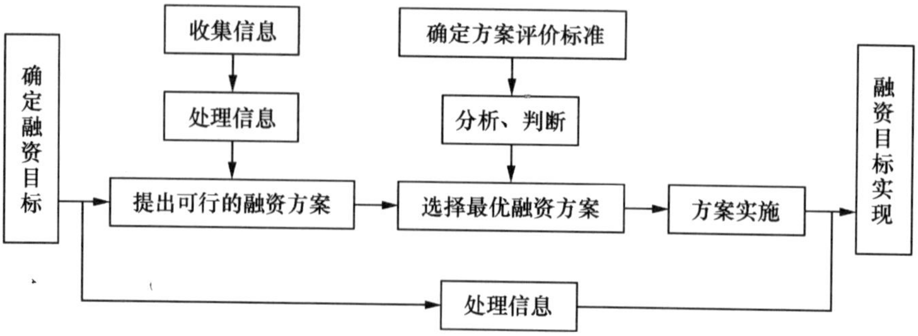

图8-4　确定最佳融资方案的流程

本章小结

资本成本是指房地产企业为筹集和使用长期资金(包括自有资本和借入长期资金)而付出的代价,体现为融资来源所要求的报酬率。资本成本也可以看作是房地产投资的机会成本,即一旦将资金投入某个房地产项目,就失去了获取其他投资报酬的机会,这意味着不能用历史数据说明资本成本。

资本成本可有多种形式,包括个别资本成本、加权平均资本成本以及边际成本。在比较各种融资方式时,使用个别资本成本,包括普通股(或者留存收益)成本、长期借款成本、债券成本;在进行资本结构决策时,使用加权平均资本成本;在进行追加融资决策时,则使用边际资本成本。

所谓财务杠杆就是投资者利用负债来投资房地产。但是只有当负债利率低于房地产投资收益率的时候,利用财务杠杆才是有利的,或者说这个时候财务杠杆是积极的。不过,财务杠杆并非在一切条件下都能够发挥好的作用,如果负债利率高于总资产收益率,财务杠杆将发挥负效应,减少资产的现金流量。财务杠杆固然是企业决定是否借款的一个重要的考虑因素,但是在进行额外融资的决策时还要考察其边际资本成本的情况。

练习与思考

1. 什么是边际资本成本?假定银行同意以8%的利率向某借款人贷款最多为60万元,如果他现在想借款70万元,银行给出的利率是10%,那么这个人比在8%条件下多借10万元的边际成本是否为10%?

2. 什么是积极的和消极的财务杠杆?能否仅根据一年的投资回报来确定是否存在积极的或者消极的财务杠杆?

3. 财务杠杆是如何使贷款的风险增加的?

4. 如何在两种具有竞争性的融资方案之间做出选择?

5. 在有财务杠杆的情况下,保本利率是指什么?你是否认为投资者在为房地产融资时会支付保本利率?为什么?

6. 阅读下面两段材料并分析:在贷款利率不断攀升的背景下,房地产企业继续向银行贷款融资是否还划算?或者说,在这种情况下,房地产企业能否依然保持积极的财务杠杆?银行为何对房地产企业情有独钟?这会导致什么后果?

材料1　房地产:持续时间最长的暴利行业

房地产业已经连续多年在最暴利行业中榜上有名,2007年又赚得盆满钵满,全国性房价上涨使得地产公司普遍达到30%以上的毛利率,万科A(000002)、招商地产(000024)、金融街(000402)等上市公司的毛利率都超过了40%。

去年最赚钱的上市公司也出现在房地产行业。在所有已经公布2007年年报的上市公司中,华侨股份(600759)以99.12%的主营业务毛利率排名第一。暴利程度让人惊叹。

中国房地产的暴利何时才能终结?地产巨头万科曾在一份报告中提到,毛利率下降是目前中国房地产行业发展的一个必然趋势,也是一个渐进的过程,在国外成熟的房地产市场上毛利率一般不会高于15%。

从国内目前的情况来看,在土地价格上涨和通胀成为趋势的情况下,房地产需求仍然强劲,中国房地产业毛利率要降到15%看来还需要一个漫长的过程。

截至2008年4月23日,已披露2008年一季度报的35家地产公司实现净利润22.66亿元,同比增长361.45%。

材料2　银行对房贷热情依旧

银行最主要的业务——房地产贷款是宏观调控的重点。但房地产行业的暴利仍旧牢牢吸引着银行的注意力,使其欲罢不能。有关银行人士说"个人房贷的坏账率虽然在上升,但相比之下还是各项贷款中质量最高的。除此之外,我们还能做什么呢?银团贷款吧,一年里遇到那么几次就不错了;

中小企业贷款吧，各个企业的情况不同、项目不同，做起来很复杂，而且要求企业有足额抵押；放给高科技项目吧，风险非常大，这样的贷款放下去自己都害怕……还是房地产行业收益高。”

与此同时，在银行贷款额度受限的情况下，各家商业银行的贷款利率高企，比基准利率上浮高达50%以上，也就是说年利率在10%以上。而渣打银行的“无抵押小额贷款”，平均年利率高达17%，直逼民间借贷利率。

7. 下表为价值100万元的某物业的基本情况：

年经营现金流	概率
150 000	0.5
90 000	0.5

投资持有期1年。假定一年后预计以100万元的价格卖出。不考虑税收和折旧。

（1）计算该物业的期望收益。

（2）如果投资者能以10%的利率借款80万元，计算此时权益的期望收益率？

（3）在投资者借款80万元的情况下，该物业现金流是否足够偿还债务？

（4）该投资者应该以债务融资还是完全以自有资金购买该物业？

推荐阅读书目

［1］威廉·B. 布鲁格曼、杰弗里·D. 费雪著，逯艳若、张令东、任国军译：《房地产融资与投资》（第11版），北京：机械工业出版社2003年版。

［2］盖伦·E. 格里尔、迈克尔·D. 法雷尔著，龙胜平等译：《房地产投资决策分析》，上海：上海人民出版社1997年版。

［3］王重润：《公司金融学》，南京：东南大学出版社2005年版。

［4］刘洪玉：《房地产开发经营与管理》，北京：中国物价出版社1995年版。

第九章 房地产开发贷款

知识要求

通过本章的学习，掌握

- 房地产开发贷款类型以及贷款流程
- 房地产开发贷款评估和风险管理的基本方法
- 房地产开发融资涉及的法律问题

技能要求

通过本章的学习，能够

- 熟悉房地产开发贷款流程并清楚如何才能获得贷款
- 运用风险管理的基本方法对房地产开发贷款风险进行评估和管理

第一节 房地产开发贷款的类型和流程

一、房地产开发贷款的类型

房地产开发贷款是指向房地产开发商提供的用于开发、建设房地产项目的贷款。

（一）按照房地产项目收益模式的不同，房地产开发贷款可分为建设性房地产贷款和永久性房地产贷款

我们知道，房地产开发商的经营策略有短期和长期之分，对于那些奉行

短期经营策略的房地产开发商来说，他们开发房地产项目的动机在于，在项目建成后立即出售项目，而不愿长期持有房地产。对于那些奉行长期经营策略的房地产开发商来说，在项目建成后，他们将继续持有项目，并通过房地产的长期租赁经营来获取收益。针对房地产开发商的不同经营策略，金融机构将发放两类不同性质的贷款。一类贷款是针对奉行短期经营策略的房地产开发商所发放的，这类贷款的期限只限于房地产项目的开发建设期间，因而被称为建设性房地产贷款。建设性房地产贷款的期限较短，最长期限一般不超过5年，因而又被称之为短期房地产贷款。另一类贷款是针对奉行长期经营策略的房地产开发商所发放的，这类贷款在房地产开发项目建成以后才开始发放，它的期限较长，最长期限可达30年以上，因而被称为永久性房地产贷款①。发放永久性房地产贷款已经成为世界许多国家或地区金融机构的一项常规业务，但就目前为止，这项业务还没有在我国开展。

（二）按照贷款项目的不同，房地产开发贷款又有以下几种类型

1. 住房开发贷款。是指银行向房地产开发企业发放的用于开发建造向市场销售住房的贷款。其中，又分为普通商品房开发贷款与经济适用住房开发贷款。

2. 商业用房开发贷款。是指银行向房地产开发企业发放的用于开发建造商业性用房如写字楼、超市等的贷款。

3. 土地开发贷款。是指银行向房地产开发企业发放的用于土地开发的贷款。

4. 流动资金贷款。是指房地产开发企业因资金周转所需申请的贷款，不与具体项目相联系，由于最终仍然用来支持房地产开发，因此这类贷款仍属房地产开发贷款。

（三）按贷款的期限分类，可划分为中长期贷款（1—3年，不含1年）和短期贷款（1年及以下）

以期限划分贷款的种类，主要作用是有利于银行掌握资产的流动性或

① 对于奉行长期经营策略的房地产开发商而言，他们在从事房地产开发项目的过程中，通常需要进行两次融资。第一次融资是获得建设性房地产开发贷款，借助建设性房地产开发贷款，他们将完成房地产项目的开发，而第二次融资则是获得永久性房地产开发贷款，进行第二次融资目的在于，冲抵第一次融资所借贷的资金，从而能够继续持有房地产项目。

周转性，使银行长、短期贷款保持适当的比例。贷款的期限长短不等，它们的流动性和赢利性也不同。因此，银行的贷款期限结构要尽量与存款期限结构协调，避免为了追求赢利性目标而牺牲流动性目标，或单纯为了流动性目标而放弃了赢利的时机。

（四）按贷款的保障程度划分，可分为信用贷款、保证贷款、抵（质）押贷款

信用贷款是指银行完全凭借客户的信誉而无需提供担保品所发放的贷款。保证贷款是银行凭借客户与其保证人的双重信誉而发放的贷款。抵（质）押贷款是银行凭借客户提供的一定的有价值的商品物质与有价证券作为抵（质）押而发放的贷款。这种划分标准的意义是，有利于银行加强贷款安全性或风险性管理。信用贷款具有手续简便、贷款限制条件少、贷款范围广等优点，不足之处是单纯以信用为依托，缺乏安全保障；保证贷款的优点是，对银行债权有借款人和保证人双重信用保障，但贷款量也受保证人经济能力大小的限制；抵（质）押贷款的优点是能够弥补一部分贷款损失，有利于银行开拓一些有风险性的贷款项目，缺点是贷款量受借款人提供抵（质）押品的数量与质量的限制，抵（质）押品的保管费用和最终处理费用较大，手续烦琐。

（五）按贷款的风险程度分类，根据信贷资产按时、足额回收的可能性，信贷资产划分为正常、关注、次级、可疑、损失五个不同类别，后三类合称为不良信贷资产

五类资产的核心定义如下：

正常：债务人能够履行合同，没有足够理由怀疑债务人不能按时足额偿还债务。

关注：尽管债务人目前有能力偿还贷款本息，但存在一些可能对偿还产生不利影响的因素。

次级：债务人的还款能力明显出现问题，完全依靠其正常营业收入无法足额偿还债务，即使执行担保，也可能会造成一定损失。

可疑：债务人无法足额偿还债务，即使执行担保，也肯定要造成较大损失。

损失：在采取所有可能的措施或一切必要的法律程序之后，债权仍然无法收回，或只能收回极少部分。

二、房地产开发贷款流程

目前国内商业银行发放房地产开发贷款依据《商业银行房地产贷款风险管理指引》(银监发〔2004〕57 号)。以某商业银行房地产贷款流程为例，一个完整的贷款业务流程如下：

(一) 贷款申请

房地产开发企业根据房地产项目投资计划向银行提出贷款申请,并提交贷款申请表和申报材料。另外,银行还要求贷款申请人提供房地产项目贷款(融资)概述作为贷款审批的依据。项目贷款概述实际上是一部项目融资商业计划书,是项目方首次敲开银行或者投资商大门的一块金砖,如何引发贷款人对项目投资的浓厚兴趣,一部精辟的项目融资概述至关重要,否则再好的项目也会失去获得融资的机会,所以项目方必须按要求提供项目融资概述。项目贷款概述的内容主要包括以下几个方面：

1. 项目公司简介

(1) 公司业绩、管理结构、资质、实力、管理团队素质

(2) 公司荣誉

2. 项目背景

(1) 项目位置、环境条件、经济、文化、交通、通信状况

(2) 投资条件、政府优惠政策

(3) 商品房购买能力、人均生活水平

3. 项目目前进展情况

(1) 项目相关报建审批手续、土地使用证

(2) 工程进展现状

(3) 销售现状

(4) 投资规模、项目资金筹备状况

(5) 已投入资金及用途明细

(6) 需融资额度及用途明细

4. 投资效益

(1) 投资经济效益及财务分析

(2) 投资回收期

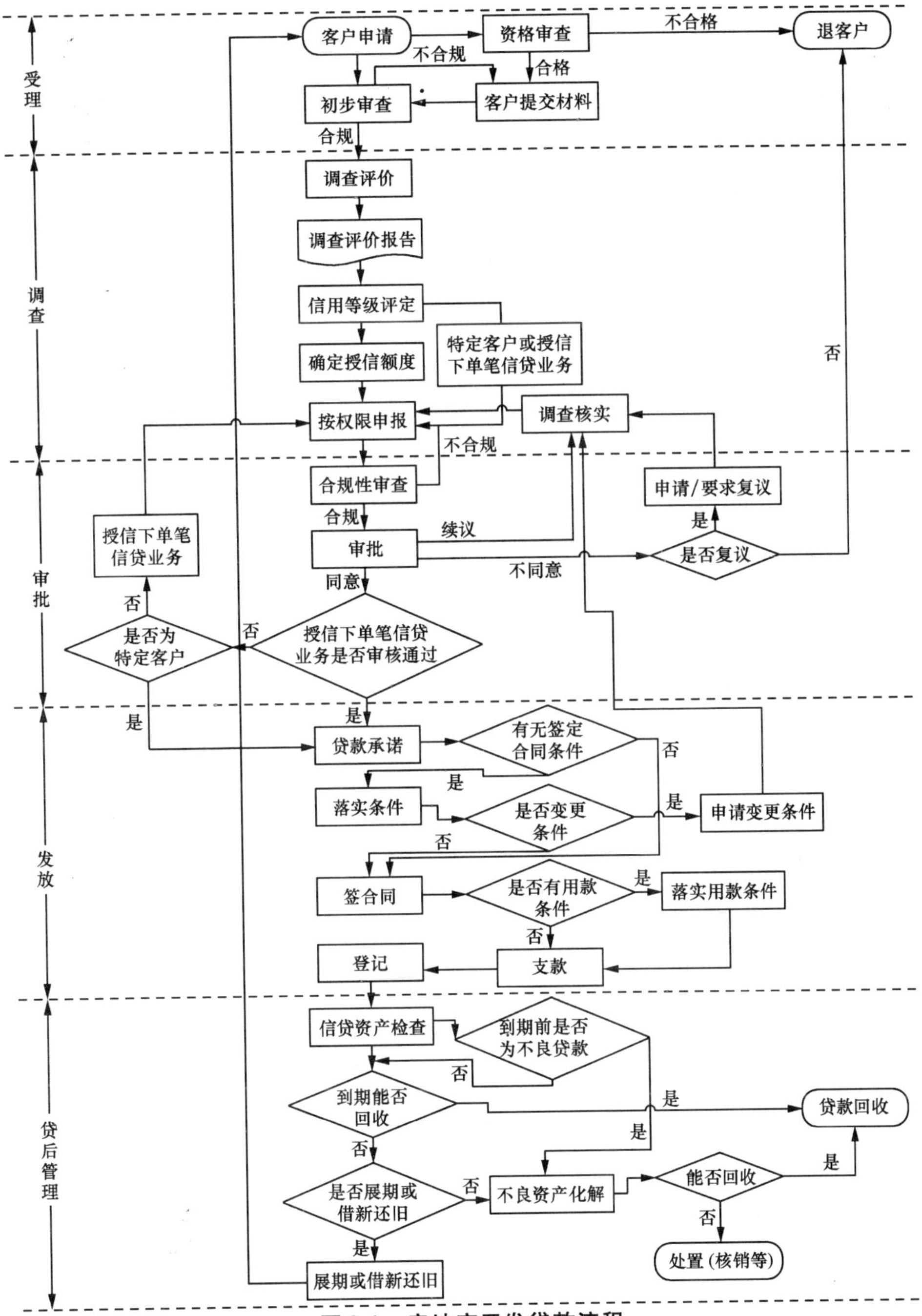

图 9-1　房地产开发贷款流程

（3）未来三年该项目现金流预测

5. 销售方案

项目完工时间及销售策略

6. 风险分析及规避措施

7. 市场分析

8. 项目负责人及联系方式

（二）借款人资格审查

在我国，只有满足了以下条件的企业才有资格获得金融机构发放的房地产开发贷款：

1. 借款人是经工商行政管理机关（或其他主管机关）核准登记的企（事）业法人，或其他经济组织；借款人必须持有经工商行政管理机关核准登记并办理年检的法人营业执照，或有关部门批准设立的文件。

2. 借款人拥有健全的管理制度、财务状况良好，不存在拖欠工程款的现象。

3. 借款人具有良好的信用，具有按期偿还贷款本息的能力。

4. 借款人必须在贷款银行开立基本账户或一般账户。

5. 贷款项目已纳入国家或地方政府的建设开发计划，其立项文件合法、完整、真实、有效。

按照我国的有关规定，房地产开发贷款项目必须是已经取得了如下合法批文或文件的项目：

1. 建设用地规划许可证；

2. 建设工程规划许可证；

3. 建设工程施工许可证。

4. 贷款项目的实际用途与项目规划相符，必须提供项目的可行性报告，以表明贷款项目具有满足当地市场需求的能力。

5. 贷款项目的工程预算报告合理真实。

6. 借款人计划投入到贷款项目的资金比率不得低于项目总投资的35%。

7. 若贷款方式为第三方信用担保的，借款人必须持有担保方的信用担保承诺书。

（三）贷前调查与评估

按照程序，在进行完借款人资格审查后，贷款人将对贷款申请人的资信状况、贷款担保状况、抵押物、贷款项目的收益和风险状况等做进一步的了解和评估，这一过程称之为贷前调查。对借款人及贷款项目进行尽职的贷前调查是整个房地产开发贷款发放、管理程序中相当重要的一环，这是贷款人控制信贷风险的不可或缺的手段。

《商业银行房地产贷款风险管理指引》第 17 条规定，商业银行在办理房地产贷款时，应对贷款项目进行尽职调查，以确保该项目符合国家房地产业政策导向，有效满足当地城市规划和房地产市场需求，确认该项目的合法性、合规性、可行性。第 18 条规定，商业银行应对申请贷款的房地产开发企业进行深入的调查审核，审核内容主要包括：企业的性质、股东构成、企业资质信用状况；近三年来企业的经营管理和财务状况；以往的房地产开发经验和开发项目情况；与关联企业的业务往来情况等。对于资质较差和缺乏开发经验的房地产开发企业，贷款应谨慎发放；对于经营管理存在问题、不具备所要求的资金实力或有不良经营记录的房地产开发企业，贷款应严格限制；对于依据项目而成立的房地产项目开发公司，应根据其自身特点对其业务范围、经营管理和财务状况，以及股东和关联公司的上述情况以及彼此间的法律关系进行深入的调查审核。第 19 条规定，商业银行应严格落实房地产开发企业贷款的担保，确保担保真实、合法、有效。

（四）贷款审批

当评估阶段结束后，金融机构的主要领导将通过集体决策的方式对贷款的发放进行审批。贷款的审批主要依据所谓的“三性”原则，即经济性、合法性和合规性原则。在这里，经济性原则主要是指贷款项目必须具有良好的经济前景，以便保证贷款能够按照贷款合约的规定如期偿还。合法性是指与贷款项目相关的一切手续必须是合法的，不存在违法操作的现象。合规性是指贷款的投放必须符合国家相关政策的要求，特别是产业政策和金融政策的要求。只有那些符合上述“三性”原则的贷款项目，才有可能通过金融机构的审批。

（五）贷款发放

当房地产开发贷款获得审批通过后，贷款人将通知借款人、担保人正式签订贷款合同、担保合同或抵（质）押合同，并按照规定办理各种手续。所有类型的房地产开发贷款，都必须被公证（或见证），并为贷款项目办理有效的建筑工程保险。如果贷款是以房屋为抵押的，则借款人需要对作为抵押物的房屋办理意外灾难保险，并办理抵押物权属的登记。当所有手续办理完毕后，借款人应将手续办理的合法文件交由贷款人保管。如果借款人今后需要使用这些手续，可以从贷款人处暂时借出，在使用完毕后应立即归还。

（六）贷款的后期管理

贷后管理包括对信贷资产的检查、回收、展期、借新还旧及不良资产管理等内容。

检查：从客户实际使用贷款后到该笔贷款本金收回前，银行对影响信贷资产安全的有关因素进行跟踪和分析，及时发现预警信号，并采取相应的补救措施。

回收：信贷经营部门根据合同约定和借款人还款的可能性制定回收措施，并进行动态管理，关注借款人的现金流，监督借款人的销售资金进入专用账户，保证还款资金的足额到账，确保信贷资金的安全。

展期：借款人要求展期的，经办行应当要求其在全部贷款到期前 1 个月提出书面申请，并对其不能按期归还贷款的原因进行调查。

借新还旧：借新还旧是指向借款人发放不超过原贷款本金数额的新贷款用于归还旧贷款本金，贷款借新还旧应有利于提高贷款质量，降低贷款风险，清收贷款本息，或有利于巩固优良客户和有发展潜力的客户与银行的业务合作关系。

不良资产管理：对表内、外信贷业务形成的次级、可疑及损失类不良贷款，应遵循合规性、效益性和创新性原则，对不良资产形成的原因进行全面分析，并分析是否还有收回的可能性，如有可能性，需要重新安排债务，比如延期、借新还旧、减免利息等，如无可能，则需要核销，冲减坏账准备。

三、永久性房地产开发贷款的管理

按照国外惯例，对永久性房地产开发贷款的申请是在开发项目尚未动工之前进行的，而永久性房地产开发贷款的发放却是在开发项目完工以后，因此，永久性房地产开发贷款从申请到发放，中间需要跨越一个相当长的时期，在这一点上，永久性房地产开发贷款具有与建设性房地产开发贷款相当不同的性质。正是这种性质上的差异，导致了永久性房地产开发贷款在贷款管理方面具有其自身的特点。永久性房地产开发贷款的管理通常都遵循如下的程序（见图 9-2）。

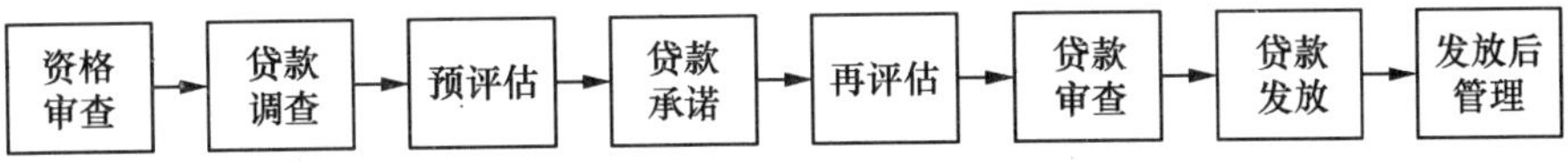

图 9-2　永久性房地产开发贷款程序

从图 9-2 中我们不难发现，永久性房地产开发贷款的发放首先历经借款人申请和借款人调查这样两个阶段。当进行了借款人调查后，永久性房地产开发贷款的管理便进入到第三个阶段，即所谓初步评估阶段。在这一阶段中，金融机构将对是否发放永久性房地产开发贷款进行初步评估。初步评估将同样围绕着借款人信用状况和贷款项目的具体情况展开。如果贷款项目通过了初步评估，贷款人将会对未来贷款的发放进行承诺，这一阶段就是所谓的贷款发放承诺阶段。在进行承诺时，贷款人将设定一系列的条件，如果在房地产开发项目完工时，这些条件得到满足，那么贷款人将履行发放贷款的承诺。如何设定承诺条件，是永久性房地产开发贷款管理中的关键工作。接下来，就是所谓的贷款再评估阶段。当开发项目完成后，贷款人将会对是否发放永久性房地产开发贷款进行第二次评估，在这一次评估中，贷款人主要检验当初所设定的贷款承诺条件是否全部得到了满足，如果这些条件全部得到了满足，贷款人将履行承诺，向借款人发放贷款。永久性房地产开发贷款的贷后管理与建设性房地产开发贷款基本相同。

第二节　房地产开发贷款的评估

房地产开发贷款的评估包括借款人信用评估、贷款项目财务评估、抵押评估、贷款项目风险评估等。贷款评估的主要目的在于有效控制贷款风险。房地产开发贷款中的借款人信用评估与第六章介绍的对个人的信用评估方法是一致的，包括传统的 5C 评价法和定量评估方法，在此不再赘述。下面主要介绍贷款项目的财务评估、风险评估及抵押评估。

一、贷款项目财务评估

贷款项目财务评估的目的是分析贷款项目的赢利能力,判断项目在财务上是否可行。

(一)项目现金流量估计

房地产贷款项目的现金流量是房地产项目在建设期和租售期内产生的现金流入和现金流出。现金流量是项目财务评估的基础,因此,贷款人在评价项目时,应对借款人所提供的项目现金流量数据进行仔细的审核,审核一般可以从两个方面入手。首先,需要检验借款人是否按照收付实现制原则估计现金流量,即现金流量只包含现金收支,不包括非付现收支(如固定资产折旧、应收账款等)。其次,需要检验借款人所列示的现金流量与项目建设和租售的实际进程是否相匹配。出于自身利益的考虑,一些借款人可能会在保持项目总收益和总支出不变的条件下,不按照项目实际进程,而人为调整项目现金流量的发生时间和发生数量。如果出现这种情况,而贷款人却没有对此进行严格审核的话,将导致整个贷款评价失去应有的意义。可见,贷款人需要对项目建设进度计划的合理性进行全面的评价,并根据项目的实际进程对项目现金流量的发生时间和发生数量进行严格的检验,以确保项目现金流量数据的真实性。具体而言,项目现金流量需要从以下几个方面来估计:

1. 贷款项目投资支出的估计

贷款项目投资支出主要包括:贷款项目的土地费用;贷款项目的前期工程费用;贷款项目的基础设施建设费用;贷款项目的建筑安装工程费用;贷款项目的公共设施建设费用;贷款项目开发的间接费用;贷款项目开发期的税费;贷款项目的不可预见费用等。

在借款人所提交的贷款项目可行性研究报告中,上述数据实际上都已列出,因此,贷款人在估算上述数据时,应将主要精力放在检验这些数据的准确性上,为此,关键是检验可行性报告中投资估算的依据是否符合有关的规定。例如,可以检验是否采取了概算估算法,是否参照了国家有关的概算定额和取费标准;可以检验估算的各项支出是否存在高估冒算现象,尤其是是否存在漏算、少算、压低概算定额和取费标准的情况;可以检验估算时是否考虑到通货膨胀、原材料价格上涨、利率和汇率变动对投资支出的影响等。

2. 贷款项目经营支出的估计

房地产开发项目经营支出包括项目管理费用、销售费用、税金和各项项目建设配套费用等。

房地产开发项目管理费用是指为进行项目管理而发生的相关费用，主要包括项目业务活动费、项目咨询费、相关的固定资产折旧费、项目管理人员工资等。房地产开发项目销售费用是指为进行项目销售而发生的相关费用，主要包括项目广告费、项目促销费等。项目税金是指为进行房地产项目开发和经营而需要向国家缴纳的各项税收，这主要是指因为销售房地产项目而向国家缴纳营业税。房地产开发项目建设配套费用是指为进行房地产项目开发而向有关政府部门缴纳的各项费用，在我国，房地产开发项目配套费用主要包括市政设施配套费、教育配套费、卫生配套费等。

房地产开发项目管理费一般是按照项目总投资的一定比率估算的，房地产开发项目销售费用一般是按照项目总销售额的一定比率估算的，房地产开发项目税金是按照既定的营业税率估算的，而对于房地产开发项目配套费的缴纳，国家也有明确的规定。因此，贷款人在进行上述开支项目的估算时，可参照以往的经验和国家的有关规定。

3. 贷款项目经营收入的估计

贷款项目的经营收入主要是指房地产销售收入。在估算商品房销售收入时，贷款人可着重检验项目可行性分析报告中对该数据估算的准确性，而这种准确性的检验一般可从以下几个方面入手：

（1）检验单位房价的估算是否合理。为此，贷款人需要收集贷款项目周边楼盘的销售数据，并比照这些数据估算贷款项目的单位房价。

（2）对贷款项目的建筑规划进行仔细研究。我们知道，房价不仅决定于项目所在的区位，而且还决定于项目本身的建筑风格、内部布局、用途等。贷款项目的建筑规划如果存在较大问题的话，即便贷款项目位于再好的区位，可能该项目也不能以理想的价格进行出售。因此，对贷款项目的建筑规划进行仔细的研究是十分必要的。鉴于建筑规划的专业性较强，贷款人可委托专业的建筑机构对贷款项目的建筑规划做出专业性的评定。

（3）对房地产市场的总体状况进行细致的研究。在实践中，许多借款人在进行房地产开发项目的可行性分析时，由于受自身利益的驱使，总是或多或少地忽视了房地产市场的未来风险，而这种忽视将不可避免地导致销售收入的估算失去应有的准确性。因此，在估计贷款项目销售收入时，贷款人对房地产市场的总体状况进行细致的研究是十分必要的，这样做将有助于贷款风险的防范。

（二）贷款项目财务效益分析

动态分析和静态分析是投资项目财务效益分析的两种基本方法。在实践中，房地产贷款项目的财务分析一般以动态分析方法为主，并适当结合静态分析方法。投资回收期、净现值、内部收益率等几项指标，是金融机构进行房地产贷款项目财务分析的主要工具。

1. 投资回收期

项目投资回收期是指项目投资全部被收回的时间。动态投资回收期考虑了货币时间价值，即以投资项目净现金流量的现值抵偿原始投资现值所需要的全部时间。

2. 净现值

项目净现值（net present value，NPV）是指房地产开发项目在开发建设期间净现金流入量的现值。项目净现值是反映房地产开发项目赢利能力的最重要的指标，净现值越大则项目的赢利能力越强，只有当净现值大于零时，项目开发才具有可行性。因此，贷款人在评价房地产开发贷款时，净现值指标具有非常重要的参考价值。项目净现值的准确性一方面取决于项目现金流量估值的准确性，一方面又取决于项目投资贴现率取值的准确性。因此，如果贷款人已经对项目现金流量进行了检验，那么贷款人就应该将检验项目净现值的重点放在对后者的检验上。在实践中，金融部门一般是按照贷款年利率加上1%—3%来对项目贴现率取值的。

3. 项目内部收益率

内部收益率（internal rate of return，IRR）可定义为使项目在寿命期内现金流入的现值等于现金流出现值的折现率，也就是使项目净现值为零的折现率。内部收益率是使用最广泛的财务评价指标。内部收益率实际上就是房地产企业所要求的最低的报酬率。当投资额一定的时候，内部收益率越高，意味着各期现金流入越多。一个项目的内部收益率至少要不小于贷款利率（或者以贷款利率衡量的资金的机会成本）才是有利可图的。这意味着，对贷款人来说，采用内部收益率能够判断项目可能承受的最高贷款利率。

二、贷款项目风险的评估

房地产贷款项目的风险分析主要包括两方面的内容:一是风险识别,二是风险的敏感性分析。

(一) 风险识别

如前所述,建设性房地产开发贷款是为房地产项目开发建设提供资金的贷款,因此,作为建设性房地产开发贷款的贷款人,它所关心的是在房地产开发建设期间存在着哪些风险,可能对贷款的如期偿还构成威胁。从这一角度看,存在着以下几类项目风险可能对贷款人的利益构成威胁。

1. 市场风险

尽管有大量的文献表明,从长期看,房地产市场的风险水平要远远低于证券市场的风险水平,但这并不排除在一些特殊的时期内,房地产市场将可能出现重大的风险,而当房地产市场出现重大风险时,所有房地产贷款项目将不可避免地或多或少地受到房地产市场风险所带来的负面影响。可见,对贷款人来说,关注房地产市场风险具有十分重大的意义。

在一般意义上,有许多因素都可能导致房地产市场风险。例如,政府政策的变化、市场投机行为、房地产市场的非有效性、利率和汇率的变动、不合理的市场制度乃至投资者心态的变化,都可能导致房地产市场出现重大的风险,更为值得注意的是,在导致房地产市场风险方面,上述因素可能相互影响、相互加强,从而产生所谓的正反馈效应,而一旦产生正反馈效应,则有可能导致一场房地产市场的、长期而深刻的危机。因此,对于贷款者来说,深刻的洞察力和敏锐的判断力是十分必要的,不然的话,则很难对房地产市场风险给予正确的识别。

2. 建设风险

房地产市场风险并不是贷款者所面对的唯一风险,除此之外,还存在房地产开发项目的建设风险,建设风险是指由项目的工程建设问题所引发的风险。如果贷款者不能对房地产开发项目的建设风险加以正确的识别,那么,贷款人的利益将同样可能遭受重大的损失。例如,规划设计风险。可能我们都有这样的感受,即便在房地产市场健康发展的繁荣时期,我们也能在道路的两旁看到为数众多的"烂尾楼"工程。相关的调查表明,规划设计的不足或缺陷是导致“烂尾楼”工程的主要原因。再如，工程延误风险。工程延误是房地产开发过程中的常见现象，但人们对此却常常不以为意，实际上这种对工程延误的漠视态度是十分危险的。那么，工程延误的经济损失到底有多大呢？对此一些专家对发生在美国的工程延误现象做了估算。根据这些专家的估算，美国每年的工程延误所造成的损失相当于美国每年房地产投资的4%左右。[①] 如果照此估算，美国每年的房地产投资大约在1万亿美元左右，则美国每年由于工程延误所造成的损失大约在400亿美元左右，这是一个惊人的数字，因为这意味着如果将这笔损失节省下来的话，可以每年为美国的低收入者免费提供大约3万套标准公寓住宅。如果进一步想象一下的话，我们便不难得出这样的结论，那就是，在中国，由于工程延误所造成的经济损失可能比美国要严重得多，因为在运作效率方面，中国的房地产开发企业要远远落后于美国的同行。

因此，正确识别建设风险是十分重要的，然而，如何正确识别建设风险，对于贷款人来说则是一个挑战，因为这对贷款人所应具备的房地产开发的专业技术能力提出了很高的要求。

3. 项目管理风险

借款人的财务管理能力、销售管理能力、项目组织能力以及可能出现的借款人道德风险，这些与项目管理相关的风险，也都有可能对借款人的利益构成威胁。为此，贷款人需要对借款人的信用记录、历史的经营业绩以及项目开发的整体构想进行全面深入的了解和分析，因为只有这样，才有可能正确识别项目管理风险对贷款人利益的威胁。

（二）风险分析

风险识别只是贷款人进行风险分析的一项内容，此外，贷款人还需要对贷款项目的抗风险能力进行测试，测试一下贷款项目到底能够承受多大程度的风险，这种测试就是所谓的项目风险的敏感性分析（量本利分析）。

在实践中，贷款人不可能对所有的风险因素都进行敏感性分析，而只能选择一些其认为比较重要的风险因素加以测试。例如，贷款人可能对市场风险中的价格风险感到担忧，那么它就可以测试一下贷款项目承受价格风险的能力到底有多强，或者说贷款项目到底能够承受多大程度的价格风

---

① 阿尔文·托弗勒著：《财富的革命》，中信出版社2006年版。

险。为此,贷款人可以假设在其他因素不变的情况下,计算一下当贷款项目处于盈亏平衡状态时,将允许价格水平下降到何种程度。

我们不妨举一个这方面的例子。假设某项目的利润满足公式:$R = 10\,000P - 6\,600\,000$,其中,$R$ 表示开发项目的利润,P 表示开发项目的市场单价。再假设目前预计的市场单价为2 000 元/平方米。因此,按照目前的估计,该项目可赢利1 340 万元。当该项目处于盈亏平衡状态时(也就是当 $R = 0$ 时),市场单价为660 元/平方米。这也就是说,当市场单价为660 元/平方米以下时,该项目开发将会出现亏损。或者说,当预计的市场单价下跌67%以上时,项目开发才会出现亏损。我们知道,除非价格预期十分不准确,否则这种情况很难出现。可见,通过敏感性分析后我们知道,该项目具有较强的抵抗价格风险的能力。

三、抵押评估

抵押评估的目的在于确定一个合理的抵押担保额度,以确保贷款安全。抵押评估包括三方面内容:抵押评估,首先要确定合理抵押物价值。以竞拍方式取得、且在一定取得期限以内的土地使用权抵押的,按土地实际取得成本作为抵押值;以取得时间较长、土地价值上涨幅度较大土地使用权抵押的,按土地使用权评估值作为抵押值;以在建工程抵押的,扣除施工单位垫资、预售房款等相关费用后,确定抵押物价值。其次要采取适当抵押比率。对于开发周期较长、项目销售前景不确定性较大的项目,在抵押率上要严格控制。最后,要做好抵押担保的衔接,确保抵押足值有效。

专栏9-1　房地产开发贷款评估报告案例

根据四川××房地产有限公司开发“××××”工程申请贷款的需要,经工行×××支行初审,并报工行××分行营业部住房信贷处研究决定,组成评估小组,于2002 年11 月24 日对该项目进行全面评估(评估基准日确定为2002 年9 月30 日)。根据项目的现有资料、开发现状、项目实施条件和可操作的方案,参照工行《房地产开发贷款评估办法》的要求,评估组采用必要的评估程序,通过对借款人综合情况及开发项目建设条件、市场及预测、效益、风险等多方面分析得出评估结论，并于2002年11月29日完成评估工作。现将评估报告简要概述如下：

一、借款人评价

通过资产负债率、赢利能力及资产运用效率、现金流量的分析，得出以下结论：企业所有者权益呈现增长趋势，自身积累增加，对负债的依赖程度减小，有较强的付息能力、融资能力和偿债能力。

二、项目评价(略)

三、市场评价

根据企业提供的资料，"××××"项目定位为大规模高档联排别墅和复式别墅小区，该项目具有地理位置优越、小区环境别具一格等优越性，同时存在小区内车位比不足、定位较高、销售不容乐观等劣势。通过选取交易实例进行分析，得出联排别墅平均售价为5391元/m^2，复式别墅平均售价为4183元/m^2。本项目可实现销售收入联排别墅为43466.61万元，复式别墅为6061.17万元，预计可实现销售收入总计49527.78万元。

四、投资筹资评价

根据企业提供的经规划局批准的方案，参考该开发企业在同类项目上的开发成本以及成都市同类建设项目经济技术标准，并结合项目自身情况，经测算该项目总投资40573.09万元，其中项目开发成本(土地、房屋开发费及其他)35679.20万元，开发费用(财务费用、管理费用、销售费用)4893.89万元。经评定单方成本为3494.91元/平方米；其中：土地费用为1489.04元/平方米、前期工程费为68.30元/平方米，房屋开发费为1327.16元/平方米、费税(主要为综合报建费、集资费)为140.85元/平方米、期间费用为421.55元/平方米，其他费用为8.19元/平方米，不可预见费用为39.82元/平方米。

企业自筹资金12478.55万元，工行土地储备贷款7000万元(到期××集团代还，详见附件：××集团承诺函，截至2002年11月末，已归还1100万元)，中行流动资金贷款2000万元(2003年到期)，向工行新增房地产开发贷款5383.08万元，销售滚动投入13711.46万元。企业自筹资金占总投资的30.76%，符合规定的贷款要求，截至评估基准日，该项目已投入资金为29229.93万元。

五、财务评价

经过评估测算，该项目的各项赢利能力指标测算结果如下：

1. 项目建成后将实现净利润4108.17万元；

2．内部投资收益率按全部投资计为26.77%；

3．财务净现值（还原利率为10%）按全部投资计为3 341.04万元；

4．动态投资回收期（还原利率为10%）按全部投资计为2.03年；

由以上可以看出，该项目内部投资收益率均大于设定的基准收益率（设定的基准收益率为10%），财务净现值大于零，说明该项目在计算期内按××行财务评价标准可行。

六、贷款风险评价

通过定性及定量分析，项目财务抗风险能力较强。

七、评估结论

通过定性及定量分析，项目财务抗风险能力较强。应对房屋开发及销售回笼资金全程监控，做好贷后管理工作。

资料来源：评估师信息网 http://www.imcpv.com/html/9/fangchangujiabaogao。

四、永久性房地产开发贷款评估

与建设性房地产开发贷款评估一样，永久性房地产开发贷款评估的主要内容也同样包括：贷款项目基础财务数据估算、贷款项目财务效益分析、贷款项目风险分析等三方面的内容。但是，在对上述内容进行分析评价时，永久性房地产开发贷款评估具有其自己的特点。

（一）永久性贷款项目的基础财务数据估算

尽管永久性房地产开发贷款是在房地产开发项目建成以后才开始发放的，但是，由于借款人在房地产项目开发建设期间所借贷的建设性房地产开发贷款需要用永久性房地产开发贷款来冲抵，因此，永久性房地产开发贷款的贷款人同样需要对贷款项目的开发成本（包括开发项目的投资支出和开发项目在开发建设期间的经营支出）和贷款项目建成后的市场价值进行估算。关于这方面的内容，我们在前文中已做过阐述。除此之外，永久性房地产开发贷款的贷款人还需要对贷款期限内的贷款项目的租赁收入、贷款项目价值以及经营成本进行估算，对这些基础财务数据的估算将直接决定贷款发放的可行性。

1．贷款项目租赁收入

在估算贷款期间内的租赁收入时，一般假设租赁收入每年将以相同的比率不断增长，这样，贷款期间内租赁收入估算的关键，就转变成对租赁收入年增长率以及对贷款发放第一年（也就是贷款项目投入使用后的第一年）的租赁收入的估算。租赁收入年增长率的估算可参照类似项目的数据确定。而贷款发放第一年租赁收入的估算，则要由两个数据决定：其一是贷款发放第一年贷款项目的出租率，其二是贷款发放第一年贷款项目的租金水平。为了准确估算出这两个数据，贷款人就需要对贷款项目的区位、贷款项目周边的市场竞争状况以及预期的贷款项目承租人构成和承租人占用空间明细表（它是由借款人提供的）进行透彻的分析。对贷款项目的区位进行分析可以大致确定贷款项目的租金水平，而对后两者的分析则可以估算出贷款项目的租赁比率。

2．贷款项目价值

由于永久性房地产开发贷款的期限较长，因此，在贷款期间，贷款项目的价值将是不断变化的。鉴于这种情况，贷款人在进行贷款价值估算时，也需要对贷款项目价值的变化模式做出一定的假定。与租赁收入变化的假设相类似，一般假设贷款项目的价值每年将以一定的比率不断增长。这样，与贷款项目租赁收入估算时所遇到情形相类似，贷款项目价值估算的关键就在于对贷款项目价值的年增长率以及对贷款发放年份贷款项目价值的估算。

3．贷款项目经营成本

当贷款期间内贷款项目的租赁收入和价值被估算出来后，我们便可以估算出贷款期间贷款项目的经营成本。贷款项目的经营成本包括贷款项目的租赁管理费用、维修费用以及各项税收等三方面的支出。贷款项目的租赁管理费用可按照贷款项目租赁收入的一定比率估算，贷款项目的维修费用可按照贷款项目价值的一定比率估算，贷款项目的税收或者是贷款项目租赁收入的一定比率（营业税和所得税），或者是贷款项目价值的一定的比率（物业税）。

（二）永久性贷款项目的财务效益分析

与建设性房地产开发贷款的财务效益分析类似，项目现金流量、项目净现值、项目获利指数、项目内部收益率等四项指标，是金融机构进行永久性房地产开发贷款项目财务效益分析的主要工具。需要指出的是，在进行永久性房地产开发贷款财务效益分析时，需要假定在贷款期限届满时，贷款项目将被整体性地出售[①]。当假定在贷款期限届满时贷款项目将被整体性出售后，贷款人便可以按照前面所述的有关内容对上述各项指标进行具体的估算。

(三) 永久性贷款项目的风险分析

永久性贷款项目的风险分析也同样分为风险识别和风险的敏感性分析两项内容。

1. 永久性贷款项目的风险识别

永久性贷款项目的风险识别与建设性贷款项目的风险识别相比，具有很大的不同。

首先，永久性房地产开发贷款是适应于开发商租赁经营需要而发放的贷款，因此，房地产资产市场风险和房地产租赁市场风险，将都可能对永久性房地产开发贷款的贷款人的利益构成威胁。从这个角度看，贷款人需要对贷款项目所在地的基础经济形势和城市总体规划有相当深入的了解，唯有这样，贷款人才能正确地识别贷款项目所面临的市场风险。

其次，市场风险并不是贷款人所面临的唯一风险。很明显，贷款项目所处的地理位置也是一个很重要的因素，因为项目的地理位置将直接影响贷款项目的租赁经营效果。不言而喻，地理位置越好的房地产，对租户具有更大的吸引力，但项目取得的成本也相对较高，对于其间利弊，需要贷款人进行有效的权衡。此外，贷款人还需要对贷款项目的建筑质量和成本进行深入地考察。一般而言，房地产项目的建筑质量和成本会随以下因素的不同而不同，即结构设计、内部功能设计、装饰质量、随处地段的建筑物的密集程度和交通便利条件、娱乐设施（餐饮、健身、零售业等）、周围环境、停车设施和车流量、公共区域等多种因素。上述所有因素都可能对贷款项目的价值和租赁状况产生影响，为此，贷款人需要对这些因素逐一进行深入地分析，只有这样，才有可能对贷款项目的风险有一个全面而透彻的把握。

---

① 这一假定是一种技术性的假定，做出这一假定的依据是，如果借款人在贷款期限届满时尚不能完全偿还贷款，那么贷款人便可以通过取消赎卖权的方法，将贷款项目进行出售，只要出售款项能够完全补偿未偿贷款金额，贷款人的贷款就是安全的。

2. 永久性贷款项目风险的敏感性分析

在进行了风险识别之后，贷款人便可以对永久性房地产开发贷款所面临的风险状况有一个较全面的了解，在这种情况下，贷款人可以就其最为关注的风险因素进行敏感性分析。例如，贷款人最为关注的可能是项目的租赁价格下降对其利益的影响，那么贷款人便可以对项目的租赁价格进行敏感性分析。

第三节　房地产开发贷款的风险管理

贷款运行的安全性是贷款人所追求的主要目标之一，为此，贷款人必须对贷款实施严格而完善的风险管理。在本节中，我们将对房地产开发贷款的风险管理进行阐述。

一、建设性房地产开发贷款的风险管理

毫无疑问，加强对贷款人资格的审查和对贷款发放的评估，认真做好贷款发放过程中的尽职调查，是防范建设性房地产开发贷款风险的有效方法。以上这些方面都属于贷款发放前的风险管理范畴，关于这些方面的内容，我们已经在前文中进行了阐述。

然而，从有效管理建设性房地产开发贷款风险的角度看，更为重要的是加强贷款发放后的风险管理。为此，金融机构通常采取以下一些做法：

（一）按照贷款项目的实际工程进度分阶段拨付贷款

按照贷款项目的实际工程进度分阶段拨付贷款，是世界范围内金融机构管理建设性房地产开发贷款的一个普遍做法。我们知道，确保贷款余额不超过贷款项目的价值是控制贷款风险的最有效的方法。因此，在发放房地产开发贷款的过程中，投入相当比例的自有资金是贷款人对借款人的一般要求。例如，在我国，只有投入的自有资金达到项目总投资的35%以上时，开发商才有可能获得金融机构的房地产开发贷款，而在美国等一些西方国家，金融机构对开发商自有资金投入比率的要求是20%。然而，从确保贷款余额不超过贷款项目价值的目标角度看，仅仅对借款人自有资金投入比率提出要求是远远不够的。因为如果项目开发出现了延误的话，那么也完全可能出现贷款余额大于项目价值的情况。由于种种复杂的原因，项

目开发出现延误现象在一定程度上是难以避免的,但是,按照贷款项目的实际工程进度分阶段拨付贷款的方式,却能够有效防范由于开发延误而导致的贷款余额超过贷款项目价值的情况发生。此外,按照贷款项目的实际工程进度分阶段拨付贷款,还能够有效防范其他一些风险。例如,通过按照贷款项目的实际工程进度分阶段拨付贷款的方式,能够促使开发商及时向建筑商支付工程款项,从而避免不必要的法律纠纷。再如,通过按照贷款项目的实际工程进度分阶段拨付贷款,能够促使开发商更为有效地控制开发成本,从而避免项目超支的风险。总之,按照贷款项目的实际工程进度分阶段拨付贷款,是贷款人实施房地产开发贷款风险管理的有效手段。对于这一手段的具体操作问题,我们不妨通过以下的例子给予阐述。

假设有一个住宅开发项目,该项目的总投资为250万元,其中土地成本为31万元。假设该项目在18个月内完工。此外,我们还假设,该项目的开发商以现金31万元购买土地作为其对该项目的权益投资,而其余的219万元的投资由银行提供贷款,贷款利率为年利率12%,折合为月利率就是1%。最后,按照惯例,我们假设在贷款期末,贷款人将向借款人收取2%的贷款费用。

表9-1是开发商与贷款人达成协议的项目开发进度表,表中给出了在18个月内219万元投资的具体使用进度。表9-2则表明了贷款的拨付和偿还机制。

表9-1　项目开发进度表　　单位:万元

月份	给排水	土地准备	景观美化	结构	暖气空调	电器费用	管道费用	竣工费用	设计费	法律费用	总计
1	3	2.5							4	1	10.5
2	3	5	1.5								9.5
3		2.5	2								4.5
4				2							2
5				5							5
6				10							10
7				10							10
8				12.5							12.5
9				12.5							12.5
10				30							30

（续表）

月份	给排水	土地准备	景观美化	结构	暖气空调	电器费用	管道费用	竣工费用	设计费	法律费用	总计
11				12.5	2		3				17.5
12				8	4	4	2	8			26
13					2	3	1.5	10			16.5
14					2	1	0.5	10			13.5
15						0.5		10			10.5
16								10			10
17								10			10
18								8		0.5	8.5
总计	6	10	3.5	102.5	10	8.5	7	66	4	1.5	219

表9-2　贷款项目拨付和偿还计划　　单位:万元

月份	拨款额	占贷款总额的比重(%)	债务余额（当月累计本息）	未来价值
1	10.5	4.8	10.605	12.5595
2	9.5	4.3	20.3061	11.2509
3	4.5	2.1	25.0541	5.2766
4	2	1.9	27.3247	2.3219
5	5	2.3	32.6479	5.7474
6	10	4.6	43.0744	11.3809
7	10	4.6	53.60551	11.2683
8	12.5	5.7	66.7662	13.9459
9	12.5	5.7	80.0588	13.8078
10	30	13.7	111.1594	32.8106
11	17.5	8.0	129.9460	18.9500
12	26	11.9	157.5055	27.8755
13	16.5	7.5	175.7455	17.1551
14	13.5	6.2	191.1380	14.1886
15	10.5	4.8	203.6544	10.9263
16	10	4.6	215.7905	10.0330
17	10	4.6	228.0488	10.2000
18	8.5	3.9	238.9348	8.5850
贷款费用				4.7783
总计	219			243.6926
拨款现值	195.7035			
还款现值	195.7035			

假定在每月的月初拨付贷款，那么，在第一个月的月初，贷款人将按照开发进度表的安排，向开发商拨付 105 000 元的贷款，该笔贷款占贷款总额的比率为 4.7% 。这样，在该月月末的债务余额，包括第一笔拨款和这笔拨款每月 1% 的利息，就是 106 050 元，该笔拨款的未来价值，即该笔拨款在贷款期末的价值为 105 000 元 $\times(1.01)^{18}=125\,595$ 元。在第二个月月初，贷款人拨付第二笔贷款 95 000 元，该笔贷款占贷款总额的比率为 4.34% ，该笔贷款的未来价值为 112 509 元。这时，在该月月末的债务余额，等于上一个月的债务余额及其一个月的利息加上该月的贷款拨付及其一个月的利息，即等于 $(106\,050+95\,000)\times(1.01)^{1}=203\,061$ 元。以此类推，我们可以计算出在贷款期限届满时，也就是第 18 个月月末的债务余额将达到 2 389 143 元，再加上贷款期限届满时借款人须交纳的贷款费用，$2\,389\,143\times 2\%=47\,783$ 元，则借款人在 18 个月的贷款期间内须偿还的资金总额为 2 436 926 元。此外，我们还可以计算，借款人所偿还的资金总额的现值为 1 957 035 元。

在上述案例中，我们简单地假设了借款人支付 31 万元用于购置土地，而其余的 219 万元的建设资金由贷款人提供，但实际上，贷款人不会如此简单地提供资金，因为在提供资金时，贷款人还会考虑到贷款项目的价值。例如，如果上述贷款项目的价值等于其投资总额的话，即等于 250 万元的话，则贷款价值比（贷款价值/贷款项目价值）为 2 436 926 元/2 500 000 元，约等于 98% ，这样的贷款价值使贷款人面临很大的风险。因此，在这种情况下，贷款人会要求借款人增加自己的权益投入，使贷款价值比降低至 80% 甚至 70% 以下。

（二）贷款质量监测和考核

房地产开发贷款发放以后，贷款人还应对贷款的质量进行监测和考核。这种监测和考核是基于对贷款风险的分类。在我国，金融机构依据借款人的还款能力，划分出五种不同等级的贷款风险程度，即正常、关注、次级、可疑、损失等五种风险程度（其中后三类被称为不良贷款）。在贷款风险分类的基础上，贷款人将通过对借款人现金流量、财务实力、抵押品价值等因素的连续监测和分析，判断贷款的实际损失程度，并依据这种判断，采取相应的对策。例如，如果贷款被列入可疑对象，贷款人可能将通过与借款人的协商，停止拨付尚未拨付的贷款，并加紧对已发放贷款的催收。

（三）控制贷款规模

将房地产开发贷款规模控制在一定范围之内是银行管理贷款风险的一个重要手段。在国内实践中，有些银行采取将开发贷款和个人住房贷款配比的方式来控制开发贷款规模，即银行在为某个楼盘发放开发贷款的时候要求一定比例的个人住房贷款作配比。其运作机理如下：按照国内房地产开发资金来源结构，自有资金30%，银行贷款30%，预售资金回笼40%。行业平均利润率30%，即房价为开发成本的1.3倍。如果不考虑购房人一次性付款和其他商业银行介入等因素，按照购房人以80%贷款方式购房，则个人住房贷款资金占比为：130%×80%=104%，即个人住房贷款相当于开发成本的1.04倍。这样，开发贷款：个人贷款=30%：104%=1：3.46。按照这个配比，银行发放1元钱的开发贷款，需要增加3.46元的个人住房贷款。

这一配对数字得到了经验数据的支持。例如，1998—2002年工行住房开发贷款增加759亿元，个人住房贷款增加2 519亿元，增量比为1：3.3，基本上与其一致。

（四）风险贷款处置

可能任何贷款人都会面临对风险贷款的处置问题。一般来说，当需要对风险贷款进行处置时，贷款人将采取以下措施：

1. 确认实际授信额度。

2. 重新审核所有授信文件，征求法律、审计和风险授信管理等方面专家的意见。

3. 对于没有实际发放的授信额度，依照约定的条件和有关的规定予以终止。对于依法难以终止或实际终止困难的授信额度，应对未发放的授信额度实行专户管理。

4. 书面通知所有可能受影响的分支机构并要求其制定和落实必要的措施。

5. 要求保证人履行担保责任，追加担保或行使担保权。

6. 向所在地司法部门申请冻结问题授信客户的账户，以减少损失。

7. 其他必要的处理措施。

二、永久性房地产开发贷款的风险管理

与建设性房地产开发贷款的风险管理一样，永久性房地产开发贷款的风险管理也可分为贷款发放前的管理与贷款发放后的管理。

在贷款发放前阶段，借款人资格审查、尽职调查以及贷款发放的评估等这些方面的工作，同样对永久性房地产开发贷款的风险管理具有重要的意义。但是，除此之外，贷款人的另一项重要工作是进行所谓的贷款发放承诺，这是永久性房地产开发贷款与建设性房地产开发贷款风险管理之间的一个主要差异。

如前所述，尽管在贷款项目建设完工后，永久性房地产开发贷款才开始发放，但是，早在贷款项目建设开工前，借款人就开始与贷款人进行正式的协商，在协商过程中，如果贷款人对协商的结果感到满意，那么贷款人就会对未来永久性房地产开发贷款的发放做出正式的承诺，承诺如果在贷款项目建设完工时，双方所商定的各项条件得到满足，贷款人将义不容辞地向借款人提供贷款。承诺是具有法定义务的，可见，如果承诺条件设置不当，那么贷款人的利益无疑将可能遭受重大的损失。因此，对于永久性房地产开发贷款的贷款人来说，如何设置承诺条件实际上是风险管理的十分重要的一环。

一般来说，永久性房地产开发贷款承诺中应包括以下内容：

（1）贷款项目建设周期的限制；

（2）贷款项目最低出租率和主要客户对租赁关系的确认；

（3）出租率未达到规定标准时对借款人的融资准备金的要求；

（4）设计上的变更和建筑材料的变更须经贷款人同意才能实施。

对于永久性房地产开发贷款的贷款人来说，以上这些条件是必不可少的。

前两个条件对项目完工时间以及项目最低出租率做出了明确的限制，这样便可以促使借款人有效地组织项目施工和招租工作，从而降低项目工程延期和招商延期带给贷款人的风险。承诺条件中的最后一项，即任何设计上的变更和建筑材料的变更须经贷款人同意才能实施，是为了确保借款人基本按照协议完成贷款项目的开发和建设，从而不至于因为为了降低成本而在施工时偷工减料，以致降低贷款项目的工程质量。很明显，工程质

量的优劣将直接影响贷款项目的招租业绩和贷款项目的价值。因此，贷款人要坚持这一控制权。

此外，证券化也是永久性房地产开发贷款风险管理的重要手段。在这里，所谓证券化是指以房地产开发贷款的现金流为支撑，向资本市场发行债券的过程。从目前的情况看，世界许多国家或地区，特别是像美国这样的发达国家，已经将证券化作为进行贷款风险管理的重要手段，因为证券化能够有效地降低贷款人的流动性风险。①

对于贷款发放后的风险管理方面，我们在前文中已介绍了适用于建设性房地产开发贷款风险管理的一些主要原则。在这些原则中，除了按照贷款项目的实际工程进度分阶段拨付贷款这条原则外②，其他原则也同样适用于永久性房地产开发贷款的风险管理。

第四节　房地产开发融资中的法律问题

房地产开发贷款是房地产开发融资的一个重要方式。此外，房地产开发的资金来源还包括开发商自有资金、施工企业垫资以及预售房款等。项目的启动需要开发商投入自有资金，包括项目计划立项、建设规划审批、签订土地出让合同、进行土地的“三通一平”等前期工作主要依靠开发商自有资金完成。开发商完成上述工作后一般能取得建设用地规划许可证、建设工程规划许可证、土地使用证临证和施工许可证。取得了上述文件后，开发商即可向银行申请贷款，通常取得银行贷款需要以在建工程进行抵押。另一方面，在项目建设过程中，开发商往往要求施工企业垫资。项目达到预售条件后，开发商即申领房屋预售许可证进行预售，将售房资金投入项目后续开发。以上是房地产开发最基本的融资模式及流程。在这个过程中，涉及多种法律关系。

---

① 我们知道，永久性房地产开发贷款的期限较长，一般将远远长于银行存款的平均期限，因此，对于永久性房地产开发贷款的贷款者来说，它可能不得不面临这样的风险，即存款到期了，但贷款还没有到期。在这种情况下，如果储户提款，则贷款者可能将面临被挤兑的尴尬境地。

② 之所以这条原则不能适用于永久性房地产开发贷款的风险管理，主要是因为永久性房地产开发贷款的发放，必须被用来一次性地置换借款人在贷款项目的开发建设阶段所借贷的建设性房地产开发贷款。因此，永久性房地产开发贷款是不可能分期拨付的，而必须一次性地发放。

一、房地产开发融资涉及的相关法律制度概述

在房地产开发融资中涉及三种不同形式的权利:在建工程(房屋)抵押权、建设工程价款优先受偿权和买受人商品房交付请求权。

(一) 在建工程抵押权

根据《城市房地产抵押管理办法》第3条的规定,所谓在建工程抵押是指抵押人为取得在建工程继续建造资金的贷款,以其合法方式取得的土地使用权连同在建工程的投入资产,以不转移占有的方式抵押给贷款银行作为偿还贷款履行担保的行为。以在建工程已完工部分抵押的,其土地使用权随之抵押。《最高人民法院关于适用〈中华人民共和国担保法〉若干问题的解释》(以下简称《担保法解释》)第47条规定,以依法获准尚未建造的或者正在建造中的房屋或者其他建筑物抵押的,当事人办理了抵押物登记,人民法院可以认定抵押有效。

(二) 建设工程价款优先受偿权

《合同法》第286条规定:"发包人未按照约定支付价款的,承包人可以催告发包人在合理期限内支付价款。发包人逾期不支付的,除按照建设工程的性质不宜折价、拍卖的以外,承包人可以与发包人协议将该工程折价,也可以申请人民法院将该工程依法拍卖。建设工程的价款就该工程折价或者拍卖的价款优先受偿"。《合同法》第286条相当于在建设工程合同制度中确立了一项新的法律制度,承认建设工程承包人对建设工程享有优先受偿的权利。2002年6月27日,最高人民法院法释(2002)16号《关于建设工程价款优先受偿权问题的批复》(以下简称《批复》),对《合同法》第286条规定的建设工程承包人优先受偿权的范围、期限等具体内容做出了进一步解释。

(三) 买受人商品房交付请求权

《批复》第2条规定,"消费者交付购买商品房的全部或者大部分款项后,承包人就该商品房享有的工程价款优先受偿权不得对抗买受人。"也就是说,相对于施工企业的工程价款优先受偿权,已经支付全部或者大部分款项的买受人在请求商品房交付方面享有优先权。

二、相关法律权利的冲突

（一）买受人商品房交付请求权与在建工程（房屋）抵押权的冲突

买受人商品房交付请求权与在建工程抵押权通常不会产生冲突，按现行的操作模式，开发公司为避免在建工程抵押影响项目销售，通常都与银行事先洽商好了逐步解除抵押的时间和步骤，在消费者购买房屋时，项目贷款银行会解除对售出部分设定的抵押；买受人申请银行按揭的，虽然也需要以所购房屋设定抵押，但其性质与参与主体均发生了转变，两者之间若产生冲突属于买受人商品房交付请求权与在建房屋抵押权的范畴。但上述操作模式并不是一种法定程序，因此仍存在买受人商品房交付请求权与在建工程抵押权发生冲突的可能性。

另一方面，实践中，一些开发商为填补资金缺口，实现滚动开发的融资需要，在商品房预售（买卖）合同签订后，房屋所有权尚未转移给买受人之前，又将该房屋作为抵押物抵押给银行而获取贷款。由此也可能产生买受人商品房交付请求权与房屋抵押权的冲突。

依据物权优先于债权的原则，在开发商不履行偿还贷款义务时，债权人（抵押权人）可对该抵押房屋的折价、变卖的价款优先受偿，而买受人因其通过商品房买卖合同对该房屋享有的只是债权请求权，没有对抗第三人的效力，也不能请求免除设定于房屋之上的抵押负担。和上述法律原则一致，《商品房买卖合同解释》第8条规定，在商品房买卖合同成立以后，出卖人未告知买受人又将房屋抵押给第三人导致商品房买卖合同目的不能实现的，无法取得房屋的买受人可以请求解除合同、返还已付房款及利息、赔偿损失，并可以请求出卖人承担赔偿责任，但是无法请求开发商交付房屋。也就是说，抵押权是优先于商品房买受人的债权的。

（二）在建工程（房屋）抵押权与建设工程价款优先受偿权的冲突

在《批复》施行前，对建设工程中的被拖欠工程价款与在建工程抵押权冲突，司法实践大多以合同约定的违约责任和《担保法》及其解释的相关规定作为判决依据。依据物权优先于债权的原则，以在建工程抵押权形式作为担保的银行债权可以高枕无忧。《批复》实施后，被拖欠工程价款在一定程度上取得了对抵押权的优先权，可优先于抵押权以项目工程折价或者拍卖的价款优先受偿。银行债权本可就抵押房产处置所得优先受偿，现在却变成其次受偿了，即在承包人行使优先受偿权的情况下，必须确保工程价款优先偿付后，银行抵押债权才能优于其他一般债权受偿。

针对拖欠工程款中的施工企业垫资部分，最高法院明确指出，施工企业垫资如果确实已经物化到工程中，则该垫资属于优先受偿的范围。就是说，就施工企业垫资及银行贷款这两种房地产融资形式来说，垫资具有优先地位。《批复》的出台实施，为采用司法途径解决工程价款拖欠问题提供了有力的支持，但这对银行信贷资产的安全却产生了较大的冲击。

（三）买受人商品房交付请求权与建设工程价款优先受偿权的冲突

《批复》第2条规定，消费者交付购买商品房的全部或者大部分款项后，承包人就该商品房享有的工程价款优先受偿权不得对抗买受人。也就是说，相对于施工企业的工程价款优先受偿权，已经支付全部或者大部分款项的买受人在请求商品房交付方面享有优先权。最高法院的解释是，消费者购买商品房是一种生存权利，同时还关系到社会的稳定；而承包人的权利主要是一种经营权利，生存权利应当优先于经营权利受到保护。

（四）多种权利共存情况下的冲突

根据《批复》的规定，买受人的商品房交付请求权优先于建设工程价款优先受偿权，建设工程价款优先受偿权优先于抵押权，而如前所述，买受人的商品房交付请求权又是不能对抗抵押权的，只能行使债权请求权来获得救济。这样一种两两相胜的微妙关系，导致了多种权利共存情况下法律关系的复杂化。

专栏9-2　房地产开发融资中法律关系的调整

某商品房工程，取得预售许可证后，进行预售。已售出部分，解除了原来设定的在建工程抵押，由购房人申请了按揭贷款，用所购房屋设定了抵押；在购房款支付方面，部分购房人支付了超过50%的购房款，部分支付不足50%；现该商品房项目竣工验收合格，因开发商拖欠工程款，施工企业于法定期限内提起诉讼要求行使建设工程价款优先受偿权，申请人民法院将该工程依法拍卖，以该工程折价或者拍卖的价款优先受偿。由此出现了商品房交付请求权、建设工程价款优先受偿权及抵押权，其中抵押权又可细分为在建工程抵押权及房屋抵押权。在同一项目中出现了上述多种权利冲突并存的复杂局面。

在该例中，就未出售的房屋部分施工企业享有优先受偿权，贷款银行依据在建工程抵押权具有第二顺位的受偿地位；对售出房产中购房款支付未超过50%的部分，施工企业也享有优先受偿权，购房人由于付款未超过50%，故无权对抗施工企业要求以房屋拍卖以该工程折价或者拍卖的价款优先受偿的权利，同时银行依据房屋抵押权也优先于购房者具有第二顺位的受偿地位；对售出房产中购房款支付超过50%的部分，施工企业无优先受偿权，该房屋应当依法交付购房人，银行于该房屋上设立的抵押权不受影响。

资料来源：周兰萍、龙文杰，http://whfcls. banzhu. net/article/whfcls-5-33892. html。

通过以上分析，我们初步了解了房地产融资过程中各方主体之间的一些权利冲突问题。以上复杂的法律关系对房地产投资收益产生了巨大影响。房地产开发融资过程中采取不同的操作方案，各方主体的权利将受到截然不同的影响。

本章小结

本章对房地产开发贷款的发放和管理进行了全面阐述，具体地看，本章的主要内容包括：

1. 按照不同的标准划分，房地产开发贷款可划分为许多不同的类型，其中一个非常重要的划分是将房地产开发贷款区分为建设性房地产开发贷款和永久性房地产开发贷款。在这里，建设性房地产开发贷款是指为满足房地产项目开发建设需要而发放的贷款，这类贷款的期限仅限于房地产项目的开发建设期间，因此，它的期限较短，一般在5年以下。永久性房地产开发贷款是指为满足房地产租赁经营需要而发放的贷款，这类贷款是在房地产项目建成以后才发放的，它的期限较长，最高期限可达30年以上。

2. 建设性房地产开发贷款与永久性房地产开发贷款的发放和管理存在差异，两者间的差异不仅表现在发放和管理的程序方面，而且还表现在评估方法、风险识别和风险管理手段等许多方面，对此本章做了全面的阐述。了解建设性房地产开发贷款与永久性房地产开发贷款发放和管理各自的特点及两者间的差异，是全面掌握房地产开发贷款实务的关键所在。

3．风险管理是房地产开发贷款发放和管理的核心，这不仅需要贷款者具有良好的风险管理意识，同时也需要贷款者采取一定的风险管理的手段。本章重点介绍和阐述了按照贷款项目的实际工程进度拨款以及贷款承诺两种房地产开发贷款风险管理的手段，它们分别对于建设性房地产开发贷款以及永久性房地产开发贷款的风险管理具有重要的意义。

4．在房地产开发融资过程中，涉及多种法律关系，包括三种不同形式的法律权利：在建工程（房屋）抵押权、建设工程价款优先受偿权和买受人商品房交付请求权。房地产融资过程中存在各方主体之间的权利冲突问题。复杂的法律关系对房地产投资收益产生了巨大影响。

练习与思考

1．建设性房地产开发贷款与永久性房地产开发贷款有何区别？为什么国内银行目前没有提供永久性房地产开发贷款？

2．房地产开发贷款评估的难点是什么？谈谈你的看法。

3．对于建设性房地产开发贷款，为什么要按照贷款项目的实际工程进度拨付贷款资金？

4．阅读材料并回答问题：为什么住房开发贷款增长下降？针对住房开发贷款违约开始增多的情况，银行应如何加强风险管理？

数据显示，截至2007年6月末，上海中资商业银行房地产开发贷款余额为2 072.11亿元，比年初增加99.33亿元，同比增长16.7%，增量同比减少220.75亿元。上半年住房开发贷款和土地储备贷款增量分别为－31.46亿元和32.40亿元，同比分别少增143.82亿元和78.03亿元。其中，住房开发贷款在二季度连续三个月出现负增长，累计减少44.21亿元。与此相反的是，商业用房开发贷款继续保持稳步增长，上半年商业用房开发贷款增量为65.87亿元，同比增长71.8%，增速比全部房地产开发贷款高55.1个百分点。

在开发贷款出现负增长的同时，“住房开发贷款违约开始增多”，报告指出，住房开发贷款出现不良双升。截至6月末，上海市中资商业银行的住房开发不良贷款比年初增加了7.67亿元，不良率为1.79%，比年初上升了0.61个百分点。

“上半年新发生住房开发不良贷款13.25亿元，同比多增8.62亿元，其中近90%的贷款是经过展期到期后再形成不良贷款。”报告说。开发贷款形成展期的可能原因有三：一是市场环境变化，如楼市行情走弱、宏观调控加强等；二是房地产开发企业挪用信贷资金，表现为拖欠工程款、材料款，延迟交房等，违规利用信贷资金去做其他事情，如进入股市；三是相关银行为保证一定的贷款余额，一般要求开发商在楼盘销售过半时就要还清开发贷款，但会出于保留一定贷款余额的考虑而展期，“但目前这种可能性极低”。

资料来源：《上海银监局报告称 房地产开发贷款亮黄灯》，《中国财经论坛》，2007年7月24日。

5. 阅读材料并回答问题：银行为什么要强调房地产开发贷款与个人住房贷款的配比？你认为这种方法能否控制贷款风险？

阅读材料

购房者请求按揭贷款时，各售楼处通常会指定某一家特定银行，而这样的指定银行十有八九给楼盘提供了开发贷款。开发贷款与个贷之间这种“天然配对”，在业内已是心照不宣的行规。北京房贷市场购房人一次性付款购房的比例为20%，而且由开发贷款项目带出的个贷市场，他行介入分割的业内比例是1/3，由于这些因素，北京开发贷款与个贷的比例约为1:1.85。“只有占领开发贷款市场，才能掌控个人按揭贷款。”业内人士介绍，北京工行2002年开发贷款投放不大，没有为2003年个贷储备足够的资源，造成全局被动，结果该行不得不放量发放开发贷款，导致2003年开发贷款与个贷的增量比例一度失调到1:0.43。工行今年将个贷配对数字由1:3.75调整到1:2.5，是对竞争态势的让步，客观上放松了对开发贷款规模的限制。同时，为防范可能引发的系统性风险，工行相应地将开发贷款企业自有资金由30%调高到35%，并试图对开发贷款市场进行两类划分——鼓励对象和限制对象。

资料来源：《21世纪经济报道》，2004年6月20日。

推荐阅读书目

[1] 威廉·B.布鲁格曼、杰弗里·D.费雪著,逯艳若、张令东、任国军译:《房地产融资与投资》(第11版),北京:机械工业出版社2003年版。

[2] 特瑞斯·M.克劳瑞特、G.斯泰西·西蒙著,龙奋杰、李文诞译:《房地产金融:原理和实践》(第3版),北京:经济科学出版社2004年版。

[3] 盖伦·E.格里尔、迈克尔·D.法雷尔著,龙胜平等译:《房地产投资决策分析》,上海:上海人民出版社1997年版。

第十章 房地产与资本市场

知识要求

通过本章的学习,掌握

- 股票的定义、类型以及股票融资的特点
- 债券的类型以及债券融资的特点
- 可转换债券的定义、特点以及基本要素
- 借壳上市融资的途径、步骤及风险控制
- 房地产公司并购重组的模式及特点

技能要求

通过本章的学习,能够

- 根据各种资本市场工具的特点以及房地产业的产业政策来分析房地产企业如何在不同资本市场工具之间进行选择

第一节 上市融资

上市融资即房地产企业通过公开发行股票并上市的方式来实现融资目的。国内房地产企业实现上市融资的途径主要有首次公开发行(IPO)和借壳上市。按照上市地点又分为国内上市和海外上市。目前,沪深两市上市公司已超过1 500家,而房地产上市公司只有百余家,真正IPO上市的仅有40多家,且大多是在1991—1994年上市的。大多数上市房地产公司都是通过借壳方式实现上市融资的。不管通过哪种途径上市,都涉及股票发行和上市交易。房地产企业股票发行与上市的程序以及条件与其他类型公司并没有什么本质不同。下面我们来简要了解什么是股票以及股票发行和上市的条件。

一、股票的定义及其类型

股票是股份有限公司发行的，表示其股东按其持有的股份享受权益和承担义务的可转让的所有权凭证。股票作为一种所有权凭证，代表着股东对公司净资产的所有权。股票的持有者拥有以下权利：分配公司剩余财产的权利，投票表决权，优先认股权，剩余财产的清偿权，等等。

股票的种类很多，其中，按股东权利和义务划分为普通股和优先股。通常情况下股份有限公司只发行普通股股票。普通股股票代表对公司剩余资产的所有权，普通股股东共同拥有公司，同时承担与公司所有权相联系的风险，当然，每个普通股股东的责任只限于他们自己的投资额大小。普通股股票有一个明显的特征，就是股利不固定。优先股股票是公司发行的优先于普通股股东分取股利和公司剩余财产的股票。多数国家公司法规定，优先股可以在公司设立时发行，也可以在本公司增发新股时发行。但有些国家的法律则规定，优先股只能在特殊情况下，如公司增发新股或清理债务时才准发行。

除此之外，还有其他分类方法，比如按票面有无记名分为记名股票和无记名股票；按票面是否标明金额，可分为有面额股票和无面额股票；按股票的上市地点和所面对的投资者的不同，有A股、B股、H股、N股和S股等的区分。

二、股票发行和上市条件

（一）股票的发行条件

股票的发行是指股份有限公司出售股票以筹集资本的过程。股票发行人必须是具有股票发行资格的股份有限公司。我国《公司法》明确规定只有股份有限公司才能发行股票，而有限责任公司是不能发行股票的。

股份有限公司公开发行股票必须符合一定的条件。按我国《证券法》第13条规定，公司公开发行新股，应当符合下列条件：具备健全且运行良好的组织机构；具有持续赢利能力，财务状况良好；最近三年财务会计文件无虚假记载，无其他重大违法行为；经国务院批准的国务院证券监督管理机构规定的其他条件。

对于首次公开发行股票即IPO，《首次公开发行股票并上市管理办法》

进一步做了详细规定，其第33条规定，发行人应当符合下列条件：最近3个会计年度净利润均为正数且累计超过人民币3 000万元，净利润以扣除非经常性损益前后较低者为计算依据；最近3个会计年度经营活动产生的现金流量净额累计超过人民币5 000万元；或者最近3个会计年度营业收入累计超过人民币3亿元；发行前股本总额不少于人民币3 000万元；最近一期末无形资产（扣除土地使用权、水面养殖权和采矿权等后）占净资产的比例不高于20%；最近一期末不存在未弥补亏损。

对于上市公司的再融资行为，包括配股和增发新股，《上市公司证券发行管理办法（征求意见稿）》规定，向原股东配售股份（简称“配股”），应当符合下列规定：配售股份总数不超过本次配售股份前股本总额的30%；控股股东应当在股东大会召开前公开承诺认配股份的数量；采用证券法规定的代销方式发行。控股股东不履行认配股份的承诺，或者代销期限届满，原股东认购股票的数量未达到拟配售数量70%的，发行人应当按照发行价并加算银行同期存款利息返还已经认购的股东。

向不特定对象公开募集股份（简称“增发”），应当符合下列规定：最近3个会计年度加权平均净资产收益率平均不低于6%。扣除非经常性损益后的净利润与扣除前的净利润相比，以低者作为加权平均净资产收益率的计算依据；除金融类企业外，最近一期财务报告显示不存在大量的交易性金融资产、委托资产管理、借与他人的闲置资金；发行价格应不低于公告招股意向书前20个交易日公司股票均价或前一个交易日的均价。

（二）股票的上市条件

股票上市是指股份公司发行的股票，在经有关部门批准后，就可以在股票市场（证券交易所）公开挂牌进行交易。也就是说并不是所有的股份公司发行的股票都能上市交易。对上市公司而言，股票上市可以大大提高公司的知名度，增强公司股票的吸引力，从而可以在更大的范围内进行融资。

我国《公司法》规定股票上市必须具备以下几个条件：

（1）股票经国务院证券管理部门批准已向社会公开发行。

（2）公司股本总额不少于人民币5 000万元。

（3）开业时间在3年以上，最近3年连续赢利；原国有企业依法改组而设立的，或者本法实施后新组建成立，其主要发起人为国有大中型企业的，可连续计算。

(4) 持有股票面值达人民币1 000元以上的股东人数不少于1 000人，向社会公开发行的股份达公司股份总数的25%以上；公司股本总额超过人民币4亿元的，其向社会公开发行股份的比例为15%以上。

(5) 公司最近3年内无重大违法行为，财务会计报告无虚假记载。

专栏10-1 国内房地产企业上市融资历程

房地产企业上市融资经历了四个阶段。

1993年以前为试点阶段。我国现有的33家真正意义上的房地产上市公司，都是在证券市场发展初期进入股票市场的。在这一阶段，社会各界及政府管理部门对房地产企业进入股票市场普遍持欢迎的态度，相关的政策环境也较为宽松。在这样的条件下，当时深圳和上海股票市场上的房地产板块，如珠江实业、陆家嘴、深万科、兴业房产、南海油业、深深房等才具有很高的知名度，为股市投资者和上市企业带来了较为可观的收益。

1993—1999年为沉寂阶段。20世纪90年代初期，由于市场管理制度不健全，房地产市场的投机成分增加，房地产公司的资产负债率过高，开始出现房地产泡沫，并且由于部分上市公司有在证券市场进行融资的优势，导致投资盲目扩大，而且由于证券市场发展时间不长，市场容量有限，房地产上市公司吸引过多的资金，会导致证券市场系统风险增大，为了抑制房地产的过度投机、规范房地产市场和证券市场，国家于1993年开始宏观调控，明确提出不鼓励房地产企业上市的政策，如规定一个企业的房地产收入超过总收入的20%，就不允许上市；有些兼营房地产的企业，也不能将房地产部分包装上市；对将募集资金用于别墅性质的高档住宅、度假村、高档公寓、写字楼和建筑标准在四星级以上的宾馆饭店的配股申请不予审批。1996年底，中国证监会《关于股票发行工作若干规定的通知》要求对金融、房地产行业暂不考虑。1997年9月，中国证监会《关于做好股票发行工作的通知》中又提出在产业政策方面继续“对金融、房地产行业企业暂不受理”。房地产企业上市暂停的几年间，房地产企业的融资渠道主要依赖自有资金和银行贷款。

事实上，在直接上市受阻的情况下，有许多房地产企业通过间接的渠道如借壳上市（也称“买壳上市”）的方式进入股票市场进行融资活动。如1998

年上半年北京阳光房地产公司实现对原广西虎威控股；1999年初世纪兴业投资公司控股中天企业；1998年光彩集团入主南油物业等。另外，还有一些国内房地产企业直接或间接地在境外上市成功，为这些企业的房地产开发项目注入了大量资金。1996年11月，北京华远房地产股份有限公司通过其控股公司华润北京置地公司在香港联交所成功上市，就是其中的成功案例之一。

1999—2001年为复苏阶段。1997年，随着宏观经济状况的转变，市场需求不足，开始出现通货紧缩，为培育新的经济增长点，满足人们改善居住环境的要求，国家提出将住宅建设培育为国民经济新增长点的政策，房地产业的发展进入了一个新的历史阶段。1999年下半年，国务院原则同意由建设部选择数家骨干企业推荐给中国证监会，进行上市试点。2000年，北京天鸿宝业房地产股份有限公司和金地房地产股份有限公司分别在证券媒体上刊登招股说明书，2001年金地集团、天房发展成功上市，标志着资本市场对房地产企业的重新开放。

2001年以来为稳步发展阶段。2003年国务院把房地产业确定为国民经济支柱产业，为房地产业的发展奠定了政策基础。进一步加快了房地产上市融资的步伐，到2003年底，有46家房地产上市公司。不过2004年以来IPO上市步伐有所放缓，多数企业通过借壳方式上市。截至2008年7月底，深沪两市房地产板块共有66家上市公司。下图描述了房地产融资规模发展变化的情况。

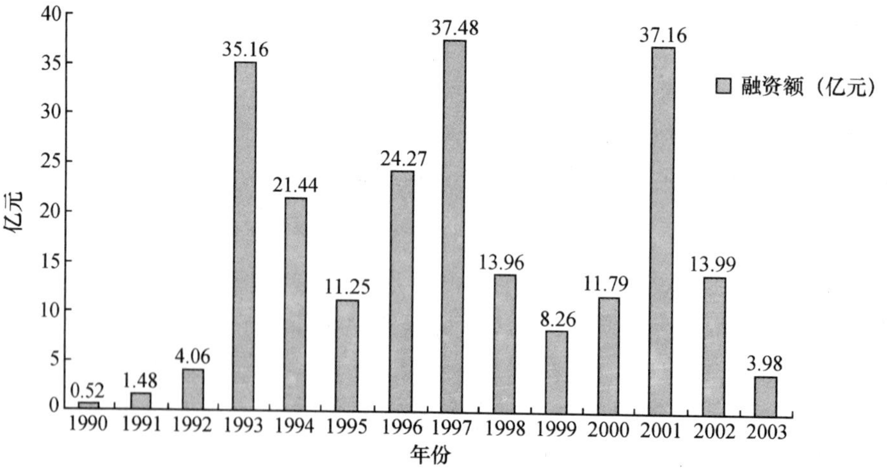

资料来源：根据《新地产》相关数据整理。

三、房地产企业上市前的战略准备

房地产行业作为典型的资本密集型行业，资金短缺始终是困扰行业内众多企业的主要问题。而在当前宏观调控背景下，融资渠道减少，信贷政策收紧，资金链紧张的问题更加突出。在这种状况下，上市融资自然成为众多房地产企业的最佳融资渠道。然而，要想成功上市，房地产企业必须了解和解决以下几方面问题：第一，稳定的业绩；第二，投资者认可的发展战略；第三，干净透明的财务体系。为此，房地产企业在上市融资之前应该做好以下几方面工作：

1. 增加土地储备。土地储备能力是房地产企业未来可持续发展的关键。

2. 改善产品结构，拓宽产品线，从而调整企业未来现金流，形成租售并举的局面，从而获得资本市场的青睐。

3. 规范财务运作。符合国际准则的财务运作是上市企业获得社会公信力的关键。

4. 形成明确的企业战略目标，并制定切实可行的实施计划。这是得到投资者认可的关键。

5. 制定明确的上市计划，并进行积极筹备。成功上市，需要一个比较漫长的周期，这个周期要求企业经历较长时间的筹备过程，包括改善公司治理结构和资本结构、进行必要的上市辅导等。

四、房地产企业借壳上市融资①

借壳上市是当前房地产企业上市融资的一种主要方式。所谓借壳上市，是指非上市公司通过购买一家已经上市公司的一定比例股权来取得上市的地位，然后通过“反向收购”的方式注入自己有关业务及资产，实现间接上市的目的。房地产企业利用上市公司的壳资源发行新股融资。

（一）借壳上市融资的途径

目前房地产公司借壳上市，主要有三种途径：第一，是对 ST 公司的重组，通过“资产重组结合增发”，借壳 ST 公司上市；第二种方式是利用上市

① 部分内容改编自张国生：《房地产世界》，2004 年第 4 期，第 56—58 页。

公司再融资的机会借壳，主要以房地产公司股权来认购上市公司定向增发的股份；第三种形式则是纯粹的借壳，通过收购上市公司控股权而实现借壳上市的目的。

例如，2006年北京润丰房地产公司收购圣雪绒事件。圣雪绒将其全部资产转让给其控股股东宁夏圣雪绒国际企业集团有限公司后，北京润丰房地产公司则向圣雪绒注入等价的资产及现金1 000万，这样通过承接圣雪绒的债务加1 000万现金完成对圣雪绒8 000万股国有股权的收购，该股权占圣雪绒总股本的54.05%，结果是北京润丰成为圣雪绒的实际控制人，圣雪绒从一家亏损的纺织企业变身为资产质地优良的地产类上市公司。

另一个案例是北京金融街建设集团收购重庆华亚。2000年4月北京金融街建设集团收购重庆华亚第一大股东华西包装集团公司持有的法人股4 869.15万股，股权比率61.8%，总价1.85亿元。随后重庆华亚将其拥有的16 545万元资产与金融街建设集团拥有的16 433万元房地产资产进行等值置换。置入资产包括两部分：一部分是在金融街区域具有稳定租金收益的房地产，另一部分是全资子公司北京金融街房地产经营公司的全部股权。收购完成后，重庆华亚更名为金融街。金融街上市后累计募集资金66 920万元。

（二）房地产企业借壳上市的基本步骤

1. 作为借壳方的房地产企业必须拥有一个优质的项目储备或充裕的资金准备(包括有形资产、无形资产，以及现成的生意或资金等)。这是吸引壳公司原有控股人愿意出让控股权和投资银行为其提供中介服务的关键。

2. 房地产企业应先选择一家投资银行签订合约，制订出双方的责、权、利及“借壳上市”交易步骤。收购需要经过上市公司董事会和股东大会的同意；如果收购涉及国有股转让，需经过当地国有资产管理部门和财政部批准；依据《证券法》，如果股权转让超过已发行股本的30%，收购方应当向该上市公司所有股东发出收购上市公司全部或者部分股份的要约。要约收购方式成本较高，需要在策划时加以规避。

3. 选择一家合适的、干净的上市公司作为收购目标。所谓“合适的”是指已发行和流通的股本要相对较小、因为盘子小容易操作；“干净的”是指没有任何法律及债务纠纷的上市公司。在进行一番彻底的“调查研究”证明目标公司是干净的以后,再与目标公司控股股东完成收购谈判和签约。

4. 完成对上市公司的收购后,房地产企业入主上市公司的董事会,全面主持上市公司的经营。在将自身的优质资产作价进入上市公司的同时,要对上市公司原有不良资产作价进入原控股股东,或进入收购方,或继续留在上市公司。重组一般是在借壳以后进行,但有时也可以在与被收购方达成一致的条件下,在借壳以前实施。重组以后,收购方的优质资产和主营业务进入上市公司,将大幅度提高上市公司业绩进而满足再筹资条件。

5. 完成项目方案、制作招股说明书和其他相关报告。最后要同证券商、投资公司和金融机构接触,进行项目招股的洽谈,由它们协助进行资金募集。根据《公司法》和《上市公司新股发行办法》,实施配股和新股增发的基本条件和要求有:连续三年赢利,平均净资产收益率达到6%;距离前次股票发行一年以上;没有损害上市公司利益的重大关联交易行为;连续三年财务会计文件无虚假记载。

壳资源一般很难满足上述连续三年赢利的条件,但根据《关于规范上市公司重大购买或出售资产行为的通知》,如果借壳后上市公司进行了重大资产重组且效果良好、运行规范,可以在重组一年以后提出配股或新股增发。申请配股和新股增发的规模和价格取决于以下因素:募集资金投入的项目需要;配股规模不得超过上市公司前次发行并募足股份后普通股股数的30%;主承销商的承销能力;一段时间以来的上市公司股票平均收盘价格。

(三) 收购的成本分析

对于借壳上市的房地产企业来说,其成本主要分为借壳成本、资产置换成本、控股后资本运作成本和整合成本。

1. 借壳成本

借壳成本是实际收购价格与被收购企业价值之差。在确定计价基础时,分为两种情况。如果壳公司能持续经营,以收益现值为基础,采用现金流量折现法确定企业的价值。在实际操作中,如果现金流量折现法不好操作,还可以用市盈率法作为替代方法,它根据企业未来一年的赢利预测和标准市盈率相乘得出收购价格。如果被收购企业无法持续经营,面临破产清算或因长期亏损和微利无发展前景,以现行市价或者破产清算价格计价。

2. 资产置换成本

取得壳公司的控股权实现借壳上市以后，控股方往往将自己赢利能力较强的资产注入上市公司中，提高上市公司的资产收益率，使之达到配股要求。在实务操作中，往往出现优质资产的价值被低估的情况，从而增加了借壳成本。资产置换的成本用公式表示为：资产置换成本 = 注入资产的评估价值 - 该项资产的实际交易价格。例如，在2001年深圳沙河集团收购深华源A的时候，沙河集团将其全资公司沙河房地产的全部资产以及沙河商城部分地产合计33 244万元置换深华源A的31 608万元资产，其中差价为1 636万元。

3. 控股后资本运作成本

主要包括对壳公司不良资产的处理及优质资产以一定比例折价注入上市公司的成本；对上市公司的重大人事变动及主营业务调整所需要的费用；为使壳公司股票在二级市场受到青睐和追捧，营造良好筹划氛围，从财务和经营上对壳公司采取的政策倾斜，保证上市公司持续增长。

4. 整合成本

整合成本难以量化。房地产企业借壳上市通常是一项跨行业、跨地区甚至跨国界的产权交易行为，壳公司与购买企业具有不同的企业文化背景、经营理念、经营性质、管理能力、技术水平和人员素质，产品结构与资本结构也各具特色。借壳上市后，要进行一系列系统性、结构性的改革，形成新的治理结构、组织结构、管理制度、经营战略、企业文化等等。这通常需要付出大量的时间、人力、物力和财力。借壳上市的整合成本不仅表现为巨大的资金投入，更重要的是表现为时间和精力的消耗，这种成本难以量化，具有很大的不确定性。

（四）收购风险及其控制

房地产企业借壳上市并非易事，可以说是一把“双刃剑”，它为房地产企业带来一系列优势的同时，也带来了一些特定的风险，此外，即使挤入资本市场，也并不意味着房地产企业从此拿到了“自动提款机”，立即实现了低成本融资的梦想。借壳上市的风险是有意借壳上市融资的企业切实需要加以考虑的问题，这些风险主要有：

1. 财务和法律风险。收购涉及复杂的法律关系以及财务的处理。一旦处置不慎，就会给企业带来难以预料的损失，譬如或有负债、合同纠纷、股权质押、原大股东挪用上市公司资金等财务问题和法律问题。值得注意的是与原国有大股东和主管部门，特别是当地政府以及原企业高级管理人员的沟通和合作，他们的既得利益、本位主义和地方保护主义，有时会破坏借壳的市场化原则。这也需要收购方与有关部门和人员及时接触，争取地方政府的理解与支持。

2. 融资风险。借壳上市企业的企业形象和社会可信度并不比直接上市的企业高，进而在融资时可能会处于不利地位。此外，再融资的要求较高。实际操作中，对房地产企业的业绩要求更高。例如，证监会规定上市公司配股和增发新股，必须满足以下条件：连续三年加权平均净资产收益率不能低于10%，最低不能低于6%。为了应对上市公司增发的热潮，证监会又出台了新的补充规定：最近三个会计年度加权平均净资产收益率平均不低于10%，且最近一个会计年度加权平均净资产收益率不低于10%；符合《关于上市公司重大购买、出售、置换资产若干问题的通知》规定的重大资产重组的上市公司，重组完成后首次申请增发新股的，其最近三个会计年度加权平权净资产收益率不低于6%，且最近一个会计年度加权平均净资产收益率不低于6%。多数借壳上市的房地产公司由于不能满足这些条件而很少获得再融资机会。因此，为使房地产企业凭借自身的强劲增长潜力，有效地改善壳公司的经营业绩，带动上市公司股价的上升，房地产企业的资产收益率必须保持较高水平，经验值一般要求在20%左右。

3. 整合风险。通过借壳上市的企业面临新旧企业的整合问题，比如企业文化的融合，原有职工的安置，新业务的置换，这些会给企业带来巨大的成本，而且很可能比预想中的要大，而且这部分成本又在企业借壳成本之外。

4. 收购失败的风险。借壳不仅需要充裕的收购资金，而且需要相当完备的收购计划，如果收购壳公司的信息被泄露，市场投机引发壳公司的股票大幅上扬，导致收购成本加大，甚至导致收购失败，会给买方带来巨大的经济损失。

由于在房地产企业收购过程中潜藏着巨大风险，所以收购方必须保持足够谨慎。

首先，应该充分了解被收购对象，一个有潜力的壳公司，其流通股股本规模应该比较大，股权分散。壳公司的历史包袱、债务负担比较轻，可以保证总体收购成本较低。壳公司的原有资产处置比较容易,资产置换、重组工作可以在较短时间内完成。此外,借壳公司所处地理位置、地区经济发展水平、股票集中度也是应该考虑的因素。

其次,应该采用合理的并购策略。借壳只是手段,不是目的。借壳是前提和基础,如何利用壳资源融资是关键和核心。收购方要将壳公司作为沟通企业与资本市场的桥梁,要做好并购后的整合工作,将优质的房地产项目与经营管理融入壳公司去,要处理好输血与造血的辩证关系,保证壳公司的良好业绩,维护其在资本市场上的良好形象,从而最终使企业获得在资本市场上持续融资的能力。

最后,应该客观评价自身条件。在实现借壳上市前,房地产企业应就自身经济实力、房地产行业的发展前景、企业发展战略、收购成本与风险、外部资金来源等方面进行客观、全面、详细的分析与评估,以确定应采取的借壳方式和收购标准。一般来说,欲借壳的房地产企业应具备以下条件:具有优质的资产和房地产开发项目,通过高成长性的经营业务能显著改善和提高上市公司的经营业绩;有较强的支付保证,用以支付收购价款和壳公司的经营运作;尽力取得地方政府部门的理解和支持,因为借壳上市涉及国有股权的转让,或者涉及地方经济利益;取得具有丰富投资银行业务经验的金融中介机构、会计师事务所的合作与支持。

专栏 10-2　详解房地产企业上市融资政策 IPO 募资不得用于买地

中国证监会发行部有关人士昨日在京表示,中国证监会支持优质房地产企业通过 IPO 或借壳上市等方式,通过资本市场实现做大做强。但对募集资金用于囤积土地、房源,或用于购买开发用地等的 IPO,将不予核准。

在昨日举行的"2008 年宏观经济形势与房地产发展态势报告会"上,中国证监会发行部三处负责人表示,市场传言房地产企业 IPO 和再融资审核停止并不准确。"房地产企业,目前已经不存在暂停上市审核的情况,也应当不会再出现限制房地产企业的状况。"目前,证监会对房地产企业 IPO、再融资、借壳上市等均按照正常程序受理、审核,和其他行业相比没有任何特殊之处。且今年以来,已有两家企业 IPO 过会,目前 IPO 在审企业 5 家;再融资方面，今年已经有4家实现再融资132亿，还有3家已经过会，正等待发行窗口，目前受理在审的还有15家。

IPO募资不得购买开发用地

这位负责人提示了房地产企业融资的审核重点。其中，房地产企业首发过程中凡募集资金用于囤积土地、房源，或用于购买开发用地等，将不予核准。

房地产企业信息披露透明度也被高度强调。首发时重点关注本次筹资用于投资项目的开发进度、项目资金使用计划、本次募资在招股书中披露的是否与计划一致；再融资时重点关注上次募资项目进展、效益情况是否与招股书披露一致，是否充分履行承诺等。另外，在近期国务院关于促进节约用地的有关通知下发后，监管部门要求在审企业及后续提交材料企业，必须由保荐人和发行人律师围绕通知逐条进行尽职调查，逐条发表明确专业意见。

针对"上市房地产公司推高地价房价"，制造出"面粉比面包贵"局面的观点，这位负责人说，证监会就此一直保持与建设部的沟通和研究。研究结果显示，目前我国境内上市房地产公司有120家，占上市公司总量的7.5%，从去年初到今年2月末，房地产类公司融资578亿元，占市场融资总量的6.7%，但这来自资本市场的578亿元资金，仅相当于去年全国房地产业实际完成投资总额的2.3%。

总体看，房地产上市公司在全国地产行业中占少数——5万家房地产公司中只有约120家上市。相对未上市的企业，上市公司规模实力较强，透明度高，经营比较规范，且资产负债率普遍低于行业平均水平，有利于防范金融风险。特别是，房地产上市公司存货周转率和土地开发进度比未上市企业高，囤房囤地不符合上市公司追求均衡稳定收益的机制。这位负责人认为，资本市场发展至今，有条件推动包括房地产企业在内的一批优质企业做大做强，此举也有利于改善行业金融支持结构，有利于提高行业规范运作水平，有利于快速将土地转化为居民需要的住房，平衡供需，防止房价过快上涨。"如果国内有一大批万科这样的房地产企业，那么这些企业群体在整个住宅市场发展中将发挥与宏观调控目标一致的功能。"他举例说，万科、保利、招商地产等均通过IPO实现了逐步做大做强。而中粮地产则在2004年通过借壳实现上市，参加股改后，很快申请发行筹资，并成功筹资

13 亿元。目前,中粮集团已经在酝酿更大的资产整合、资源注入计划。中粮地产、泛海建设的控股股东通过资源注入帮助上市公司进一步发展,市值规模均可能成倍增加。

资料来源:周翀,《上海证券报》,2008 年 03 月 21 日 。

第二节　债券融资

发行债券是公司筹措长期资金的又一重要方式。从发达国家的情况来看,债券市场一直是资本市场中份额最大的。企业债券的融资额度要远远高于股票,通常是股票市场的 3—10 倍。相对来说,我国的债券市场规模还很小,且以国债和金融债券为主。企业债券在整个债券市场上所占的比例很小,还不到 3% 。我国企业债券发展落后的原因是多方面的,但债券发行的审批制度所形成的规模额度控制是主要原因。新的《企业债券管理条例》将企业债券的发行由原来的审批制改为核准制,只要符合必备条件,就可以发放债券,并且债券的发行规模将由发行人的需求和市场资金情况来决定,届时将会有更多的企业获得发行债券的机会,这无疑为房地产企业打开了一个新的融资渠道。

一、债券的特征及类型

(一) 债券特征

债券是债务人发行的,并向债权人承诺在未来一定时期内按约定条件还本付息的一种有价证券。债券购买者与发行者之间是一种债权债务关系、债券发行人即债务人,投资者(或债券持有人)即债权人。作为一种有价证券,债券的收益性主要表现在两个方面:一是投资债券可以给投资者定期或不定期地带来利息收入;二是投资者可以利用债券价格的变动,买卖债券赚取差额。债券必须具备以下几个基本要素,即面值、期限、到期日、票面利息率、债券的价格、公司的名称等①。

（二）债券类型

债券可按不同的标准分为很多种类。下面介绍几种主要分类。

1．债券按是否具有抵押品，分为抵押债券和信用债券。

抵押债券是以企业拥有的土地、房屋等有形资产作为抵押来发行的债券，也称担保债券。按照抵押品的不同，可进一步分为不动产抵押债券、动产抵押债券和信托抵押债券。其中信托抵押债券是以持有的其他企业发行的有价证券作抵押品而发行的债券。

信用债券是以公司的资信为后盾来发行的债券，没有任何有形资产作抵押，也叫无担保债券。国外券商通常并没有太多的固定资产，但却拥有良好的信誉，因此国外券商发行的债券通常是信用债券。

2．债券按利率是否固定，可分为固定利率债券和浮动利率债券。

固定利率债券是指发行债券的券面上载有确定利率的债券。也就是说，在发行时规定利率在整个偿还期内保持不变。这种债券不考虑市场变化因素，因而其筹资成本和投资收益可以事先预计，不确定性较小，但债券发行人和投资者仍然必须承担市场利率波动的风险。

浮动利率债券是指发行时规定债券利率随市场利率定期浮动的债券，也就是说，债券利率在偿还期内可以进行变动和调整。浮动利率债券往往是中长期债券。浮动利率债券的利率通常根据市场基准利率加上一定的利差来确定。例如，美国浮动利率债券的利率水平主要参照 3 个月期限的国债利率，欧洲则主要参照伦敦同业拆借利率（指设在伦敦的银行相互之间短期贷款的利率，该利率被认为是伦敦金融市场利率的基准）。又如 1984 年 4 月底，前苏联设在英国伦敦的莫斯科国民银行发行了 5 000 万美元的 7 年期浮动利率债券，利率为伦敦同业拆借利率加 0.185％。

3．债券按是否可转换为公司股票，分为可转换公司债券和不可转换公司债券。

可转换债券（convertible bond，简称“可转债”或“转债”），是一种介于债券和股票之间的可转换融资工具。可转换公司债券是指可以根据规定的

---

① 理论上，债券的面值就应是它的价格，但事实上并非如此。也就是说，债券的面值是固定的，而其价格却是经常变化的。发行公司计息还本，依据的是债券的面值而非其价格。

价格转换为发行公司股票(通常指普通股股票)的债券。不可转换公司债券是指不能转换为发行公司股票(通常指普通股股票)的债券。

二、债券的发行

(一) 债券的发行方式

债券的发行方式有私募发行和公募发行两种。

私募发行是指筹资者面向少数的特定认购人发行,一般仅仅以同债券发行者有某种密切关系者为发行对象,主要是定向发行。私募发行的对象有两类:一类是个人投资者,如发行单位的职工或经常使用发行单位产品的用户;另一类是机构投资者,如与发行单位关系密切的企业、公司、金融机构等。

公募发行是指发行者公开向范围广泛的非特定投资者发行债券的一种方式。为了保护一般投资者的安全,公募发行一般要以有较高的信用等级为必要条件。在公募发行内又有三种发行方式:募集发行,指一般在发行前确定发行额度、日期、发行价等要件;出售发行,指发行额不确定,以某一发售时期内被认购的总额为发行额;投标发行,指预先确定发行额,由承销者通过投标确定发行价格。

一般来说,私募发行多采用直接销售方式,也不必向证券管理机关办理发行注册手续,因此可以节省承销费用。公募发行多采用间接销售方式,往往要履行繁琐的注册手续,如在美国发行的证券必须在出售证券的所在州注册登记,符合“蓝天法”(Blue-Sky Laws)的要求。在采用间接销售方式时,发行人要通过发行市场的中介人即承销者办理债券的发行与销售业务。承销者承销债券的方式有两种,分别是代销和包销。

(二) 债券的发行条件

相对于股票发行条件而言,债券发行条件要更加严格。2005 年 10 月颁布的新《证券法》规定,公开发行公司债券,应当符合下列条件:

1. 股份有限公司的净资产不低于人民币 3 000 万元,有限责任公司的净资产不低于人民币 6 000 万元;
2. 累计债券余额不超过公司净资产的 40%;
3. 最近三年平均可分配利润足以支付公司债券一年的利息;
4. 筹集的资金投向符合国家产业政策;

5. 债券的利率不超过国务院限定的利率水平。

三、债券的信用等级

债券在发行之前,必须经过信用评级机构的评级。债券评级是由债券信用评级机构根据债券发行者的要求及其提供的有关资料(主要是公司的财务报表),通过调查、预测、比较、分析等手段,对拟发行的债券质量、信用、风险进行公正、客观的评价,并赋予其相应的等级标志。债券的信用等级能够表示债券质量的优劣,反映债券还本付息能力的强弱和投资于该债券的安全程度。

债券等级取决于两个方面:一是公司违约的可能性;二是公司违约时,贷款合同所能提供给债权人的保护。债券信用评级一般分为九级,由一些专门从事管理咨询的公司评定。目前世界上最著名的两家证券评级公司——穆迪公司(Moody's)和标准-普尔公司(Standard & Poor's)均为美国公司。现将穆迪公司和标准-普尔公司关于债券等级标准的划分及各等级的定义介绍如下,见表10-1。

表10-1　两家公司对债券等级的评定情况

穆迪公司			标准-普尔公司		
级别	信用程度	说明	级别	信用程度	说明
Aaa	最优等级	极强的财务安全性,情况的变化不会影响其偿债能力	AAA	最高等级	还本付息能力强
Aa	高等级	很强的偿债能力,但长期风险略高于Aaa级	AA	中高等级	还本付息能力较强
A	较高等级	较强的偿债能力	A	中等偏上级别	还本付息能力尚可
Baa	中等等级	有一定的偿债能力,但某些偿债保障从长远看有一些不足或缺乏可靠性	BBB	中等等级	有一定的还本付息能力,但在环境变化时,还本付息能力弱化
Ba	投机等级	财务安全性有疑问。这类债券的偿还能力一般,且未来的安全性不足	BB	中等偏下级别	有投机因素,但与其他投机类债券相比,其违约风险较低

（续表）

穆迪公司			标准-普尔公司		
级别	信用程度	说明	级别	信用程度	说明
B	非理想投资等级	财务安全性较差，长期支付能力弱	B	投机等级	有较高的违约风险，还本付息能力随情况变化而变化
Caa	易失败等级	财务安全性很差，已有违约迹象	CCC	完全投机等级	目前已表现出明显的违约风险迹象
			CC		信誉极差，偿债能力极低，高度投机
Ca	高度投机等级	财务安全性非常差，已处于违约状态	C	失败等级	信誉极差，几乎完全丧失偿债能力，高度投机
C	最差等级	最低级别，通常已违约，且好转的可能性很低	D	失败等级	企业破产，债务违约

与一般工商企业类似，房地产开发企业的信用评级仍应以企业未来赢利能力和现金流量分析为核心，着力考察企业的偿债能力及偿债意愿。房地产企业在信用评级上有着自己的特点，主要表现在：房地产的区域性和异质性明显。土地资源的稀缺性和不可替代性决定了房地产业具有很强的区域市场特征，而不同类型的房地产在市场供求、经营管理上区别很大。同时，房地产业受各地政府法规及政策管制影响大。中国房地产企业还普遍存在资金实力不足的问题，资金大部分来源于银行贷款、定金及预收款以及外部资金投入，自有资金很少。这使得国内房地产企业过分依赖于贷款和预收款，其资产负债率很高。同时，定金及预收款所占比重相当大，如果贷款不能及时到位或预售不顺利，则往往不能按进度建设，竣工延误现象相当普遍，继而引发一系列的问题。所有这些决定了房地产企业不易取得较高的资信等级，增加了其发行债券的难度。因此，房地产企业应在提高资信等级上下工夫。

专栏 10-3　房地产企业发债前景黯淡

2008 年 3 月 10 日，第一家通过证监会发行公司债核准的地产上市公司——金地（集团）股份有限公司（金地集团，600383）公告了 2008 年公司债券票面利率——5.50%。“在3月7日，保荐人向机构投资者进行了票面利率的意向性询价，主要是一些基金、资产管理公司，推介反馈效果还不错。”金地集团财务总监王培洲告诉记者。据了解，该票面利率是金地集团和保荐人（主承销商）中国国际金融有限公司基于对机构投资者的询价，相互协商和审慎判断之后最终确定的。

低利率之辨

是次，金地集团将发行12亿元的公司债，期限为8年。其中3亿元用来偿还商业银行贷款，其余补充流动资金。值得注意的是，金地公司债的票面利率为5.50%。这样的利率水平出乎许多债券人士的预期。

低利率反映出房地产企业发债受到冷遇。因为公司债看重稳定收益，而房地产公司资金链并不稳定，评级一般比较低，不易受到投资者认可。在此次金地集团发行的公司债中，中诚信证券评估有限公司评定，作为发行人主体，金地集团的信用级别为AA－。而相比之下，目前已经发行的其他行业的两只公司债公司主体评级都为AAA。

此外，金地集团公司债不被看好的另一个原因是它的民营企业性质。据了解，金融机构普遍对民营企业有抵触。不过，就是在此种悲观言论的笼罩下，金地集团的公司债顺利发行，且利率很低。

一个原因是“作为正在高速增长的房地产行业内的领先企业之一，金地集团已经连续11年保持加权平均净资产收益率在11%以上，这消化了发债公司主体较低评级的影响”。另一个原因是金地公司债有银行担保，建行为本期债券提供了全额担保，而这种情形今后将不复存在，2007年10月18日，银监会出台《中国银监会关于有效防范企业债担保风险的意见》，限制商业银行对企业债进行担保。如果没有银行担保，房地产企业融资将会非常困难。

房企发债前景黯淡

金地集团的公司债发行已经进入收官阶段，发行结束后，将尽快向上交所提出上市申请。不过，金地集团只能是个案。因为“如果没有银行担保，房地产企业发债将会比较困难。”据了解，金地集团在2007年8月22日首家推出公司债发行方案，并在9月6日与建行深圳分行签署了《出具保函协议书》，随后建行深圳分行出具了《担保函》。而在担保函签订之后的10月18日，银监会下文限制商业银行对企业债进行担保。这意味着发行公司债开始走上无担保的荆棘路。目前，已经提出发行公司债方案的房地产公司依次有万科A（000002）、保利地产

(600048)、北辰实业(601588)、新湖中宝(600208)、中粮地产(000031)。

调控阴影下的房地产企业发行公司债还有来自债券市场整体低迷的压力。“金地的公司债采用10%网上发行,90%网下发行的发行方式也表明其市场信心不足,需要很多事前的沟通工作,需求机构相对集中。”一位券商固定收益部人士指出。

资料来源:王晓伟,http://www.money.npicp.com/info-detail/49-688-49377267.html,2008年3月17日。

第三节　可转换公司债

可转换公司债(简称“可转债”)在发达金融市场上主要是在1970年代才流行起来,而我国是在1992年才首次进行试点(宝安可转债)。深万科(000002)于2002年6月发行可转债,融资额14.72亿元。这是中国第一家房地产上市公司发行可转债。截至2008年7月底,深沪两市共有可转债18只,其中上交所12只。

一、可转换公司债的特征和基本要素

(一)可转换公司债的特征

可转换公司债是指发行人依照法定程序、在一定时期内依据约定的条件可以转换成普通股份的公司债券。可转债一般由普通的公司债券与股票的买入期权复合而成,同时具有公司或企业债券、股票和期权的有关特性,特别是可转债有时还会设计一些约束性的附加条款,使得可转债的特性结构更加复杂。

可转换公司债具有普通公司债的一般特征,它需要定期偿还本金和支付利息,有票面面值、票面利率、价格、偿还期限等。此外,可转债还有自己的一些典型特征。

1. 可转债具有债权和股权两种性质。一般来说,可转债都可以转换成公司的普通股,因而可转债具有转换前属债券、转换后属股票的二阶段特征。对投资者来说:转换前为债权人,享受利息;转换后为股东,获得红利

或资本收益。对发行人来说，可转债转换前属债务，转换后属股权资本。

2. 较普通公司债低的固定利息。可转债的票面利率通常低于一般公司债券的利率，有时甚至低于同期银行存款利率，这是因为在债券的投资收益中，除了债券的利息收益外，还附加了股票买入期权的收益部分。一个设计合理的可转债在大多数情况下，其股票买入期权的收益足以弥补债券利息收益的差额。

3. 买入期权。可转债是在一定条件下可转换为发行公司股票的特殊债券，本质上属于一种股票买入期权。可转债持有者既可获得可转债本金和利息的安全承诺，又可在发行公司股价攀升时将债券转化为股票，获得股票增值收益的好处。

4. 赎回期权。在赎回期内，当市场利率降至低于票面利率的时候，发行人为减少债券利息支付而行使赎回权以迫使投资者将可转债转换为股票。

5. 较低的信用等级和有限避税权利。可转债是一种仅凭发行人的信用而发行的债券，所评定等级一般比普通公司债券要低。当公司破产时，可转债对资产的清偿权顺序一般在普通公司债券之后，仅优于公司优先股。可转债在转换成公司普通股以前的若干年里，公司所支付的债息可作为固定开支，打入企业成本，避免交纳公司所得税。

（二）可转换公司债的基本要素

一般的可转换公司债通常由以下要素构成：

1. 基准股票。基准股票是债券持有人将债券转换为发行公司股权的股票。确定了基准股票以后，就可以进一步推算转换价格。

2. 票面利率。大多数情况下，可转债的票面利率低于普通公司债券的票面利率。可转债票面利率的高低受制于两个方面的因素：一是公司现有债权人对公司收入利息倍数等债务指标的约束，据此计算利率水平上限；二是转换价值增长及未来水平，据此制定利率水平下限。转换价值预期越高，票面利率相应设置越低；反之，转换价值预期越低，票面利率相应设置越高。

3. 转换比率和转换价格。转换比率是指一个单位的债券能换成的股票数量。转换价格是指债券发行时确定的将债券转换成基准股票应付的每股价格。转换比率和转换价格计算公式分别为：

转换比率 = 单位可转债面值 ÷ 转换价格

转换价格 = 基准股票价格 ×（1 + 转换溢价比率）

转换溢价比率表示可转债所包含的期权，以可转债发行时基准股票的价格为基础，一般在5%—20%之间。转换比率和转换价格是转换能否成功的核心要素，它们的确定直接涉及投资者和公司现有股东之间的利益关系。转换价格定得过高会降低可转债的投资价值，从而使其失去对投资者的吸引力，增大发行风险。转换价格定得过低，尽管具有较高的投资价值吸引投资者，但加大了公司股权及赢利的稀释程度，会损害公司原有股东的利益。

4. 转换期。转换期是指可转债转换为股份的起始日至结束日的期间。由于发行时转换价格通常高于当时公司基准股票的价格，因此投资者一般不会在可转债发行后立即行使转换权。

5. 赎回条款。发行公司为避免利率下调所造成的损失和加速转换过程，以及为了不让可转债的投资者过多地享受公司效益大幅增长所带来的回报，通常设计赎回条款，这是保护发行公司及其原有股东利益的一种条款。在同样的条件下，附加此种条款，发行公司通常要在提高票面利率或降低转换价格等方面向投资者适当让利，它也是发行公司向投资者转移风险的一种方式。赎回条款一般包括以下几个要素：

① 不赎回时期。指发行后到第一次赎回的时间长短，一般定为 3 年。时间越长，股票增值的可能性越大，赋予投资者转换的机会也就越多，越有利于投资者。

② 赎回时期。可转债结束不赎回时期后，即进入赎回时期。

③ 赎回价格。赎回价格一般为可转债面值的 103%—106%，发行时间越长，赎回价格越低。

④ 赎回条件。这是赎回条款中最重要的内容。通常的做法是当基准股票的价格达到或超过转换价格的一定幅度并持续一段时间后，发行人的赎回权可以行使。国外通常把股票价格达到或超过转换价格的 100%—150% 作为涨幅界限，同时在该价格水平上维持 30 个交易日作为赎回条件。

6. 回售条款。发行公司为了降低票面利率和提高转换价格，吸引投资者认购可转债，往往会设计回售条款，即当公司股票在一段时间内连续低于转股价格达到某一幅度时，以高于面值的一定比例的回售价格，要求发行公司收回可转债的权利。回售条款是投资者向发行人转移风险的一种方式。回售条款主要有以下几个要素：

① 回售期限。回售期限是事先约定的，一般规定可转债整个期限最后30%的时间为回售时期，对于10年期以上的可转债，大都规定后5年为回售期限。

② 回售价格。一般比市场利率稍低，但远高于可转债的票面利率。

③ 回售条件。通常的做法是当基准股票价格在较长时间内没有良好表现，转换无法实现时，投资人有权按照指定的收益率回售可转债给发行公司，发行人无条件接受投资者回售的债券。回售条件对可转债的投资价值至关重要，回售条件一旦出现，投资人的利益会得到更好的保护，其收益率远高于票面利率。

7. 转换调整条件，也叫向下修正条款。指当基准股票价格表现不佳时，允许在预定的期限里，将转换价格向下修正，直至修正到原来转换价格的80%。转换调整条件是可转债设计中比较重要的保护投资者利益的条款。

二、可转换公司债的发行

可转换公司债是国际资本市场上较为活跃和成熟的金融产品，具有设计上的高难度和操作上的高风险。2005年修订的《证券法》以及中国证监会2001年出台的《上市公司发行可转换公司债券实施办法》，（以下简称《实施办法》），明确了可转换公司债券的发行条件和程序。

（一）可转换公司债发行人的资格和条件

可转换公司债券的发行条件严格。新《证券法》要求上市公司发行可转换债券，除应当符合公司债券的发行条件外，还应当符合本法关于公开发行股票的条件，即：具备健全且运行良好的组织机构；具有持续赢利能力，财务状况良好；最近三年财务会计文件无虚假记载，无其他重大违法行为；等等。而2001年的《实施办法》从现金股利分配、债券本金及其利息偿付、主营业务增长、募集资金的投资计划、公司治理结构、公司独立性以及信息披露等10个方面具体规定了可转换公司债券的发行条件。例如，最近三年特别是在最近一年是否以现金分红，现金分红占公司可分配利润的比例，主营业务是否突出，募集资金投向是否具有较好的预期投资回报，等等。

（二）发行可转换公司债的风险

一般而言，发行人经营业绩越好，换股比例则越高，发行人还本付息的压力也就越小。发行风险主要表现在以下两个方面：

1. 经营风险。这是最大的风险。投资者购买可转债是希望发行人的股票价格会随着其经营业绩的提高而不断上升，直至超过转换价格而带来较高的投资收益。当发行人经营业绩不佳而导致股价下跌，转股不能实现时，投资者就会蒙受损失。如果可转债发行、转换设计不合理，可能会造成持券人集中兑换，从而使股权被过度稀释，每股收益大幅下降，导致其失去吸引力。

2. 支付风险。可转债每年需要支付固定利息。当企业经营环境不好或企业有亏损时，利息的支出可能使企业的负担更加沉重。发行人在设计可转债时必须慎重考虑发行可转债后可能带来的过度负债问题。

三、可转换公司债的偿还

可转换公司债的发行人给投资人三个承诺：第一个承诺是在规定的日期支付一定的利息；第二个承诺是到期偿还本金；第三个承诺是可转债可以按照事先约定的转换价格，在一定期限内转换成固定数量的基准股票。对应于可转债的承诺方式，投资人相应地有四种选择：持有可转债直至到期日偿还本金和利息；将购买的可转债在市场上出售；将可转债转换成基准股票；将转换后的股票在市场上出售。发行人对于可转债的承兑通常有四种方式：到期偿还；提前偿还；赎回条件下偿还；回售条件下偿还。

1. 到期偿还。可转债到期偿还，意味着转换失败。期满时，发行人将应付偿还金额（本金和利息）一次全部偿还。

2. 提前偿还。提前偿还是在可转债到期之前便开始分次偿还发行额，到可转债期满时已全部偿还完毕。可转债的提前偿还，也意味着转换的失败。

3. 赎回条件下偿还。发行人通常在两种情况下行使赎回权。一是在可转债发行一定时期后，当基准股票的价格达到或超过转换价格的一定幅度并持续一段时间后，发行人可以行使赎回权。国外通常把股票价格达到或超过转换价格的100%—150%作为涨幅界限,同时将在该价格水平上维持30个交易日作为赎回条件。发行人行使赎回权,迫使债权人提前将可转债转换为基准股票,从而以增加公司股本形式来降低负债,达到调整财务结构的目的。二是在可转债发行一定时期后,市场利率下降至可转债票面利率之下一定程度后,发行人为降低利率风险和财务费用,也可行使赎回权。在赎回条款生效时,发行公司可以有两种方式支付债券的本金和利息:一种是支付现金赎回可转债,除了支付给投资者赎回价格外,还要支付投资者本次计息日至赎回日的应计利息,这种利息的计算方法与普通债券的计息方法基本一样;另一种是发行公司重新发行新的认股权证、可转债或其他工具,赎回原先的公司可转债。

4. 回售条件下偿还。回售条款赋予投资人机会将可转债在到期前的某一指定时期内退售给发行人,发行人必须以一定的溢价还本付息给投资人。当公司股票持续走软或股市持续低迷时,如投资人行使回售权,会对发行人构成较大的财务威胁和经营压力。回售条件下的计息与赎回条件下的计息基本相同。

专栏10-4 可转债——地产商低成本融资新宠

这是一场资本时代的新游戏,没有输赢,也没有得失,甚至看不出谁是最后的主宰者,因为所有的设计都是暗示性的,而且随时处于变化之中。这个游戏就是可转换公司债(可转债)。可转换公司债(简称可转债)已成为近两年香港地产类上市公司颇为青睐的低成本融资手段。仅2004年10月—2005年3月的半年时间内,6家上市公司通过发行可转债融资173.35亿港元,其中最大一单——恒基地产一次融资额高达57亿港元。

华人置业:

2005年4月中旬,香港华人置业(127.HK)发行17.5亿港元可转债,其中2.5亿港元的零息可转债用于偿付德意志银行行使部分选择权。华人置业发行的可转债总规模15亿港元,并可加码5亿,年期为5年。2010年换股价7.37港元,较停牌前收市价6.6港元溢价10.83%,假设债券持有人到期悉数兑换总额为20亿港元的股票,华人置业须发行2.7亿股新股,占已发行股本的13.37%,或扩大后股本的11.79%。

发债条款规定：假如该股股价升至高于换股价的30%，华人置业有权提早在两年后赎回该债券。2005年3月，华人置业的股价为6港元多，公司把5年后换股价定在7.37港元，并暗示有30%的涨幅就回购，这无形中给投资者定了一个9港元的未来价位。对投资者而言，无疑有很大的吸引力。

2004年1月1日，华人置业股价还在2.8港元左右徘徊，到2005年1月1日，股价已经攀升至5.2港元以上，2005年4月1日股价又拉升至7.15港元。股价拉出长阳线是促使投资者进行投资的最好动力。

市场资料显示：这批可转债基本落入欧美机构投资者手中，本地散户很少涉足。

嘉里建设：

几乎是同时，嘉里集团旗下的嘉里建设(683.HK)也通过摩根大通以高价发行5年期的零息可转换债券，集资总额达到25亿港元。这批可转债2010年的兑换价为25.955港元，较停牌前的19.45港元溢价33%，若债券持有人到期全部兑换成股票，嘉里建设将发行9632万新股，占扩大后股本的比例约为7.36%。在债券到期日时，如果可转债未被行使，嘉里建设将以本金的119.354%赎回债券，以5年计算，债券持有人每年至少可得到3.6%的利息收入。

条款规定，由2008年4月8日开始至到期日，如果嘉里股价高于行使价30%，嘉里有权赎回有关债券。因此，认购期权的封顶价同样为行使价30%以上。对公司来说，由于不用付息，融资成本相当低，加上换股价25.955港元，基本等于嘉里建设的每股资产净值，5年后嘉里可以不用以资产净值折让价发行新股，对公司而言相当有利。

2004年嘉里建设年营业额51亿多港元，净利润为19.56亿港元，较2003年的3.94亿港元增长了395%，每股赢利1.632港元。

恒基地产：

与前两家公司相比，恒基地产(0012.HK)玩转可转债的能力显然更胜一筹，堪与巴菲特相媲美。

2004年1月15日，恒基地产宣布在英国伦敦发行57.5亿港元可转债，用于投资购买土地，高盛是其主承销商。这一次发债原定是50亿港元的规模，超购再增发7.5亿，债券为2年期，票据息率为1%，2006年换股价48.96港元，换股价较恒基地产2004年1月15日的40.8港元停牌收市价高出20%。换言之,未来两年内,恒基地产的股价每年至少要上涨10%,债券持有人才有换股的动力和吸引力。

这只可转债的协议很特别,若投资者在一年内把债券卖给恒基,只能按92%的比例回收本金,若两年后卖给恒基,只能以82%的比例回收本金。恒基也享有权利,若股价在6个月至2年内比停牌收市价提升20%,可以要求投资者提前兑换股票。

让我们回头看看恒基地产2004年1月16日以后的股价表现。当日股价收在42.1港元的最高位,2004年3月12日股价跌到35.8港元,2004年5月17日股价进一步跌到29.25港元,之后一直是长长的阴跌线,股价一直在40港元以下。直到2004年11月25日,股价才重回41.2港元,之后又是一条长跌的长阴线。而同年香港地产市场却迅速回暖,恒基地产2004年的净利润也达到30亿港元,比2003年多了近10亿港元。市场好,公司不错,但股价如此阴跌,根本无法达到每年增幅10%的期望值,投资者也不可能达到48.96港元换股价。

据悉,在2005年3月前,几乎所有57亿港元两年期负利率可转债都已要求恒基地产提前赎回。根据协议,票据在第一年届满后只能取回92%本金,扣除1%利息,票据持有人账面亏损7%。这7%是多少？差不多4亿港元,这意味着投资者送给恒基地产4个亿。恒基地产获得的57亿贷款,利率之低无出其右,几乎是无本使用别人的钱,还可以获得4亿"利润",这样的好买卖,哪里去找?

从投资角度看,可转债最大的吸引力在于与票据一起发售的等额认购期权,这批恒基地产可转债认购期权的行使价为48.96港元,较当时恒基地产市价有20%的溢价。如果看好期权的未来,当然是好投资,但前提是投资者相信这家公司有这个能力,而且市场越来越好。

购买这批债券的全部是欧洲、马来西亚、美国的海外基金。

青睐的原因:

为何这些地产商都热衷于选择可转换债券作为融资方式呢?

其一,香港上市公司很重视银行加息对未来融资成本的影响,希望在加息前发行定息债券或可转债,以锁定较低的利息成本。

其二,许多地产股的股价经历多年打压,都低于每股资产净值,发行带有期权性质的可换股债券,一般都有30%的溢价,对投资者很有吸引力。

其三，资本市场对多年来地产商大额批股集资比较反感，若老调重弹，市场很难接受，发行可转债，加一项“期权”作为卖点，吸引更多的欧美资金，对本地市场也影响不大。

资料来源：《中国房地产报》，http://www.crei.cn，2005年11月8日。

第四节　并购重组

房地产企业并购重组活动大致可以分为两类：一类是政府推动的国有房地产企业的重组并购，目的在于盘活国有资本存量；另一类是出于市场竞争需要，房地产企业利用资本市场或者产权市场实现对目标企业的并购，获取资金、土地和项目，实现快速规模扩张。这一类型的重组有两种形式：一种是上市房地产公司收购其他上市公司或者非上市公司，另一种是非上市房地产公司收购其他上市公司。非上市房地产公司收购上市公司的行为被称为买壳上市或者借壳上市。

近年来，房地产行业的并购呈现持续增长的趋势，其中，较有影响的并购或重组事件如下：2004年4月，天津泰达集团入主万通地产，全额收购万通地产增发的3.08亿股，拥有万通地产增资扩股后27.8%的股权，成为第一大股东。2005年年初，万科通过旗下公司斥资18.57亿元，购入了上海南都置地70%的股权、苏州南都49%的股权、浙江南都房产集团20%的股权。2006年1月，万科又以3.89亿元收购北京朝万房地产开发中心60%的股权；2005年2月，中国华闻投资控股有限公司收购上海新黄浦（集团）有限责任公司75%的股权。2005年岁末，北京两大国有房地产开发企业——北京天鸿集团与北京城市开发集团完成重组，二者重组后的首开集团总资产达500亿元，年经营收入超过100亿元。

一、房地产企业并购重组的背景

宏观调控政策、市场竞争对房地产企业资本实力和开发能力要求的提高是并购整合的根本驱动因素，而现阶段国有资本在房地产行业的调整和新进入者的涌现则进一步推动了房地产行业的并购整合。影响房地产企业并购重组的因素主要有以下几个：

（一）宏观调控提高了对房地产企业资本实力及融资能力的要求

2003年以来，为了抑制经济过热，防范房地产泡沫，有关部门在土地出让、信贷供给、税收等方面出台了一系列宏观调控措施。其中尤其以土地政策和金融政策对房地产市场影响最大。

就金融政策而言，中央银行与银监会先后出台了《关于进一步加强房地产信贷业务管理的通知》以及《商业银行房地产贷款风险管理指引》，对房地产开发贷款条件、贷款用途和使用方向、贷款期限、操作规范以及住房抵押贷款的贷款条件进行了严格规定。比如，房地产企业自有资金不得低于项目总投资的30%，需要“四证齐全”才能获得开发贷款，严禁房地产开发流动资金贷款等。银监会则要求申请贷款的房地产企业资本金比例不低于35%。2004年10月上调存贷款基准利率0.27个百分点，2005年初取消了住房抵押贷款优惠利率，变相提高了住房贷款利率。2006年6月又提高利率0.27个百分点。银行贷款成本提高，房地产业融资难度加大。

在土地政策上，2004年颁布的《招标拍卖挂牌出让国有土地使用权规定》、《关于继续开展经营性土地使用权招标拍卖挂牌出让情况执法监察工作的通知》，明确了经营性土地使用权招拍挂制度。这对房地产开发商的资金实力提出了严峻的考验，中小开发商在土地获取上已面临巨大的压力。2006年9月《国务院关于加强土地调控有关问题的通知》对各地和各部委提出了八大方面的要求，严把土地“闸门”。这八大要求是：进一步明确土地管理和耕地保护的责任，切实保障被征地农民的长远生计，规范土地出让收支管理，调整建设用地有关税费政策，建立工业用地出让最低价标准统一公布制度，禁止擅自将农用地转为建设用地，强化对土地管理行为的监督检查，严肃惩处土地违法违规行为。这是截至目前，国家关于土地调控力度最强的一次政策调整。不断收紧的土地政策，加剧了土地的稀缺，提高了土地开发成本。

上述的一系列政策显著提高了房地产行业资本规模的门槛，房地产企业普遍感到资金紧张，土地储备不足。为了开辟新的融资渠道，获取低成本的土地，并购就成为房地产企业面临的一个重要选择。目前大多数房地产企业并购均基于此种背景。

（二）市场竞争加剧，对地产商的开发能力提出了更高的要求

随着房地产市场的不断规范化，房地产企业之间的竞争已逐步从单纯的资源（土地、资金）优势竞争转向能力优势的竞争，这就对开发商的产品设计、项目管理、营销策划、资本运营等方面的能力都提出了更高的要求，缺乏管理能力及品牌认知度的企业将成为被整合的对象。

（三）国有资本在房地产领域布局的调整

房地产业是高度市场化的行业，国有资本在该领域的变化呈现出两个明显的趋势：一是对大型国有房地产开发企业通过重组使得其规模及实力进一步提高，二是对中小型房地产开发企业通过出售或引入投资人的方式逐步退出。2004 年 6 月，国资委发出了《关于中央企业房地产业重组有关事项的通报》，指定中国建筑工程总公司、招商局集团、中国房地产开发集团、中国保利集团及华侨城集团重组其他央企房地产资源，这意味着在国资委 191 家直属企业名下达 1 800 亿元的房地产业务开始进行整合。与此同时，地方国有资产管理部门对所属房地产企业的重组和调整也已拉开序幕。

（四）房地产业吸引了资本雄厚的新进入者

房地产行业持续的增长及良好的获利能力吸引了新进入者，这些新进入者往往依靠雄厚的资本实力，通过兼并收购的方式迅速扩大规模。

二、房地产公司并购重组的模式

我国现阶段的房地产并购重组根据其目的和效果不同，可分为四种模式：战略合作模式、资源重组模式、借壳上市模式、业务扩张模式，并购模式正在不断向多元化发展。除了大集团的兼并收购之外，一些中小企业间为生存而进行的类似并购行为也较频繁。

（一）战略合作模式。这种模式主要存在于规模较大的企业之间，它们各自拥有一定优势，从战略的高度考虑企业的合作，并购后有助于实现优势互补。2000 年华润并购万科，其目的就在于实现战略的合作，万科在国内房地产市场拥有品牌和市场占有率，而华润北京置地公司控制的北京华远的土地储备在全国的房地产企业中处于优势地位。这两大公司进行并购，结合的是规模优势，双方竞争力均得到增强，它不是简单的企业规模的叠加和扩大，它的实质内涵是实现房地产强势资源的联合。

（二）资源重组模式。该模式的主要特征是双方企业都掌握一定的资源，但是一方具备明显的优势，为了发挥资源的最大效用，实现国有企业战略重组、优化资源配置、调整产业结构而进行的资源控制权的调配。典型案例：2005 年中国华能集团公司所属的 16 亿元资产的房地产业务被无偿划拨给中国房地产开发集团，中国房地产开发集团是专业开发房地产的中央企业，而华能的房地产资产只占其总资产的 1%，这次并购主要是为了提升企业主业经营能力，提高其主业业绩。

（三）借壳上市模式。由于上市融资条件较高，上市审批程序十分严格，且受国家政策的制约较大，所以大多数的房地产开发商很难通过直接上市募集资金。于是房地产企业（尤其是拿不到上市通行证的民营企业）大多倾向于利用借壳上市融资。近年来，已经有几十家房地产公司通过借壳成为上市公司。

（四）业务扩张模式。企业处于高速成长期，有内在扩张需求，想要扩大战略发展范围，增强自身的行业竞争优势，通过兼并收购方式企业可以迅速做大做强或实现在某个区域市场的立足。从美国优秀房地产企业的发展历程来看，在企业通过自身发展积蓄力量以后，以资产收购进入新的区域市场和产品市场，进而迅速扩大市场的品牌影响力，并完善自身的产品细分和区域布局，是一个普遍现象。中国房地产业的发展也符合这种规律，如 2005 年万科集团以总计 18.58 亿元人民币受让南都集团通过中桥持有的在上海、江苏的 70% 权益和在浙江的 20% 的权益。这是房地产行业呈现资源整合趋势以来，国内大型房地产企业间的一次重要并购合作。对万科而言，它可以直接进入浙江，虽然万科只受让浙江南都 20% 的股份，但浙江是万科从未涉足的市场，加上南都集团的地区资源和品牌优势，万科以收购的方式进入浙江市场，其风险程度明显降低。

还有某些企业原来并不从事房地产业，通过兼并收购方式可以降低其进入房地产市场的门槛，同时又培育了新的业务增长点或实现了多元化经营。近年房地产市场发展迅速，而许多中小房地产企业因缺乏资金面临生存危机，这就为并购提供了机会。同时，许多大企业选择进入房地产业，比如联想、新希望及雅戈尔等纷纷涉足房地产市场。这些企业进入房地产市场的优势是：(1) 资金雄厚，甚至可以独立完成上亿元的项目；(2) 多方位的融资渠道，可以以母公司的名义集资、贷款来从事房地产开发；(3) 对抗风险的能力强，能够较强地抵制房地产“泡沫”的冲击。

三、房地产企业并购重组的主要特点

本书涉及的房地产并购包括房地产公司与房地产公司之间的并购，以及房地产公司与非房地产公司之间的并购。房地产企业是资金密集型企业，其经营对象是土地，加之近年国家针对房地产行业的宏观调控多集中在土地和资金方面，所以房地产企业的并购也呈现出区别于其他行业的特点。

（一）土地和资金是企业并购的原动力

现阶段我国房地产市场上土地获得渠道单一并且土地供应数量少，通过公开招拍挂方式拿地的成本越来越高，尤其是对于外埠房地产开发企业而言更是如此。在这种情况下，通过公司并购和项目股权收购获得土地相对来说是一个性价比更高的手段，收购其他土地资源较丰厚的房地产企业是大型房地产企业生存和扩大竞争的最好手段，比如上海复地集团打入北京房地产市场的方式就是通过收购直接进入。同时，由于金融政策的调整和我国对房地产市场的宏观调控加深，银行资金必然会更多地流向那些真正有实力的企业，大企业（现有及新进入者）会利用收购这种便捷手段获得中小企业及优质地产项目，从而实现规模的快速扩张。对于土地资源丰富但资金匮乏的中小房地产企业来说，与大型房地产企业并购重组将成为其发展的优势途径。

（二）注重品牌战略经营，为提高企业核心能力进行资源整合

随着房地产市场的深化，我国房地产企业也逐渐走出了以项目经营为模式的初级阶段，现正处于高速发展的阶段，为了适应市场要求，房地产企业迫切需要转变成具有竞争力的现代企业，并购不止是针对某个项目，更重要的是要实现自身核心竞争能力的提升。

（三）国家政策支持房地产企业通过并购进行资源重组

为了提升产业集中度，扩大优势企业竞争实力，进一步实现资源的优化配置，国家对房地产和与此密切相关的金融行业进行了有力的宏观调控。国家近年非常重视大型房地产企业集团在规范市场秩序方面的重要作用，并制定相应的政策来引导以并购为主的房地产企业资产重组活动，进而调整房地产产业结构，推动经济增长方式的转变。在 2003 年 8 月，国务院颁布的《关于促进房地产市场持续健康发展的通知》中，提出“支持具有资信和品牌优势的房地产企业通过兼并、收购和重组，形成大型企业和企业集

团”。2004年6月,国资委发布《关于中央企业房地产业重组有关事项的通报》,确定中国建筑工程总公司、招商局集团有限公司、中国房地产开发集团公司、中国保利(集团)公司、华侨城集团公司等5家大型企业集团将以房地产为主业,并鼓励这些企业通过并购其他国有企业的房地产业务而形成房地产行业的“航母级”企业。这些政策措施表明国家希望通过引导调控等市场手段,促进房地产市场积极进行资源整合,优化资源配置,调整产业结构,降低风险。

(四)行业集中度提高,企业规模逐渐扩大

房地产企业的资产规模逐渐扩大,通过各种形式的并购,行业集中度明显提高,2006年房地产百强企业研究报告表明,我国大型房地产企业房屋销售额和房地产业务收入均有大幅上升,百强企业这两项指标的均值分别达到27.1亿元和22.6亿元,增幅分别达到34.8%和28.5%。企业在规模、赢利、成长等方面的综合实力增强,房地产行业前十强企业规模大、成长稳定、赢利能力强的优势更为突出。规模前十强企业总资产规模为2 398.9亿元,占百强企业的32.8%;净资产为828.0亿元;房地产业务收入629.6亿元;完成房地产投资总额达603.6亿元;房屋施工总面积为2 956万平方米;竣工总面积为1 003万平方米。一方面,房地产企业资产规模增大,说明房地产企业的抗风险能力增强,有助于其自身融资能力和经营能力的扩展;另一方面,随着房地产企业并购的深入,房地产行业的集中度明显提高,这对于提升产业价值和促进产业深化发展意义重大。

房地产行业未来的并购趋势是:股权资金雄厚、融资渠道广泛、房产质量和服务优良、经营管理成熟的房地产企业将并购那些自有资金不足、缺乏信贷以外的融资渠道、经营管理缺乏诚信观念的企业;以获取资源为目的的战略层面并购为主;大企业之间以战略联盟为目的的并购将逐渐增多。房地产企业的并购多会出现强势并购弱势、强强联盟、实力型企业优先发展等不同方式。国务院在《关于促进房地产市场持续健康发展的通知》(国发[2003]18号)中,提出“支持具有资信和品牌优势的房地产企业通过兼并、收购和重组,形成大型企业和企业集团”。资金、土地、市政设施等重要资源正在逐渐向一些大的优势房地产企业集中。通过并购形成我国的大型房地产企业,能进一步实现行业资源的优化配置,提升房地产行业的抗风险能力和稳定性,我国曾经主要靠行政手段等方式组建了中房集团这样的大企业，但依靠市场化并购才是未来房地产业发展的出路和方向。

本章小结

资本市场为房地产企业提供了多样化的融资工具。房地产企业通过发行股票、企业债券、可转换公司债等在资本市场获取资金。相对于发行企业债券而言，发行股票受到的限制较小，但是融资成本较高。目前，房地产企业债券发行规模较小。可转换公司债的灵活性对房地产上市公司具有很大吸引力，不过，可转换公司债的发行条件非常严格。新《证券法》要求上市公司发行可转换债券，除应当符合公司债券的发行条件外，还应当符合本法关于公开发行股票的条件。总之，在现阶段，受国家产业政策和宏观调控政策的影响，房地产企业通过资本市场融资仍然受到一定限制。这在一定程度上激发了房地产企业曲线上市，即通过收购亏损上市公司来达到上市融资的目的，通常被称为借壳上市。资本市场也为房地产企业之间以及房地产企业与非房地产企业之间的并购重组提供了机会。

练习与思考

1. 对于一个符合债券和股票融资条件的房地产企业来说，哪些因素在影响着它选择上市还是发债融资？

2. 房地产企业现金流的特点决定房地产企业不适合上市融资，你是如何看待这个问题的？如果要上市，应做好哪些准备？

3. 什么是可转债？发行可转债的优势有哪些？

4. 你认为是哪些原因导致了当前的房地产企业并购？

5. 阅读下面材料，并思考问题。

《中国房地产报》：金地发行了公司债，碧桂园也发行了分离债，应该说房地产行业对债券市场的兴趣也日益高涨。但成功发行的企业很少，你认为原因何在？在今年的债券市场中房地产行业的机会如何？

柳春雷①：信贷紧缩环境下，房地产企业融资压力比较大，希望能够开辟多元化的融资道路，发债当然也是一个手段。但是就债券市场情况来看，目前房地产公司并非主力，成功发债还不是很容易。

① 柳春雷系渤海证券固定收益投资部研究员。

这主要因为房地产行业是宏观调控的对象，主管部门在债券发行主体的审批上比较严格，房企发债通过难度大。

此外，在发债的评级上，财务情况是至关重要的指标，公司的负债率不能太高，流动资金也要充裕。一般行业企业的负债率都在40%—60%之间，而房地产公司的负债率则处于这个区间的高限，财务负担相对较重，这将是其最大的障碍。在房地产需求旺盛的环境下，较高的财务杠杆可以实现大量的利润，而一旦市场波动，房企资金链绷紧，又缺乏很好的避险工具，很容易陷入资不抵债的境地。当然，发改委在审批的时候也会视行业性质酌情而定。

最后，考虑到房地产市场目前的状况和美国次级贷的负面作用，即使主管部门通过了，市场能不能认可房地产公司的债权也是个疑问。

《中国房地产报》：银监会叫停银行担保企业债造成企业债券最大的机构买家保险公司大量退出。这会对房地产公司发债造成多大影响？

柳春雷：据了解，前段时间不少准备发公司债的房地产公司都在按兵不动或者考虑转向其他渠道，应该说会有一定影响。

金地能够成功发行企业债，关键在于建行为其做担保是在银监会叫停令出台之前，比较幸运。事实上即使叫停银行担保，企业依然可以找到规模在200亿元以上的大集团作为担保，但是考虑到绝大多数房地产上市公司的规模和现状，恐怕也难以找到这样的“大树”。

资料来源：宋振庆，《房地产公司债券融资的前景如何？障碍何在？》，《中国房地产报》，2008年03月17日。

问题1：你认为是什么原因导致房地产企业发债不成功？

问题2：你认为房地产企业债券融资的前景如何？

6. 阅读材料并分析：为什么证监会要暂停房地产企业IPO并清理借壳上市？你如何看待未来房地产企业上市融资的前景？

“证监会发审委现在已经暂停了内地房地产企业A股IPO（首次公开发行）的申请受理、审批工作。”一位接近证监会的政府官员日前透露。这位官员还告诉记者，何时结束“暂停”并没有明确期限，不过，在溯及时间范畴上“有一个区间”，在这个时间结点之前提交IPO申请的，将不受“暂停审批”的影响。

一家正在谋求A股上市的知名地产企业高管也证实了这一消息。这家企业于2007年9月下旬向证监会发审委提交了A股IPO申请，但随后被告知，目前对房地产开发企业的IPO申请受理和审批工作已经暂停。“只告诉我们继续准备材料，但何时重新受理没有明确的说法。”

IPO“暂停”并非地产直接融资政策调整的全部。明年1月开始，证监会将对房地产企业在A股借壳上市进行全面整顿和清理。未来，地产企业借壳上市的难度可能越来越大。

避走香港？

实际上，地产企业在A股借壳上市，也只是股改后近一年来才蓬勃兴起。此前，地产企业在A股IPO也一直十分困难。只不过与如今发审委“主动暂停”的原因不同，彼时更为主要的原因是券商冷落。“券商主要的收入就是‘通道费’”，一位证券界人士告诉记者，“所谓通道费，就是企业上市之后券商的佣金。每次提交上市申请，发审委会根据企业的经营、资产情况排出一个先后顺序的名单。地产企业由于通常负债率较高，所以，即便提交申请，排名也很靠后，券商保荐成功的效率相对较低，影响了券商保荐地产企业的积极性。”

因此，自2003年中国地产市场重新进入上升期以来，多数房地产企业都选择在香港上市。北辰实业(0588. HK)、华润置地(1109. HK)、首创置业(2868. HK)、上海复地(2337. HK)等近年在内地颇有建树的企业，都早早地完成了H股发行。直到2006年，随着保利地产(600048)、北辰实业(601588)相继在A股完成IPO，这种情况才有改观。

然而现在，形势可能再次逆转。

资料来源：《中国经营报》，2007年10月22日。

推荐阅读书目

[1] 王希迎、丁建臣、陆桂娟：《房地产企业融资新解》，北京：中国经济出版社2005年版。

[2] 周霞、黄宇昕：《我国房地产市场中内外资企业并购行为的比较研究》，《中国房地产》，2007年10期，转引自http://www.scfdc.cn/view.aspx? id=46081。

[3] 张红等：《房地产金融学》，北京：清华大学出版社2007年版。

[4] 华伟：《房地产金融学》，上海：复旦大学出版社2004年版。

第十一章 房地产信托

知识要求

通过本章的学习，掌握

- 房地产信托的含义和类型
- 房地产资金信托计划的基本运行模式和特点
- 房地产资金信托计划的风险与制度设计
- 房地产投资信托的含义、本质和基本类型

技能要求

通过本章的学习，能够

- 分析房地产资金信托计划的结构特征并指出其存在的缺陷
- 准确认识房地产投资信托的融资优势和潜在风险

第一节 房地产信托的含义及类型

一、信托的含义

信托，是指委托人基于对受托人的信任，将其财产权委托给受托人，由受托人按委托人的意愿以自己的名义，为受益人的利益或者特定目的，进行管理或者处分的行为。从心理上讲，信托是委托人对受托人的一种信任；从法律上讲，委托人必须对受托人实行信托财产的设定和权利转移，并依法用信托凭据对这种设定和转移做出一定的限制；从经济上讲，委托人通过设定信

托,以达到为自己或为指定的人谋利益的经济目的。因此,信托关系不仅是一种经济关系,更是一种法律关系,涉及心理、法律、经济、社会等各个领域。

信托按照不同的分类方法可以划分成不同类别。按照委托人的身份,信托可以划分为个人信托(包括生前信托与身后信托)和法人信托;按照信托财产的性质,信托可以划分为资金信托、动产信托、房地产信托、有价证券信托、其他财产和财产权信托。

由于各国的法律文化及立法实践不一,更由于信托设计灵活、品种丰富,各国在立法中对信托的概念表述不尽一致,信托的具体形式和功能也有所差异。但是信托的原理都是一样的,即在构造上都有三方当事人(委托人、受托人、受益人)和三个基本要素(信托设立的依据、信托财产、信托目的)①。

获得收益或信托财产是设立信托关系的目的。在信托关系中,委托人向受托人转移信托财产并提出信托要求,同时指定由此产生的利益的受益人;受托人接受委托人的委托,代为管理或处理财产,必须按委托人的要求或其指定的具体项目,进行约定的经营管理,不能自主决策,背弃契约约定追求其他目标的实现,并且要按照委托人的意愿将财产利益转移给受益人;受益人享受信托财产的利益。

二、房地产信托的要素及特征

(一)房地产信托的要素

1. 信托行为。一般指信托当事人在相互信任的基础上,以设定房地产信托为目的,通过签订合同或协议等书面形式而形成的一种法律行为。也就是说,信托行为是指合法设定信托的行为。

2. 信托当事人。信托行为的设立形成了当事人之间以信托财产为核心的特定的信托关系。信托关系涉及三方当事人:委托人、受托人和受益人。

(1) 委托人是信托财产的所有人,委托受托人按其要求对房地产财产进行管理或经营。作为委托人的前提是必须拥有信托标的物的所有权或拥有委托他人代办经济事务的合法权利。凡是具备上述条件的个人或法人都可以作为委托人。

(2) 受托人是接受委托人的委托,并按其约定的信托条件对信托财产进行管理或经营的人。在信托关系人中,受托人对委托人和受益人同时承

① 丁邦开:《金融法律制度》,南京:东南大学出版社2002年版,第280页。

担管理或经营信托财产的义务，其对于实现委托人意愿、保障受益人利益，具有重要作用。因此，目前在各国有关信托法规中，对受托人的资格审查、信托财产运用范围都有严格的规定。受托人一般是法人。

（3）受益人是享受信托利益的人。对于受益人一般没有特别的条件限制，除法律规定为禁止享有财产权者不能成为信托的受益人之外，无论有行为能力还是无行为能力的法人和个人，均可成为受益人。受益人可以是委托人自身，也可以是第三人。当受益人是委托人本身时，称为“自益信托”；若受益人是委托人和受托人之外的第三人，则称为“他益信托”。受益人所获得的收益既可以是信托财产本身，如委托继承或赠与的房地产，也可以是受托人经营信托资产所获得的赢利，如房地产的租金收入、拍卖收入等。

3. 信托标的物。房地产信托财产就是信托行为的标的物，即通过信托行为从委托人手中转移到受托人手中并由受托人按一定的信托目的进行管理和营运的房地产财产。广义的信托财产还包括受托人管理和营运该财产所获得的财产（如在经营房地产过程中取得的利息、租金等），获得的这类财产通常称为信托收益，属于信托财产的范畴。

（二）房地产信托的特征

1. 信任是房地产信托的基础。房地产信托是建立在委托人对受托人充分信任的基础上的，即房地产的所有权人相信受托人有能力去运用和保有其财产，才会将财产委托给其经营管理。如果受托人不为委托人所信任，信托行为也就不可能发生。

2. 财产权转移是房地产信托的前提。要使信托行为成立，首先，委托人必须拥有信托财产的所有权或具有委托代办经济事务的合法权利，受托人才能接受其委托。其次，在委托人拥有财产所有权的前提下，还必须将信托财产转移到受托人手中，信托关系才正式建立。

3. 房地产信托反映了当事人之间的多边经济关系。一项信托行为的产生，一般涉及委托人、受托人、受益人三方当事人，从而构成了房地产信托行为的多边经济关系。委托人是信托行为的起点，处于主动地位；受益人是信托行为的终点；受托人则是信托行为的关键。三方当事人既相互独立，又紧密联系，形成错综复杂的经济利益关系。这一特性表明房地产信托在业务处理上具有一定的复杂性，它会涉及较多法律约束。

4. 受益人利益是房地产信托的目的。建立在这种多边经济关系基础上的房地产信托行为，其受托人经营信托业务的目的不是为了自身利益，而是依照委托人的旨意，为了受益人利益进行房地产信托财产的管理、经营或处置，信托收益归受益人所有，受托人所获得的只是为管理或处理财产提供劳务而获得的手续费。信托关系中受托人的这一特殊地位，正是信托特征的反映，是信托业务不同于银行其他业务的一个重要方面。因此，受托人管理、经营或处理财产的权力，须受房地产信托目的、性质和范围的限制。

5. 房地产信托财产的独立性。信托制度是为了受益人的利益而由受托人经营管理财产，名义上信托财产由受托人掌管，但实际上持有信托财产权利的人是受益人，因此信托财产具有独立于其他财产的性质。其独立性表现在三方面：一是信托财产与受托人自己的固有财产要严格分开；二是不同委托人的信托财产或同一委托人的不同类信托财产要独立核算，分别开列；三是委托人的信托财产与其他财产相独立。信托财产的独立性旨在保护受益人的利益，保障信托目的的完成。

三、房地产信托的类型

根据信托财产的具体形态，房地产信托分为房地产资金信托和房地产财产信托两大类。

（一）房地产资金信托

房地产资金信托业务是指委托人将自己合法拥有的资金委托给信托机构，由信托机构按委托人的意愿以自己的名义，以房地产（房地产及其经营权、物业管理权、租赁权、受益权和担保抵押权等相关权利）或其经营企业为主要运用标的，对房地产信托资金进行管理、运用和处分的行为。根据2005年颁布的《信托公司房地产信托业务管理暂行办法》，房地产信托资金的运用方式包括：用于土地收购及土地前期开发、整理；投资于不动产经营企业进行商业楼房及住房开发、建造；用于购买土地、商业楼房或住宅并予以出租；以住房抵押贷款方式运用等。

根据资金运用方式的不同，房地产资金信托可细分为权益型信托和债权型信托两种基本模式。所谓权益型信托模式，是指信托机构将募集资金用于投资房地产企业股权或者房地产项目的经营权，以参与分红或者取得经营收益的方式来向信托受益人支付信托收益。所谓债权型信托模式，是指信托机构将募集资金用于向房地产企业贷款，并以贷款利息扣除必要费用后的余额向受益人支付信托收益。这是目前国内最普遍的一种房地产信托资金运用方式。从本质上来说，这种方式与房地产企业向银行获取商业抵押贷款是一样的，只不过这里的贷款人是信托公司而已。目前绝大部分房地产企业通过信托融资用于缴纳土地出让金。不过从融资者角度看，债权型信托融资成本往往要高于银行贷款，因为不仅投资者要获得不低于银行贷款的收益率，而且还要支付信托手续费用等。有时候信托资金的运用方式是很灵活的，既有权益型投资也有债权型投资。

专栏11-1 “法国欧尚天津第一店资金信托”(简称“欧尚信托”)

集合运用信托计划资金，购买法国欧尚天津第一店的物业产权，北京国投按照信托文件的要求，把房地产出租给法国欧尚超市集团，并签订租赁合同，以物业的租金扣除必要的管理费用和其他税费后，向投资者支付投资收益。此外，投资人亦可享有该物业升值和该项目可能上市流通等潜在利益。它被认为是中国内地第一个真正意义上的REITs。“欧尚信托”的基本运作流程如图11-1所示。

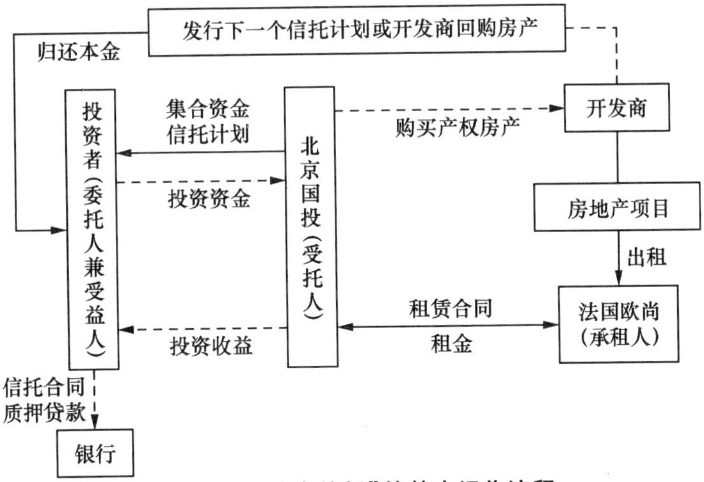

图11-1 “欧尚信托”的基本运作流程

资料来源：《大陆首只地产信托计划诞生》，http://www.51-sohu.com/dongtai/content/200451171083900883984.htm。

（二）房地产财产信托

房地产财产信托是指委托人提供业已存在并具较强变现能力的房地产类信托财产，将之委托给信托机构，设立财产信托，委托人取得信托受益权；然后委托人再将信托受益权转让给投资者来实现融资，或者将受益权抵押进行债务融资。

目前国内财产信托融资的一般运作模式为：第一步，房地产企业将开发建设的房地产项目委托给信托机构，设立财产信托，房地产企业取得信托受益权；第二步，房地产企业将享有的受益权分级为优先受益权和普通受益权，并将其享有的优先受益权转让给投资者并取得相应对价实现融资；第三步，信托机构作为财产信托的受托人，将处置信托财产所得全部收入存入信托专户管理，优先用于支付优先受益人本金和收益，在优先受益人未取得全部本金和收益前，其他信托受益人不参与任何分配。

财产信托计划案例有天津北方国际信托投资有限公司推出的"天津房信集团公产房屋房租收入优先受益权集合资金信托"、中煤信托推出的"荣丰财产信托之受益权（优先）转让项目"，以及北京国际信托投资公司推出的"盛鸿大厦财产信托优先受益权转让项目"等。

专栏 11-2 "盛鸿大厦财产信托优先受益权转让项目"

基本结构：北京元鸿房地产公司将其开发和建设的北京盛鸿大厦（市价约 4.1 亿元）委托给北京国际信托投资公司（简称北京国投），设立盛鸿大厦财产信托。元鸿公司取得该信托项下全部受益权。然后，元鸿公司设立优先受益权（约 2.5 亿元），并委托北京国投将优先受益权转让给投资人。总规模不超过 2.5 亿元，项目投资期限为 3 年，预期年收益率 6%，最低投资金额为 6 万元，采用出租和出售方式，收益为租金和售价。收益每年支付一次。

风险控制：设立信托的财产为独立运作的财产，不受当事人因经营不善或其他原因而破产清算的影响，实现了风险隔离。信托受益权分为优先受益权和普通受益权，全部市场价值 4.1 亿元的信托财产处置收入优先用于保证优先受益人的本金和收益。这意味着只要信托财产处置达到市场价值的 61%（2.5/4.1）就足以实现全部优先受益人的本金和收益。委托人在盛鸿大厦财产信托生效日起，每信托年度伊始，即向受托人交付所有优先受益人预计年收益的65%作保证金。设置信托专户，监管处置信托财产所得收入。

财产信托模式较好地回避了资金信托计划“200份”的限制，从而使得大规模的融资更为现实。但对于信托受益权转让是否符合法律规定尚无定论，目前国内已经有房地产企业通过此种方式进行融资，也未被监管部门叫停。

资料来源：高清霞、段辉，《房地产信托产品的创新性评价与发展研究》，《投资研究》，2004年第12期，第38—42页。

第二节　房地产信托的运行模式及特征

一、房地产信托的运行模式

纵观各信托公司的房地产信托产品，目前房地产信托仍然以短期融资型模式为主导，主要的模式有：

（一）房地产信托贷款融资模式

房地产贷款融资模式为债权型融资方式。房地产开发贷款融资模式是目前信托公司普遍开展的一种房地产信托融资模式。贷款类信托产品由单个或多个投资人将资金委托给信托公司，由信托公司以贷款的形式投向企业，由该企业到期还本付息。该类信托产品侧重于信托的融资功能，对信托公司而言操作简单、管理方便、期限灵活、收益较高，介入项目的阶段可自主选择。

例如，上海爱建信托投资有限责任公司于2008年11月推出一款“鼎立建设集团融资（股票质押）集合资金信托计划”，信托规模8 600万元，资金门槛50万元，该信托资金运用方式为向鼎立建设集团股份有限公司提供一年期的信托贷款。鼎立集团以其持有的3 440万股鼎立股份限售股股权作质押，并以其对鼎立股份的2亿元应收账款作质押。

（二）房地产信托回购模式

信托公司运用信托资金先买下房地产，房地产的购买价格通常为市场价格

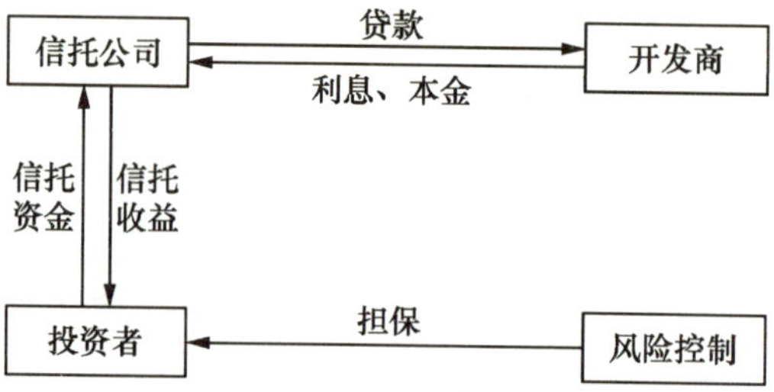

图 11-2　房地产信托贷款融资模式

的 70%—80% 左右，同时与该房地产的开发商签订项目回购协议，约定房地产商在信托期限内溢价将房地产回购来实现信托受益。同时也可保证信托资金阶段性退出。不过，近期由于一些新的房地产政策的实施，此类模式已难以开展。

图 11-3　房地产信托回购融资模式

（三）房地产信托租赁模式

信托公司运用集合信托资金，向开发商购买房地产物业产权，再将购入的房地产以长期、稳定的租约出租给房地产开发商或者物业承租人，以物业的租金收入实现投资人长期稳定的回报。此外，投资人也可以享受物业升值和项目上市流通等潜在利益。

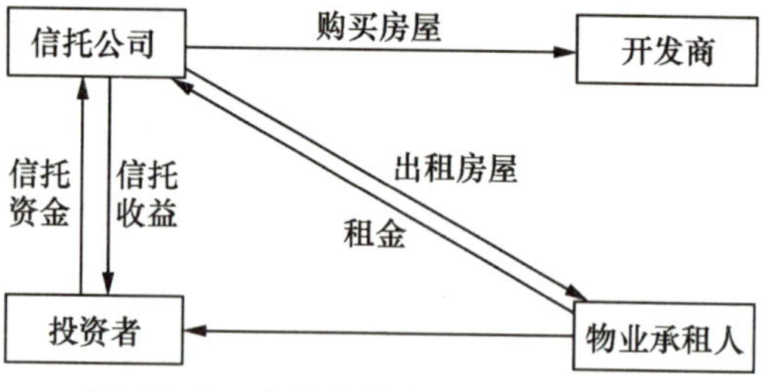

图 11-4　房地产信托租赁融资模式

国内首例房地产租赁信托是中泰信托发行的上海五洲国际大厦房产投资资金信托计划，总规模 2 200 万元，期限 10 年。该计划所募集的资金将用于购买上海五洲国际大厦部分商业用房，并租赁给某商业银行，租期 10 年。信托收益每半年分配一次，信托计划结束，该物业的处置收益将作为信托利益分配。

（四）房地产股权投资信托模式

房地产股权投资信托是指，信托投资公司将所募集的信托资金直接投资于某房地产企业或房地产项目股权，并以一定方式直接或间接参与信托项目的经营与管理，其按股权比例获得经营所得，作为委托人信托投资的信托收益。该模式可以较好地监控开发企业的资金使用情况，保证信托资金运用的安全性。但权益型投资需要实质性地承担较大的市场经营风险，存在着清偿顺序后于一般债权人的法律风险。

（五）房地产股权回购信托模式

房地产股权回购型信托表面属于权益性股权投资信托，但实质上是一种结构性信托融资安排。信托公司以股权方式运作，通过阶段性持股为项目融资，成为项目企业股东或所有者，但仅是名义股东，并不实质性参与和介入房地产开发企业的日常经营和管理，不直接经营该企业或项目，而是在将信托资金以股权投资方式进行投资之前，与资金需求方签署一个股权回购协议，信托公司与房地产开发企业双方约定，在规定期间内（通常是在房地产信托计划终止时），由信托资金的使用方或者其关联公司及其指定的其他第三方，承诺按照一定的溢价比例，全额将信托公司以信托资金投资持有的股权全部回购，进而确保委托人信托财产的归还和信托收益的实现。

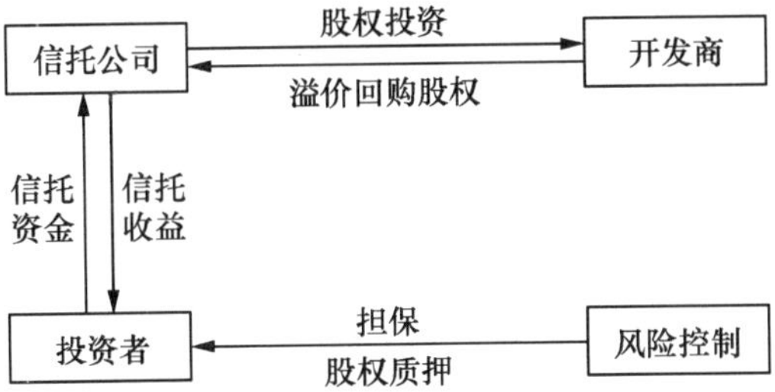

图 11-5　房地产股权投资信托模式

例如，根据北京国际信托 2008 年发行的“财富 4 号华信房地产投资集合资金信托计划”方案，北京信托收购天津弘泽华信房地产开发有限公司（下称“项目公司”）100% 股权，预计投入 5 亿元资金用于天津“弘泽. 城”（暂定名）地产项目（下称“项目”）开发。

天津万豪公司或其指定方在 2 年内，溢价回购北京信托所持有的该项目公司的股权。天津弘泽建设集团为万豪公司的上述行为提供不可撤销连带责任担保。

项目公司董事会由北京信托控制，北京信托向项目公司派出专职财务总监，管理财务、公司印鉴及证照，并由北京信托确定项目施工单位，强化对项目的控制力。

（六）“夹层”信托融资模式

夹层指介于股权与优先债权之间的投资形式。从资金费用角度来分析，夹层融资低于股权融资，如可以采取债权的固定利率方式，对股权人体现出债权的优点；从权益角度来分析，夹层融资低于优先债权，所以对于优先债权人来讲，可以体现出股权的优点。这样就在传统股权、债券的二元结构中增加了一层。

“夹层”信托融资模式在我国的房地产信托业务中最初表现为混合融资，即以权益融资和债务融资结合的方式向信托投资公司融资。实际上，夹层融资信托也就是指从风险与收益角度来看，介于股权与债权之间的信托融资投资形式。福建联华信托 2005 年推出的“联信·宝利七号”通过信托持股，在收益权上加以区分，成为我国首个夹层融资信托产品。“联信·宝利七号”的信托受益人设置为优先受益人和劣后受益人。信托计划终止时，优先受益人优先参与信托利益分配，劣后受益人次级参与信托利益分配。外来资金的投资加上自有资金的进入，构成了夹层信托融资模式。

（七）财产收益权信托融资模式

财产收益权信托融资模式具有财产信托的特点。该类信托产品是财产所有人将所持有的财产权委托给信托公司，将该财产设立信托，并引入信用分层设计，分为优先受益权和劣后受益权，将优先信托受益权在一定时间内分割转让给投资者并取得相应的对价，实现融资；或者将受益权抵押，进行债务融资，由投资者持有优先受益权，成为优先受益人，到期财产所有人回购投资者持有的信托受益权，投资人获得收益。由于信托登记制度缺失，财产信托的开展存在一定障碍。

二、国内房地产信托产品的特点

目前，国内房地产信托产品在以下几个方面具有显著特点：

（一）信托计划的结构设计

在信托计划的结构设计方面，信托公司兼任受托人和管理人双重身份。

这与房地产投资信托完全不同。在房地产投资信托结构下，信托公司不直接进行信托资产的管理和运作，只是对信托投资业务的开展予以决策，具体的信托资产管理工作则聘请独立的专业机构来完成。

（二）信托计划的规模与期限

据2003年末的统计，大部分房地产信托产品规模在1亿元以下，占55%。5亿元以上项目只有3个。信托计划平均规模为1.2亿元。到现在这种情况并没有明显改观。信托产品规模小与监管部门不允许信托机构公募、不准异地开设网点以及缺少流动性平台等因素有关。

信托计划期限较短。通常而言，信托在整个金融体系中发挥的是长期融资的作用，这一点在《信托公司管理办法》中有明确规定。它要求“信托投资公司接受由其代为确定管理方式的信托资金，其信托期限不得少于一年”。但就现有的信托计划而言，尽管符合这一要求，大部分信托产品年限在1—3年，合计共82%，3年(含3年)以上的中长期产品只占18%。并不具有中长期融资功能。

（三）投向与收益结构

目前，房地产信托计划中占据主导地位的仍然是抵押贷款型信托，股权投资方式以及组合股权与贷款的混合方式分别居第二和第三位。不过，很多股权投资信托主要是顺应央行要求房地产开发商申请银行贷款时所有者权益不低于35%的规定而采取的阶段性股权投资，而类似美国房地产投资信托那样针对优质物业进行长期投资的信托计划比较少，只有北京国际信托发售的法国欧尚信托计划等少量产品。这决定了房地产信托投资的主要收益来自于贷款利息收入，而不是租金收入。

第三节　房地产信托的制度设计

房地产信托中存在着信托机构的道德风险、信托产品的流动性风险、信托经营风险等。规避这些风险的前提是做好信托制度设计。

一、房地产信托风险

（一）道德风险

道德风险存在于委托代理关系中，其根源在于信息不对称。拥有信息优势的一方称为代理人。代理人知道自己会采取何种行动，而委托人并不掌握代理人的行为类型的私人信息，从而代理人就有可能利用信息优势谋取最大私人利益，侵害委托人利益。这种现象叫做道德风险。房地产信托关系就是一种比较典型的委托代理关系。例如在资金信托计划中，投资者既是法律意义上的委托人，也是经济学意义上的委托人，信托投资公司既是法律意义上的受托人，也是经济学意义上的代理人。因为当投资者把资金委托给信托机构后，信托机构即取得了对信托资金进行管理、运用和处分的权利，而对于信托机构是如何来管理和运用信托资金的，投资者并不太清楚。虽然2007年颁布实施的《信托公司集合资金信托计划管理办法》第一章第四条要求“信托公司管理、运用信托计划财产，应当恪尽职守，履行诚实信用、谨慎勤勉的义务，为受益人的最大利益服务”，以及第二章第五条规定“除合理报酬外，信托公司不得以任何名义直接或间接以信托财产为自己或他人牟利”，但是事实上，当信息披露不完善的时候，信托机构在经营管理过程中有可能违背信托原则，利用信息不对称优势牺牲投资者的利益为自己谋取好处，投资于和自己相关联的房地产企业或者高风险项目，或者不按信托计划所拟定的投资策略进行资产管理，或在执行投资策略过程中因其他违法违规行为而给投资人带来损失。对投资者而言，这意味着道德风险。严重的道德风险可能引起信托计划的兑付危机。

例如，2006年发生的金信信托危机导致投资者损失高达42亿元。根本原因即在于信托公司违背信托原则，利用信托产品融资来弥补投资亏损。金信信托和金信证券的资金一直混用，前者是后者的控股大股东。金信多年来在二级市场坐庄热炒，浙江广厦（上海交易所代码：600052）、浙大网新（上海交易所代码：600797）等都是金信系的著名庄股。2002年后股市连年走熊，金信证券亏损严重；金信信托则忙于拆东补西，以高息大量发行信托产品，所融资金旋即抽调给金信证券“救市”，并最终成为资金投入的无底洞。

（二）流动性风险

流动性是指资产的变现能力，即投资者是否能够以合理的价格在最短的时间里把非现金资产变为现金资产。如果资产的出售价格不能够保证投资者获得必要的合理报酬或者出售时间很长，那么这种资产的流动性就比较差。流动性越强，资产变现能力就越强，流动性风险就越小。流动性风险是判断资产质量好坏的一个重要因素,对资产收益率有重大影响。

目前,国内的房地产资金信托计划流动性风险较大,表现为期限长、私募、合格的投资者少、受益权转让困难等。例如,《信托公司集合资金信托计划管理办法》规定:信托期限不少于一年;在推介信托计划时不得进行公开营销宣传;并对投资者资格进行了严格限制,比如合格的投资者必须是投资一个信托计划的最低金额不少于100万元人民币的自然人或者机构等。在受益权转让方面,《信托公司集合资金信托计划管理办法》语焉不详,仅规定"信托计划存续期间,受益人可以向合格投资者转让其持有的信托单位,信托公司应为受益人办理受益权转让的有关手续。"这意味着在现有制度框架下,信托产品的交易是由信托公司提供的交易平台来完成的:加入资金信托计划的投资者要转让手中的信托产品,必须由投资者自己寻找买方,双方谈妥后,再到信托投资公司营业大厅办理过户手续。房地产信托产品的这种流动性安排与其他金融产品形成了鲜明的对比,缺少转让平台,限制房地产信托产品的活跃程度,这直接导致房地产信托产品的认知程度和受众面相对较为狭窄,使得寻找转让交易对象的成本极高,进一步加大了信托产品的流动性风险。另外,由于投资者资格受到限制,信托投资公司只有通过提高单份合同资金数量来募集房地产信托所需要的大规模的资金,单位资金规模至少在10万元以上,这也不利于信托产品的转让。

流动性风险的另一个来源是信托财产的流动性较差。房地产信托的信托财产多以土地、房屋、股权等形态表现,担保措施主要为土地、房屋等固定资产抵押。如果融资方未能按期偿还本息,受托人又无法及时变现信托财产或行使抵押权,则可能产生流动性风险。

(三)信托经营风险

《信托公司集合资金信托计划管理办法》规定,信托项目运营过程中发生的风险,要完全由投资人承担,信托公司不承诺信托财产不受损失。只有当信托公司违背信托合同擅自操作时,才会负责赔偿委托人的损失。信托经营风险主要受以下几个方面因素的影响:第一,房地产项目风险。目前,信托参与房地产业主要有两种形式,进行房地产项目的开发建设和投资成熟物业。房地产开发需要经历立项、建设、竣工验收和销售、管理等诸多环节,因此其风险形式也多种多样,风险控制手段复杂,具有较高的专业化要求。现在的房地产信托产品大多投资于房地产开发领域,如果信托公司不具有房地产专业管理的经验和能力,那么房地产项目风险就会对信托财产的安全产生不利影响。第二,资金被挪用的风险。在房地产开发项目中,一般以房地产项目本身的价值和经营收益作为收回投资的第一保障和来源。如果信托资金被挪用到其他项目上,开发商资金链条断裂,就会造成一系列的烂尾工程。为防止挪用情况发生,信托公司一般通过银行监管、根据项目进程拨划资金、向项目公司派驻财务人员、控制项目公司的财务用章等方式进行风险控制。第三,投资集中化风险。因单个信托计划的资金规模小,大多数房地产信托都是投资于单一项目,此类房地产信托都有一个固有的难以防范的风险,就是风险集中在一个项目上,没有风险分散机制。第四,信托期限较短也是产生此类风险的因素。一般的房地产信托期限多为一到两年,无法通过长期运作来化解短期产生的风险。

二、信托计划的治理结构

2007 年颁布实施的《信托公司管理办法》和《信托公司集合资金信托计划管理办法》规定了信托计划的治理结构。设立信托公司,应当采取有限责任公司或者股份有限公司的形式。信托公司的组织架构以股东(大)会、董事会、监事会、高级管理层等为主体,相互之间独立运行、有效制衡,形成科学高效的决策、激励与约束机制。同时,信托公司应当按照职责分离的原则设立相应的工作岗位,建立、健全公司的各项业务管理制度和内部控制制度,形成健全的内部约束机制和监督机制。信托公司应当将信托财产与其固有财产分别管理、分别记账,并将不同委托人的信托财产分别管理、分别记账。信托公司的信托业务部门应当独立于公司的其他部门,其人员不得与公司其他部门的人员相互兼职,业务信息不得与公司的其他部门共享。

对信托计划的资金实行保管制。信托计划存续期间,信托公司应当选择经营稳健的商业银行担任保管人。保管人有以下职责:安全保管信托财产;对所保管的不同信托计划分别设置账户,确保信托财产的独立性;确认与执行信托公司管理运用信托财产的指令,核对信托财产交易记录、资金和财产账目;记录信托资金划拨情况,保存信托公司的资金用途说明;定期向信托公司出具保管报告。负责信托财产的同时信托公司又承担了房地产信托管理人的职能。

在目前的法律框架下，信托计划的治理结构如图 11-6 所示：

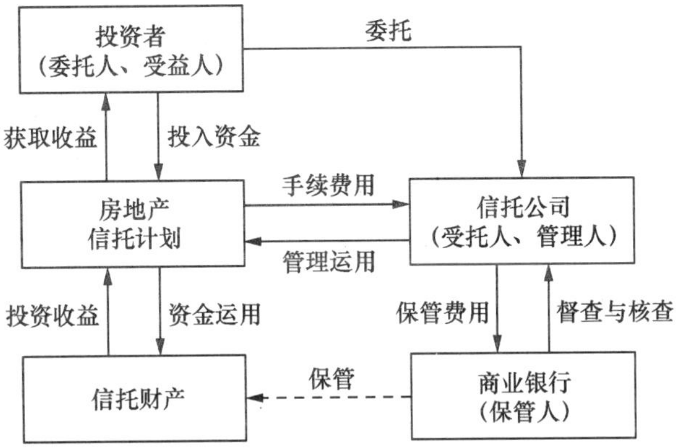

图 11-6　信托计划的治理结构

这种治理结构的一个突出特点是信托公司承担了受托人和管理人的双重职责。在实践中，信托公司的主要职责在于管理，在这个意义上，信托公司实质上成为负有受托责任的管理人了。

三、信托计划的外部约束机制

信托计划的外部约束机制主要体现在五个方面：

（一）市场准入条件。《信托公司管理办法》规定，信托公司注册资本最低限额为 3 亿元人民币或等值的可自由兑换货币。《信托公司集合资金信托计划管理办法》规定，信托公司设立信托计划，应当符合以下要求：委托人为合格投资者；参与信托计划的委托人为唯一受益人；单个信托计划的自然人人数不得超过 50 人，合格的机构投资者数量不受限制；信托期限不少于一年；信托资金有明确的投资方向和投资策略，且符合国家产业政策以及其他有关规定；信托受益权划分为等额份额的信托单位；信托合同应约定受托人报酬，除合理报酬外，信托公司不得以任何名义直接或间接以信托财产为自己或他人牟利等。

（二）法律禁止行为。《信托公司管理办法》规定，信托公司不得将信托计划财产归入其固有财产，不得以卖出回购方式管理运用信托财产，不得以固有财产进行实业投资，不得开展除同业拆入业务以外的其他负债业务，且同业拆入余额不得超过其净资产的20%，等等。《信托公司集合资金信托计划管理办法》规定，信托公司管理信托计划应当遵守以下规定：不得向他人提供担保；向他人提供贷款不得超过其管理的所有信托计划实收余额的30%；不得将信托资金直接或间接运用于信托公司的股东及其关联人，但信托资金全部来源于股东或其关联人的除外；不得以固有财产与信托财产进行交易；不得将不同信托财产进行相互交易；不得将同一公司管理的不同信托计划投资于同一项目。信托公司在推介信托计划时，不得有以下行为：以任何方式承诺信托资金不受损失，或者以任何方式承诺信托资金的最低收益；进行公开营销宣传；委托非金融机构进行推介；推介材料含有与信托文件不符的内容，或者存在虚假记载、误导性陈述或重大遗漏等情况；对公司过去的经营业绩作夸大介绍，或者恶意贬低同行等。

（三）规范信托文件内容。《信托公司集合资金信托计划管理办法》规定，信托计划文件至少应当包含以下内容：认购风险申明书；信托计划说明书；信托合同。认购风险申明书至少应当包含以下内容：信托计划不承诺保本和最低收益，具有一定的投资风险，适合风险识别、评估、承受能力较强的合格投资者；委托人应当以自己合法所有的资金认购信托单位，不得非法汇集他人资金参与信托计划；信托公司依据信托计划文件管理信托财产所产生的风险，由信托财产承担。信托公司因违背信托计划文件、处理信托事务不当而造成信托财产损失的，由信托公司以固有财产赔偿；不足赔偿时，由投资者自担。信托计划说明书至少应当包括以下内容：信托公司的基本情况；信托计划的名称及主要内容；信托合同的内容摘要；信托计划的推介日期、期限和信托单位价格；信托计划的推介机构名称、信托经理人员名单、履历；律师事务所出具的法律意见书；风险警示内容。信托合同应当载明以下事项：信托目的；受托人、保管人的姓名（或者名称）、住所；信托资金的币种和金额；信托计划的规模与期限；信托资金管理、运用和处分的具体方法或安排；信托利益的计算、向受益人交付信托利益的时间和方法；信托财产税费的承担、其他费用的核算及支付方法；受托人报酬的计算方法、支付期间及方法；信托终止时信托财产的归属及分配方式；信托当事人的权利、义务；受益人大会召集、议事及表决的程序和规则；新受托人的选任方式；风险揭示；信托当事人的违约责任及纠纷解决方式；信托当事人约定的其他事项。

（四）信息披露制度。信托公司应当依照法律法规的规定和信托计划文件的约定按时披露信息，并保证所披露信息的真实性、准确性和完整性。受益人有权向信托公司查询与其信托财产相关的信息，信托公司应在不损害其他受益人合法权益的前提下，准确、及时、完整地提供相关信息，不得拒绝、推诿。信托计划设立后，信托公司应当依信托计划的不同，按季制作信托资金管理报告、信托资金运用及收益情况表。信托资金管理报告至少应包含以下内容：信托财产专户的开立情况；信托资金管理、运用、处分和收益情况；信托经理变更情况；信托资金运用重大变动说明；涉及诉讼或者损害信托计划财产、受益人利益的情形等。

（五）受益人大会制度。受益人大会由信托计划的全体受益人组成。《信托公司集合资金信托计划管理办法》规定，出现以下事项而信托计划文件未有事先约定的，应当召开受益人大会审议决定：提前终止信托合同或者延长信托期限；改变信托财产运用方式；更换受托人；提高受托人的报酬标准；信托计划文件约定需要召开受益人大会的其他事项。受益人大会可以采取现场方式召开，也可以采取通讯等方式召开。每一信托单位具有一票表决权，受益人可以委托代理人出席受益人大会并行使表决权。受益人大会应当有代表百分之五十以上信托单位的受益人参加，方可召开；大会就审议事项做出决定，应当经参加大会的受益人所持表决权的三分之二以上通过；但更换受托人、改变信托财产运用方式、提前终止信托合同，应当经参加大会的受益人全体通过。

四、信托计划的风险控制机制

（一）对流动性风险的控制

《信托公司集合资金信托计划管理办法》规定，信托计划存续期间，受益人可以向合格投资者转让其持有的信托单位。信托公司应为受益人办理受益权转让的有关手续。这意味着，信托单位的交易平台是由信托公司提供的，流动性就决定于信托公司所提供的交易的便利性以及信托公司运用和管理信托财产的能力和绩效。目前，流动性设计主要有以下几种方式：

1. 信托公司承诺受让信托受益权。例如，杭州工商信托于 2005 年 11 月发行成立了“杭信 · 鸿利 1 号：公用事业稳健组合投资集合资金信托计划”，该信托产品提供了此种流动性安排。该计划每满 12 个月，在分配收益后的10个工作日内，投资者可以在开放日内向信托公司申请转让信托受益权。在投资者没有找到受让人时，在信托计划资金总额30%的额度内，信托公司承诺受让。

2. 依托银行，为信托产品提供质押贷款。例如，深圳市国投推出的“深圳市商业银行‘盈丰’广州中央酒店集合资金信托计划”，为了提高产品流动性，该信托计划成立半年后深圳市商业银行可向投资者提供质押贷款服务。再如，2008年北方国际信托投资股份有限公司发行“天津滨海新区土地整理产业投资集合资金信托计划”。中国建设银行天津市分行可按照该信托受益人个人资信状况为其提供多种类型的商业贷款。

3. 借鉴国外期货市场运用得比较成熟的做市商办法，来增加信托产品流动性。比如，“联信·宝利七号信托计划”中联华信托公司承诺提供不低于3 000万元的资金，在信托计划满一年后，如部分客户急需现金，按照事前约定的溢价率无条件受让拟转让的信托受益权。

4. 提供赎回期权。例如，杭州工商信托股份有限公司于2008年6月16日推出了一款“杭信·飞鹰一号房地产投资集合资金信托计划”。该信托计划为投资者设置了一个提前退出权——认购不少于1 000万信托单位的认购人有权以人民币0.01元/份的价款认购提前退出权，提前退出权最高份额为1 800万。与同类产品相比，“杭信·飞鹰一号房地产投资集合资金信托计划”克服了股权投资类产品流动性差的致命弱点。该产品通过设计一种赎回期权，克服了该类产品受制于投资期限的缺点，使短期投资者亦可以参与到此类产品中来。但同时，该赎回期权的设置也加大了信托公司的资产管理难度。

5. 融资者承诺受让信托受益权。例如，中信信托推出“国宾世贸中心(B座)项目”集合资金信托计划，募集到的信托资金将贷款给北京中实恒业房地产开发有限公司，在流动性安排方面，该信托计划执行期满一年后，北京中实恒业房地产开发有限公司以实际募集信托资金总额的20%为限，受让相关信托受益权。

（二）对信用风险的控制

在控制信用风险方面，信托公司通常采用抵押加担保的信用增级方式。例如，上海国际信托投资有限公司设立的新中苑房产信托优先受益权转让投资计划规定，该信托计划的信用增级措施是：(1) 物业抵押。新中南开以新中苑房产产权作为抵押物，为其回购“新中苑房产信托”项下的优先受益权提供履约担保。若新中南开不履行房产信托合同项下的义务，或者到期不履行回购义务，信托公司有权处置抵押物，处置所得用于优先受益人的利益分配。(2) 信用担保。上海黄浦投资集团为新中南开回购优先受益权与新中南开按受托人要求受让房产之义务提供不可撤销、负连带责任的信用担保。此外，也有运用保险来增强信用的方式，例如，中信信托推出“国宾世贸中心(B座)项目”集合资金信托计划承诺，平安财险为其提供了不少于5 000万元的“预期利润损失险”，即在相关房地产项目如期保质保量完工的前提下，应有不少于人民币5 000万元的净利润。

(三) 对经营风险的控制

《信托公司集合资金信托计划管理办法》规定，信托资金可以进行组合运用，组合运用应有明确的运用范围和投资比例。信托公司运用信托资金进行证券投资，应当采用资产组合的方式，事先制定投资比例和投资策略，采取有效措施防范风险。信托公司运用信托资金，应当与信托计划文件约定的投资方向和投资策略相一致。

在实践中，很多房地产资金信托计划是针对某个房地产项目来募集资金的，无法做到组合投资，导致风险集中。即便能够投资于若干个地产项目，也无法避免房地产行业风险。信托公司对经营风险的控制除了要求融资方提供抵押担保等保险措施外，主要是通过对行业和项目的分析与选择、对项目运营的监管等方式来实现。例如，上海国投发行的“新上海国际大厦项目资金信托计划”控制融资项目风险的措施是：对新上海国际大厦有限公司的经营状况实行严格的事前审核和事中监控，及时发现其经营中可能对信托资金造成损失的问题，并在贷款合同中增加受托人在发现新上海国际大厦有限公司可能影响信托资金安全性的重大经营问题时有权要求其提前偿还贷款的条款。并且信托贷款由新上海国际大厦部分房产作抵押担保，目前抵押物的市场价值超过人民币4.6亿元。

专栏11-3 上海嘉定清水颐园房地产贷款集合资金信托计划

发行机构:中泰信托投资有限责任公司

信托期限(月):18 信托规模(亿元):0.9000

资金门槛(元):400000 预期年收益率:5.8%

收益描述:预期年信托收益率为5.8%。受托人于信托期满一年及信托期满后分配信托利益,分配采取现金方式。受益人按信托资金占信托计划资金的比例,享有信托利益。

资金运用:贷款 发行地:上海

用款人:上海清水颐园房地产有限公司

用款项目:清水颐园二期项目

信用增级方式:1. 项目公司已与中泰信托签订《土地抵押协议》,将其合法拥有的位于上海市嘉定工业区190街坊(2宗,土地面积55311平方米,容积率为1.3),编号为沪房地嘉字(2005)第002384号上海市房地产权证项下地块的土地使用权抵押给受托人,作为项目公司偿还贷款的担保。该土地使用权评估价值为人民币1.2144亿元。2. 上海新城创置房地产有限公司与中泰信托签订《房产抵押协议》,将其合法拥有的位于成都北路333号,编号为沪房地市字(2003)第004326号上海市房地产权证项下建筑面积为1004.68平方米的办公楼房产抵押给受托人,作为项目公司偿还贷款的担保。该办公楼房产评估价值为人民币2934.3万元。3. 项目公司股东新城股份为项目公司偿还贷款本息提供不可撤销的连带保证责任担保。新城股份是江苏省第一家以房地产开发经营为主营业务的B股上市公司,名列江苏省房地产企业综合实力50强第二名,股票代码900950,注册资金33191.4万元,注册地江苏常州市。截止到2004年12月31日,新城股份总资产305954.02万元,净资产52065.81万元。

推介起始日:20050613 推介终止日:20050630

资料来源:金融界网站。

第四节 房地产投资信托

一、房地产投资信托的内涵

房地产投资信托是最典型的房地产资金信托业务形式。不同国家房地产投资信托的具体称谓不尽相同。比如,美国等大多数国家称之为房地产投资信托(real estate investment trust,REIT;或者 real estate investment trusts,REITs);英国和亚洲一些地区,则称之为不动产投资基金(property investment fund,PIF)。本章中以后内容的阐述将选用 REITs 作为房地产投资信托的简称。

从国际上看,REITs 是一种以发行受益凭证的方式汇集特定多数投资者的资金,由专门投资机构进行房地产投资经营管理,并将投资综合收益按比例分配给投资者的一种信托基金。与我国房地产信托纯粹属于私募性质所不同的是,国际意义上的 REITs 在性质上等同于基金,绝大多数属于公募。REITs 与一般投资基金的不同在于,其主要投资对象是回报率较稳定的物业,如办公楼、商场、物流中心和住宅物业,投资者的主要收益来源为房地产租金收入及其资本增值。

从本质上看,REITs 属于资产证券化的一种方式。REITs 所产生的证券与股票和一般债券不同,它不是对某一经营实体的利益要求权,而是对特定资产池所产生的现金流或剩余利益的要求权。资产池在法律上表现为特定目的载体。REITs 典型的运作方式有两种:第一,由特定目的载体公司(SPV①)向投资者发行受益凭证,将所募集资金集中投资于写字楼、商场等商业地产,并将这些经营性物业所产生的现金流向投资者还本归息;第二,原物业发展商将旗下部分或全部经营性物业资产打包设立专业的 REITs 基金公司,以其收益如每年的租金、按揭利息等作为标的,均等地分割成若干份出售给投资者,然后定期派发红利,实际上给投资者提供的是一种类似债券的投资方式。另外,从 REITs 的国际发展经验看,几乎所有 REITs 的经营模

---

① 在实践过程中,SPV 的实现方式主要有两种:特设公司(special purpose company,SPC)和特设信托(special purpose trust,SPT)。这两种方式在国外都很常用,特别是其中的 SPC 方式应用更为普遍,这和欧美公司型基金结构越来越普遍是相辅相成的。

式都是收购已有商业地产并出租，靠租金回报投资者，极少有进行开发性投资的 REITs 存在。因此，REITs 并不同于一般意义上的房地产项目融资。

REITs 具有信托的一般特征，即所有权和经营权相分离、信托财产独立性、有限责任和信托管理的连续性等。同时，相对于股票、债券和房地产直接投资，REITs 还具有以下特点和优势：

（一）专业化团队管理

REITs 所募集到的资金，必须委托专业性很强的基金管理公司进行投资运作。这类公司的优势在于管理人员大都拥有丰富的投资理财经验和房地产专业知识，能够比较全面、快捷地把握国内外经济形势和行业信息，擅长股市投资，能够制定出最佳投资组合策略。相对于个人投资者而言，可以有效降低投资风险。

（二）股本金要求低，持股灵活

房地产直接投资往往需要庞大的资金投入，虽然有获得高收益的可能，但是由于个人投资者无法同时进行多项房地产开发计划，风险也很集中。REITs 通过发行受益凭证，将传统的按单位、按面积出售的房地产，改为按价值单元分割出售，股本面值低、持股灵活，任何投资者都有能力投资，扩大了投资者的数量。如美国的 REITs，每股只需要 10—25 美元；同时 REITs 对持股数量没有限制，既可以购买一股，也可以拥有数股。因此，中小投资者通过投资 REITs 在承担有限责任的同时，还可以间接获得大规模房地产投资的收益。

（三）组合投资，降低风险

与传统的房地产开发只能投资于固定单个项目相比，REITs 的资产是分散化了的房地产资产组合，可以投资于不同的项目，回避风险的能力较强。同时，基金管理公司通过专家理财，进行多元化投资，既能够选择不同地区、不同类型、不同经营方式的房地产项目和业务，也可以在法律规定范围内从事政府债券、股票等有价证券的投资，从而可以有效地降低投资风险，取得较高的投资回报。如 1993 年 12 月至 2003 年 1 月期间，美国的 REITs 平均年度股息率高达 6.96%，高于十年期美国政府债券（5.86%）、标准普尔指数公用股（4.45%）及标准普尔 500 指数（1.79%）。由此看来，REITs 的风险介于银行存款和买卖股票之间，比较适合稳健型的中小投资者。

（四）资产流动性较高

房地产本身的固定性使其流动性较差，加大了投资者直接投资的风险。而房地产投资基金将房地产证券化，采用股票或基金单位的形式，使这种不动产具有流动性。而且,由于房地产投资基金能够在证券交易所上市,投资者可以根据自己的情况随时处置所持有的基金股份,进一步提高了它的流动性。

（五）享受税收优惠

REITs基金只要具备一定条件,根据法规,一般都无需缴纳公司所得税。这种税收优惠,是各国REITs的共同特征和发展的基本动因。在美国,投资人还可以通过提高REITs的负债率和降低房地产资产折旧年限等方式来实现REITs的“账面损失”,这样就可以降低其应缴纳税收的税基,借机转移其他收入。

（六）股东收益高,且有明显的抗通货膨胀能力

REITs公司每年要将赢利的大部分以现金红利方式回报给投资者,通常占应税净收入的90%—100%,因而股东的收益十分可观。与债券等固定收益证券不同的是,REITs收益凭证还具有明显的抗通货膨胀能力。一般而言,当通货膨胀率上升时,固定收益证券的价格面临着下降的压力。但是如果考察1997—2004年间美国的REITs指数和消费者物价指数,会发现二者基本上是同向变动的。尤其是当美国CPI上扬时,美国REITs指数几乎是同步上升的。①

专栏11-4　REITs的起源与发展

REITs起源于19世纪80年代美国的马萨诸塞商业信托。在当时,以信托作为公司形式的目的,最初是为了规避州法禁止公司以投资为目的持有不动产的规定,随后逐渐发展为避免双重征税。因为如果信托公司将收入分配给受益人,可以免征公司所得税。但是,由于这些税收优惠在20世纪30年代被取消,导致其发展一度停滞。直到1960年,艾森豪威尔总统签署《REIT法案》(Real Estate Investment Trust Act of 1960),标志着REITs的正式创立。法案给予REITs税收上的优惠,规定满足了一定条件的REITs可以免征所得税和资本利得税,而仅对股东或投资人课征个人所得税。同时,允许其上市交易,解决了传统的房地产资产不能流动的问题。此后,日本、英国等国家争相仿效。经过近十年的发展,REITs的发展在20世纪70年代初达到顶峰,其

① 张明:《房地产投资信托基金(REITs)研究》,中国社会科学院国际金融研究中心工作论文,2006年1月,第3页。

后由于经济危机和房地产市场的萧条,美国的房地产投资权益证券化开始出现衰落。从20世纪80年代开始,美国重新修订了税收法案,并放宽了有关限制,REITs的避税优势得以发挥,而且REITs不能直接拥有房地产资产的情况也得以改变。从此,REITs热潮再次回升,资产量不断增长。

目前,美国、澳大利亚、日本、韩国和新加坡等主要国家的交易所都已有REITs上市交易。根据标准普尔公司的统计,从世界范围来看,REITs在美国最为普遍。至2003年底美国已经有近200只上市的REITs,市值总额超过2 390亿美元,约占美国纽约证券市场市值的4%,其管理的商业房地产资产超过4 000亿美元。在澳大利亚,房地产投资信托形式ALPT也非常活跃,目前规模已经占当地证券市场总值的10%。在日本,第一只J-REIT于2001年在东京证券交易所上市。在我国,REITs仍处于起步和发展阶段。

同时,欧洲、亚洲以及南美洲的许多国家和地区越来越重视针对房地产投资基金的专门立法,这进一步推动了房地产投资基金的发展。截至2003年11月,已有18个国家和地区制定了房地产投资基金的法规(见下表)。

已有房地产投资基金相关立法的国家和地区(截至2003年11月)

地区	国家和地区
北美洲	美国、加拿大
南美洲	波多黎各、巴西(FII)
亚洲	日本(J-REIT)、新加坡(S-REIT)、中国香港、马来西亚、中国台湾、韩国(K-REIT)、土耳其
大洋洲	澳大利亚(ALPT)
欧洲	比利时(SICAFI)、荷兰、法国(SIIC)、德国(KAGG)、西班牙(REIF, RE-IC)、卢森堡

注:括号内为房地产投资基金在该国家或地区的具体名称缩写。

资料来源:NAREIT,2003年11月。

二、房地产投资信托的类型

(一)权益型REITs、抵押型REITs和混合型REITs

REITs根据资金投向的不同,一般分为权益型REITs、抵押型REITs和混合型 REITs。

1. 权益型 REITs

权益型 REITs(equity REITs)专门以获得房地产产权的持有或开发为投资目的,既可以对具体项目进行投资,如写字楼、商业中心、公寓、仓库及其他住宅和非住宅建筑物等,也可以对某个区域进行长远投资。其业务包括出租、开发和租户服务,主要收入来源于房地产的租金。一般情况下,不同的权益型 REITs 的收益通常是不同的,它主要取决于投资者、经营者的经营策略。权益型 REITs 受利率影响相对比较小,因为它可以通过提高租金来提高其现金流量。所以,权益型 REITs 通常选择投资于能持续增值的物业,从而使其租金或房价有不断上涨的趋势。权益型 REITs 的魅力在于:通过资金的"集合",为中小投资者提供了投资于利润丰厚的房地产业的机会;专业化的管理人员将募集的资金用于房地产投资组合,分散了房地产投资风险;投资人所拥有的股权可以转让,具有较好的变现性。

2. 抵押型 REITs

抵押型 REITs(mortgage REITs)专门投资于房地产抵押贷款或房地产抵押支持证券(MBS),收益主要来源于房地产贷款的利息。抵押型 REITs 的管理机构本身不直接拥有物业,而将其资金通过抵押贷款方式借贷出去,从而获得商业房地产抵押款的债权。在过去,抵押型 REITs 既可以投资于现有的物业,同时也可以投资于正在建筑的物业。但是现在则只通过向现有物业提供短期或长期的抵押贷款服务,来获得各种相关手续费及贷款利差。通常抵押型 REITs 的股息收益率比权益型 REITs 高。不过根据风险—收益原理,高收益意味着高风险,抵押型 REITs 的利率风险比较大。抵押型 REITs 的投资魅力在于:为中小投资者提供了介入房地产抵押贷款市场、获得较高借贷利差的机会;专业化的管理人员将募集的资金用于多个房地产项目的抵押贷款,分散了房地产借贷风险;投资人所拥有的资产可以转让,具有较好的变现性。

3. 混合型 REITs

混合型 REITs(hybrid REITs)是介于权益型和抵押型之间的一种房地产投资基金,具有资产型 REITs 和抵押型 REITs 的双重特点,既拥有部分物业产权,又有各种抵押贷款债权。也就是说,混合型 REITs 在向股东提供物业增值空间的同时,也能获得稳定的贷款利息。

美国 REITs 早期以权益型居多。20 世纪 60 年代末，抵押型 REITs 曾经风靡一时，但是随着 70 年代房地产泡沫破灭导致大量开发商破产和贷款违约，抵押型 REITs 遭受到沉重打击。相比之下，权益型 REITs 以其良好的抗风险能力获得了更多投资者的青睐。从收益角度看，尽管在房地产市场繁荣时期抵押型 REITs 的收益能够超过权益型 REITs，但长期而言抵押型和混合型 REITs 的年均回报一般低于权益型 REITs。所以，当今美国市场上权益型 REITs 的数量占近 80%，市值占 90% 左右。

（二）开放型 REITs 和封闭型 REITs

REITs 根据投资人能否赎回，可以分为开放型 REITs 和封闭型 REITs。

1. 开放型 REITs

开放型 REITs 的发行规模可以增减，投资人可按照基金的单位净值要求投资公司买回或向基金管理公司购买股份或认购权证。采用互惠基金（mutual fund）和共同基金（common fund）组织形式的 REIT 基本上都是开放型的。由于开放型 REITs 的流动性较强，一般对其投资方向有所限制，在美国，该类基金一般不能直接投资于房地产，而是主要投资于 REITs、房地产相关债券、房地产基金 50 指数等与房地产相关的金融产品。另外，新股发行时必须对现有资产进行估价，以确定新股发行价格。连续估价是很困难的，尤其是当投资于房地产权益时。因此，美国开放型的 REITs 相对较少，约占 30% 左右。

2. 封闭型 REITs

封闭型 REITs 的发行规模固定，投资人若想买卖此种投资信托的证券，只能在公开市场上竞价交易，而不能直接同基金管理公司以净值交易，同时为保障投资人的权益不被稀释，此种基金成立后不得再募集资金。现有证券的价值将取决于 REITs 投资组合中资产的表现。封闭式 REITs 有两个重要特点：一是大部分资金直接投向房地产；二是估价容易，不用每月清算资产价值，而开放型 REITs 则需每月清算。封闭型 REITs 占全美 REITs 总量的 70% 左右，多为有限合伙制形式。

（三）信托型 REITs 和公司型 REITs

REITs 根据组织形式，分为信托型 REITs 和公司型 REITs。

1. 信托型 REITs

信托型 REITs 是基于一定的信托契约（trust deed）、利用信托原理成立的基金。包括基金管理公司（基金管理人）、基金保管机构（基金托管人）和投资者（基金持有人）三方当事人，其各自的权利和义务依法由基金信托投资契约约定，因此，信托型基金又被称为契约型基金。其中，三方当事人之间的关系是：受托人依照契约运用信托财产进行投资，委托人依照契约负责保管信托财产，受益人则依照契约享受投资收益。信托型基金主要是通过发行基金受益券、信托凭证（beneficial certificate）等有价证券来筹集资金。信托型 REITs 要求必须有人履行受托职责，但各国对此有不同的规定：有的由基金托管人负责，有的由基金管理人负责，有的在基金管理人和基金托管人之外单独设立受托人，有的则由基金经理人和基金托管人共同负责。

2. 公司型 REITs

公司型 REITs 依据《公司法》成立，基金持有人和公司董事会的权利依法由公司章程规定。基金持有人既是基金投资人又是公司股东。公司型基金成立后，通常由公司董事会委托特定的基金管理人和基金托管人，并依法由委托合同确定各方权利和义务。

信托型 REITs 与公司型 REITs 的主要区别见表 11-1。

表 11-1　信托型 REITs 与公司型 REITs 的区别

区别	组织形式	
	信托型	公司型
法律依据	信托法	公司法
法人资格	无	有
发行凭证	基金单位	股票
资金属性	信托财产	构成公司的财产
资金运用	按信托契约规定使用	按公司的章程使用
与投资人的关系	信托契约关系	股东与公司的关系
与受托人的关系	以受托人存在为前提	本身即为受托人身份
利益分配	分配信托利益	分配股利
组织存续	契约期满，即宣告结束	除非依据《公司法》规定到了破产、清算阶段，否则可以永久存续

三、房地产投资信托的设立要求

根据美国 1960 年的《REITs 法案》，REITs 属于公司组织，主要投资于房地产,其收入在公司层面不纳税。为了获得免缴公司所得税的资格,REITs必须满足特定的要求。

美国《国内税收法》第856条至第858条列举了REITs成为免税中介所必须满足的一系列测试标准(见表11-2),其中最主要的条件包括以下几点:(1) 股份应为至少100名股东所持有,在任何纳税年的最后半年内,5名或更少的大股东所占的份额不能超过全部股份的50%;(2) REITs在房地产运营中只能作为被动投资者,而不能作为主动投资者,但一名作为主动投资者的房地产经理可以拥有高达35%的REITs的股权;(3) 至少有75%以上的资产由房地产、现金及现金等价物和政府债券组成。在筹集资金后的第一年内,使用新产生的资本购买的股票和证券可以被视为该75%资产中的一部分;(4) 至少有75%的毛收入来自租金、抵押投资收入和房地产销售所得。使用新筹集的资本购买股票和证券获得的收入可以在一年内被视为该75%毛收入的一部分;(5) 至少95%的普通收益(与资本收益相区分)应在每一财政年度的年末之后一年内分配给股东。这一规定对于某些非现金收入可以灵活掌握。

表11-2 美国REITs的免税资格测试标准

项目	具体标准
组织结构	1. 必须采取公司、商业信托或者协会的组织形式 2. 必须有一个或多个董事或者受托人进行管理 3. 征税时视作国内公司法人 4. 不属于金融机构和保险公司
所有权结构	1. 股票或者受益凭证必须可以转让 2. "百人原则":股东或收益人不得少于100人 3. 在一个纳税年度的后半年,5个或5个以下的个人持有的REITs股份不得超过50%
资产结构	1. 房地产、现金及现金等价物、政府债券不得少于总资产的75% 2. 除了政府债券外,REITs持有单个发行人的证券不得超过总资产的5%,不得超过该发行人已发行有投票权证券余额的10%

（续表）

项目	具体标准
收入结构	1. 下列收益必须占到总收入的95%以上：股利、利息、房地产租金、股票和房地产处置收益、房地产相关税种的减税或退税、被取消赎回权的房地产拍卖所得等 2. 下列收益必须占到总收入的75%以上：房地产租金、房地产或房地产抵押担保债务生息、房地产处置收益，从其他REITs投资中所得收益、房地产相关税种的减税或退税、被取消赎回权的房地产拍卖所得等 3. 下列收益占总收入的比例不得超过30%：处置持有期不满1年的股票或其他证券所得，处置持有期不满4年的房地产所得等
收益分配	每年95%（2001年1月1日降至90%）以上的应税收入必须作为股利分配给股东

资料来源：Internal Revenue Code，IRC，Sacs，pp. 856—858。

这些规则的设立目的，是确保REITs投资于房地产，从事与房地产相关的活动。REITs的股东可以是个人、公司、合伙企业、信托以及社会集团。根据REITs是信托还是公司，REITs分别由受托人委员会或者董事会来管理。另外，委员会或者董事会必须雇佣外面的顾问来管理REITs的资产。顾问可以是银行、房地产咨询公司、人寿保险公司或者是个人。REITs每年都要向顾问支付一定的管理费，通常等于所管理资产或者是当年实现的收入的1%。顾问费并不受联邦政府的限制，但是可能受北美证券管理协会（NASSA）和州证券监管者共同设定的条件限制。顾问通常可以将REITs作为短期融资来源。如果顾问是抵押银行，它可以利用REITs提供的短期融资来发放贷款。

最后，有一项条款严禁REITs从事短期投机性房地产交易。REITs不能主要为（在通常的业务中）销售而持有房地产，只有满足以下条件它才能出售房地产：（1）至少持有房地产4年以上；（2）在房地产销售的前4年内，它在房地产上的资本性支出不能超过售价的20%；（3）同一年之内销售的房地产数量不能超过5宗；（4）该房地产不能是通过剥夺赎回权取得的。

所以，REITs必须满足十分严格的条件才能获得优惠的税收待遇。但避免双重课税以及进入资本市场融资的能力足以使REITs愿意满足这些条件。

四、房地产投资信托的基本运营结构

（一）传统结构

1986 年以前，美国的 REIT 一般都将资产的管理和运作活动（主要是房地产租赁服务、向承租人收取租金等）外包给独立的合约方进行。房地产基金公司和管理公司相互独立，REITs 直接拥有资产，而不是通过经营性合伙企业间接拥有资产。当时的 REITs 运营结构如图 11-7 所示。

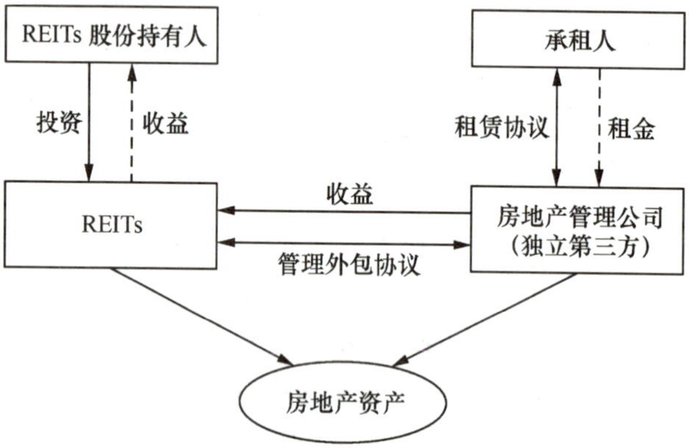

图 11-7　美国 REITs 的传统结构

（二）伞形合伙（UP REITs）结构

20 世纪 90 年代初期，由于美国房地产行业传统融资渠道受限，房地产商纷纷把目光转向筹资成本相对较低的资本市场。1992 年 Taubman Centers 公司首次公开发行采用了一种新型结构的 REITs，即伞形合伙 REITs（umbrella partnership REITs，UP REITs）。UP REITs 是指房地产公司和私人业主将自己的物业以股份兑换而不是出售的方式纳入 REITs 中（就像笼罩在 REITs 的伞下），从而避免支付因出售物业获得资本收益的所得税。鉴于其递延纳税的功能，UP REITs 一经推出便迅速成为 REITs 设立过程中采取的主流形式。并且，UP REITs 的出现促使 REITs 的私人所有权结构向公众持有的所有权结构转变，能够让新建立的 REITs 迅速达到公开上市融资的规模，从而推动 1993—1994 年 REITs 行业出现了首次公开发行股票的热潮（IPO 热潮）。这一时期成立的 UP REITs 被称为“新生期房地产投资基金”（baby REITs），它们促进了美国房地产投资基金行业的大发展。

UP REITs 不直接拥有房地产，而是通过拥有伞形结构中的合伙人间接拥有房地产。UP REITs 的设立过程如图 11-8 所示。首先，由数个房地产拥有者将自有房地产投资入股，共同设立一个经营性合伙企业，并获取代表有限合伙股权的凭证——“经营型合伙单位”（operating partnership，即 OP 单位），成为有限合伙人。在设立经营型合伙企业的同时，公开募集成立一个 REITs。REITs 将募集到的资金向经营型合伙企业出资，成为后者的普通合伙人，控制经营合伙企业。有限合伙人在持有 OP 单位一段时间（通常为 1 年）以后，可以把 OP 单位转换成 REITs 的股份或现金，获取流动性。这种转换权利实际上是一种“看涨期权”。

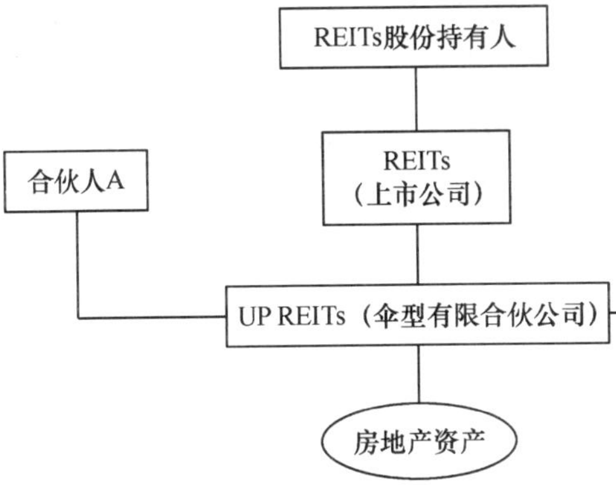

图 11-8　美国的 UP REITs 结构

UP REITs 结构具有三个优点：(1) 延迟纳税。房地产所有者以房地产出资换取 OP 单位，成为有限责任合伙人的交易环节不需要纳税，直至其将 OP 单位转换成现金或 REITs 股份时才需要纳税，从而延迟了纳税时间。(2) 易于上市融资。UP REITs 结构可以通过增加有限责任合伙人的数目，扩大 REITs 的规模，从而达到上市融资的资产要求。(3) 弥补资本经营缺陷。UP REITs 结构中的经营性合伙企业，可以通过 REITs 在资本市场融资，从而弥补了传统的 REITs 高比例股利分配造成的截留利润较低、扩张资本不足的缺陷。

但是，在 UP REITs 结构中，REITs 并不愿意看到自己成为“公开交易的合伙企业”（PTP）。因为如果这样，它们将不得不受到联邦和州的证券法规监管，从而付出额外的时间和费用；同时作为公众公司。它们将不再享有有限合伙的税收利益。为此,几乎所有的 UP REITs 都试图确保其发行的"私募"地位。这样的努力包括不进行公开宣传,有限合伙人要具有自我评估风险收益的能力等,而且普通合伙人和有限合伙人的总数不能超过 100 人。

五、房地产信托计划与房地产投资信托的差别

目前国内的房地产信托产品主要是房地产信托计划,英文名称为 real estate asset trust,简称 REAT,与 REITs 是两种完全不同的产品,二者的区别如表 11-4 所示。国内现有的信托产品还只是一种不成熟的、初级的、过渡性的金融产品,还不能通过投资组合的方式有效分散投资风险。建立真正的 REITs 产品需要在多方面放开限制。

表 11-4 国内 REAT 与美国 REITs 的区别

信托产品类型	国内 REAT	美国 REITs
募集方式	私募	公募和私募
产品特征	只不过是一种非标准的集合投资信托计划,由信托公司提供收益转让服务,不能上市交易	是标准化可流通的金融产品,是主要对房地产相关权利进行投资的基金,有 2/3 在全国的交易所上市
投资者或合同份数	200 份合同	公募投资者不得少于 100 人;私募投资者在 100 人以上就有税收优惠,5 人及以下的个体不能拥有超过 50% 的股份
购买的最低金额	5 万元,有些产品实际发行的门槛更高	不限
投资者类型	禁止保险公司、银行、证券投资基金、养老基金等投资于该产品	不限
投资方式	绝大多数是针对单一项目的贷款,小部分为股权投资	以股权投资为主的组合投资,对单个项目没有投资比例的限制
流通性	较差,不能在交易所上市,而是由信托公司提供受益转让服务	较好,2/3 在全国的证交所上市

（续表）

信托产品类型	国内 REAT	美国 REITs
获益方式	主要是贷款利息	拥有成熟物业，较大部分收益来源于房地产租金收入、房地产抵押利息或来自出售房地产的收益
期限	较短，一般为1—3年	较长，每年必须分红
管理方式	信托公司一般只从整体上来控制，不参与项目的直接管理	大多由专业的基金管理公司自主管理
法制与监管	法律、法规有待完善，监管体系不健全	由于其在法律上属于较不具弹性的共同所有制，所以它的组织方式、投资内容、收益来源及收益分配均受到较严格的限制

六、我国发展房地产投资信托的障碍

国外实践证明，房地产投资信托是一种非常有效的投融资手段，它对促进房地产业、金融市场乃至整个国民经济的发展都具有积极意义。目前我国发展房地产投资信托的环境还不太成熟，存在两个方面的基本障碍。

第一，相关法律法规不健全。目前我国信托业务的开展，主要依据的是《信托法》、《信托公司管理办法》、《信托公司集合资金信托计划管理办法》，这对于发展房地产投资信托所需的法制环境来说还远远不够。尽管《信托法》为房地产信托业的规范发展提供了法律基础，但是尚需进一步规范房地产信托业务的政策法规及实施细则，特别是关于房地产信托如何具体运作、房地产信托业务的税收制度、房地产信托是否需要及如何进行产权转移或变更登记等问题，都是需要探讨和解决的关键问题。《信托公司集合资金信托计划管理办法》规定，信托公司推介信托计划时，不得进行公开营销宣传。这意味信托计划不能公开募集资金，只能采取私募形式，这限制了信托资金规模和信托计划的流动性。而现行的《证券法》和《信托公司集合资金信托计划管理办法》对房地产信托受益凭证的证券性质的排斥，也是 REITs 发展的一大障碍。我国《证券法》确认的证券形式仅限于股票、债券和国务院依法认定的其他证券。事实上，目前证券市场上仅有股票和债券两个品种，并没有国务院认定其他的证券形式，这显然制约了证券衍生产品的创新。而且，依据《信托公司管理办法》的规定，信托公司不得开展除同业拆入业务以外的其他负债业务，这意味着现有的信托受益权只能以信托合同而不是信托受益凭证的方式成立。虽然信托单位采取信托合同的形式，可以获得免去发行证券的复杂审批手续、缩短发行时间、减少市场风险以及降低发行成本等好处，但是如果信托合同被当作证券来发行，却不受证券法律规制，这将免除信托机构相应的义务，特别是在信息披露方面，不利于对委托人利益的保护。因此，能否将信托受益权凭证认定为证券，对中国房地产投资信托的发展具有关键作用。

第二，难以获得税收优惠。美国 REITs 得以迅速发展的根本原因在于其能享受税收优惠。首先，REITs 基金作为人的集合不存在公司税的问题；其次，美国法律规定，REITs 基金投资的房地产资产属于免税资产。在 20 世纪 60—70 年代，美国的 REITs 同样享受税收优惠，但是由于当时的税法条款有利于通过其他方法避税，如采用折旧的办法等，所以其在当时并未得到很好的发展。而在 80 年代末期，随着税法条款的逐步严格，REITs 基金税收优惠的优点逐渐显示出来，因而得以取得长足发展。由此可见，借鉴美国的税收优惠政策，对于发展我国的 REITs 是有必要的。但是目前我国法律尚未对信托收益的纳税做出明确规定，缺少对 REITs 的税收激励政策，这不利于鼓励 REITs 的发展。

本章小结

房地产信托是信托制度的典型形式，一般分为房地产资金信托和房地产财产信托两大类，而房地产投资信托（简称 REITs）是现代最流行的房地产资金信托业务形式。

房地产资金信托业务是指委托人将自己合法拥有的资金委托给信托机构，由信托机构按委托人的意愿以自己的名义，以房地产（房地产及其经营权、物业管理权、租赁权、受益权和担保抵押权等相关权利）或其经营企业为主要运用标的，对房地产信托资金进行管理、运用和处分的行为。

房地产财产信托是指委托人提供业已存在并具较强变现能力的房地产类信托财产，将之委托给信托机构，设立财产信托，委托人取得信托受益权；然后委托人再将信托受益权转让给投资者来实现融资，或者将受益权抵押进行债务融资。

目前房地产信托仍然以短期融资型模式为主导。

房地产信托关系中存在着信托机构的道德风险、信托产品的流动性风险、信托经营风险等。规避这些风险的前提是做好信托制度设计，具体包括信托计划的治理结构、信托计划的外部约束机制以及信托计划的风险控制机制。

从国际上看，房地产投资信托（REITs）是一种以发行受益凭证的方式汇集特定多数投资者的资金，由专门投资机构进行房地产投资经营管理，并将投资综合收益按比例分配给投资者的一种信托基金。

REITs在以下方面别具优势：专业化团队管理；股本金要求低，持股灵活；组合投资，降低风险；资产流动性较高；享受税收优惠；股东收益高，且有明显的抗通货膨胀能力；等等。当然，REITs也不可避免地存在特定的风险，如市场风险、利率风险和资金运用风险等。

以美国的REITs模式为例，根据资金投向的不同，一般分为权益型REITs、抵押型REITs和混合型REITs；根据投资人能否赎回，可以分为开放型REITs和封闭型REITs；根据组织形式，分为信托型REITs和公司型REITs。

练习与思考

1. 对投资者而言，选择投资REITs会得到哪些好处？

2. REITs基金的类型主要有几种？各自有何特点？

3. 发展房地产信托业务对改善房地产企业的融资环境有何帮助？

4. 目前国内房地产信托机构的资金运用方式主要是贷款，而信托贷款成本要远远高于银行贷款。那么，为什么在现阶段房地产企业还对信托贷款趋之若鹜？

5. 请分析我国目前的房地产信托存在哪些问题？阻碍我国房地产投资信托（REITs）形成的原因是什么？

6. 在2008年美国华尔街金融风暴中，REITs的投资者是否受到影响？他们面临什么样的风险？风险产生的原因是什么？

7. 分析下面不动产信托计划的结构，请指出该信托计划如何保障投资者利益？你如何评价该信托计划的流动性？

信息大厦项目不动产信托信托受益权投资集合资金信托计划

发行机构:中原信托有限公司

产品名称:信息大厦项目不动产信托信托受益权投资集合资金信托计划

信托期限(月):12

信托规模(亿元):0.2500

资金门槛(元):400000

预期年收益率:9.5%

收益描述:预期年收益率为9.5%

资金运用:信托计划本金用于购买信息大厦项目不动产信托项下初始受益人的全部初始受益权。

发行地:郑州市

用款人:中原信托

推介起始日:20081015

推介终止日:20081028

服务电话:800-883-6861、0371-66510126

产品特色:

安全稳健:1. 现房保障,安全程度较高。不动产信托项下的初始信托财产(房产)已经登记至中原信托名下,信托计划成立后,中原信托代表信托计划持有不动产信托项下初始信托财产的房屋所有权。信托计划以不高于人民币2500万元的价格受让不动产信托项下的全部初始信托受益权,而初始信托财产的评估价值为人民币5117.89万元,折价率为48.85%,当回购人违约时,处分初始信托财产获得的变现款对信托计划本金和收益的保障程度较高。2. 回购人回购意愿和回购能力较强,信用状况优良。河南省索克置业有限公司和河南楷林置业有限公司作为共同回购人,在信托计划终止时回购信托计划持有的初始受益权,本信托计划通过回购人支付本金回购款,实现信托计划本金的安全退出,通过回购人支付溢价回购款,实现信托计划的信托收益。回购人回购意愿和回购能力较强,信用状况优良。收益较高:信托本金的预期年收益率为9.5%,高于同期其他理财产品。流通便捷:信托受益权可以转让、赠与或继承。

8. 阅读下面材料,并回答问题:国外房地产基金投资国内房地产市场的模式是什么？它们为什么要投资国内办公楼市场？为什么上海地区办公楼和住宅市场价格与租金出现不同的走势？

海外地产基金投资国内房地产市场

“去年，我们在上海和北京成立了办公室，我们现在在这两个区域接触了很多投资项目。”凯雷集团亚洲区董事总经理，主管房地产基金的杰森先生说。凯雷集团刚刚宣布在全球募集了一个数额高达100亿美元的基金，凯雷目前在亚洲的10亿美元投资基金也有望把规模扩大一倍。“我们的基金的回报率和收购兼并基金的回报率几乎相当。”杰森自豪地说。

超然不动产营销机构的调查数据显示，房地产投资基金在中国的收益远远高于其他市场成熟国家。美国的房地产投资基金的平均年收益率为6%—7%，新加坡则为4%左右，日本也是4%左右，而在中国上海房地产投资的年收益可以达到20%—50%，北京的投资年收益相对要低于上海，一般也在8%—15%之间。超然不动产营销机构的研究报告表明，上海商业地产项目的投资回报率超过20%。

日前，高盛宣布以1.076亿美元收购上海百腾大厦，创下了外资收购上海写字楼的最高额。有投资基金业内人士表示，“海外投资基金的着重点并非放在住宅地产上，而是放在商业地产尤其是写字楼上。而且，海外基金更多的是看好未来中国进行公开募集房地产信托投资基金的前景，因此才如此快速地进入到办公楼市场。”2005年2月，麦格理集团旗下的Macquarie Global Property Advisor(简称MGPA)代表Lend Lease Global Properties向新加坡嘉德置地收购了位于上海新天地的新茂大厦。这是上海写字楼市场最大宗的成交案，整个成交金额在一亿美元左右。

2005年第1季度，上海甲级办公楼成交价格为0.81美元/平方米/天。相对2004年度，成交租金同比上扬14.3%。全市甲级办公楼空置率由2004年年底的7.2%下滑至目前的6.7%，创出十年新低。由于整体空置率维系在相当低档的位置，高力国际预计甲级办公楼全年租金成长率应在6%至8%之间。

与租金上涨、空置率下滑同步，上海甲级办公楼目前平均成交价格为3 260美元/平方米，较去年同期急增16.5%。高力国际称：鉴于国际买家的持续关注，预计市场价格将会持续扬升。相比写字楼的情况，上海辖区内的住宅的价格、租金乃至空置率，表现出奇特的运行轨迹：住宅空置率高、价格高，但租金收益低，而写字楼则是空置率低、价格低和租金收益高（且持续上涨）。比如，相对于甲级办公楼目前8%的租金回报率，在目前的房价水平下，该集团统计的全市住宅出租回报率已经低于4%，相当于前者的50%，甚至不及银行按揭贷款利率，而有些住宅的出租回报率已经降低到1%附近。

资料来源：《21世纪经济报道》，http://www.zgfdcb.com，2005年6月6日。

推荐阅读书目

1. 约翰·P.威德默著，张红译：《房地产投资》（第5版），北京：中信出版社2005年版。

2. 威廉·B.布鲁格曼、杰弗里·D.费雪著，逯艳若、张令东、任国军译：《房地产融资与投资》（第11版），北京：机械工业出版社2003年版。

3. 李健飞：《经济转轨时期中国房地产融资风险防范——理论与实证》，北京：中国金融出版社2006年版。

4. 李安民：《房地产投资基金：融资与投资的新选择》，北京：中国经济出版社2005年版。

5. 毛志荣：《房地产投资信托基金研究》（深证综研字第0089号），深圳证券交易所综合研究所，2004年1月16日。

6. 王重润、屈昆鹏：《我国房地产信托机制设计缺陷与优化》，《网络财富》，2009年第7期。

网络资源

金融界信托频道 http://trust.jrj.com.cn/

第十二章 其他融资方式

知识要求

通过本章的学习，了解

- 融资租赁与经营租赁的区别
- 房地产售后回租与售后包租的区别
- 房地产委托贷款的程序与风险
- 联合开发房地产的形式

技能要求

通过本章的学习，能够

- 区分房地产售后回租与售后包租
- 分析房地产融资租赁的基本结构
- 分析委托贷款的基本程序及风险

第一节 房地产融资租赁

一、租赁的定义与分类

(一) 租赁的定义

租赁是指将自己的物品让给他人使用并收取一定的报酬，或占用他人物品并支付一定的费用。租赁也是一种信用形式，它同银行信用、商业信用一样，具备了信用的基本特征。这个基本特征就是价值单方面的转移，是所有权和使用权的分离,是物品的所有者以收取报酬为条件,让渡使用权的一种方式。从另一个角度说,是人们在不拥有物品所有权的情况下,通过支付费用在一定的期限内获得物品的使用权。

(二) 租赁的类型

从租赁的目的上来看,租赁有两种基本类型:一是融资租赁,二是经营租赁。

1. 融资租赁,也称为资本租赁、财务租赁或金融租赁等,它是由租赁公司按照租赁方的要求融资购买设备,并在契约或合同规定的较长期限内提供给承租方使用的信用性业务。对于承租方而言,融资租赁的主要目的是融通资金,即通过融物达到融资的目的。

融资租赁有以下一些主要特征:(1) 资本租赁的期限较长,一般为设备的有效使用期;(2) 资本租赁需有正式的租赁合同,该合同一般不能提前解除;(3) 资本租赁存在两个关联的合同,一个是租赁合同,一个是出租方和供应商之间的购销合同;(4) 承租方有对设备、供应商进行选择的权利;(5) 租赁设备的维修、保险、管理由承租方负责,租金中不包含维修费;(6) 出租方只需要一次出租,就要收回成本、取得收益;(7) 租赁期满,承租方具有对设备处置的选择权,或以一个较低的租金继续租用,或廉价买入,或将设备退还给出租方。

融资租赁按其业务的不同特点,可分为如下几种形式:

(1) 直接租赁。直接租赁是融资租赁业务中比较普遍的一种形式,即由出租人向设备制造商购进设备后直接出租给承租人使用。直接租赁的出租方主要是制造商、独立租赁公司和专业设备租赁公司等。

(2) 售后租赁。又叫返回租赁,是指承租方因面临财务困境,急需资金时,将原本属于自己且仍需要使用的资产出售给出租方(需要签订销售或购买合同),然后再从出租方租回资产的使用权的租赁形式。售后租赁的出租方主要是金融机构,如保险公司、金融公司和投资公司等。

(3) 杠杆租赁。杠杆租赁要涉及承租人、出租人和资金出借者三方当事人。在杠杆租赁形式下,出租人一般只支付相当于租赁资产价款20%—40%的资金,其余60%—80%的资金由其将欲购置的资产作抵押,并以转让收取部分租金的权利作为担保,向资金出借者(银行或长期贷款提供者)借资支付。杠杆租赁是融资租赁的派生物,它分散了出租方的风险,通常适用于巨额资产的租赁业务。如飞机、船舶、海上钻井设备的租赁业务。

2. 经营租赁。经营租赁有两个角度的定义:一是从会计角度定义的经营租赁,凡在会计准则规定中不属于融资租赁的都是经营租赁。二是从合同法角度定义的经营租赁,也称为营业租赁、使用租赁或服务性租赁。它是指出租方将自己的设备或用品反复出租,直到该设备报废为止。对于承租方而言,经营租赁的目的只是取得设备在一段时间内的使用权及出租方的专门技术服务,达不到筹集长期资金的目的,所以经营租赁是一种短期商品信贷形式。

经营租赁有以下一些主要特征:(1) 租赁期一般短于租赁资产的经济寿命期;(2) 出租方需要多次租赁才能收回本金、取得收益;(3) 承租方可以随时解除租赁合同;(4) 经营租赁的设备通常是一些通用设备,设备更新较快,出租人需要承担设备过时的风险;(5) 出租方负责租赁资产的维修、保险和管理工作,租赁费中包含维修费;(6) 租赁期满或合同终止时,租赁设备由出租方收回。

二、房地产融资租赁的定义及形式

(一) 定义

根据《合同法》的规定,房地产融资租赁是指房屋或者土地承租人自己选定或通过出租人选定房屋或者土地后,由出租人向房地产销售方购买该房地产,并交给承租人使用,承租人交付租金。租赁期间使用权与产权相分离。比如,拥有一块土地的开发商,将一部分土地出租给另外的投资者开发建设房屋,而以每年获得的租金作为抵押,向银行申请长期抵押贷款。

(二) 房地产融资租赁的基本形式

1. 直接租赁。直接租赁是指物业出租人根据承租人的要求开发建设房地产来实现融资的方式。现在用如下案例说明具体的融资过程。例如,拥有一块空地的业主,根据某租户的要求,新建一幢造价为 1 000 万元的超级市场,并与该租户签订一份长期租赁合同,期限 25 年,每年租金为 140 万元。然后,业主用每年定期获得的租金作为抵押,向银行申请 1 000 万元的长期抵押贷款。假定贷款利率为 12%,贷款期限为 25 年。这样业主等于获得了 100% 的项目融资。

通过这种方式融资,物业的开发商获得了收益。根据年金现值计算方法，业主每年偿付抵押贷款本息额为129.56万元，而获得的租金是140万元。因此业主每年将获得的税前收入为10.44万元。此外，业主还获得了免税的好处。应该能够很容易地计算出第1年末贷款利息总额为120万元。对于业主来说，由于他保留了物业的所有权，造价为1 000万元的物业的折旧应计入成本，从税前“支付”。假定采用直线折旧，并假定折旧周期为35年，那么每年的折旧额就将是28.57万元。因为贷款利息在税前支付，所以对于业主来说，第1年可以在税前支付的额度将达到148.57万元。但业主第1年在房地产上的税前收入有140万元，这相当于他获得了8.57万元的免税额度。如果该出租人的所得税率为15%，那么这个免税额度相当于55.13万元的税前收入。所以第1年的税后收入将达到65.57万元。①

2. 售后回租。售后回租是指，开发商将物业出售给投资者，利用取得的销售款进行项目的开发建设，同时回租该物业，并以该物业的经营收入向投资者定期支付租金。如果投资者资金充足，就可以直接以自有资金支付房价款；如果资金紧张或者希望保持资产的流动性，也可以该物业作抵押向银行申请抵押贷款，以抵押贷款来支付房价款，并以定期收到的租金来偿还贷款本息。

国内房地产融资租赁案例并不多见。2004年4月初，上海新世纪金融租赁有限责任公司与上海一家大型房地产公司签订全国首个房地产“售后回租+保理”融资项目，该房地产公司将其拥有的海南一著名大酒店出售给金融租赁公司，并签订了5年的“售后回租”合同；金融租赁公司又与一家股份制商业银行签订“国内保理业务”合同，将房地产售后回租形成的租金应收款卖给银行，房地产公司一次性完成融资金额高达6亿元。

售后回租形式的融资租赁实现了房地产开发商、租赁公司与银行三方共赢的局面。

首先，金融租赁公司拓展了其业务领域。通过售后回租交易，资产的原所有者房地产开发企业（即承租人）在保留对资产的占有权、使用权和控制权的前提下，将固定资产转化为货币资本，在出售时可取得全部价款的现

① 改编自：《房地产开发建设融资——租赁融资》，http://www.soufun.com/news/2000-08-15/5327.htm。

金。金融租赁公司将房地产项目回租给房地产开发企业,并收取租金。其中,金融租赁公司根据房地产项目的质量以及租金应收款的风险程度,收取2%—5%的融资租赁费用。

其次,金融租赁公司将房地产开发企业的租金应收款“打包”卖给银行,银行再以买断房地产开发企业(即承租人)的租金应收款为基础,为金融租赁公司提供租金应收款的催收和信用风险控制等服务,拓展了银行中介业务——保理业务。银行在收取租金应收款的同时,还可以收取不低于保理融资额1%的保理业务手续费。同时,将风险降到最低,在保理业务有追索权的情况下,一旦承租人(房地产开发企业)无法按时支付租金,可由承租人的担保公司支付;如果担保公司支付不了的话,银行可将抵押的房产拍卖,所得款项仍不足的部分,再由金融租赁公司补足。

最后,房地产企业通过房地产售后回租,一方面,获得了资金,并将其充抵新开发项目的资本金(与直接向银行办理抵押贷款的资金性质完全不同,抵押贷款不能作为企业的自有资金及冲抵新开发项目的资本金),或者投资其他任何项目(而房地产开发企业用房地产产权向银行抵押,所得的贷款资金用途是指定的,无法用于投资新开发项目)。另一方面,通过售后回租,房地产企业仍可经营原来的房地产项目,形成现金流,并在融资租赁到期时,依照合同向金融租赁公司赎回原来的房地产项目。

(三)售后回租的融资成本

房地产融资租赁的回租形式,与银行抵押贷款比较而言,融资成本高。

1. 产权交易费用高。抵押贷款在交易过程中不需要转移所有权,除非在借款人出现违约致使银行取消抵押赎回权的时候,才会遇到产权交易过户问题。在融资租赁的回租交易中,所有权至少需要转移一次。对于动产而言产权过户很容易处理,而房地产就要履行一两次实质性的交易,房地产每次的交易成本很高,而且出现问题时资产处置花费的成本都要比其他租赁物高得多。

2. 中介费用高。办理融资租赁,要支付的各种中介费用是融资成本的重要组成部分,比如,不仅要向租赁公司缴纳手续费用,还要支付保险费用、担保费用,或者抵押费用,等等。

3. 需支付租金以及赎回费用。除了要定期支付租金外,如果租赁期满承租人要购回房地产,还要支付赎回费用。其中全部租金总额包括房价款、保险、银行费用、利息等，由承租人分次等额偿付。

三、售后回租的税务处理

先来看一个案例。某公司是经某省省政府批准设立的中德合资企业，经省建设厅审定为二级房地产开发资质，主要从事房地产开发等业务。2008年4月，该公司在郑州市中心黄金地段开发的城市购物广场项目完工，对其中的临街商铺拟采用售后回租方式销售。商铺单位面积为50平方米，每平方米售价2万元，开发商与60个购房者同时签订了房地产买卖合同和租赁合同。合同约定，商铺售价100万元，需一次付清。开发商将所售出的商铺统一对外租赁，用于商业经营。购房者自买房后12年内每年可以得到商铺款8%的租金。开发商每年收取商户的租金为600万元，需要支付给购房者的租金为480万元。我们的问题是：对售后回租方式销售商铺如何进行税务处理，有没有税收筹划空间？

售后回租业务，涉及开发商、购房者和商户。这里侧重从开发商的角度，说明售后回租业务的税务处理。在售后回租业务中，开发商同时以三种身份（售房人、承租人和出租人）出现。按照国家税务总局《关于从事房地产开发的外商投资企业售后回租业务所得税处理问题的批复》的规定，该房地产开发公司应将售后回租业务分解为销售和租赁两项业务分别进行税务处理。作为销售业务，应根据《营业税税目税率表》所列“销售不动产”税目，将销售建筑物及其土地附着物时从购买方取得的全部价款和价外费用（含货币、货物或其他经济利益）作为计税依据，按照5%的税率计算缴纳营业税。另外，在销售不动产时，如果将价款与折扣额在同一张发票上注明的，以折扣后的价款为营业额；如果将折扣额另开发票的，不论其财务上如何处理，均不得从营业额中减除。这样做的目的在于堵塞利用价外收费或开具发票分解计税依据的漏洞。作为租赁业务，开发商一般先向商户收取租金，然后再按合同约定支付给购房者租金。对开发商收取的租金，应根据《营业税税目税率表》所列“服务业”税目，将从承租方所取得租金的全额收入作为计税依据，按照5%的税率计算缴纳营业税。需要注意的是，开发商按合同约定支付给购房者的租金不得抵减售房的计税收入。

在上述租赁业务中，购房者是商铺产权所有人，出租房屋时，需要缴纳营业税、城市维护建设税、房产税、城镇土地使用税、个人所得税、印花税和教育费附加。开发商作为转租方，不是房屋产权所有人，在向商户转租房屋时，不需要缴纳房产税。售后回租合同如何签订，对开发商来说，存在着一定的税收筹划空间。

方案一：由开发商在与购房者签订售房合同的同时，与购房者签订房屋租赁合同。开发商作为转租人，与商户签订房屋租赁合同，需要缴纳相关税费。开发商每年收到商户的租金600万元，应缴纳税费计算如下：营业税 $=6\,000\,000\times5\%=300\,000$（元）；城建税 $=300\,000\times7\%=21\,000$（元）；教育费附加 $=300\,000\times3\%=9\,000$（元）；税费合计330000元（其他税费计算略）。

方案二：开发商成立物业管理公司，开发商在现房销售时，只与购房者签订房地产买卖合同，由物业管理公司与购房者另外签订委托代理租房合同。财政部、国家税务总局《关于营业税若干政策问题的通知》规定，从事物业管理的单位，以与物业管理有关的全部收入，减去代业主支付的水、电、燃气以及代承租者支付的水、电、燃气、房屋租金的价款后的余额为营业额，缴纳营业税。所以，物业公司就可以将代收代付租金的差额120万元作为计税依据，按照"服务业"税目5%的税率缴纳营业税金及附加；也可以按照"代理业"营业税计税依据的相关规定，将代收商户的租金600万元，分解为代收租金480万元和代理手续费120万元，物业公司代收的租金480万元不用纳税，仅就代理手续费120万元缴纳相关税费。物业公司缴纳的税费计算如下：营业税 $=1\,200\,000\times5\%=60\,000$（元）；城建税 $=60\,000\times7\%=4\,200$（元）；教育费附加 $=60\,000\times3\%=1\,800$（元）；税费合计66000元。

对比两种方案可知，由物业管理公司与购房者签订委托代理租房合同比以开发商的名义与购房者签订房屋租赁合同节省税费264000元。[①]

四、现阶段房地产融资租赁的合法性与可操作性

（一）从法律上看房地产融资租赁交易的合法性

尽管实践当中房地产融资租赁（主要是指售后回租）已经出现，但是从法律角度看，其是否具有合法性地位还比较模糊。

---

① 薛东成：《房地产售后回租的税务处理及纳税筹划》，中税网。

判断某物件的融资租赁是否合法要看租赁物件的所有权是否具有法律效力，对于产权不属于自己的物件，是没有资格用来做融资租赁的。融资租赁是两个合同、三方当事人。如果只有租赁合同，而没有采购租赁物件的购买合同，融资租赁合同是不成立的。采购合同决定了产权的归属。我国的土地归国家所有，企业或个人只有使用权，没有所有权，因此土地的权利不能当作租赁物件使用，只能转让使用权。而使用权是无形资产，不在融资租赁法的保护下，因此地产的融资租赁目前来看不合法。除非租赁物成为土地的附着物或已经嵌入土地内。

房产因为具有可交易的产权，因此做租赁物件目前还没有什么法律限制。不过，尽管房产有折旧资源，并属于固定资产，但由于其本身价值的不确定性和增值性，许多国家都不把融资租赁的税收优惠政策给予房地产领域。融资租赁的优惠政策主要体现在加速折旧上，优惠对象是那些能创造价值，本身技术更新和贬值很快的产业，这不仅能增加税源，还能增加就业。而房产总的来说还是一种消费（耗），而不是创造性商品，尤其是民用住宅，本身也不存在折旧问题，享受不到融资租赁政策的好处。

已经出台的《融资租赁法（草案）》征求意见稿中，把融资租赁物件锁定在“动产”方面。如果不做重大修改，《融资租赁法》正式出台后，房地产这种不动产和无形资产的融资租赁就不再受到法律保护。草案中已经明确规定：以不动产为租赁物的融资租赁合同无效，但租赁物成为土地的附着物或已经嵌入土地内不在此限。

房产融资租赁不适合经营的另外一个原因是房屋的价格不稳定，风险非常大，赶上升值时，升值的好处不会给租赁公司，赶上暴跌的时候，风险全部加载到租赁公司身上，属于风险非可控的，不受法律保护的租赁项目。日本最大的融资租赁公司——日本租赁公司就是因为经营房地产租赁而破产的。

（二）从监管上看房地产融资租赁的可操作性

从监管角度看，银监会、商务部以及国家税务总局对房地产融资租赁具有监管权利。各监管部门对其有不同的说法，目前并没有绝对禁止。

例如，银监会颁布的《金融租赁公司管理办法》中规定，可租赁物件是固定资产，对于企业来说，房产是可提取折旧固定资产，因此做租赁应该没有问题。目前这个管理办法正酝酿修改，随着《融资租赁法（草案）》的出台，这部分是否需要调整，还不确定。另外，从国家对外商投资融资租赁公司的管理办法来看，房地产是不可以经营的。外商投资融资租赁公司的法定经营物件是：(1) 生产设备、通信设备、医疗设备、科研设备、检验检测设备、工程机械设备、办公设备等各类动产；(2) 飞机、汽车、船舶等各类交通工具；(3) 本条(1)、(2) 项所述动产和交通工具附带的软件、技术等无形资产，但附带的无形资产价值不得超过租赁财产价值的二分之一。

为了防止金融机构借助融资租赁的方式投资房地产，扩大投资比例，逃避投资监管和税收监管，国家税务总局出台的《城市商业银行、城市信用合作社财务管理实施办法》中规定：银行、信用社不得以融资租赁的方式租入房屋、建筑物等不动产性质的固定资产，也不得以融资租赁的方式租出固定资产。

五、售后包租

除了上面提到的售后回租，还有一种售后包租，但却是被现有法律政策所禁止的。售后包租模式于20世纪70年代起源于美国，后来流行于日本、中国台湾和香港地区。在售后包租模式中，开发商将其开发的物业划分为小面积，分散出售给购买者。随后，开发商再与购买者签订返租合同，交由开发商统一经营或统一招租，租赁期限3至10年不等。在返租期内，投资者可获得开发商每年以购房总价款的8%至10%甚至更高利率支付的租金。返租期满后，投资者可自由处理所购物业：或转租，或转卖，或自主经营，或要求开发商原价回购。20世纪90年代中期这种销售模式自香港传入，兴起于广州、深圳等沿海发达城市，随后流传全国。这种“售后包租”的销售一般需要业主与开发商签订两份合同，分别是房屋销售合同和房屋租赁合同。

比如，上海希盟投资管理有限公司对位于上海市长寿路的缤纷生活家居广场采取售后包租的销售方式，希盟公司与业主签订租赁协议，返租的租金是每3个月支付一次，一年4次，分10年返回购房款：第1—3年，支付的年租金总额为房价总额的9%；第4—6年，为10%；第7—10年，为11%。据此推算，缤纷生活家居广场的业主在10年的包租期内能得到年均10%的回报率，等于10年返本。售后包租的模式源于产权商铺的兴起，而开发小产权商铺是为了应对开发商的资金短缺问题。由于商用房产投资相对住宅的投资额较大，为扩大投资群体，加速销售回款，开发商将大面积的物业分割成小单元，并以承诺回租的方式吸引消费者。从 2003 年开始，这种小产权“分割”出售以及随之而来的“售后包租”方式成为一定时期内商业地产运作的一种普遍做法。

售后包租是一种隐蔽的融资方式。开发商通过承诺高的租金收益率吸引投资者购买商铺，然后再将这些以高利息成本筹集来的资金用于具有更高收益的项目的开发，为项目筹集资金，并赚取投资利差。

售后包租并不属于融资租赁范畴，与前文介绍的售后回租有很大差异，这种差异表现在三个方面：第一，在房地产融资租赁中，房地产商回租的房地产被用于进一步的开发或者持久经营，由开发商或者其子公司取得这些物业的占有权、使用权、收益权以及部分处分权等。而在售后包租关系中，开发商实际上处于中介的地位，代理业主负责出租和管理这些物业，开发商的投资早已通过出售物业而回收。第二，从合同关系上看，尽管两者都涉及买卖合同和租赁合同，但是合同关系的当事人有很大不同。售后包租的买卖合同关系发生在开发商与购房人之间，租赁合同关系其实并不发生在这二者之间，开发商代理业主来出租和管理物业，是一个委托代理关系。而房地产融资租赁过程中的买卖关系以及租赁关系发生在开发商与金融租赁公司或者投资公司之间。第三，从风险控制角度看，售后包租没有相应的风险控制机制，投资者面临较大风险。而房地产融资租赁有严格的抵押担保制度，并且开发商直接面对的是资金实力以及风险管理水平都比较高的租赁公司，风险比较小。

售后包租等销售形式存在很大的风险隐患：一是可能存在欺诈，开发商在以所开发的商品房屋为担保取得银行贷款的同时，向购房者销售该项目，有的甚至是携款逃匿；二是开发商融资或变相融资后，将资金挪用到别的项目上，一旦项目运作的某一环节出问题，会导致资金链断裂；三是项目建成后经营不善，无法达到预期的收益水平，没有现金流兑付；四是所购商品房屋位置不确定，无法办理房屋所有权证；五是往往涉及复杂的权利关系，易引发债权债务纠纷等。

售后包租等销售形式含有融资或者变相融资的内容以及房地产升值或者投资回报的承诺，涉嫌违反建设部《商品房销售管理办法》第十一条及国家工商总局《房地产广告发布暂行规定》第十六条等有关规定。

建设部《商品房销售管理办法》第十一条规定："房地产开发企业不得采取返本销售或者变相返本销售的方式销售商品房。房地产开发企业不得采取售后包租或者变相售后包租的方式销售未竣工商品房。"第十二条规定："商品住宅按套销售，不得分割拆零销售。"

国家工商总局《房地产广告发布暂行规定》第十六条规定："房地产广告中不得出现融资或者变相融资的内容，不得含有升值或者投资回报的承诺。"①

第二节　委托贷款与联合开发

一、房地产委托贷款

（一）委托贷款的运作程序和作用

房地产委托贷款是指由委托人（提供资金者）提供资金，由受托人（银行或信托机构）根据委托人确定的贷款对象（房地产开发企业）、用途（房地产项目开发）、金额、期限、利率等代为发放本金和协助收回本息的融资方式。房地产委托贷款在法律上是合法的，《贷款通则》第七条明确许可公司可以通过银行委托贷款。

委托贷款的基本操作方法是，资金提供者和房地产商事先商定贷款利率，达成协议后，通过银行或信托机构委托贷款。在这一过程中，受托人并不承担风险，只协助委托管理。除了直接获取利息外，一种"综合利率"的借贷方式也被广泛采用。资金提供者将出借的资金分成两部分，一部分直接借给开发商，收取12%—15%的固定利率。另一部分则用于购买开发商的一部分股权，借款到期，开发商回购股份，并支付溢价。通过这种方式，资金出借方的年收益可以达到30%左右。

房地产委托贷款的出现和发展，受到委托人和作为受托人的银行各自利益的驱使。对于委托人而言，委托贷款能获得比银行存款更高的回报。对于银行而言，当今商业银行发展与创新低风险的中间业务已成为现实与

① 引自 http://news.xinhuanet.com/house/2006-05/23/content_4586050.htm，2006 年 5 月 23 日。

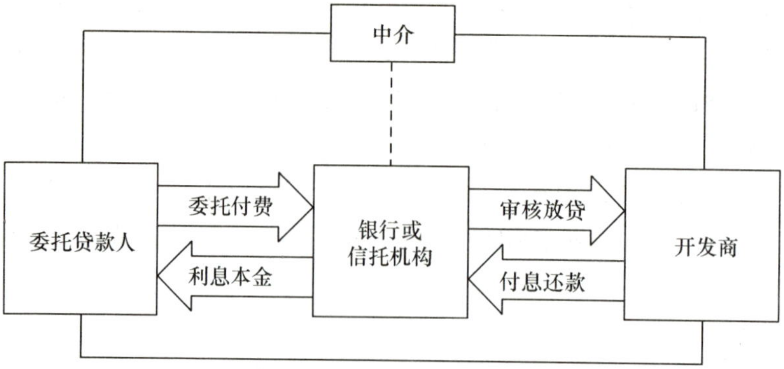

图 12-1　委托贷款的运作程序

必然的选择，而委托贷款属于中间业务，可以获得无风险收益，另外，通过办理委托贷款，银行要求委托方首先在本行开立基本账户并将委托款项存入该账户，这样可以得到一笔较为稳定的存款资金来源。

为了理解委托贷款的运作程序，下面看一个案例。

上市公司东方通信于2006年1月24日与中国工商银行杭州高新支行签订了委托贷款借款合同。东方通信将7 000万元自有资金，委托工商银行杭州高新支行贷款给杭州三和置业有限公司（简称“三和置业”），期限一年，年利率为14%。宁波德和置业有限公司（简称“德和置业”）为该项委托贷款提供甬北国用(2005)02499号地块国有土地使用权抵押保证，由三和置业及德和置业实际控制人坤和建设集团提供连带责任保证。[①] 在贷款之前，东方通信与坤和建设集团先达成借款意向：以坤和建设旗下德和置业持有的宁波地块作为抵押品，东方通信将资金借给同样是坤和建设旗下的另外一家企业三和置业，母公司坤和建设承担最终的担保责任。中间由工商银行杭州高新支行作为中介，签订最终的三方委托贷款合同。

在当前宏观调控背景下，对房地产开发商来讲，委托贷款在实践中操作起来手续相对简易。由于委托贷款是一对一的贷款，委托贷款人对借款人比较了解，而且借款人提供了为委托贷款人所认可的抵押品，所以贷款比较容易。另外，银行在这里是中间人，接受委托人的委托，进行定向贷款，只负责贷款的管理，并不承担贷款风险，仅收取手续费，因此，银行没有其

① 资料来源：http://finance.people.com.cn/GB/1040/4122292.html。

他顾虑，贷款手续较为简便。

尽管委托贷款相对于银行房地产开发贷款而言有手续便利的好处，但是缺点也很明显，就是贷款成本远远高于银行贷款利率。以民间借贷最活跃的温州为例，12%的年利率是大多数借贷者认可的利率水平。原因在于两点：一个是贷款人对风险补偿要求高。因为房地产开发是高风险行业，而委托贷款是一对一贷款，贷款人无法通过资产组合进行风险分散，投资风险集中在委托人一方。二是贷款人追求最大利润所致。

（二）委托贷款的风险

与传统的贷款业务不同，商业银行在委托贷款业务中扮演了中间人的角色，银行利用自身的信息、网络优势为借贷双方牵线搭桥，而不必承担任何风险。商业银行的委托贷款业务在近几年也的确有力地支持了房地产行业的发展，同时其收入也成为银行的一项新兴中间业务收入，然而这种“双赢”局面在上海社保资金违规贷款和内蒙古投资违规电力项目之后，引起了监管的重视。委托贷款隐含着风险。

第一，对委托贷款业务的监管薄弱。根据1996年《贷款通则》的规定，在委托贷款中，银行根据委托人确定的贷款对象、用途、金额期限、利率等代为发放，监督使用并协助收回贷款。银行只收取手续费，不承担贷款风险。可以看出，银行在委托贷款的发放中处于被动地位，完全按照委托人的意愿执行。由于不必承担贷款风险，加之手续费一般为贷款额的固定比率，因此缺乏足够的激励来监督贷款的投放与回收过程。更应认识到银行的中间业务并不能与“零风险”相等同，中间业务和银行的其他业务一样，也应该在银行的风险管理中得到重视。我国商业银行没有专门的中间业务报表制度，中间业务信息透明度差，使有关监管机构难以对中间业务活动进行有效的监管。相对于资产负债业务而言，委托贷款业务经营与管理的自主性较强，这就意味着其操作风险发生的可能性会更大。

第二，对委托贷款缺乏有效的管理。一方面，委托人认为贷款有抵押，而且对借款人也比较熟悉，贷款风险容易控制，因而只注意贷款的高收益。另一方面，银行认为委托贷款属于中间业务，自己不承担风险，从而疏于管理。在2006年上海社保案中，由于上海部分银行对委托贷款资金来源、借款对象、贷款使用等方面审核不严，使得社保基金通过委托贷款渠道大量进入房地产市场和股市，造成很大损失。不过，目前情况有所好转，对于房地产委托贷款的借款人，银行也会按照房地产开发项目贷款的信贷要求进行考查，即开发贷款项目自有资本金必须达到35%及以上，开发商必须“四证”齐全——土地使用权证、规划许可证、开工许可证和预售许可证。

第三，委托方主体资格风险。在银行理财业务背后隐藏着变相委托贷款。理财业务主要是帮助客户理财，提供增值服务。其中有一种协议存款的理财方式，但这种正常业务下却可能隐藏着一条“灰色”的利益链，即名为“协议存款”，实为“委托贷款”。在客户要求利率较高的情况下，银行一般通过委托贷款将这部分资金投放出去，银行给予客户高于存款的利息。同时委托贷款的风险责任由银行承担。

第四，存在法律风险。如果银行不严格审查委托贷款的对象、用途、项目，一旦贷款损失，委托人可能以银行没有尽职为由要求银行承担相应责任，引起法律纠纷。

第五，对于开发商来说，由于委托贷款成本远远高于银行贷款，其承受了沉重的利息负担，但是在银行贷款紧缩的情况下，为了解决资金周转的困难，开发商只能选择委托贷款。如果项目不能实现预期赢利，开发商就将陷入债务泥潭，或者借新债偿还旧债，或者出卖项目。

专栏12-1　上海社保基金投资房地产委托贷款

上海社保基金违规使用和挪用在2006年8月被查处，其中大量资金被用来投资房地产委托贷款。

1. 贷款由来

上海社保基金通过其指定的浦发银行，以委托贷款的方式向瑞安集团提供了15亿元巨额资金，贷款利率约在6%—8%。这部分社保资金主要被用于支付土地出让金，而非工程建设费用——在2005年，银行贷款是严禁被用于支付土地出让金的。

贷款项目为瑞安集团开发的位于上海市东北角的杨浦区的创智天地，项目总建筑面积100万平方米，总投资约为100亿元，由瑞安与上海市杨浦区知识创新区投资发展有限公司各出资七成和三成。在项目于2004年启动后，创智天地项目的部分工程目前仍然没有获得土地使用权证，按照银行的规定也无法获得商业贷款。瑞安选择了摩根士丹利和汇丰制定的融资方案——由汇丰安排海外的银团贷款,国内则选择上海社保资金。于是瑞安以该项目为公益性项目为由,获得上海社保基金资金投入。

2. 委托贷款路径

对于委托贷款项目,社保基金要首先审核,然后将项目资料转交给银行审核。银行一般都设有专门的社保部门,由其对资料进行审核,包括地块的抵押、公证等程序。在银行审核完毕后,社保、银行和开发商将签订委托贷款协议,而该笔资金则由社保在该银行的存款支付。社保基金实际上是打了一个时间差。房地产企业在获得土地证之后,社保为其提供资金,而等到房地产企业四证齐全之后,银行为其提供建设贷款,其中一部分便用于偿还社保的贷款。对于不能偿付贷款的企业,只要能够还得上利息,社保基金就给予一年展期。

上海社保基金违规投资事发后,涉及的房地产商面临还款的巨大压力。"如果现在要求还钱,我只有把房子和地给社保局。"一位房地产老板告诉这位信贷人士。其他几家的情况也非常类似,因为"钱已经投到项目中了"。面对还款压力,银行的策略是保住一部分项目相对较好的优质客户和老客户,想办法用贷款帮这些客户先还上。

3. 委托贷款成本

相对银行信贷,社保资金的成本比较高。一般社保资金利率水平为6%—8%左右,有的项目可能还要高一点。不过,增加的成本对于开发商而言并不算什么。首先是它比10%以上的民间借贷低;另外房地产的利润率远远高于这一比例,只要能够坚持到最后的胜利,房地产商不仅能够还上社保的钱,而且能够赚个盆满钵满。或许基于同样的预期,社保资金才敢于投入地产。但是,这恰好也是风险所在。这位信贷人士指出,相对于银行比较严格的风险审核,社保的部分做法让人"看不懂"。例如,银行一般以房产的成本为基础价格,打折之后再确定贷款额;但是,社保资金通常根据房产的市场价格进行评估,对评估价打折之后进行贷款。

在银行人士看来,这两种评价方法差别甚大。曾经有一个酒店式公寓项目,银行按成本价格的估值约为4亿元,即使银行给予最优惠的条件,其贷款也不会超过3亿元;但是,评估后的市场价格可能达到8亿元左右,社保资金的放贷额可达四五亿元甚至更多。

另外,在宏观调控之后,银行不仅在发放房地产开发贷款上受到限制,还被禁止进入土地市场，为开发商提供用于购买土地的资金。然而，这条限制并没有成为社保资金的红线。“资金能够流入土地，这也是上海社保资金吸引众多房地产商的重要原因。”

资料来源：江小山，《上海社保资金规模化进入房地产路径调查》，《21世界经济报道》，2006年8月19日。

委托贷款作为房地产企业一种比较重要的融资方式，由于存在操作不规范、风险防范不严等方面的问题，监管部门对其的管理日趋严格。2008年6月银监会向各家商业银行下发《关于对房地产委托贷款情况进行调查的通知》（以下简称《通知》），要求商业银行对房地产委托贷款逐笔进行风险排查，包括对房地产委托贷款规模和风险状况，对房地产委托贷款的管理情况，以及对委托人资金来源和借款人实际使用贷款情况的检查。目前，房地产委托贷款进入了规范整顿期。不过，从未来看，作为银行的一项风险较小的中间业务，在大力提倡商业银行赢利模式多元化的背景下，房地产委托贷款应该会在规范中得到发展。

二、联合开发房地产

（一）联合开发的含义

联合开发房地产，是指双方当事人约定，由一方提供建设用地使用权，另外一方提供资金、技术、劳务等，合作开发土地，建筑房产等项目，共担风险，共享收益的房地产开发方式。在很多情况下，房地产开发商有资金却没有土地，或者资金不足以购置土地，通过与拥有土地的一方联合开发房地产，房地产商可以突破资源瓶颈，因此在一定程度上联合开发具有融资的性质。

从法律角度看，联合开发房地产具有如下两个特征：

1. 主体特定性。这体现在联合开发双方中至少有一方具备房地产开发资质，以确保进入该领域的公司具备相应的开发能力。

2. 贯彻责、权、利统一的原则。所谓的责权利统一，是从整个合同中双方当事人的地位角度而言的，从整个项目看，双方权利和义务相统一，并非指在开发的任何环节双方当事人都必须均等地付出和收益。比如说，在项目的建设工程中，不具备房地产开发资质的公司往往不参与具体管理工作（或者仅派人监督），而是由房地产公司全权负责，这并不意味着违反了该原则。如果违反了这个原则，联合开发行为就有可能被法院认定为无效。比如，甲公司与乙公司签订的联合开发协议中约定：甲公司仅负责提供建设用地，不参与项目的建设管理，不论项目是否赢利，乙公司均应向甲公司支付若干收益。此类条款属于联营合同的“保底条款”，应认定为无效。

（二）联合开发的形式

联合开发房地产可以采取以下三种方式：

1. 组建新的法人。《城市房地产管理法》第二十七条规定：“依法取得的土地使用权，可以依照本法和有关法律、行政法规的规定，作价入股，合资、合作开发经营房地产”。双方共同出资成立项目公司，以项目公司的名义进行开发，双方按照出资比例承担风险、获取收益。以项目公司方式开发的优点是责任明确、相对而言可以减少纠纷发生的概率。其不足之处在于：组建项目公司需要一定的时间，成立规范的管理机构，费用较高且容易错过商机；以土地使用权出资必须办理土地使用权转移手续，而当土地使用权是划拨取得时这一手续就无法办理；项目公司的利润只能在交纳所得税以后再由合作各方分配，对合作者来讲这当然是不合算的。

2. 组建联合开发管理机构。即合作双方各自派遣若干人员组成联合管理机构，实践中有的叫“联建办公室”，有的称“联合管理委员会”，不一而足，其职责是协调双方的关系，对合作中的重大事项做出决策，具体运作开发项目。联合管理机构与项目公司的主要区别在于它仅作为内部机构，并非独立民事主体，不具有缔结合同等民事权利能力，也不能独立承担民事责任。所以，联合开发双方必须对联合管理机构的法律地位有清晰的认识，并且注意避免对外使用联合管理机构的名义，以免引起纠纷。例如，某项目联合开发双方组建的“联合管理委员会”不但对内行使管理职能，而且刻制印章并签订了《建筑工程施工合同》，最终因其拖欠工程款，施工单位将联合开发双方都告上了法庭。

3. 不成立联合机构，按照合同的约定各自独立履行义务。这种方式主要用于相对简单的项目。

在上述第2、3种方式（统称非法人型联营）中，除了合作双方之间容易产生纠纷外，实践中争议较大的还有一个问题：联合开发双方是否对因项目产生的一切债务（不论以合作哪一方的名义直接产生）都承担连带责任？

有一种观点对此持肯定态度，理由是联合开发的项目最终由双方共同收益，本着权利义务对等的原则双方应对任何一方因该项目产生的债务负连带责任，至于双方在联合开发协议中对各自责任作的划分不能产生对外效力，只能作为内部追偿的依据。

（三）联合开发中的法律问题

联合开发房地产合同内容复杂，标的巨大，履行期限长，合作双方容易产生纠纷；而一旦产生纠纷，由于目前我国相应的法律规定尚不具体，实践中对其法律性质认识不一，诉讼周期一般都很长，后果难以预测。因此，签订联合开发合同一定要谨慎。在签订联合开发合同时候，要注意以下几点：

1. 要明确划分双方的责任。对每一项义务的履行方式、时间、地点作详细的约定，杜绝“争取做到”“大约在某年某月”等模糊用语。可以使用附件、附图等方式做出具体描述。供地方应提供土地使用权的位置、面积、使用年限、使用权性质、批准文件或证书等准确信息并对此承担责任，建筑方主要应对资金支付事宜做出明确承诺。

2. 对双方分得房产的面积、位置做出明确约定。联合开发的最终目的是获取收益，一般以分配房产的方式体现。房产的价值与其所处的位置有很大关系。有些联合开发合同仅仅简单地约定了分配比例，而对具体位置只字不提，在分配时容易出现纠纷。另外，由于规划变更等原因也往往出现联合开发合同约定的面积与实际竣工面积的差异，如何处理，也应事先做出约定。

3. 重视约定违约责任。房地产项目的周期一般都较长，过程复杂。详细具体的违约责任不但能够起到督促当事人善意履行义务，而且也能够保证项目顺利进行。如果违约条款语焉不详，不利于双方合作。

4. 双方当事人应当在合同中确实表达合作的意图，而不能借联合开发房地产项目之名，而行借贷之实。例如某联合开发房地产合同约定，出资方仅负责提供资金，不承担其他义务，由对方在项目完工后返还其资金（当然要高于原出资数额）。根据国家有关金融法规，禁止企业间互相借贷并收取利息，因此上述合同被法院认定为无效。

5. 做好联合开发审批备案工作，确保项目的合法性。以协议方式（即不组建项目公司）联合开发房地产，双方应当共同获得政府部门对土地使用、规划许可、项目建设等所有批准手续。只有这样联合开发行为才能获得法律的认可。实践中,可以采用共同列名的方式,即在批准文、证照中将联合开发双方的名称列明;也可以在批文、证照中列明主要建设方的名称,在批文或证照的备注中注明其他联合开发单位的名称。行政审批的操作过程是否完善,是司法实践中衡量联合开发是否有效的关键。

专栏12-2 河南AA房地产开发公司诉河南省职工医学院联合建房合同纠纷案

1996年1月31日,河南省职工医学院与AA公司签订了一份合作建房协议。该协议约定:1. 职工医学院以经三路以西,纬五路以北,在道路红线以内占经三路长约112米,宽28米,占纬五路长约81米,宽30米具有土地使用权的国有土地作为资本,AA公司投入建设资金约6 000余万元,合作建一幢高层办公、商业、公寓等多功能综合楼。2. 产权分配原则,大楼竣工验收后,职工医学院分得沿经三路沉降缝北半部的1—12层部分,建筑面积为8 700平方米(其中包括地下室和设备层总建筑面积的30%),其产权归职工医学院所有。AA公司分得除职工医学院分得面积以外的所有建筑面积,其产权归AA公司所有。楼前场地扣除双方公共交通所必需的通道以及公共设施所需的场地外,按双方拥有的建筑面积所占的比例进行分配。3. 双方责任,职工医学院提供建设报批手续所需证件、证明和资料。证件、资料等不齐全所引起的责任由职工医学院承担。AA公司严格按照国家的有关规范和建设标准组织对该建筑进行设计,设计应根据市规划部门对此建筑物的要求和国有高层建筑规范进行。4. 工程进度,自合同签订之日起,职工医学院应在三个月内完成三通一平工作,之后一个月内做完地质勘探等设计前期准备工作。并在三个月内将建设用地使用权转让给AA公司,土地使用权期限为七十年。本协议自双方签字盖章后生效,除不可抗拒因素外,任何一方不遵守本协议的有关条款或单方终止合同,由违约方按工程总投资6 090万元的5%的违约金赔偿对方。同时,双方又签订了一份补充协议。其中第三条约定:职工医学院分得建筑面积9 135平方米(其中包括过街楼道216平方米和新增面积219平方米)。

1997年9月2日,河南省计划委员会向AA公司下达了开发投资计划通知,AA公司即开始建设综合楼。因职工医学院一直未办理土地使用权转让手续,1999年2月1日AA公司起诉至法院,要求职工医学院按联建合同与其办理建设用地使用权转让手续,并要求职工医学院赔偿违约损失30 651 294元。1999年2月大楼主体基本完工。建筑面积约为58 000平方米,目前大楼整体工程基本完工,总投资1亿元以上。

法院认为,联建合同是双方经过充分协商后订立的,是双方真实意思的表示。联合建房所占用的土地,是职工医学院合法取得使用权的国家划拨土地,联建综合楼项目是经职工医学院上级主管部门——省卫生厅、省机关事务管理局同意,业经省计委立项批准,市规划部门颁发了规划许可证后开始承建的,联建手续俱全。但职工医学院以国家划拨土地与他人联建,应首先交纳土地出让金,才能取得土地转让资格,而其虽在合同中承诺办理相应手续,但至今仍未办理,导致本案合同尚不能生效,对此,职工医学院应承担主要责任。职工医学院应按照规定补办土地转让过户手续。故判决如下:

一、职工医学院应在本判决生效后三个月内与AA公司办理土地转让过户手续。

二、职工医学院在办理上述过户手续后应分得联建大楼建筑面积13 135平方米(其中地下室和设备层总面积为30%,公共设施面积为22.65%,剩余房屋面积为22.65%,经三路由北向南从1层至16层进行分割处理)。其余部分归AA公司所有。

资料来源:http://www.law110.com/lawcase/kaifa/8820004.htm。

本章小结

在当前信贷紧缩背景下,融资租赁、委托贷款以及联合开发是房地产企业突破融资瓶颈的补充渠道。售后回租是融资租赁的一种形式,即房地产开发商以土地或者所开发的物业作为融资租赁的对象。回租的本质还是做房产抵押贷款。尽管实践当中房地产融资租赁(主要是指售后回租)已经出现,但是从法律角度看,其是否具有合法性地位仍比较模糊。

房地产委托贷款是指由委托人(提供资金者)提供资金,由受托人(银行或信托机构)根据委托人确定的贷款对象(房地产开发企业)、用途(房地产项目开发)、金额、期限、利率等代为发放本金和协助收回本息的融资方式。房地产委托贷款存在诸多不规范之处,目前委托贷款业务处于规范整顿之中。

通过与拥有土地的一方联合开发房地产,房地产商可以突破土地资源约束,节约土地购置费用支出,因此在一定程度上联合开发具有融资的性质。

练习与思考

1. 你如何看待房地产委托贷款中的风险?银行在其中要承担哪些风险?

2. 结合专栏12-2中介绍的案例谈谈联合开发房地产中的法律问题?

3. 融资租赁与经营租赁有何区别?

4. 谈谈售后回租与售后包租的区别?

5. 位于北京西三环的北京碧溪家居广场宣称“每个摊位(13.3平方米,售价16万)一年可收入租金1.9万元(年收益率12%),并在3年内可原价回购商铺,超过3年每年递增原价的5%”。你是如何看待这个事情的?在什么样的条件下该承诺才有可能得到实现?潜在的风险有哪些?

6. 阅读以下材料并回答问题:

高利率的委托贷款成房地产资金拆借的安全通道

东方通信(600776.SH)发布公告称,该公司于2006年1月24日与工行杭州高新支行、杭州三和置业有限公司签订了委托贷款借款合同,将其自有资金7000万元委托工行杭州高新支行贷款给杭州三和置业有限公司——浙江最大房地产开发商之一坤和建设集团的子公司,期限自2006年1月25日至2007年1月23日。值得注意的是,这笔贷款的年利率达到14%,而目前银行贷款的一年期利率仅为5.58%,两者相差极其悬殊。

建行浙江省分行相关负责人透露:“原先在没有抵押物的情况下,仍可通过另一企业进行资质担保的方式来获取贷款,但这种资质担保被取消后,没有抵押物的企业便无法从银行贷到款。”在浙江,房地产开发企业资金链紧张已经不是个案,而是普遍存在的现象。房地产开发贷款质量的下降,也使银行不得不收紧开发贷款。

由于企业之间直接借贷是目前的相关法规所禁止的,所产生的利息也不受法律保护。于是委托贷款成了房地产企业进行资金拆借的最主要渠道。“由于企业间或企业与个人间通过银行进行一对一的委托贷款是合法的,因此这两年房地产企业资金拆借大都走了委托贷款的路子。”中国民生银行杭州分行的工作人员解释。

参与过委托贷款的杭州城建投资公司一位经理介绍:“资金的短期拆借在房地产界是比较常见的。为了降低资金拆借的风险系数,放贷企业一般都会要求借款的开发商去走委托贷款的正规程序。”上述那位经理介绍,企业间的资金拆借周期通常比较短,一般在3个月到1年之间,利率是比较高的,出现15%的年利率也是常有的事。但是数字太惊人的利率是不能出现在委托贷款合同上的,因为委托贷款的利率不得超过央行规定的贷款利率浮动的上下限。

资料来源:《第一财经日报》,2006年2月14日。

问题1:为什么委托贷款会大行其道?

问题2:为什么委托贷款的利率远远高于银行同期法定利率?

问题3:委托贷款的局限性在哪里?

推荐阅读书目

[1] 王希迎、丁建臣、陆桂娟:《房地产企业融资新解》,北京:中国经济出版社2005年版。

[2] 王重润等:《公司金融学》,南京:东南大学出版社2005年版。

第十三章 房地产投资组合

知识要求

通过本章的学习，掌握

- 投资组合理论，了解投资组合分散风险的原理
- 房地产投资组合的基本形式，构造方法
- 分散化有助于降低房地产投资风险的原因

技能要求

通过本章的学习，能够

- 分析分散化可以降低投资风险的原因
- 构造房地产投资组合并分析其优劣

第一节 投资组合原理

房地产投资充满风险。对于其中的非系统风险，可以通过投资组合策略予以分散，使得组合投资风险度降低，保证投资者获得稳定的投资收益。在投资学课程中我们已经学过投资组合理论，为了帮助大家回忆，我们首先进行简单介绍。

当投资者将资金按不同比例投入到两个或两个以上房地产项目上时，其全部投资就构成了一个资产组合。资产组合的收益和风险与单个资产不同。适当的资产组合可以起到分散风险的作用。

考察一个由两种资产构成组合的情况。假设 X_1 和 X_2 分别是两种资产

在资产组合中所占的比重；R_{1j}，R_{2j}分别是两种资产在第 j 种情况下可能的实际收益率。以 R_{Pj}表示资产组合在第 j 种情况下的实际收益率，以 $\bar{R}_P$ 表示资产组合的平均收益率，以 σ_p^2 表示资产组合的方差。

显然，我们有：

$$R_{Pj} = X_1 R_{1j} + X_2 R_{2j}$$

那么，

$$\begin{aligned}\bar{R}_p &= E(R_{Pj}) \\ &= E(X_1 R_{1j} + X_2 R_{2j}) = E(X_1 R_{1j}) + E(X_2 R_{2j}) \\ &= X_1 \bar{R}_1 + X_2 \bar{R}_2\end{aligned}$$

即：资产组合的平均（期望）收益率 $\bar{R}_p$ 等于每种资产的平均收益率 $\bar{R}_1$ 和 $\bar{R}_2$ 的加权平均，权重分别是各资产在组合中所占的比例。

大多数资产的未来收益是不确定的，所以，资产组合的实际收益率也是变动的，会发生与期望的平均收益率的偏离。一般以投资收益率的方差或标准差来反映这种风险。资产组合收益率的方差是：

$$\begin{aligned}\sigma_P^2 &= E(R_{Pj} - \bar{R}_P)^2 \\ &= E[(X_1 R_{1j} + X_2 R_{2j}) - (X_1 \bar{R}_1 + X_2 \bar{R}_2)]^2 \\ &= X_1^2 \sigma_1^2 + X_2^2 \sigma_2^2 + 2X_1 X_2 \sigma_{12}\end{aligned}$$

其中：δ_1^2、δ_2^2 分别是每一种资产各自收益率的方差；σ_{12}为两种资产收益率离差之积的期望值（平均值），称为协方差，表达式为 $E[(R_{1j} - \bar{R}_1)(R_{2j} - \bar{R}_2)]$。

令 ρ_{12}表示两种资产收益的相关系数，则有：

$$\rho_{12} = \frac{\sigma_{12}}{\sigma_1 \sigma_2} \quad -1 \leqslant \rho_{12} \leqslant +1$$

相关系数 $\rho_{12} = 1$，表示两种资产收益率的变动方向完全相同，称之为两种资产完全正相关；相关系数 $\rho_{12} = -1$，表示收益变动方向完全相反，称之为完全负相关；$\rho - 1 < \rho_{12} < 0$，说明两种资产之间并不存在完全负相关关系；$0 < \rho_{12} < 1$，说明资产之间不存在完全正相关关系。

用相关系数 ρ_{12}代替协方差 σ_{12}，资产组合的方差为：

$$\sigma_p^2 = X_1^2 \sigma_1^2 + X_2^2 \sigma_2^2 + 2X_1 X_2 \sigma_1 \sigma_2 \rho_{12}$$

或

$$\sigma_P = \sqrt{X_1^2\sigma_1^2 + X_2^2\sigma_2^2 + 2X_1X_2\sigma_1\sigma_2\rho_{12}}$$

由于 $-1 \leqslant \rho_{12} \leqslant 1$，当 $\rho_{12} = -1$ 时，$\sigma_P = |X_1\sigma_1 - X_2\sigma_2|$；当 $\rho_{12} = 1$ 时，$\sigma_P = X_1\sigma_1 + X_2\sigma_2$，所以，

$$|X_1\sigma_1 - X_2\sigma_2| \leqslant \sigma_P \leqslant X_1\sigma_1 + X_2\sigma_2$$

上式揭示出了资产组合理论的基本内容。无论 ρ_{12} 取什么值，只要不等于1，那么，资产组合的收益率标准差（风险）总是小于单个资产收益率标准差（风险）的加权平均。这就是说，只要两种资产之间不存在完全正相关关系，资产组合风险总是会减少。至于风险减少的程度，除了受相关系数的制约外，还受到资产自身风险大小以及投资比例的制约。但是，在一般情况下，资产的标准差以及资产收益率之间的相关关系长时期内基本上保持不变，投资者所能调整的只能是组合中各资产的比例，即通过改变投资比例，使资产组合风险达到最小。

应当注意的是，资产组合只能降低非系统风险，而无法规避系统风险，由于非系统风险是单个资产所具有的，所以，当组合中的资产种类足够多时，可以使非系统风险趋于零，如下图所示：

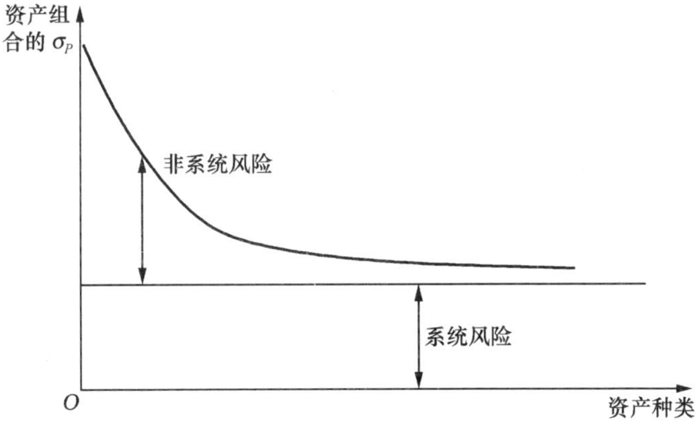

图 13-1　资产组合对风险的分散作用

第二节　房地产投资组合策略

房地产投资组合是在对房地产市场进行细分的基础上，根据各类型房地产的需求状况以及其各自特有的风险，选择两个或两个以上不同类型的

房地产进行投资的一种策略。其原理在于，即便在同一个地方，不同类型的房地产也不可能同时繁荣或者衰退。有时候会出现这种情况，比如，商品房市场表现很好，但是商铺市场却表现不佳。当然，也出现过各种类型房地产市场同时好或者同时差的情况，这取决于地方经济状况，因为房地产市场本质上是一个区域性的市场。

需要说明的一点是，房地产的投资类型既可以指不同功能的房地产，如住宅、商铺、写字楼等，也可以指不同地区的房地产，如广东的住宅投资与陕西的住宅投资应该看作是不同类型的投资。另外，同一功能的房地产由于其档次不同、规模不同、服务的市场不同，也属于不同类型的房地产。

一、房地产投资组合的基本形式

（一）分散投资于不同开发周期的房地产项目

一般来说，项目开发周期越长，风险就越大。反之，开发周期越短，风险越小。这是因为随着开发周期的延长，不确定性因素在增加，比如市场利率、汇率、建材价格、土地政策、市场状况等都有可能发生变动，从而引起收益的变动，开发周期越短，这些因素变动的可能性越小。在房地产投资组合中，选择若干个具有不同开发周期的项目，可以在降低平均风险的同时，保证投资者获得足够的投资收益。例如，在增值潜力大的地段，投资者可以对开发出来的房地产采取部分销售、部分租赁的方式。租赁经营虽然会使投资回收期延长，增加利息支出以及价格变动的风险，但是却可以获得未来的土地增值收益。当房地产投资者对房地产市场前景预期不明了，或者对土地增值期望较高时，往往采取这种投资组合方式。

（二）分散投资于不同类型房地产

市场需求多种多样。消费者的预算约束和偏好是不同的。房地产投资者应根据市场细分的结果，投资开发不同档次和功能的房地产。例如，在住宅投资方面，可以针对不同投入群体分别投资开发高中低档住宅，占领不同消费层次的市场，降低投资风险，这是因为高档住宅与普通住宅所面对的风险因素是各不相同的。再如，根据老年人的生理特点和独特的需求，投资开发适宜老年人居住的住宅或者在开发住宅的同时，投资写字楼、商铺等房地产，也是分散风险的良策。

Miles 和 McCue 在 1982 年进行了一项研究，对比了两种分散化策略，一种是将美国分为四个地理区域进行分散化，另一种是按照房地产类型进行分散化。结果发现，房地产类型分散化策略的效果要好于四区域地理分散化的策略。他们研究了 1972 年到 1978 年之间专门投资某种类型房地产的 REITs 的收益，发现投资写字楼和投资零售房地产的收益的相关系数为 0.48，而购买住房的 REITs 和投资写字楼的 REITs 的收益相关系数为 -0.49，零售房地产与住房的相关系数仅为 0.0806。住房与写字楼的负相关系数说明，在现存房地产投资组合中增加住房投资比例会获得降低风险的好处。Firstenberg、Rose 和 Zisler 分析了 1974 年到 1987 年间接近 600 个样本房地产的季度表现，他们将房地产样本分为四种类型，即写字楼、零售房地产、工业房地产和公寓，并建立具有各种收益率和方差特征的投资组合。他们的研究表明，风险和收益的有效权衡基本上取决于投资组合中包括的房地产类型。为了说明这一问题，看表 13-1：

表 13-1　在投资组合中增加公寓对组合风险和收益的影响

预期收益率	三种房地产组合的标准差	加入公寓后的标准差	风险降低程度
10.8	3.41	3.29	0.12
10.9	3.59	3.33	0.19
11.0	3.88	3.45	0.43
11.1	4.24	3.63	0.61
11.2	4.67	3.87	0.80

资料来源：Paul Firstenberg and Charles Wurtzebach, "Managing Portfolio and Reward", *Real Estate Review*, V. 19, No. 2, Summer 1989, Exhibit 2, p. 64。

上面这个表说明，在三类房地产投资组合中增加第四种房地产所带来的好处是降低组合风险。

（三）投资的空间组合

投资的空间组合指的是房地产投资不应局限于一地，即不要把所有的资金投放在同一个地区或地段上。这是因为房地产的空间位置不可移动，投资受区域经济环境影响很大。如果将投资全部集中于一个地方，那么一旦这个地区经济出现波动，就会给投资者造成重大损失。所以，房地产投资应该在空间上合理配置，通过区域优势互补，使投资风险降到最小，使投资收益最大。

投资的空间组合包括地段（微观空间）组合与地区（宏观空间）组合两

种。地段组合是指在一个区域内不同区位的房地产投资组合。城市地价随着到市中心商业区的距离加大而下降。而房地产投资项目对区位有着不同的需求。因此,投资者根据投资项目的特点选择地段。或者说,投资者在不同的地段上应选择能带来相应收益的投资项目。另外,随着城市的发展,新的商业区的兴起,地段的相对区位在发生变化,原先的黄金地段可能会衰落,而以前不被看好的地区却会发展起来。因此,投资者在投资时,应具有战略眼光,从发展的角度,分散投资在不同地段上,使现金流保持一个稳定的状态。

投资的地区组合指的是在不同城市、不同经济地区的房地产投资组合。这种资产组合可以避免地区经济波动给房地产投资带来的风险。比如,2003 年以来,上海、北京、广州、深圳、杭州等城市住宅价格上涨很快,在这些城市投资房地产,尽管可以获得较高的期望收益,但是投资成本不断提高,风险在累积,而与此同时,内地中小城市房价上涨幅度不大,且是城镇化的重要载体,未来住房需求大,预期收益稳定,所以可以考虑构造一个东部大城市与内地中小城市的房地产投资组合。

刘松涛等人(2006)对我国房地产市场的研究表明,按照物业类型或者按照地理区域构建房地产投资组合都可以有效地分散投资风险;普遍而言,在同一物业类型中按照地理区域分散投资具有更好的风险分散效果。

国外的实证研究表明,房地产投资的地理分散化对降低风险具有实质性效果。Miles 和 McCue 在他们的研究中以 REITs 超额单位风险回报(即以超额收益除以收益的标准差)作为被解释变量,用每个 REITs 持有的房地产类型数和这些房地产所在州的个数作为自变量进行回归分析。两个变量对超额单位风险回报的影响都是正向的,这说明除了房地产类型分散化之外,地理分散化也起着积极作用。不过,地理分散化的统计显著性要远远弱于类型分散化。同样,Hartzell、Hekman 以及 Miles 在其共同发表的一篇论文中,也宣称地理分散化不如类型分散化那样重要。不过,他们的地理分散化的策略显然比较简单,是通过将房地产分为东南西北四大区域来实现的,如果投资者采用这种简单的地理分散化投资策略,效果并不明显。

Mueller 于 1993 年进行的一项研究重新检验了现有的地理分散化研究结论,他的研究发现,在仅仅考虑地理因素的模型中增加经济方面的考虑,获得的风险和收益的有效边界要高于地理分散化模型。他借鉴 Hartzell 等人在1987年的研究方法，根据经济区域的拱形将美国划分为八个区域，划分时不考虑行政区划，区域的划分尽量依照当地经济状况而定。在此基础上，Mueller分别计算了四大区域的相关系数（见表13-2）以及八个地理区域的相关系数（见表13-3），并进行了对比研究。他的结论是，基于较复杂的分散化得到的相关系数要小于基于简单四区域分散化得到的相关系数。这一证据证明了地理分散化如果考虑了区域经济因素而不是严格按照地理位置进行的话，可以产生较明显的风险降低效果。

表13-2　四区域分散化的相关系数

（1973年第四季度—1990年第四季度）

	东部	中西部	西部	南部
东部	1.0			
中西部	0.308	1.0		
西部	0.282	0.495	1.0	
南部	-0.038	0.076	0.1999	1.0

表13-3　八区域分散化的相关系数

（1973年第四季度—1990年第四季度）

	新英格兰	中大西洋	老南部	工业带	农业带	矿产带	南加州	北加州
新英格兰	1.0							
中大西洋	-0.212	1.0						
老南部	-0.170	-0.077	1.0					
工业带	-0.042	0.306	0.025	1.0				
农业带	-0.013	0.125	0.167	0.323	1.0			
矿产带	-0.238	0.070	0.136	0.177	0.205	1.0		
南加州	-0.045	0.378	0.085	0.473	0.361	0.102	1.0	
北加州	-0.007	0.095	0.139	0.207	0.139	0.145	0.371	1.0

资料来源：Glenn Mueller, "Refining Economic Diversification Strategies for Real Estate Portfolio", *Journal of Real Estate Research*, V. 8, Winter 1993, pp. 55—68。

专栏13-1　采用投资组合策略降低房地产投资风险

零点研究集团发表的一份题为《未来几年房地产行业的投资趋势分析》的研究报告称，未来几年我国房地产投资仍将保持增长，但增长幅度会有所回落，系统风险也会越来越大，因此建议投资者在投资时应采用投资组合策略以降低投资风险。

报告指出，未来几年我国房地产投资仍将保持一定幅度的增长，但是考虑到房地产行业受到国家相关政策等种种因素的影响，房地产投资的增长速度将有所回落，基本上将维持在10%至15%之间，与此同时，房地产投资的热点可能由以京、沪、穗为中心的三大经济商圈有所转移，西南地区的大城市如重庆、成都、昆明，沿海城市如大连、青岛、杭州等地区的房地产正处于上升阶段，有可能成为下一轮的投资热点。报告称，从当前房地产总的形势看，特别是考虑到我国正处于体制转轨的特殊时期，系统风险越来越大，零点研究集团前进策略的研究人员建议地产投资商最好采用当前房地产投资中还不普遍的投资组合策略，即通过多种投资组合来降低投资风险。零点研究集团开出的投资组合秘方包括高端写字楼、宾馆、商场等商业用房、涉外高档住宅项目、社区的学校及老年公寓和产权式酒店等房地产投资类型，并建议房地产投资者在未来几年中对上述组合中的投资类型予以重点关注。

资料来源：http://www.51fdc.com/html/2005-02-24/00003359.htm。

二、在投资组合中加入房地产

前面我们介绍了房地产投资组合的构造，现在我们来讨论在投资组合中加入房地产的好处。在美国，房地产在养老基金投资组合中占有重要地位。据Louargand在1992年的一项研究，在美国养老基金的总投资中，房地产占了4%。这意味着美国养老基金在房地产方面的投资规模达到了1 000亿美元，而如果算上住房抵押贷款和抵押贷款支持证券的话，养老保险基金在房地产方面的投资规模可以达到4 000亿美元，相当于养老基金的整个投资组合的15%。

投资者把房地产加入投资组合的目的是希望在保持组合风险不变或者增加幅度不大的情况下，攫取更大收益。如果房地产进入投资组合导致风险大大增加的话，投资者肯定不会把房地产纳入组合中。而我们已经知道，投资组合的风险不仅取决于构成投资组合的各个资产的个别风险，还取决于资产收益率之间的相关性，即协方差。所以，房地产进入投资组合能不能不增加风险,要看房地产与其他资产之间的相关性。完成这项任务最重要的是准确估计房地产收益率,而这是很难做到的事情。房地产不像那些经常交易的资产,比如股票、债券,这些经常交易的资产信息完全、定价准确,而房地产由于并不经常交易,而且异质性很强,定价所依据的信息不完整,无法准确计算收益率。

在实践中,投资组合中的房地产收益率是依据定期评估而不是实际交易价格数据得到。例如,养老基金和保险公司等机构通常持有很多房地产,需要定期进行评估,以便向其监管机构提供财务报表。这些机构一般每季度对房地产进行一次内部评估,同时至少一年进行一次外部独立的评估。这些评估数据可以用来估计不同时间的房地产价值。可是评估价值并不是交易价格,采用评估价值来估计收益率,其时间上的波动性要小于基于交易价格估计的收益率,也就是说,基于评估价值的收益率序列被平滑了,没有显示出用交易价格估计的收益率序列所具有的波动性。

专栏13-2　新兴市场房地产成投资磁场

几乎每个发达国家的情形都一样:房地产泡沫破裂,导致房产价值暴跌、信贷市场失灵以及交易日趋枯竭。根据研究咨询机构 Real Capital Analytics(以下简称“RCA”)的数据,2008 年第一季度,工业化国家的房地产交易宗数较去年同期减少了 54%。一个焦躁不安的房地产投资者会怎么做?投资中国的写字楼?或者印度的公寓开发项目?或者莫斯科郊外的工业园?

得益于城市化的发展、中产阶级的日渐壮大以及本地按揭市场的开放,在世界其他地区楼市陷于停滞之际,发展中经济体的房地产市场正炙手可热。RCA 称,第一季度,新兴市场的房地产交易宗数猛增43%。而且,大型投资者正在涌入。花旗集团(Citigroup)对美欧 50 个大型养老基金的调查发现,尽管其本国市场正在放缓,但投资组合经理们打算在未来 3 年内将 3 700 亿美元资金投入房地产市场。这将导致房地产在其资产组合中所占的比例从当前大约4.5%的水平上升至6%。已有大笔资金开始流入中国、印度和东欧新兴经济体。嘉信理财(Charles Schwab)规模 2.28 亿美元的

“全球房地产基金”于今年3月首度进军新兴市场。其基金经理在印度、巴西、墨西哥和中东等地均持有物业，而且，他们坚称这才刚开始。

这股热潮不止来自西方。根据城市土地研究所(Urban Land Institute)与普华永道(PwC)的一项研究，亚洲的养老基金和主权财富基金也开始寻找途径，以便投资于发展中国家的房地产市场。科威特投资局(Kuwait Investment Authority)已在伊斯坦布尔 Cevahir 购物中心投资了7.5亿美元。另外，新加坡淡马锡控股(Temasek Holdings)旗下的枫树印度-中国基金(Mapletree India-China Fund)已在中国进行一系列投资，包括在南方的广东省投资一个3.2亿美元的住宅和零售物业开发项目，在北京投资一个1.21亿美元的写字楼项目。

摩根士丹利(Morgan Stanley)的分析师极为看好新兴市场的房地产行业，认为未来10年将出现一轮长期牛市。他们预计，在此期间，发展中国家将在核心基础设施项目上花费22万亿美元，其中的一半(约11万亿美元)将用在建筑上。

如此迅猛增长的一大原因，自然在于中国的崛起。RCA 数据显示，在截至今年3月末的一年中，流入中国的资金达1 020亿美元，占发展中国家接受外资总额的近三分之二。同期内，无论是按价值还是按地皮数量计算，全球近一半的土地转让交易发生在中国。流入中国房地产市场的资金很大一部分来自国内。过去一年，在中国的房地产投资中，来自国内的资金占了69%。

虽然中国是新兴房地产市场巨头，但它并非独一无二。据 RCA 统计，印度今年第一季度的物业出售交易较去年同期猛增210%，使之成为全球增长最快的房地产市场。与中国一样，本地投资者占据市场主导地位，所涉交易占59%。但不同的是，印度政府自2005年以来陆续放宽了禁止外国人投资物业的规定，这对房地产市场起到一定推动作用。

中印房地产需求猛增的一大推动力是人口增长。联合国(UN)预测，到2050年，这两国将成为人口超级大国。但并非只有人口迅速增长的国家才是投资“磁场”。石油财富刺激俄罗斯经济强劲增长，也带来了房地产投资资金。与亚洲部分地区一样，外国公司想要投资俄罗斯房地产，必须与当地公司组建合资企业。不同的是，在俄罗斯进行的交易大部分涉及现有物业。此外，土耳其也吸引了投资者的目光。摩根士丹利的报告显示，去年，外国人在土耳其的房地产投资约为35亿美元，高于2006年的29亿美元。

这些投资流背后的理念是:新兴市场的繁荣将创造住宅与商业地产需求。

资料来源:劳拉·科恩(Laura Cohn),英国《金融时报》,2008 年 7 月 23 日,岱嵩译。摘自 http://www.caihuanet.com/gdxw/200807/t20080723_192664.shtml。

从现代资产组合理论角度看,理性的资产选择过程就是一个使投资者预期效用最大化的过程,所以,确定资产组合就是在一定约束条件下求解投资者预期效用最大化。使预期效用最大化的资产组合应该是有效的,这意味着,最佳资产组合必然是无差异曲线与有效界面的切点。

回忆我们在第二章所学过的,当引入无风险资产后,马克维茨效率边界被拉直成为一条从无风险利率 R_f 出发的射线,在资本资产定价模型里面,这条线性效率边界也被称为资本市场线。最佳投资组合的确定就在于投资者的无差异曲线与线性有效边界相切在何处。

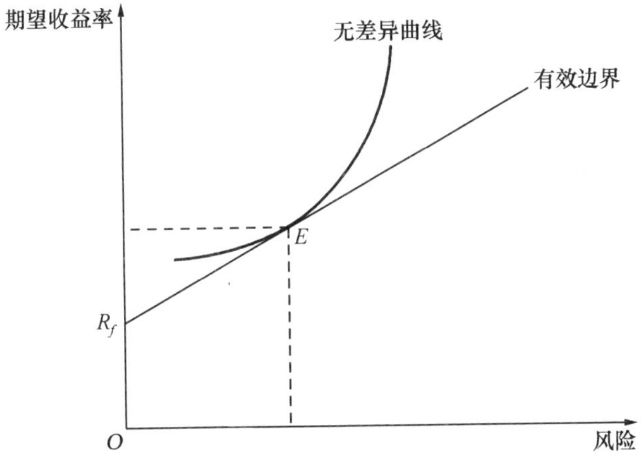

图 13-2　最佳投资组合

在上图中,E 表示无差异曲线与有效界面的切点,代表效用最大的资产组合。

下面将上述过程模型化。我们已知,有效资产组合是指:(1) 在同等风险程度下,期望收益率最高的资产组合;(2) 在同等收益条件下,风险程度最小的资产组合。所以,投资者可以在约束条件下求解资产组合期望收益最大或者风险最小来得到最优资产组合。假设有两种资产。

模型 1:最大化资产组合收益

$$\max_{x_1,x_2} X_1\overline{R}_1 + X_2\overline{R}_2$$

$$\text{s. t. } \sigma_P^2 = X_1^2\sigma_1^2 + X_2^2\sigma_2^2 + 2X_1X_2\sigma_1\sigma_2\rho_{12} \leqslant \sigma^{*2}$$

$$X_1 + X_2 = 1$$

式中,σ^2 为投资者设定的某个数值,使得投资组合的标准差不超过这个数值。σ^{*2}代表投资者可承担的最大风险。

模型 2:最小化资产组合风险

$$\max_{x_1,x_2} \sigma_\rho^2, \sigma_P^2 = X_1^2\sigma_1^2 + X_2^2\sigma_2^2 + 2X_1X_2\sigma_1\sigma_2\rho_{12}$$

$$\text{s. t. } X_1\overline{R}_1 + X_2\overline{R}_2 \geqslant E^*$$

$$X_1 + X_2 = 1$$

式中,E^*为投资者所要求的最低期望收益率。资产组合的期望收益率不能低于该水平。

需要说明两点:第一,运用这种方法来构造投资组合的时候,必须能够准确估计房地产的各种实际收益率及其发生概率,然后才能够估计期望收益率和标准差。但是正如在前文所提及的,在实践中,由于房地产的不连续交易性以及异质性,导致房地产交易价格估计不准确,通常代之以定期的价值评估,而这会弱化房地产收益的波动性,导致组合中房地产比率过高。第二,资产组合理论的重要前提是,资产要连续交易并且无限可分,只有这样,投资者才能够根据风险和收益的权衡灵活而精确地调整资产组合比例,达到最优状态。显然,房地产不具备这个条件,通常,房地产被所有者长期持有,并不经常交易,也无法进行分割交易,这就造成组合中房地产比例调整过度。由于这两个原因,房地产投资组合只能达到次优状态。

四、房地产投资分散化的好处

有很多研究论及房地产分散化的好处。研究结果几乎都支持这样一个观点:房地产能够提供巨大的分散化的好处,同时还能够抵御未预期到的通货膨胀。Ibbotson 和 Siegel 在 20 世纪 80 年代早期的一项研究指出,从 1947 年到 1982 年,房地产平均收益率为 8.33%。相比之下,美国政府债券收益率为 3.31%,公司债券收益率为 3.56%,只有公司股票的年收益率高于房地产，达到17.88%。就年收益率的标准差而言，房地产最低，为3.71%，美国政府债券和公司债券稍高，达到8.57%和9.14%，公司股票最高。在此期间，房地产的风险收益综合评价要高出其他资产。① 见表13-4。

表 13-4　六种资产投资报酬率的平均值与标准差（%）

	不动产组合	标准普尔500指数	小公司股票	长期公司债	长期政府公债	短期政府公债
平均值	8.33	12.48	17.88	3.88	3.31	4.44
标准差	3.71	17.25	26.86	9.14	8.57	3.29

房地产分散化的好处也是显而易见的。表13-5列出了Ibbotson和Siegel对六种资产的投资报酬率相关系数的统计。

表 13-5　六种资产间的相关系数

	不动产组合	标准普尔500指数	小公司股票	长期公司债	长期政府公债	短期政府公债
不动产组合	1					
标准普尔500指数	-0.06	1				
小公司股票	0.04	0.79	1			
长期公司债	-0.06	0.14	0.05	1		
长期政府公债	-0.08	0.01	-0.06	0.95	1	
短期政府公债	0.44	-0.25	0.00	0.15	0.21	1

从表13-5中可以看出，房地产综合投资报酬率大约是债券投资报酬率的两倍。虽然低于股票投资报酬率，但其风险也低于股票投资风险。房地产与标准普尔500指数的相关系数为-0.06，和小公司股票的相关系数仅为0.04，所以，不管投资者是投资于大公司股票还是小公司股票，都可以通过投资房地产来分散风险。Ibbotson和Siegel的研究结论是：单独投资房地产会获取高收益，在组合中加入房地产则可以取得很好的分散风险的效果。Norman、Sirmans和Benjamin对房地产收益与风险的文献进行了回顾，他们发现，对收益进行风险调整之后，房地产单位风险收益要高于股票和

① R. Ibbotson and L. Siegel, "Real Estate Returns: Comparison with Other Investment", *AREUEA Journal* 12, Fall 1984, pp. 219—242.

债券。①

Ibbotson 和 Siegel 在其 1984 年的论文中对房地产高收益现象进行了研究。他们提出了一种新均衡理论,即房地产收益要大于采用资本资产定价模型或者套利定价理论得到的理论值。这种超额收益是对房地产特有风险的补偿。这些特有风险是余量风险、可销售成本和信息成本。余量风险是指这种情况,即除了非常大的投资者,其他投资者难以对持有的房地产进行分散化。相对于一般投资者的投资组合,大多数房地产都太大了,也就是说,对一般的投资者来说,由于不可能只拥有房地产的一小部分,分散化难以实现。可销售风险是指房地产流动性差。信息风险是指进行房地产投资决策所需要的信息成本。审议中的规划调整、基础设施的变化和地方经济的变化等信息的获取成本很高,但是这些信息对房地产收益有很大影响。总之,Ibbotson 和 Siegel 认为,以上这些风险是房地产投资所特有的,它们使房地产投资获得了相对于风险而言的超额收益。

Webb 和 Rubens 研究了房地产在多类型资产组合中的作用。他们建立了一个"受限"资产组合,其中房地产包括两种类型的房地产——农场房地产和住宅。所谓受限投资组合仅包括法律规定养老金计划等大投资者可以投资的那些资产。他们的研究成果反映在表 13-6 中。

表 13-6　资产收益的相关系数(1967—1986 年)

	农场房地产	住宅	普通股	小公司股票	公司债券	政府债券
农场房地产	1.0					
住宅	-0.37	1.0				
普通股	-0.36	-0.37	1.0			
小公司股票	0.01	-0.23	0.73	1.0		
公司债券	-0.57	-0.47	0.32	-0.07	1.0	
政府债券	-0.55	-0.55	0.42	0.04	0.96	1.0

资料来源:J. R. Webb and J. Rubens, "The Effect of Alternative Return Measures on Restricted Mixed-Asset Portfolio", *AREUEA Journal* 17, Summer 1988, pp. 463—481。

研究表明,房地产相关系数为负,再次说明房地产分散化的好处。他们发现,如果依据风险和收益来构造最优组合的话,房地产占大比例。最优

① E. Norman, G. Stacy Sirmans, and J. D. Benjamin, "The Historical Environment of Real Estate Returns", *Real Estate Portfolio Management* 1, 1995, pp. 1—24.

投资组合将由75%的房地产,15%的小公司股票和5%的普通股构成。

廖咸兴、李阿乙、梅建平(1999)用不动产投资信托基金的报酬率作为不动产投资的代表,研究了从1980年1月到1989年12月的资料。他们把不动产投资信托基金分为股权不动产投资基金(EREIT)和债权不动产信托基金(MREIT),前者投资于房地产的所有权及经营,后者投资于房地产抵押贷款。他们得到了八种资产的报酬率、标准差及相关系数。见表13-7。

表13-7 资产平均月报酬率、标准差及相关系数(1980—1989年)

	标准普尔500指数	短期国库券	长期公债	长期公司债	通货膨胀率	小公司股票	EREIT	MREIT
平均数	0.0147	0.00712	0.01075	0.01094	0.00415	0.01393	0.01337	0.01223
标准差	0.04738	0.00237	0.04096	0.03746	0.00348	0.05534	0.04109	0.05025
标准普尔500指数	1							
短期国库券	-0.172	1						
长期公债	0.310	0.072	1					
长期公司债	0.288	0.070	0.948	1				
通货膨胀率	-0.110	0.523	-0.228	-0.191	1			
小公司股票	0.844	-0.127	0.172	0.150	-0.086	1		
EREIT	0.665	-0.093	0.362	0.358	-0.193	0.729	1	
MREIT	0.571	-0.082	0.157	0.540	-0.261	0.594	0.806	1

资料来源:廖咸兴、李阿乙、梅建平,《不动产投资概念》(第三版),台北:华泰书局1999年版。

他们的统计结果清楚显示,房地产投资报酬率(EREIT, MREIT)与通货膨胀率负相关,因此,房地产投资可以避免通胀风险的观点得到了证实。

本章小结

房地产投资具有风险。通过构造投资组合能够消除其中一部分风险。房地产投资组合是在对房地产市场进行细分的基础上,根据各类型房地产需求状况以及其各自特有的风险,选择两个或两个以上不同类型的房地产进行投资的一种策略。房地产的投资类型既可以指不同功能的房地产,如住宅、商铺、写字楼等,也可以指不同地区的房地产,另外,同一功能的房地产由于其档次不同、面积不同、服务的市场不同,也属于不同类型的房地产。大量实证研究证明,分散化投资有助于降低房地产投资风险。

练习与思考

1. 房地产投资组合的基本形式。
2. 构造房地产投资组合的方法。
3. 投资组合中加入房地产会引起什么变化?
4. 你认为现代资产组合理论适用于构造房地产投资组合吗?
5. 阅读下面材料并回答问题:

外资转向二线城市

眼看着由于宏观调控,上海等一线城市的房地产市场开始走向低迷,以香港和新加坡为主的外资开发商已经开始大规模移师二线城市。一些外资开发商早已频频现身于重庆、武汉、宁波、大连、深圳等二线城市,成片囤积土地。新的外资势力显然已渗透入中国内地更广袤的腹地。

第一个高调宣布"放弃"上海转战二线城市的,是香港传统的商业地产巨鳄恒隆地产。该公司主席陈启宗称,今后将不再增资上海。同时,在2007年前,恒隆地产将在上海以外的内地其他10个城市,每年购入3—4块大型土地,共建约10个购物商场,投资金额预计将达200亿至250亿港元。实际上,在恒隆地产之前,早有"先见之明"的和黄地产已经开始在天津、重庆、武汉等二线城市拿下大片土地。一直在上海潜心"修炼"的新加坡凯德置地也于今年4月在宁波拿下一地块,开始了二线城市攻略。

戴德梁行最新的研究指出,随着中国内地成为投资者的新焦点,受惠于外资涌入的城市已由北京及上海延伸至成都及武汉等二线城市。"目前我们接获很多国际客户的查询,都是有关投资内地二线城市的机会,其中有投资基金更要求我们将全国20至30个二线城市进行比较,向他们推荐最具投资价值的城市",戴德梁行研究及顾问部董事陶汝鸿说。而另一家国际物业顾问——仲量联行发表的最新报告也显示,近80%受访跨国机构表示,会在扩张城市寻求写字楼物业,其中2/3会选择甲级写字楼。约有20%受访者除对写字楼有所需求外,还对商铺、高级住宅、仓储物流和工业园区等物业有兴趣。英联国际不动产提供的研究数据显示,很多二线城市开发项目的平均利润能够达到30%,这使开发商对二线城市介入越来越深入。

香港地产公司的介入更加积极,世茂集团、瑞安集团以及和记黄埔上半年相继在中部重镇武汉投下超过80亿元的巨资。截至目前,进驻成都的外资房地产开发企业总数达到53家,其中法人企业为45家,进入资金超过100亿元。"人口达400万到500万以上的内地城市,已经具备了经济起飞的条件,现在买下土地,未来四年内施工,正好配合城市化的进程。"一位港商表示。

资料来源:http://news. xinhuanet. com/house/2006-05/20/content_4574829. htm, 2006年5月20日。

问题1:为什么二线城市受到房地产商的青睐?

问题2:这是一种什么类型的房地产组合策略?它能够降低房地产投资风险吗?

推荐阅读书目

[1] 威廉·B.布鲁格曼、杰弗里·D.费雪著,逯艳若、张令东、任国军译:《房地产融资与投资》(第11版),北京:机械工业出版社2003年版。

[2] 盖伦·E.格里尔、迈克尔·D.法雷尔著,龙胜平等译:《房地产投资决策分析》,上海:上海人民出版社1997年版。

[3] 特瑞斯·M.克劳瑞特、G.斯泰西·西蒙著,龙奋杰、李文诞译:《房地产金融:原理和实践》(第3版),北京:经济科学出版社2004年版。

[4] 刘松涛等:《房地产投资组合风险分散策略》,《辽宁工程大学学报》,2007年第4期。

参考文献

1. E. Norman, G. Stacy Sirmans, and J. D. Benjamin, "The Historical Environment of Real Estate Returns", *Real Estate Portfolio Management* ,1995 (1):1—24.
2. Glenn Mueller, "Refining Economic Diversification Strategies for Real Estate Portfolio", *Journal of Real Estate Research*, Winter 1993, Vol. 8:55—68.
3. J. R. Webb and J. Rubens, "The Effect of Alternative Return Measures on Restricted Mixed-Asset Portfolio", *AREUEA Journal*, Summer 1988 (17):463—481.
4. Kau, James B. and Keenan, Donald C., "Patterns of Rational Default", *Regional Science and Urban Economics*,1999(29) :765—785.
5. Kristin Chen, "The Role of Mortgage Insurance in Risk Management", *International Journal of Real Estate Finance*,1999, 1(2).
6. Paul Firstenberg and Charles Wurtzebach, "Managing Portfolio and Reward", *Real Estate Review*, Summer 1989,19(2),Exhibit 2:63—64.
7. J. M. Quigley and R. Van Order, "Explicit Tests of Contingent Claim Model of Mortgage Default", *Journal of Real Estate Finance and Economics*,1995(11):99—117.
8. R. Ibbotson and L. Siegel, "Real Estate Returns: Comparison with Other Investment", *AREUEA Journal*, Fall 1984(12):219—242.
9. REICO REPORT,《我国房地产金融研究》,2005 年第 3 季度。
10. 宾融:《住房抵押贷款证券化》,北京:中国金融出版社 2002 年版。
11. 曹振良等:《房地产经济学通论》,北京:北京大学出版社 2003 年版。
12. 陈劲松:《公共住房浪潮》,北京:机械工业出版社 2006 年版。
13. 陈琦伟:《公司金融》,北京:中国金融出版 1998 年版。
14. 陈钊:《住房抵押贷款理论与实践》,上海:复旦大学出版社 2000 年版。
15. 程红梅:《中国当代房地产金融思想发展研究(1978—2005)》,复旦大学博士学位论文,2007 年。
16. 丛诚:《论住房公积金制度存废与改革方向》,《上海建设科技》,2008 年第 1 期。
17. 戴维·西罗塔著:龙胜平、梁超群、张锷译:《房地产金融纲要》(第 10 版),上海:上海人民出版社 2005 年版。

18. 戴中亮:《委托代理理论述评》,《商业研究》,2004 年第 19 期。

19. 丹尼斯 · 迪帕斯奎尔、威廉 · C. 惠顿著,龙奋杰等译:《城市经济学与房地产市场》,北京:经济科学出版社 2002 年版。

20. 德国施豪银行:《德国的住房储蓄制度》,《国际金融研究》,1998 年第 8 期。

21. 董文华:《浅议房地产融资租赁》,《中国房地产》,2004 年第 2 期。

22. 盖伦 · E. 格里尔、迈克尔 · D. 法雷尔著,龙胜平等译,《房地产投资决策分析》,上海:上海人民出版社 1997 年版。

23. 洪艳蓉:《房地产金融》北京:北京大学出版社 2007 年版。

24. 胡庆康、刘宗华、魏海港:《金融中介理论的演变和新进展》,《世界经济文汇》,2003 年第 3 期。

25. 华伟:《房地产金融学》,上海:复旦大学出版社 2004 年版。

26. 黄志兰:《房地产信托的现状及发展前景》,对外经济贸易大学硕士学位论文,2007 年。

27. 李安民:《房地产投资基金:融资与投资的新选择》,北京:中国经济出版社 2005 年版。

28. 李健飞:《经济转轨时期中国房地产融资风险防范——理论与实证》,北京:中国金融出版社 2006 年版.

29. 李智:《房地产投资信托运作中的几个相关问题》,《中国青年政治学院学报》,2007 年第 4 期。

30. 梁蓓、何泳芳、罗勇翔:《商业房地产投资经济学》,北京:中国统计出版社 2003 年版。

31. 廖咸兴、李阿已、梅建平:《不动产投资概论》(第三版),台北:华泰书局 1999 年版。

32. 刘洪玉:《房地产开发经营与管理》,北京:中国物价出版社 1995 年版。

33. 刘金川:《房地产信托中道德风险的经济学研究——基于投资者视野》,重庆大学硕士学位论文,2007 年。

34. 刘松涛等:《房地产投资组合风险分散策略》,《辽宁工程大学学报》,2007 年第 4 期。

35. 刘向东:《房地产信托的战略互动》,《首席财务官》,2007 年第 1 期。

36. 刘颖:《以客户需求为导向 科学定位住房抵押贷款保险》,《中国房地产金融》,2004 年第 1 期。

37. 龙云:《中国房地产信托的治理结构缺陷及其改进》,《上海金融》,2006 年第 2 期。

38. 毛志荣:《房地产投资信托基金研究(深证综研字第 0089 号)》,深圳证券交易所综合研究所,2004 年 1 月 16 日。
39. 聂世宇:《商业银行个人住房抵押贷款违约风险损失度量研究》,《广西金融研究》,2007 年第 10 期:第 20—23 页。
40. 施方:《住房抵押贷款证券化:运作和定价》,上海:上海财经大学出版社 2005 年版。
41. 施方:《住房抵押贷款中提前偿付行为的研究》,《国际金融研究》,2001 年第 9 期。
42. 唐小兰:《固定利率住房抵押贷款定价研究》,湖南大学硕士学位论文,2009 年。
43. 特瑞斯 · M. 克劳瑞特、G. 斯泰西 · 西蒙著,龙奋杰、李文诞译:《房地产金融:原理和实践》(第 3 版),北京:经济科学出版社 2004 年版。
44. 汪利娜:《美国住宅金融体制研究》,北京:中国金融出版社 1999 年版。
45. 王重润:《信息、效率与机制:住房抵押贷款市场研究》,北京:经济管理出版社 2004 年版。
46. 王重润等:《公司金融学》,南京:东南大学出版社 2005 年版。
47. 王重润、曹振良:《住房抵押贷款的提前偿还风险分析》,《中国房地产》,2002 年第 7 期。
48. 王重润、崔玉平:《住房抵押贷款提前偿还风险研究综述》,《中国房地产研究》,2007 年第 3 期。
49. 王重润、屈昆鹏:《我国房地产信托机制设计缺陷与优化》,《网络财富》,2009 年第 7 期。
50. 王福林、贾生华:《国外个人住房抵押贷款违约风险理论述评及其启示》,《海南金融》,2004 年第 7 期。
51. 王福林、贾生华、邵海华:《个人住房抵押贷款违约风险影响因素实证研究》,《经济学(季刊)》,2005 年第 4 卷第 3 期。
52. 王家庭:《关于建立我国住房储蓄银行的思考》,《金融教学与研究》,2002 年第 4 期。
53. 王希迎、丁建臣、陆桂娟:《房地产企业融资新解》,北京:中国经济出版社 2005 年版。
54. 威廉 · B. 布鲁格曼、杰弗里 · D. 费雪著,逯艳若、张令东、任国军译:《房地产融资与投资》(第 11 版),北京:机械工业出版社 2003 年版。
55. 肖爱清:《房地产信托的现状及发展对策——以福建省联华国际信托为例》,《三明学院学报》,2008 年第 25 卷第 1 期。
56. 谢经荣等:《房地产金融 》北京:中国人民大学出版社 2002 年版。
57. 颜剑锋:《我国住房抵押贷款提前还贷行为研究》,《上海应用技术学院学报》,2006

年第 4 期。
58. 殷红、张卫东:《房地产金融》,北京:首都经济贸易大学出版社 2002 年版。
59. 尹曙光:《住房公积金个人贷款中提前还款和分段计息的测算与处理》,《中国房地产》,2003 年第 8 期。
60. 虞晓芬:《美国的住宅抵押贷款保险体系及借鉴》,《中国房地产金融》,2000 年第 11 期。
61. 约翰 · P. 威德默著,张红译:《 房地产投资》(第 5 版),北京:中信出版社 2005 年版。
62. 曾国安:《住房金融:理论、实务与政策》,北京:中国金融出版社 2004 年版。
63. 张东:《 住房金融:理论新探与实证分析》,北京:中国财政经济出版社 2004 年版。
64. 张国生:《房地产企业买壳上市融资攻略》,《房地产世界》,2004 年第 4 期。
65. 张红等:《房地产金融学》,北京:清华大学出版社版 2007 年版。
66. 张其光:《加拿大的抵押贷款工具和担保制度及引入中国的可行性分析》,http://www. realestate. gov. cn. ,2000 年。
67. 赵科峰:《房地产企业海外上市之路探析》,《国际融资》,2004 年第 11 期。
68. 郑振龙等:《金融市场学》(第二版),北京:高等教育出版社 2006 年版。
69. 中国人民大学信托与基金研究所:《中国人民大学中国财政金融政策研究中心. 中国信托业发展报告(1979—2003):中国信托业的过去、现在和未来》,北京:中国经济出版社 2004 年版。
70. 中国人民银行研究局课题组:《中国房地产发展与金融支持》, http://ifb. cass. cn/show_News. asp? id = 1506,2004 年 3 月 5 日。
71. 中国住房金融体制考察团:《美国、加拿大住房抵押贷款证券化考察报告》,http://www. realestate. gov. cn, 2000 年。
72. 周兰萍、龙文杰:《房地产项目融资若干法律问题浅析》,http://whfcls. banzhu. net/article/whfcls-5-33892. html,2008 年 4 月 3 日。
73. 周霞、黄宇昕:《我国房地产市场中内外资企并购行为的比较研究》,《中国房地产》,2007 年第 10 期,转引自 http://www. scfdc. cn/view. aspx? id = 46081。
74. 朱晓明、刘治国:《信用评分模型综述》,《统计与决策(理论版)》,2007 年第 1 期。

后 记

《房地产金融》系北京大学出版社出版的21世纪经济与管理精编教材·经济学·房地产经济学系列教材之一，该系列教材由南开大学教授、博士生导师曹振良先生主持编写。

《房地产金融》编写历时三年有余，其间出现了各种变故，再加上各位编者教学科研工作繁重，从而使得本书未能如期完稿，后来在曹先生的推动下，经过北京大学出版社的努力，本书才得以完稿并付梓出版。在此谨向曹先生致以崇高敬意。感谢北京大学出版社张迎新女士的耐心与支持。对本书编写提供帮助的还有中德住房储蓄银行的董文华博士、嘉兴学院的任卫峰博士，在此一并致谢。

参与本书编写的有河北经贸大学的王重润教授、刘颖博士以及华东师范大学的文时萍博士。王重润教授担任本书主编，负责拟定全书大纲、总撰统稿，并编写第1、2、4、5、6、8、10、12、13章；刘颖博士担任副主编，编写第3、7、11章；文时萍博士编写第9章。

教师反馈及教辅申请表

北京大学出版社以“教材优先、学术为本、创建一流”为目标，主要为广大高等院校师生服务。为更有针对性地为广大教师服务，提升教学质量，在您确认将本书作为指定教材后，请您填好以下表格并经系主任签字盖章后寄回，我们将免费向您提供相应教辅资料。

书号/书名/作者			
您的姓名			
校/院/系			
您所讲授的课程名称			
每学期学生人数	______人　　______年级	学时	
您准备何时用此书授课			
您的联系地址			
邮政编码		联系电话（必填）	
E-mail（必填）			
您对本书的建议：		系主任签字 盖章	

我们的联系方式：

北京大学出版社经济与管理图书事业部

北京市海淀区成府路 205 号，100871

联 系 人：徐　冰

电　　话：010-62767312 / 62752926

传　　真：010-62556201

电子邮件：xubingjn@yahoo.com.cn　em@pup.cn

网　　址：http://www.pup.cn